21世纪中国高校法学
系列教材

金融法学

主　编　岳彩申　盛学军

撰稿人（以编写章节先后为序）

王怀勇　甘　强　文建国　张书清

胡光志　盛学军　陈鹏飞　冯　博

陈　治　邓　纲　陈　蓉　陈斌彬

缪心毫

中国人民大学出版社

·北京·

主编简介

岳彩申，男，1905年出生，山东省嘉祥县人，获西南政法大学经济法专业博士学位，1998—1999年在美国梅西大学（Mercer University）法学院进修，现为西南政法大学教授、博士生导师，西南政法大学经济法学院院长、西南政法大学经济法研究中心主任、重庆市首届高校创新团队带头人、重庆市高校优秀中青年骨干教师，主要学术兼职有中国法学会银行法学研究会副会长、中国法学会经济法学研究会常务理事、重庆市统筹城乡综合配套改革办公室法律顾问等。先后在《政法论坛》、《现代法学》、《法学评论》、《法学》、《社会科学》、《社会科学研究》、《解放日报》等中文核心期刊和报纸上发表论文三十余篇，多篇论文被《光明日报》、《高等学校文科学术文摘》、中国人民大学复印报刊资料、人民网、光明网等媒体转载。先后出版《论经济法的形式理性》、《跨国银行法律制度研究》、《金融体制改革与金融控股公司法律制度的构建》等著作；主持承担“民间借贷制度的创新与监管问题研究”、“银行准入法律制度研究”、“中国金融经营体制改革与金融控股公司法律制度的构建”、“新农村建设中的金融法律制度创新研究”、“金融创新产品法律制度的完善与危机应对”等国家社会科学基金项目及部级项目。

盛学军，法学博士，西南政法大学教授，博士生导师，法国马赛第三大学博士后研究人员，英国牛津大学访问学者，重庆市高校优秀中青年骨干教师，兼任中国法学会经济法学研究会理事、中国法学会银行法学研究会理事、重庆市第二届人大常委会立法咨询委员。主要从事经济法、金融法的教学与研究。先后主持和主研的国家级、省部级和国际合作项目共14页；出版《证券公开规制研究》、《欧盟证券法研究》、《全球化背景下的金融监管法律问题研究》等学术专著6部；主编或参编教材二十多部；在学术刊物发表论文二十多篇，被《新华文摘》、中国人民大学复印报刊资料《经济法学、劳动法学》、《民商法学》、《中国商法学精萃》等转载多篇。先后获得国家级、省部级、学校的科研奖励十多项。

前　言

伴随着中国市场经济和法治建设的发展，金融法已经成为中国社会主义市场经济法治建设的重要组成部分，成为高等院校法学专业本科生和硕士研究生的重要选修课程，同时也是经济学专业和管理类专业的选修课程。为了提高金融法的教学水平，国内近年来出版了不少的金融法教材，推动了经济法教学质量的提高。但由于金融法具有较强的时势性、开放性及多学科交叉性等特点，与传统法律部门相比较，不仅具有更强的专业化程度，而且体系化程度与规范性程度存在明显的差异，所以，如何针对金融法的特点及本科生的需要，编写一部适合他们学习使用的金融法教材，并不是一件容易的事。

本教材由西南政法大学岳彩申教授和盛学军教授牵头，组织西南政法大学、清华大学、重庆大学、天津财经大学、长安大学等高校从事金融法教学和研究的教师及部分博士研究生，在充分考虑金融法特点的基础上编写而成。本教材以金融法的特点为核心，以国家（政府）与市场的均衡为框架，以法律规范体系的内在联系为标准，分为金融法总论、金融机构及业务法、金融调控与监督管理法、涉外金融法四个部分。这四个部分都是金融法体系的核心内容，充分体现金融法的知识特色。在总论部分，比较简要地阐明了金融法的产生、特点、渊源、功能等基本理论问题，为学生应用金融法奠定法理基础。在具体制度部分，根据金融法专业知识的特点，选择针对性强、实用性强、关联性强的法律制度，采用比较科学的划分方法，形成比较严密的体例结构。在金融机构及业务法部分，重点探讨了银行机构及业务法、保险机构及业务法、证券机构及业务法、信托机构及业务法、投资基金及业务法、其他金融机构及业务法等金融机构及业务法律制度。在金融调控与监督管理部分，重点介绍了货币政策法和监督管理法律制度。在涉外金融法律制度部分，主要介绍了外资国内证券市场投资、境内资金境外投资、境内企业境外上市等法律制度。同时，本教材引入最新的社会科学知识，将理论与制度、原理与案例恰当地结合起来，避免了教材中可能存在的理论与制度相脱节的弊端。

本教材还突出了以下特色：一是强调教材的基本框架和内容回归到金融法的核心知识体系上来，不搞“大杂烩”；二是强调体系与内容的实用性、创新性与科学性；三是采用案例分析的方法，帮助学生对原理深入理解；四是将基本理论与具体制度研究结合起来；五是后三篇分别专门用一章介绍和评价相关金融法律制度的改革状况，便于学生更为全面和及时地了解金融法律制度的最新发展。

各章编写分工如下：王怀勇撰写第一章、第二章；甘强撰写第三章、第十一章；文建国撰写第四章；张书清撰写第五章；胡光志撰写第六章；盛学军撰写第七章；陈鹏飞撰写第八章；冯博撰写第九章；陈治撰写第十章；邓纲撰写第十二章；陈蓉撰写第十三章；陈斌彬撰写第十四章；缪心毫撰写第十五章、第十六章、第十七章。

由于时间和水平所限，书中难免有不当之处，敬请读者提出批评意见。

作　者

2010. 3. 30

目　录

第一篇　金融法总论

第二篇　金融机构及业务法

第四篇 涉外金融法

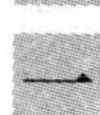

第一篇 金融法总论

第一章

金融法的产生与特点

□·本章要点·□

1. 金融法的概念及其调整对象
2. 金融法的特点

第一节　金融法的产生与发展

任何法律都是基于一定社会关系的调整需要而产生的，金融法也不例外。金融法是随着金融活动的发展而产生的，它从最初的习惯与契约，到后来的银行法，再到现代的金融法，经历了一个逐渐演变的过程。可以说，金融法的产生就是适应金融活动不断发展的客观需求。

一、古代社会的金融法

在金融的发展变迁过程中，最早出现的是货币。货币是从商品交换发展中分离出来，固定充当一般等价物的特殊商品。[①] 货币的出现，是商品交换过程中矛盾发展的必然结果，其有效推进了社会经济生活中信用和信用中介的产生与发展。在商品生产的初期发展阶段中，逐渐形成了货币兑换、货币收支、货币借贷的某些规则。“这些规则起初表现为习惯，人们依据这些习惯从事各种金融活动。这种社会习惯和当事人之间成立的各种契约是金融法律制度的萌芽。”[②] 之后，伴随货币信用与金融活动的进一步发展，为了维护统治阶级的利益，代表奴隶主阶级利益的奴隶制国家开始采用法律的形式对金融活动予以规范，并通过国家的强制力保障实现。不过，奴隶制社会的金融法主要以不成文的习惯法为其表现形式。

在封建制社会，统一的货币制度为金融法的发展发挥了重要的作用，金融法也以习惯法的形式向成文法的形式过渡。一方面，统一的货币制度将社会成员之间的借贷、货币收支、汇兑、结算限制在统一的货币法律制度中，使各种金融行为规则法律化；另一方面，伴随信用形式的进一步充分发展，借贷关系中用以明确借贷双方债权债务关系的契约开始大量产生，这些都不是仅仅依靠习惯法就可以解决的，而是需要在法律上通过文字对其产生的权利义务关系予以明确规范。[③] 不过，早期的金融关系比较简单，内容较为单一，在整个社会经济中的影响并不算太大，因此，金融法的发展也受到了很大的限制。

二、资本主义的金融法

现代意义上的金融法是在进入资本主义社会之后产生的。1694 年英国伦敦创办的英格兰银行，是世界上第一个真正意义上的资本主义银行。它的建立使职能资本家从银行取得低息贷款的愿望得以实现，标志着资本主义新的银行信用制度的建立。[④] 1844 年，英国国会通过了由政府首相皮尔提出的《英格兰银行条例》（又称《皮尔条例》）。这是世界上第一部银行法，也是第一部专门性的金融法律规范。此后，法国、德国、瑞典、美国、日本等市场经济国家，先后制定了大量的有关银行的法规，包括普通银行法与中央银行法。之后，由于股份公司的大量涌现和国债制度的发展，证券交易所纷纷建立。财务公司、租赁公司、证券公司大量出现，存款、贷款、汇兑、信托、证券、保险等金融业务的蓬勃兴起，客观上要求有统一、权威的行为规范加以调整。至此，市场经济发达国家先后制定颁布了证券法、票据法、信贷法、保险法等各种专门调整金融关系的金融法律法规，从而形成了一个有着完整系统的金融法体系。[⑤]

（一）银行立法

世界各国银行立法大多有两种模式：一种是混合式，即中央银行与普通银行统一

① 参见常健主编：《金融法教程》，3 页，北京，对外经济贸易大学出版社，2007。

② 刘定华主编：《金融法教程》，18 页，北京，中国金融出版社，2004。

③ 参见刘定华主编：《金融法教程》，18 页，北京，中国金融出版社，2004。

④ 参见刘定华主编：《金融法教程》，18 页，北京，中国金融出版社，2004。

⑤ 参见强力：《金融法》，35 页，北京，法律出版社，2000。

立法，统称银行法；另一种是分立式，即单独制定中央银行法和普通银行法。目前，绝大多数国家采用分立式银行立法模式。

1. 中央银行法

在现代市场经济条件下，中央银行居于一国金融体系的主导地位，是一国金融体制中的核心机构，因此，各国都十分重视中央银行立法。世界上第一个中央银行是成立于1656年的瑞典里克斯银行。第一部中央银行法则是1844年英国的《英格兰银行条例》。该条例规定，英格兰银行作为发行的银行，享有英镑的垄断发行权；作为银行的银行，统一保管各普通银行的存款准备金，充当各金融机构的票据清算中心，并担当最后贷款者的职能；作为政府的银行，接受政府存款，经理国库。《英格兰银行条例》为其后各国中央银行的建立和中央银行法的制定奠定了法律基础。

之后，西方各发达国家先后设立了中央银行，并制定和颁布了中央银行法。第二次世界大战后，随着世界经济格局的发展变化，各发展中国家亦相继效仿西方市场经济体制，建立中央银行，并颁布中央银行法。目前，世界各国基本上都制定了中央银行法，如《美国联邦储备法》(1913年)、《瑞典银行法》(1934年)、《瑞士联邦银行法》(1934年)、《日本银行法》(1942年)、《德意志联邦银行法》(1957年)、《新加坡金融管理局法》(1970年)、《法兰西银行法》(1973年)。

2. 普通银行法

普通银行主要指商业银行。商业银行是一种特殊的货币经营企业，以货币为经营对象，以存贷款为主要业务，与社会经济中的其他行业之间建立了紧密的联系，实际上已经成为促进社会稳定与发展的重要力量。因此，各国都十分重视对商业银行的管理，通过大量的法律法规予以规范。

目前，世界上的普通银行法主要有：美国的《国民通货法》(1863年)、《国民银行法》(1864年)，日本的《普通银行法》(1981年)，德国的《德国银行法》(1961年)，法国的《法国银行法》(1984年)，加拿大的《加拿大银行法》(1871年)，新加坡的《审批银行执照及规定银行业务的银行法》(1971年)等。

(二) 证券立法

证券市场是直接融通资金的场所，是现代金融市场的重要组成部分，在现代市场经济中发展最为迅速。因此，为了发挥证券市场的积极作用，抑制和消除证券市场的消极作用，各国政府无不采用法律调整的方式来规范证券资金市场。

世界上最早进行证券立法的国家是美国。面对1929—1933年的世界经济危机，美国金融立法当局决心加强对证券市场的管理，控制市场风险。因此，在1933年美国国会通过了《证券法》，1934年又通过了《证券交易法》。这两部法律奠定了美国证券法的法律基础，也为后来各国制定证券法提供了范本。此后，美国又陆续颁布了一系列的证券法律法规，调整证券融资关系。主要有：《公用事业控股公司法》(1935年)、《信托契约法》(1939年)、《投资公司法》和《投资咨询法》(1940年)、《统一证券法》(1956年)、《证券投资者保护法》(1970年)、《内幕交易制裁法》(1984年)等。继美国之后，日本在1947年制定了《证券交易法》，韩国在1962年颁布实施了《韩国证券和交易法》，新加坡在1986年制定颁布了新的《新加坡证券业法》。

英国没有统一的证券法，国家对证券融资关系的调整规范主要包含在《防止欺诈投资法》(1939 年)、《公司法》(1948 年)、《公平交易法》(1973 年) 和《金融服务法》(1986 年) 等法律中。此外，德国、法国等西欧国家也没有制定专门的证券法，其内容大多也包含在各自的公司法与投资法之中。

(三) 票据立法

票据法作为商事领域中重要的部门法，调整的是平等主体之间的票据关系以及与票据关系有关的其他社会关系。法国是世界上最早制定成文票据法的国家。1673 年，法国国王路易十四颁布《陆上商事条例》，以专章规定了票据规则。1807 年，法国又颁布了《法国商法典》，系统规定了汇票与本票规则。1865 年，法国又制定了《支票法》。

德国统一前，各邦均有自己的票据法，但是很不统一。1847 年，德国以普鲁士邦法为基础，制定了统一的《普通票据条例》，后几经修订，在 1871 年公布施行，即为《票据法》。1908 年，德国又另行制定了《支票法》。德国现行的票据法是 1933 年制定颁布的《票据法》与《支票法》。英国在 1882 年颁布了《票据法》，对汇票、本票和支票内容作了规定。1957 年，英国又颁布了《支票法》作为补充。美国于 1896 年制定了《统一流通证券法》，1952 年制定颁布了《统一商法典》，其中第三编"商业证券"规定了汇票、本票和支票。

1910 年和 1912 年，荷兰政府在海牙主持召开了两次统一票据法会议，制定了统一票据规则和统一支票规则。1930 年和 1931 年，国际联盟在日内瓦召开了统一票据法会议，通过了《统一汇票本票法》和《统一支票法》。不过，英美两国并未参加这两个公约。

(四) 信托立法

信托法是调整信托关系的法律规范的总称。英国是世界上最早进行信托立法的国家，其立法侧重于信托基本法，如《受托人条例》(1893 年)、《司法受托人法》(1896 年)、《公共受托人法》(1906 年)、《受托人法》(1925 年)、《慈善信托确认法》(1954 年)、《公共受托人报酬法》(1957 年)、《信托变更法》(1958 年)、《信托承认法》(1987 年)、《受托人法》(2000 年) 等。[①] 日本在 1922 年制定了《信托法》和《信托业法》，并在 1943 年通过了《普通银行兼营信托业务法》。

(五) 保险立法

保险法是从海上保险制度发展起来的。现代意义的保险法形成于 15 世纪以后。1435 年西班牙巴塞罗那法令是世界上最早关于海上保险的成文法律规定，之后，15 世纪意大利城邦的法规，1681 年法国的《海事条例》以及 1731 年《汉堡保险和海损条例》均设有专章对海上保险进行规定。

1939 年，日本颁布实施《保险业法》，并于 1995 年进行了全面修订。2008 年 5 月 30 日，日本颁布了自明治维新 130 年以来的第一部《保险法》。新加坡在 1963 年公布《保险业法》，1986 年进行了修订。美国在 1974 年颁布了《保险公司法》。此外，美国各州也制定了保险法规，其中，1939 年公布的《纽约州保险法》最为完备。

---

① 参见唐波主编：《新编金融法学》，316 页，北京，北京大学出版社，2005。

三、中国的金融法

中国金融业的发展具有悠久的历史。在早期社会，由于借贷行为及其关系的发展，为了有效规范当事人之间的权利与义务，国家通过法律或法令的形式对双方订立的各种合同或契约予以固定。例如，在楚国的《宪令》、秦国的《秦律》中，都有关于高利贷的相关规定。此后，伴随商品经济的不断发展，我国古代社会的金融业也有了飞速的进步。例如，南北朝时期出现的提供“典当”业务的寺院，唐朝中期出现的专业金融机构“柜坊”，宋代设置的“金银钱交易铺”，金朝开办的“质典行”，元代出现的“解典铺”，明朝出现的“钱庄”，清朝出现的“票号”，均是我国封建社会金融机构的代表。[①] 不过，在当时诸法合体的时代，我国并没有以金融法的名义出现的法律法规，相关规定大多都是包含在奴隶制或封建制国家的统一法典中。

到了近代，我国开始出现专门的金融法规。1908 年清政府颁布的《大清银行则例》，是我国第一部金融法。同年，清政府还颁布《银行通行则例》，规定了银行业务。此后又于 1909 年颁布《通用银钱章程》，1910 年颁布《兑换纸币则例》。民国时期，北洋政府在 1913 年颁布《中国银行则例》，1914 年颁布了《交通银行则例》，国民党政府则在 1928 年至 1937 年陆续颁布了《中央银行法》、《中国银行条例》、《中华民国票据法》、《交易所法》等许多金融法规。不过，综观中国近代金融立法，主要是在对西方国家金融法的学习与借鉴的基础上建构起来的，殖民地色彩较为浓厚。

社会主义新中国成立后，我国的金融法根据不同阶段的需要，逐步建立与发展起来，并经历了艰难曲折的过程。大体而言，可以分为三个阶段：

（一）计划经济体制下的金融法

在这一时期，我国由于实行高度集中的计划经济体制，不仅金融活动范围狭小，而且对金融的规范与管理也主要以行政手段为主，金融在资源配置上的作用非常有限。既然当时的金融运行主要是靠国家编制计划，通过少数金融机构的严格执行来实现，因此，金融立法也就不可能获得应有的重视，金融法的表现形式也多为一些行政管理性的法规、规章与政策。

（二）改革开放初期的金融法

改革开放以后，随着金融体制改革的深入与法制建设进程的加快，我国加快了金融立法的步伐。1986 年国务院发布《银行管理暂行条例》，开启了我国大规模金融立法的大门，我国金融立法进入了一个崭新的时期。在金融组织方面，出台了《金融信托投资机构管理暂行规定》（1986 年）、《城市信用合作社管理规定》（1990 年）、《农村信用合作社管理暂行规定》（1990 年）等；在银行立法方面，出台了《借款合同条例》（1985 年）、《中国人民银行对信托投资机构资金管理办法》（1986 年）、《专项贷款管理制度》（1986 年）、《银行结算办法》（1988 年）、《利率管理暂行规定》（1990 年）、《同业拆借管理试行办法》（1990 年）、《储蓄管理条例》（1992 年）、《中国人民银行对金融机构贷款管理暂行办法》（1993 年）等；在证券立法方面，出台了《国务院关于进一步加强证券市场宏观管理的通知》（1992 年）、《企业债券管理条例》（1993 年）、《股票发

① 参见常健主编：《金融法教程》，32 页，北京，对外经济贸易大学出版社，2007。

行与交易管理暂行条例》(1993年)、《禁止证券欺诈行为暂行办法》(1993年)等;在票据立法方面,出台了《商业汇票办法》(1993年)、《关于汇票背书转让有关法律问题的批复》(1993年)等;在信托立法方面,出台了《国务院关于整顿国内信托投资业务和加强更新改造资金管理的通知》(1982年)、《金融信托投资机构管理暂行规定》(1986年)、《金融信托投资公司委托贷款业务规定》(1993年)等;在保险立法方面,出台了《财产保险合同条例》(1983年)、《保险企业管理暂行条例》(1985年)等。此外,我国在人民币、金银、外汇等方面亦出台了一系列的行政法规。

(三)社会主义市场经济条件下的金融法

1993年我国确立了建立社会主义市场经济体制的目标,金融体制的总体目标得以确立,金融改革得以进一步深化,金融立法也迈入了一个崭新的历史时期。1995年我国新制定颁布了五部金融基本法律:《中国人民银行法》、《商业银行法》、《票据法》、《保险法》和《担保法》。此外,我国还出台了《全国人大常委会关于惩治破坏金融秩序犯罪的决定》。这些法律和决定对建构我国社会主义市场经济条件下的金融法律体系发挥了重要的作用,初步形成了我国金融法体系的基本框架。1998年,我国出台了《证券法》,对证券市场予以法律调整;2001年,出台了《信托法》;2003年,出台了《证券投资基金法》和《银行业监督管理法》。在这一时期,除了上述金融法律以外,国务院和中国人民银行等还颁布了不少行政法规或规范性文件。

同时,我国根据加入WTO的要求和国内外金融发展的现实需要对一些重要的金融法也进行了相应的修改。2002年我国对《保险法》进行了修正,2009年2月进行了修订;2003年对《中国人民银行法》和《商业银行法》进行了修正;2004年对《票据法》与《证券法》进行了修正;2005年对《证券法》进行了修订。总之,我国的金融立法是与金融体制的改革同步推进的,金融改革与发展取得了巨大成就,金融立法工作也进入了全新的阶段。

第二节 金融法的概念和调整对象

金融作为商品经济高度发展和完善的产物,其对国民经济的增长和发展,发挥着举足轻重的调节控制作用。因此,规范金融运作,促进金融发展,防范金融风险,维护金融秩序,就必须进一步完善金融法。

一、金融法的概念

(一)金融与信用

所谓金融,就是指货币的转移、资金的融通,即商品货币经济条件下各种金融机构以货币为对象,以信用形式所进行的货币收支、资金融通活动的总称。在现代市场经济条件下,社会资金的财政分配所占比重变得愈来愈小,而以货币流通与社会信用总和为内容的金融在社会资金的筹措和分配中所占比重则越来越大。可见,金融在一国经济中发挥着举足轻重的作用。一般而言,从参加主体上来看,金融主要包括银行、企业、个人以及国家;从行为上看,金融主要包括货币的发行和回笼,存款的吸收和提取，贷款的发放和收回，国内外汇兑的往来，金银、外汇的买卖，有价证券的发行与交易，保险，信托投资，金融租赁，国内、国际的货币支付结算，等等。[①] 因此，可以说，金融是一个经济范畴，包括金融活动、金融关系、金融机构、金融市场、金融工具等一切与货币和信用相关的经济关系和活动。

按照不同的标准，可以把金融划分为多种类型，但在这些分类方法中，最具立法意义与实践价值的还是将金融分为直接金融和间接金融，其标准在于资金融通中是否存在中介。直接金融是投资者和筹资人直接或通过金融经纪机构代理发生的资金融通行为，主要是通过以《证券法》为代表的法律法规予以调整和规范；间接金融是融资双方当事人通过银行金融机构作为媒介而发生的资金融通行为，主要是通过以《商业银行法》为中心的法律法规予以调整和规范。在实践中，直接金融与间接金融的比重大小往往反映出一国金融体制的格局与特色，也一定程度上标志着该国市场发育与经济发展的水平。除了基于本国历史发展和制度传统的因素之外，一般而言，在市场经济较为发达的国家，直接金融占有较大比例，而在发展中国家和经济落后国家，间接金融比重更大。

金融是货币资金的市场融通，而资金市场融通的基本形式就是信用。因此，为了深入把握金融的内涵与外延，还需要对信用作进一步的了解。在人们的日常生活中，信用并不是一个陌生的词汇。事实上，在不同的语境之下，信用有着不同的含义。例如，从道德评判的角度看，信用是指遵守诺言、诚实待人；从心理现象的角度看，信用是指某人可以信任，办事放心。然而，经济学中的信用有其特定的含义，专指借贷行为，包括商品的赊欠买卖与货币借贷。[②] 由此可见，信用是一个经济范畴，是指不同所有者之间以一定的财物或货币为客体，以偿还和付息为条件的价值单方面的运动。例如，银行向企业提供资金是以借款者一定期限后偿还资金为基础；储户将资金存放银行同样是以一定期限后银行偿还资金为条件。正是双方主体奉行定期偿还的交易规则，才促成一定价值的暂时让渡。

人类最早的信用，产生于原始社会末期。当时，伴随社会生产力的发展，私有财产与商品买卖开始出现。在商品交换过程中，商品的买卖与货币的支付在时间上有时并不一致，即出现了赊购、赊销的情况。既然有了赊欠，信用也就随之出现。可见，信用反映着以还本付息为条件的让渡财物或货币的经济利益关系。根据不同的标准与角度去考察，我们可以把信用划分为多种类型。例如，以信用主体为标准，信用可以分为商业信用、银行信用、政府信用、个人信用、公司信用等。以信用的对象为标准，信用可以分为对物信用和对人信用。其中，对物信用又可细分为动产信用和不动产信用，对人信用又可细分为无条件对人信用和附条件对人信用即有保证人的信用。以信用的用途为标准，信用可以分为生产信用、消费信用、财政信用等。以时间长短为标准，信用可以分为长期信用、中期信用和短期信用等。在现代市场经济条件下，这些不同的信用已经形成了统一的信用体系，主要的信用形式有商业信用、银行信用、政府信用、消费信用、证券信用、信托信用、民间信用等。

---

① 参见刘定华主编：《金融法教程》，1页，北京，中国金融出版社，2004。

② 参见盛学军主编：《金融法学》，1～2页，北京，中国政法大学出版社，2007。

信用是现代金融运作的基本形式，没有信用，金融就会失去活力与动力。在现代商品货币经济条件下，信用主要具有两项基本职能：一是资金再分配职能；二是提供与创造货币的职能。具体而言，信用通过筹集与分配资金、供给和创造货币两大职能对加速资本周转、节约流通费用、调整经济结构和货币流通、促进生产力的发展起着巨大的推动作用。[①] 因此，金融与信用相伴相随，相辅相成。信用促进了金融的持续、健康和稳定发展，而金融业则丰富与充实了信用的时代内涵。

（二）金融市场

市场是买者与卖者相互作用并共同决定商品或劳务价格和交易数量的机制。金融市场是金融工具进行交易的场所或机制，也是确定金融工具价格的场所或机制。[②] 严格来讲，金融市场不仅包括特定场所中的有形市场的资金融通活动，也包括没有特定场所的无形市场的资金融通活动。因此，有学者认为，金融市场是指资金融通赖以展开的场所、交易机制以及各种构成要素组成的综合体系。[③]

金融市场是一个由许多相互独立又相互联系的子市场组成的大市场，根据不同的标准，可以将金融市场分为若干类市场。例如，按照融资期限的长短，可以把金融市场划分为货币市场和资本市场；按照交易对象的差别，可以把金融市场划分为资金市场、外汇市场和黄金市场；按照融资工具的不同，可以把金融市场划分为证券市场、商业票据市场和可转让定期存单市场；按照地域范围与参加主体范围的不同，可以把金融市场划分为国内金融市场和国际金融市场。在现代市场经济中，作为与商品市场、劳务市场和技术市场并列的生产要素市场，金融市场主要由以下要素构成：

一是交易主体。金融市场的交易主体是指参与融资活动的资金供求双方，包括个人、企业、金融机构、政府及其所属机构和中央银行等，其中，以金融机构为主。这些主体分别以投资者或筹资者的身份参与金融市场活动。

在交易主体中，最为活跃的当属金融机构。金融机构是指专门从事货币流通与信用业务活动的机构，其范围涵盖了商业银行、保险公司、信托投资机构、证券公司、金融租赁公司等。根据金融机构创造货币和支付手段能力的不同，实践中一般把金融机构分为银行金融机构与非银行金融机构两大类。各种银行金融机构和非银行金融机构是金融市场的主要参与者，也是特殊参与者。它们一方面创造着大量的金融工具，另一方面又大量地购买金融工具。[④]

二是交易对象，即货币资金和金融工具。货币资金主要指实物资产抽象化的价值形态，而不是指实物资产本身。在现代市场经济条件下，作为交易对象，货币资金主要是通过筹资者或金融机构发行的金融工具来融通。金融工具，是指筹资人或金融机构发行的信用工具，即在信用活动中发行与流通的，记载金融交易的有关事项，借以证明债权债务关系的书面文件，如投资凭证、存款凭证、其他有价证券（票据）等。金融工具作为资金的载体，是金融市场上交易的客体。虽然不同的融资关系产生了具有不同特点和性质的金融工具，但一般而言，金融工具均具有以下四个基本特性，即

---

① 参见强力：《金融法》，7页，北京，法律出版社，2000。

② 参见朱宝宪：《金融市场》，1页，沈阳，辽宁教育出版社，2001。

③ 参见盛学军主编：《金融法学》，7页，北京，中国政法大学出版社，2007。

④ 参见张学森主编：《金融法学》，11页，上海，复旦大学出版社，2006。

期限性、流动性、收益性与安全性。通常情况下，金融工具的安全性与流动性呈正相关，与收益性呈负相关。换言之，流动性强的金融工具，风险小，安全性高，但收益率低；而流动性差的金融工具，风险大，但收益率较高。如钞票具有最大的安全性与流动性，但其收益率为零。①

根据不同的标准，可以把金融工具划分为不同的种类。例如，按照发行机构的性质来划分，金融工具可分为直接证券和间接证券。其中，直接证券是由非金融机构发行或签署的，包括公司债券、股票、国库券等，间接证券是由金融机构发行的，包括银行票据、人寿保险单、可转让存单等。按照可接受性为划分，金融工具可分为具有一般接受性的金融工具和具有有限接受性的金融工具，其中，具有一般接受性的金融工具包括现钞、活期存款等；具有有限接受性的金融工具包括商业票据、股票、债券等。按照所代表的权利的性质来划分，金融工具可分为所有权凭证和债权凭证，其中，所有权凭证只有股票一种，其他所有金融工具都是债权凭证。

三是中介机构。中介机构是指为金融市场的融资活动提供服务的各种类型的组织机构，例如，投资咨询机构、资信评级机构、投资信托公司等。中介机构的存在，为众多分散的资金供给者与需求者之间搭建起磋商交易的场所，提升了金融市场的运行效率，是现代金融市场的重要组成要素。

四是金融调控与监管。金融调控是指以中央银行为代表的宏观调控部门，通过制定和实施货币政策等手段，以调节金融活动为媒介，实现资金供需平衡，最终作用于宏观经济整体的活动。而金融监管则是指金融监管主体依法运用行政权力对金融机构和金融活动实施规制与约束，促使其稳健运行的一系列行为的总称。在现代金融市场的发展中，金融调控与金融监管虽同为金融市场的不可或缺的基本要素之一，也共同体现了国家干预的特点，但二者分别属于不同的范畴。金融调控重在实现社会总需求与社会总供给之间的平衡，属于宏观调控的范畴；金融监管重在实现经济安全，防御金融风险，属于经济监管的范畴。

（三）金融法

金融法是调整金融关系的法律规范的总称，具体而言，即调整货币流通和资金信用活动中所发生的社会关系的法律规范的总称。众所周知，金融活动是通过银行组织和其他各类金融机构及客户来进行的。银行组织和其他各类金融机构及客户在从事金融活动过程中，必然形成以银行为中心的各种经济关系，即金融关系。② 因此，为了调整金融机构，规范金融市场，充分发挥金融活动对社会主义建设的促进作用，国家制定了一系列调整金融关系的法律规范，这种体现国家意志的法律规范就是金融法。由于金融法是一个总称，所以在我国并没有以“金融法”来命名的单独的成文法。实践中，人们常常是根据所涉及的金融行业来对金融类的法律予以命名，例如，《中国人民银行法》、《商业银行法》、《证券法》、《保险法》、《外汇管理条例》等。

从理论上讲，金融法有广义与狭义之分。广义的金融法包括所有涉及金融活动的法律，如银行法、证券法、保险法、票据法、信托法、期货法等。狭义的金融法则特

① 参见盛学军主编：《金融法学》，9页，北京，中国政法大学出版社，2007。

② 参见朱崇实主编：《金融法教程》，2页，北京，法律出版社，2005。

指银行法。这主要是因为银行法是金融法的基本法，金融活动主要是通过银行的各种业务来得以实现，所以，狭义的金融法仅指银行法。需要说明的是，本书所称的金融法，是指广义上的金融法。

金融法是金融活动的基本行为规范，本质上属于经济法的范畴。其主要原因在于：第一，金融法具有经济法部门法的一般特征，如金融法的主要功能是确认与规范国家调控金融与监管市场的职责权限，促进、引导和实现社会整体目标与个体利益目标的统一，保证社会经济持续、稳定、协调地发展。第二，作为金融法调整对象的金融及金融关系具有强烈的经济属性，是国家调控经济、监管市场过程中发生的核心经济关系。[①] 第三，金融法对金融机构的性质、职责权限、业务范围加以界定，对各类金融机构的组织管理结构、运行机制、设立、变更及终止加以明确规定，从而确认金融机构的法律地位，为金融活动的健康开展创造前提[②]，从而体现出国家干预的经济法性质。

二、金融法的调整对象

金融法是调整金融关系的法律规范，其调整对象就是各类金融关系。具体而言，金融法的调整对象包括金融机构组织关系、金融业务关系和金融管理关系。

（一）金融机构组织关系

金融法的首要功能就是通过立法确认金融机构的法律地位，因此，金融机构组织关系就构成了金融法调整对象的一个重要方面。金融法中调整金融机构组织关系的法律规范的总和，构成了金融法体系中的金融机构组织法。具体来讲，金融法调整的金融机构组织关系主要包括两大类：

1. 金融机构的内部组织关系，即与金融机构内部治理相关，在金融机构与其分支机构、职工之间因经营管理而产生的经济关系。金融机构要实现其成立的宗旨，依法开展金融业务经营活动，就必须要处理好金融机构的内部组织关系。因此，金融法应当对各类金融机构的内部管理制度予以规范，对金融机构与其分支机构的职责也要进行基本的规定。

2. 金融机构的外部组织关系，即与金融机构法律地位相关，在金融机构的设立、变更及终止过程中发生的经济关系。金融是以银行等金融机构为中心，在信用基础上组织起来的货币流通。金融活动能否顺利开展、有效运行，关键在于金融机构本身是否符合法律要求。因此，金融法需要对金融机构的市场准入、市场运营以及市场退出进行规范，以维护良好的金融秩序运行。

（二）金融业务关系

金融业务关系是指银行和其他非银行金融机构在法律、法规允许的范围内从事相应业务活动而与其他金融主体之间发生的平等主体间的经济关系。由于这种经济关系本质上是一种平等主体之间有偿、自愿的民事关系，所以金融法对这种关系调整的基本要求是：当事人法律地位平等；设立、变更、终止权利义务关系，除法律有特别规定外，应由双方自愿决定；讲诚实，守信用，自动和善意履行义务，不能规避法律与

---

① 参见张学森主编：《金融法学》，13页，上海，复旦大学出版社，2006。

② 参见朱大旗：《金融法》，8页，北京，中国人民大学出版社，2000。

合同，公平合理地处理两者之间的纠纷。[①] 与其他经济关系相比，金融业务关系具有以下特点：一是当事人之中往往有一方是金融机构；二是业务活动通常是信用活动或以信用为基础；三是以货币或者金融工具为交易对象。

金融业务关系是一种特殊的债权债务关系，在实践中其类型也十分多样，具体包括[②]：

1. 因直接融资业务的开展而发生在证券、信托等非银行金融机构和投资、融资主体之间的发行、交易关系，如证券交易买卖关系、行纪关系，证券发行买卖关系、承销关系，证券发行服务与交易服务关系等。

2. 因间接融资业务的开展而发生在银行等金融机构与存贷款主体之间的资金融通关系，如存款关系、贷款关系等。

3. 因金融中介业务的开展而发生在银行等金融机构与非金融机构的法人、非法人组织和自然人之间的金融中介服务关系，如结算、汇兑、咨询、代理、信托、租赁等关系。

4. 因开展特殊融资业务而发生的特殊融资关系，如外汇买卖、期货期权交易、利率互换交易而发生的经济关系。

5. 银行及非银行金融机构等金融机构之间基于同业拆借、再贷款、转贴现、再贴现等金融业务而发生的经济关系。

6. 保险与被保险人或受益人之间的金融关系。

（三）金融管理关系

金融管理关系是指国家金融主管机关在对金融业实施宏观调控和监督管理过程中所发生的社会关系，具体包括金融调控关系与金融监管关系。

1. 金融调控关系

金融调控是国家金融主管部门运用总量调节的办法，利用各种货币政策工具对金融市场加以调节与控制的活动。金融调控是国家对经济实施宏观调控的基本手段，是现代市场经济条件下金融的基本职能之一。为了实现稳定物价、充分就业、经济增长和国际收支平衡的金融调控目标，以中央银行为代表的宏观政策部门通常会实行以货币政策为主的金融调控手段，对有关金融变量实施调节与控制。典型的货币政策工具包括法定存款准备金政策、再贴现政策、公开市场业务政策、基准利率政策和再贷款政策等。由于金融是现代经济的核心，因此，金融调控对于确保中央银行准确制定和实施货币政策，平衡资金供求的总量与结构，实现国家的宏观经济目标，保证国民经济持续、稳定、协调增长，具有不可替代的重要作用。

金融调控关系是政府机构在展开金融调控活动、对有关金融实施调节和控制的过程中发生的社会关系，其在公私法属性方面比较模糊。原因在于：一方面，它具有私法关系的特征，类似于金融业务关系，比如公开市场业务、再贴现和再贷款等政策工具的开展，都是在金融市场之中基于平等自愿的原则而展开的；但另一方面，金融调控的决策与实施又会受到一定的行政控制，甚至在某些特定的时期，政府机构还会运

① 参见刘定华主编：《金融法教程》，2页，北京，中国金融出版社，2004。

② 参见唐波主编：《新编金融法学》，6页，北京，北京大学出版社，2005。

用信贷规模、利率管制等类似于指令性计划的直接控制手段来达到调控目标。[①] 具体而言，作为金融法调整对象的金融调控关系包括以下内容：第一，金融调控部门因制定与实施货币政策，利用货币政策工具而与各类金融机构或非金融机构之间发生的社会关系；第二，金融调控部门因货币发行或货币流通而与各类金融机构或非金融机构之间发生的社会关系；第三，金融调控部门向政府、金融机构和社会各界提供公共服务的过程中产生的社会关系。

2. 金融监管关系

金融监管关系是指国家金融主管部门为了维护金融秩序的稳定和资金融通的有效运行，在金融监督管理活动中与金融活动参与者之间形成的社会关系。金融监管关系的特点表现在监管主体与被监管主体之间的法律地位不对等，前者依法对后者实施某种限制，后者对前者必须服从。可见，金融监管不仅规范、约束、指引和保障各种金融机构的行为，而且为金融监管部门提供了监管的标准、权威、手段和合法性前提。[②]

作为一种"公共性"、"社会性"的特殊产业，金融行业是高风险的产业，决定了金融监管的必要性。具体而言，作为金融法调整对象的金融监管关系包括以下内容：第一，金融监管机关因依法审批各类金融机构的设立、资本、任职资格、业务范围、分支机构、变更、接管、终止等而与有关机构或个人形成的社会关系；第二，金融监管机关依法对各类金融机构的业务活动进行稽核和检查中形成的社会关系；第三，金融监管机关对金融机构以及金融机构、非金融机构和个人的非法从事金融活动依法进行查处而形成的社会关系等。

第三节　金融法的特点

在我国，金融法是经济法的重要组成部分，属于第三层次的法律部门，在我国整个法律体系中有着不可忽视的重要地位。正是因为金融法属于经济法的范畴，所以，与其他部门法，特别是民商法、行政法相比，它具有以下几个特点：

一、金融法具有宏观调控性

金融法以实现国家对金融业的调控与监管为目的，其地位由金融宏观调控在宏观调控体系中的地位日益突出所决定。在市场经济体制下，国家主要采用间接调控，金融宏观调控已经成为对经济进行调控的主要手段。特别是从市场经济的运行规律上看，无论是商品价值规律，还是社会供求规律以及市场竞争规律，都要遵守货币流通规律。只有货币发行总量与流通中货币的必要量成正比，市场经济运行才能处于正常状态。由此不难看出，金融宏观调控在整个宏观调控体系中的地位与作用。[③]

金融法以金融关系为调整对象，具有较强的程序法和组织法的特点。金融法通过

① 参见盛学军主编：《金融法学》，16页，北京，中国政法大学出版社，2007。

② 参见张忠军：《金融监管法论：以银行法为中心的研究》，103页，北京，法律出版社，1998。

③ 参见刘定华主编：《金融法教程》，4页，北京，中国金融出版社，2004。

规定金融调控的机构及其职责，明确金融调控的目标与手段，规定金融调控的原则及工具，确定金融监管机构的地位与职责，规范金融机构调控与监管的方式与方法，规定金融违法行为的责任与制裁，从而实现对金融关系的调整。由于这些行为对国民经济走向可以起到“牵一发而动全身”的功效，所以，金融法的宏观调控性相比其他法律也就更加明显。

二、金融法具有公私兼容性

金融法不是传统的法律逻辑的产物，而是一种对现代经济生活的及时归纳与反映。金融法是从经济部门的立场对法律制度所作的一种概括，这就决定了金融法必然全面地反映融资活动中真实存在的各种社会关系，如金融业务关系、金融管理关系等，也就决定了金融法同时囊括了多种性质的法律规范。[①] 也就是说，金融法所调整的社会关系，既不同于作为私法的民法所调整的完全体现“私法自治”的关系，也不同于作为公法的行政法调整的完全体现国家行政管理职能的命令与服从的关系。因此，将具有公法成分与私法成分的金融法绝对地划分为公法或私法范畴，都是不恰当的，而只能说，金融法是公法与私法相融合的法。

不过，金融法的这种公私兼容性在现代市场经济条件下是相互影响、相互交织，难以截然分开的。考虑到现代国家基于经济社会化要求所促成的社会意志和利益广泛并且深入地介入市场经济活动，社会和法律要求个体利益在同社会利益发生冲突时，社会整体利益必须优先于个体利益，金融法对金融关系的调整是立足于社会整体利益的，在任何情况下都要以大多数人的利益与意志为重。[②] 换句话说，无论是国家还是金融机构或非金融机构，都不能片面强调自身局部利益，置社会整体利益于不顾。

三、金融法是程序法与实体法的统一

金融法既有实体性规范，也有程序性规范，是程序法与实体法的统一。在具体的金融法规范体系中，它既规定了作为实体性调整对象的金融主体的职责、权利与义务，又规定了实现这些权利与义务的程序、步骤、方法等。例如，票据法是规定与保护票据当事人的权利义务的法律，因而属于实体法；但同时，因票据的运作注重程序，所以，票据法中也规定有许多程序性规范，如具体结算规则，体现出明显的程序法特征。[③]

不过，在金融法体系中，有的法律则是以行为规范为主而不以某一特定的主体为限，如担保法等。但总的来讲，金融法还是体现了较强的程序性与实体性统一的特点。

四、金融法以强制性规范为主

金融脆弱性及其引发的连锁性社会经济危机是金融破坏力的集中体现。由于金融

---

① 参见盛学军主编：《金融法学》，17页，北京，中国政法大学出版社，2007。

② 参见常健主编：《金融法教程》，9页，北京，对外经济贸易大学出版社，2007。

③ 参见张学森主编：《金融法学》，14页，上海，复旦大学出版社，2006。

与实体经济的内在联系，一旦信用链条碎裂，金融危机会使金融市场全面瘫痪，破坏整个社会经济秩序。由此可见，金融产品的流动性、快速跨时空聚散特性，使金融行业成为一个需要特别关注并加强干预的行业。[①] 因此，安全问题成为金融行业发展与金融立法首先要面对的难题。世界各国都通过金融法对金融机构及其金融活动予以严格的规范与监督，在市场准入、业务范围、权利义务，甚至经营中的标准合同等多方面都不同程度地受到了来自于国家法律的强制性约束或限制。也就是说，由于金融法较多体现了国家干预的色彩，所以在金融法体系中必然存在大量的强制性规范。

不过，我们也要看到，自 20 世纪 70 年代以来，以金融立法放松管制为特征的金融自由化浪潮在发达资本主义国家产生与发展，并带动许多新兴的发展中国家先后走上了方式不同的金融自由化之路。政府通过金融法律与监管制度的革新，摒弃了对金融服务业的种种直接限制，使金融机构与跨部门进行业务合作成为可能。一系列眼花缭乱的金融创新不仅改变了金融机构提供的服务产品，还改变了金融机构的服务方式，使各国的金融结构和运行机制都发生了根本性的变化。

案例与思考

1. 综合案例

2007 年 4 月，美国新世纪金融公司申请破产，标志着次贷危机正式爆发。次贷危机是一场发生在美国，因次级抵押贷款机构破产、投资基金被迫关闭、股市剧烈震荡引起的风暴。次贷危机造成全球主要金融市场出现流动性不足危机，致使大量外资撤回本土，从而引发全球股市持续恐慌性震荡下行，全球经济面临着衰退的风险。此次金融危机暴露出美国最为推崇的以市场机制为基础的金融监管理念的弊端，即美国自 20 世纪末逐步推行金融自由化，放松金融监管，在体制上采用“双重多头”的金融监管体制，各金融部门、金融产品监管标准不统一，导致美国各金融监管机构在监管权限交叉重合的同时出现许多监管真空，而且大量的金融产品长期游离于监管之外。此外，在金融监管制度设计上，各种监管规则制定得过于详细，在确保监管准确性的同时牺牲了监管效率，致使对市场变化的反应日趋缓慢。因此，由美国次贷危机引发的全球性金融危机，全面考验着各国的金融监管法制。这也表明，任何一个国家的金融监管法制必须与其经济金融的发展相适应，不管监管法制如何选择，都必须做到对风险的全覆盖，不能在整个金融产品和服务的生产和创新链条上存有丝毫的空白和真空，从而最大限度地减少由于金融市场不断发展而带来的信息不对称问题。

通过本章学习思考以下内容：

（1）请问全球化背景下金融业存在什么样的特点？

（2）如何理解全球化背景下金融监管法制的重要性？

2. 思考题

（1）简述金融法的概念与调整对象。

（2）简述金融法的特点。

---

① 参见李昌麒主编：《经济法》，246 页，北京，法律出版社，2004。

参考书目

1. 吴志攀．金融全球化与中国金融法．广州：广州出版社，2000
2. 朱大旗．金融法．2 版．北京：中国人民大学出版社，2007
3. 强力主编．金融法学．北京：高等教育出版社，2003
4. 盖锐．金融法教程．北京：北京大学出版社，2007

第二章 金融法的渊源与体系

本章要点

1. 金融法的渊源
2. 金融法体系的含义
3. 金融法体系的主要内容

第一节 金融法的渊源

法的渊源亦称法的形式。金融法的渊源，就是有关金融的各种具体法律规范性文件的表现形式。根据我国金融立法的现状，金融法的渊源主要包括国内渊源和国际渊源两大类。其中，国内渊源是指我国现行的有关金融的法律、法规，国际渊源是指我国参加或缔结的有关条约、协定以及具有广泛影响的国际惯例。

一、国内渊源

(一) 宪法

宪法是国家的根本大法，它集中反映各种政治力量的实际对比关系，规定了国家的根本任务和基本制度，即社会制度、国家制度的原则和国家政权的组织以及公民的基本权利义务等内容。我国宪法由全国人民代表大会按照特殊程序制定与修改，具有最高的法律地位与法律效力，是其他一切法律的立法依据。

宪法作为金融法的渊源，主要是指宪法中涉及调整金融关系的法律条文，如我国《宪法》第15条规定："国家实行社会主义市场经济。国家加强经济立法，完善宏观调控。国家依法禁止任何组织或者个人扰乱社会经济秩序。"《宪法》第18条规定："中华人民共和国允许外国的企业和其他经济组织或者个人依照中华人民共和国法律的规定在中国投资，同中国的企业或者其他经济组织进行各种形式的经济合作。在中国境内的外国企业和其他外国经济组织以及中外合资经营的企业，都必须遵守中华人民共和国的法律。它们的合法的权利和利益受中华人民共和国法律的保护。"这些规定都是金融法的立法依据，金融法的立法与实施都必须在宪法的指导下进行。因此，宪法"可以说是我国金融法律规范的最高表现形式，是我国金融立法的基础"①。

（二）金融法律

金融法律是由国家最高权力机关及其常设机关依法制定的调整金融关系的规范性文件，是一国金融法的主要渊源，如各国制定的《中央银行法》、《商业银行法》、《证券法》、《保险法》、《票据法》、《信托法》等。当然，金融法的渊源，并不以上述专门法律为限。《刑法》中有关金融犯罪及其刑事处罚的规定，也是金融法的法律渊源。②

在我国，金融法律包括金融基本法律和金融普通法律两大类。金融基本法律是由全国人民代表大会依法制定和颁布的调整金融机构及其业务活动的规范性法律文件，如1995年3月18日全国人民代表大会通过的《中国人民银行法》，除此之外，与金融法相关的基本法律还有《民法通则》中关于民事主体、财产所有权、债权等方面的法律规定。金融普通法律是由全国人民代表大会常委会依法制定和通过的，如《商业银行法》、《证券法》、《票据法》、《保险法》、《信托法》、《银行业监督管理法》等等。除此之外，其他普通法律也涉及金融活动的有关规定，如《担保法》中关于保证、抵押、质押的规定，《公司法》中关于公司组织形式的规定，《合同法》中关于借款合同、融资租赁合同的规定等。

金融法律不得与宪法相抵触。在整个金融法具体规范中，金融法律位阶最高，其权威性、效力层次仅次于宪法。

（三）金融行政法规

金融行政法规，是指国家最高行政机关为了实施金融法律，依法制定的调整金融关系的各种规范性文件。金融行政法规也是一国金融法的重要渊源。

在我国，金融行政法规主要是指国务院依照法定权限和法定程序制定和颁布的调整金融机构及其业务活动的规范性文件。根据我国《宪法》与《立法法》的规定，国务院有权根据宪法、法律或全国人大及其常委会授权，制定行政法规、发布决定与命令。金融行政法规是我国金融法的重要表现形式，如《中国人民银行货币政策委员会条例》、《人民币管理条例》、《储蓄管理条例》、《借款合同条例》、《股票发行与交易管理暂行条例》、《外汇管理条例》、《金融机构撤销条例》、《非法金融机构和非法金融业务活动取缔办法》、《外资金融机构管理条例》等。

金融行政法规的效力低于宪法、金融法律，不得与宪法、金融法律相抵触。

---

① 朱大旗：《金融法》，12页，北京，中国人民大学出版社，2000。

② 参见盛学军主编：《金融法学》，17页，北京，中国政法大学出版社，2007。

（四）金融行政规章

金融行政规章，是指国家金融监管部门（机构）根据金融法律、法规的规定或授权制定的有关金融活动的规范性文件。

在我国，金融行政规章主要是由中国人民银行和金融监管机构等主管金融工作的行政部门根据法律和行政法规的规定，在职权范围内制定和颁布的调整金融机构及其业务活动的规范性文件。根据《宪法》第 90 条第 2 款的规定，各部、各委员会根据法律和国务院的行政法规、决定、命令，在本部门的权限内，发布命令、指示和规章。对此，我国《立法法》第 71 条作了进一步规定，国务院各部、委员会、中国人民银行、审计署和具有行政管理职能的直属机构，可以根据法律和国务院的行政法规、决定、命令，在本部门的权限范围内，制定规章。在我国，这些金融主管部门有中国人民银行、中国银行业监督管理委员会、中国证券监督管理委员会和中国保险监督管理委员会。这些金融主管部门为执行金融法律、行政法规制定了大量规章，如中国人民银行发布的《支付结算办法》、《贷款通则》、《银行账户管理办法》、《人民币利率管理规定》、《证券公司进入银行间同业市场管理规定》、《信托投资公司管理办法》、《票据管理实施办法》等；中国银监会发布的《电子银行业务管理办法》、《商业银行个人理财业务管理暂行办法》、《银行业监管统计管理暂行办法》、《商业银行服务价格管理暂行办法》、《中国银行业监督管理委员会行政处罚办法》等；中国证监会发布的《期货交易所管理办法》、《证券公司管理办法》、《上市公司新股发行管理办法》、《上市公司股东规范意见》、《证券交易所管理办法》、《证券投资基金管理暂行办法》、《证券发行上市保荐制度暂行办法》、《证券账户管理规则》等；中国保监会发布的《保险公司管理规定》、《人身险法定分保条件实施细则》、《保险中介从业人员继续教育暂行办法》等。

金融规章的数量非常庞大，是各类金融主体进行金融活动时必须遵守的法律规范。金融规章的效力低于宪法、金融法律和金融行政法规，不得与宪法、金融法律和金融行政法规相抵触。

（五）金融地方性法规和规章

金融地方性法规、规章是指由地方国家权力机关和地方国家行政机关，在法定权限内依照宪法、法律和行政法规制定和颁布的，在本行政区域内有效的调整金融关系的规范性文件。依照我国《宪法》和《立法法》的有关规定，省、自治区、直辖市的人民代表大会及其常务委员会、较大的市的人民代表大会及其常务委员会，均有权根据本行政区域的具体情况和实际需要，在不同宪法、法律、行政法规相抵触的前提下，制定地方性法规。省、自治区、直辖市和较大的市的人民政府，可以根据法律、行政法规和本省、自治区、直辖市的地方性法规，制定规章。例如，我国的金融地方性法规有《深圳经济特区金融发展促进条例》、《重庆市促进开放条例》等，金融地方性规章有《广东省反假币办法》、《上海市住房公积金个人购房贷款管理办法》等。

金融地方性法规、规章的制定，是对金融法律、法规的具体化，因此，其必须以金融法律、金融行政法规为依据。同时，金融地方性法规、规章只在本行政区域内生效，并不得与宪法、法律、行政法规相抵触。

（六）金融自律性规范

金融自律性规范是由金融业的行业协会、市场组织机构等制定的约束其内部成员及市场参加者的具有自治自律性质的行为规范，如我国银行业协会、证券业协会、保险业协会、信托业协会的章程和自律性规则，上海、深圳证券交易所的股票上市规则等。当前，我国金融行业组织正处于构建和完善的进程中，与此同时，各方面的市场管理体制也在逐步加强，所以，金融自律性规范的重要性日渐引起人们的关注与重视。不过，也有学者认为，金融行业自律性规范不属于国家立法的范畴，因此不具有国家强制力，不是金融法的法律渊源。[①] 但我们认为，金融自律性规范在一定的行业协会和业务范围内具有一定的内部约束力和强制规范力，对金融秩序的稳定发挥着重要作用，因此，金融自律性规范在理论上应当被视为金融法的渊源。

（七）金融司法解释

司法解释属于法律的正式解释或有权解释，是司法机关基于宪法与法律的授权而对法律所作出的解释。在我国，最高人民法院和最高人民检察院在适用金融法律的过程中作出的规范性文件，也是调整金融关系的法律渊源。我国典型的金融司法解释，有最高人民法院《关于审理票据纠纷案件若干问题的规定》、《关于审理存单纠纷案件的若干规定》等。

二、国际渊源

（一）国际条约

国际条约，是指国际法主体之间依国际法所缔结的据以确定其在金融关系中的权利和义务的书面协议，对缔约国具有约束力。[②]

在我国，凡是我国缔结或者加入的有关金融活动的双边或多边条约、协定，除我国声明保留的条款之外，都构成我国金融法的国际渊源。随着世界经济全球化、国际金融一体化的发展，国际条约、协定在国际金融交往中发挥着越来越重要的作用。目前我国缔结或加入的国际金融条约、协定主要有：《国际货币基金组织协定》、《国际复兴开发银行协定》、《国际复兴开发银行协定附则》、《国际复兴开发银行贷款和国际开发协会信贷采购指南》、《中国加入 WTO 关于金融服务承诺的谅解》、《世界贸易组织协定》及其附件等。此外，还包括我国与一些国家达成的清算支付协定、贷款协定等。

我国缔结或者加入的国际条约与我国法律规定有不同规定的，根据国际条约的效力优于国内法的原则，适用该国际条约的规定。

（二）国际惯例

国际金融惯例，是指国际金融交往实践中逐渐形成的不成文规则，它通常指人们在长期的国际金融实践中经反复的类似行为而形成，并被从事有关实践的当事人普遍认为具有法的约束力的习惯做法和通例。[③] 由于国际惯例是国际金融交往实践中经双方确认的习惯规范，其所表现的行为规范在实际适用过程中难免会发生解释上的分歧，所以，为了有效促进国际惯例的统一化，一些国际组织与学术团体对某些国际金融惯例进行了整理与系统编纂，从而形成了规范的国际惯例文件。目前，在世界范围内具

① 参见甘功仁、黄欣主编：《金融法》，8 页，北京，中国金融出版社，2003。

② 参见张学森主编：《金融法学》，24 页，上海，复旦大学出版社，2006。

③ 参见张学森主编：《金融法学》，24 页，上海，复旦大学出版社，2006。

有普遍影响力的国际惯例包括：国际商会的《商业单据托收统一规则》、《商业跟单信用证统一惯例》，世界银行的《贷款协定和担保协定通则》、《合同担保统一规则》，巴塞尔银行监管委员会的《巴塞尔资本协议》、《有效银行监管的核心原则》，国际保理商联合会的《国际保付代理通则》等。此外，国际金融惯例还包括国际金融活动中的一些习惯，如贷款协定中的格式、条款和订立程序等。

我国国内法规定了国际惯例的法的效力，即中华人民共和国法律或缔结或者参加的国际条约没有规定的，可以适用国际惯例。

第二节　金融法的体系

一、金融法体系的含义

在法理学中，法律体系是指一国的全部现行法律规范，依照一定的标准和原则，划分为不同的法律部门而形成的内部和谐一致、有机联系的整体。法律体系是一种客观存在的社会生活现象，反映了法的统一性和系统性。对法律体系展开研究，在科学地进行立法预测、立法规划，正确地适用法律解决纠纷，全面地进行法律汇编、法典编撰，合理地划分法律学科、设置法学课程等方面都具有重要的意义。

结合以上论述，我们认为，金融法体系是指在金融法基本原则的指导下，由调整金融关系不同方面的宪法、金融法律、金融行政法规、金融地方性法规和规章、金融自律性规范等金融法律规范，分类组合为不同的金融法律制度，共同实现金融法的任务，而形成的相互连接、和谐统一、层次分明的统一整体。它是一个多层次的结构体。①

一般说来，金融法体系主要有如下特点：

第一，金融法体系是调整金融关系的国内法律规范的总体。如前所述，金融法的渊源甚广，包括国内渊源和国际渊源，具体又可以分为宪法、金融法律、金融行政法规、金融地方性法规和规章、金融自律性规范、国际条约和国际惯例。但是，金融法的体系和金融法的渊源有所区别，根据国内通说，法律体系仅指一国现行国内法构成的体系，并不包括完整意义的国际法。因此，对于国际条约和国际惯例，本书认为不宜纳入金融法体系。除此之外，在对金融法体系进行探讨时，应该将宪法、金融法律、行政法规、地方性法规和规章、自律性规章均包括在内，以求体系上的完备性和准确性。

第二，金融法体系受到金融法基本原则的指导。金融法的基本原则，是金融立法活动、金融业务活动、金融调控和监督管理活动、金融司法活动中必须遵循的行为准则。它有揭示金融法本质、统合金融法内容的普遍指导作用。不同性质的国家以及同一国家经济发展的不同时期，金融法的基本原则均会有所不同；但是毋庸置疑，金融法体系始终都要受到金融法基本原则的指导。

① 参见朱大旗：《金融法》，17页，北京，中国人民大学出版社，2000。

第三，金融法体系内容的分类方法具有多样性。由于世界各个国家和地区所处的经济发展阶段、金融立法的具体任务和规制重点均有所差异，加之金融法的内容十分庞杂，所以各国的金融法体系各有特点，并不相同。为了更好地把握金融法体系，学者们都倾向于采用“类型化”的研究方法，但是对其内容的分类方法上则呈现出多样性的特征。

第四，金融法体系应该为实现金融法的任务而相互连接、和谐统一、层次分明。国家进行金融立法，是为了确认金融机构的法律地位，规范金融主体的行为，从而实现资金融通的个体效益目标和社会整体效益目标的统一。因此，金融法应该努力实现其本身的任务，如加强金融宏观调控、促进经济增长、防范和化解金融风险、维护金融秩序等。为了实现其任务，要求不同位阶的金融规范性法律文件总体精神上应保持一致、相辅相成，而不应彼此矛盾、相互冲突。同时，不同内容的金融规范性文件亦“术业有专攻”，有不同的侧重方面，因此应当进行有针对性的研究，以发挥其最大功效。

二、金融法体系的主要内容

由于金融法内容庞杂，所以，学者们倾向于通过“类型化”的方法对其进行研究，但是，对金融法体系内容的分类方法却具有多样性。例如，有的学者将之划分为银行法、货币法（包括货币法、外汇管理法、金银管理法）、信贷法、票据法、证券法、保险法、信托法、融资租赁法。有的学者则划分为金融主体法（组织法）、金融调控法、间接融资法、直接融资法、期货期权与外汇法（特殊融资法）、金融中介业务法六个部分。也有学者建议从法学理论和立法实践角度入手，分为金融法理论体系（即金融法学体系）和金融法立法体系（即金融法规体系），其中前者分为金融组织法、金融监管法、金融业务法；后者又分为银行法、货币法、票据法、证券法、金融衍生品法、信托法、投资基金法、保险法、网络金融法、国际金融法。

参考国内学者对金融法主要内容的分类方法，大致可分为三大派别：第一，以立法者的观点为标准进行划分（如上述第一种分类）；第二，根据研究者的观点，从法学理论上以金融法的调整对象和调整方法为标准进行划分（如上述第二种分类）；第三，折中派，即对前两种分类方法兼收并蓄，均采其中（如上述第三种分类）。显然，为了进一步展开对金融法的研究，明确金融法的体系是十分必要的。依据不同的分类标准，我们可以对金融法规范作出不同的分类。不过，需要说明的是，对金融法体系的主要内容进行划分与立法活动是有区别的：立法是拥有立法权的国家机关依照法定职权和程序，制定、修改和废止法律和其他规范性法律文件及认可法律的活动。其强调的是结果性和规范性，即最终得出一个规范性的法律文件，该法律文件拥有一个相对独立的调整空间。而对金融法体系的主要内容进行划分，其更多是为了法学研究上的便利，因此其重点应在于一定的归纳性和抽象性。如果对二者不进行区分，将会导致两种活动的目的和特性混淆，从而不利于金融法学研究的深入开展。同时，我国自古以来讲求“中庸”之道，反映在研究方法上，便是“折中说”的盛行。“折中说”有其自身独到的优势，即“大而全”——似乎能够包罗万象，无所遗漏，兼采各家之长，均避各方之短。但是，换一个角度观之，也可认为其将各类观点的弊端杂糅其中，反而更容易受人攻击。而且，由于其缺乏独创性观点，实际上给使用者带来了困难，所以，本书不采纳折中的划分方法。

本书认为，关于金融法体系的划分，应当以金融法的调整对象为标准，其主要内容具体包括金融机构组织法、金融业务法、金融调控法和金融监管法四个部分。对于该划分方法，本书欲作如下说明：

第一，根据调整对象的不同，金融法体系的主要内容具体包括金融机构组织法、金融业务法、金融调控法和金融监管法四个部分。其中，金融机构组织法的调整对象是金融机构的组织关系，强调的是金融主体的性质、法律地位等方面的内容，其更加着眼于从静态上研究金融活动的主体；金融业务法的调整对象是金融机构在金融业务活动中形成的金融关系，强调的是有偿、平等、自愿等性质的内容；金融调控法的调整对象是以中央银行为代表的宏观政策部门在展开金融调控活动、对有关金融实施调节和控制的过程中发生的社会关系，强调的是一种克服市场机制内在问题的政府干预行为；金融监管法的调整对象是公共管理机关在金融监管活动中同市场主体之间产生的社会关系，体现了监管主体与被监管主体之间法律地位不对等的特点。

第二，对金融法体系的主要内容进行分类只是一种相对性的理论研究活动，为了避免“为了分类而勉强为之”的尴尬局面，本书虽然对金融法体系的主要内容分为四类，但并非一种绝对的分割。相反，其乃相互连接、和谐统一、层次分明的统一整体。特别是在当今的立法过程中，一部规范性文件中并非仅包含一种性质的规范，因此，本书不赞成简单地把一部规范性文件归为以上四者之一，进行单一化定性和归类，而是强调应当根据每一章节甚至每一条款的具体情况进行分类。如《证券法》中的证券发行、证券交易、上市公司的收购三章基本可归为金融业务法；证券交易所、证券公司、证券登记结算机构、证券服务机构、证券业协会等五章可作为金融机构组织法的内容；证券监督管理机构中的大部分内容可作为金融调控法和金融监管法的内容。但是，为了论述的方便，在下面对金融法体系的主要内容分类的论述中，不作此种详细区分，特此说明。

下面，本书将对金融法体系主要内容的四个部分进行详细论述。

（一）金融机构组织法

金融机构是金融活动中不可或缺的主体，是金融关系的参与者。无论是平权型的金融关系，还是纵向管理型的金融关系，金融关系的当事人中往往有一方是金融机构。因此，金融机构在金融体系中居于核心地位，也是金融法予以规范和主管机关进行监管的主要对象，可以说没有金融机构这一主体也就不存在讨论相应行为的余地；相应的，金融机构组织法也是金融法的基础。

金融机构组织法，又称金融组织法或金融主体法，是用以确认银行和其他金融机构的法律地位，明确它们的性质、任务、职权、业务范围、组织机构等金融法律规范的总称。根据金融机构的性质和业务范围的不同，金融机构组织法又可以进一步划分为中央银行组织法（在我国即为中国人民银行法）、商业银行组织法（又称普通银行法）、政策性银行组织法、非银行金融机构组织法和外资金融机构组织法等。在市场经济条件下，由于现代金融业主要包括银行业、证券业、信托业、保险业等四大支柱产业，所以，可以说，现代金融机构体系是由银行业金融机构和非银行业金融机构组成的。从这个意义上讲，金融机构组织法的内容从理论而言，包括银行业机构组织法、保险机构组织法、证券机构组织法、信托机构组织法、投资基金机构组织法、其他金融机构组织法等。这些法律规范散见于《中国人民银行法》、《商业银行法》、《证券法》中关于证券公司设立的规定、《信托法》中关于信托公司的规定、《金融机构撤销条例》、《保险公司管理规定》、《信托投资公司管理办法》、《证券公司管理办法》、《证券交易所管理办法》等金融法律法规中。

（二）金融业务法

金融业务法，又称为金融行为法，或金融交易法，是调整金融机构与客户之间各种具体金融业务活动的法律规范的总称。其学理范围包括银行业业务法、保险业业务法、证券业业务法、信托业业务法、投资基金业务法、其他金融机构业务法等。以下分述之：

1. 商业银行法

商业银行是一国金融业的主要机构，是经营间接融资业务的基本组织形式。因此，商业银行法也就成为金融法中的最重要的组成部分。商业银行法是调整商业银行经营关系的金融法律规范的总称，其调整范围包括国有商业银行、合作银行、外资商业银行、中外合资商业银行、外国商业银行分行和其他商业银行等。在我国，商业银行法调整商业银行经营关系的法律规范主要集中表现在《商业银行法》和它的实施条例中。

2. 政策性银行法

政策性银行是指由政府创办的、不以营利为目的的专门经营政策性贷款业务的银行机构。它是适应贯彻国家产业政策、调控宏观经济的需求而产生的。政策性银行不同于政府的中央银行，其重要作用主要在于弥补商业银行在资金配置上的缺陷，从而健全和优化国家金融体系的整体功能。因此，政策性银行法就是指调整政策性银行经营关系的金融法律规范的总称。目前，我国尚未制定政策性银行法。

3. 证券法

证券法是调整有价证券的发行、交易以及相关行为的法律规范的总称。作为资本市场交易活动的基本法律规范，证券法涉及的资本证券的范围极其广泛，包括股票、公司债券、政府债券、金融债券、认股权证、基金凭证、期货等。[①] 证券法是金融法的重要组成部分。我国《证券法》于1998年12月29日经第九届全国人大常委会审议通过，自1999年7月1日起开始实施；2005年10月27日经过第十届全国人大常委会重新修订，自2006年1月1日起施行。我国《证券法》的宗旨是规范证券的发行与交易行为，保护投资者的合法权益，维护社会经济秩序和社会公共利益，促进社会主义市场经济的发展。

4. 保险法

保险法是调整在保险活动中形成的社会关系的金融法律规范的总称。根据保险法所调整的内容来划分，保险法可以划分为保险合同法、保险业法和保险特别法。1995年6月30日，第八届全国人大常委会通过了《中华人民共和国保险法》，这是新中国

① 参见盛学军主编：《金融法学》，17页，北京，中国政法大学出版社，2007。

成立以来第一部法典性质的保险基本法。为了适应我国加入世界贸易组织的形势与需要，履行我国的有关承诺，2002 年 10 月 28 日第九届全国人大常委会通过了对保险法修改的决定，2009 年 2 月 28 日，全国人大常委会第七次会议修订通过新《保险法》，自 2009 年 10 月 1 日起施行。

5. 信托法

信托法是调整信托关系的金融法律规范的总称。它主要包括两大部分的内容：一是信托基本法，即关于信托的设立、信托财产、信托当事人的法律地位、信托的变更、终止等基本问题的法律规范；二是信托业法，即关于信托投资机构的设立与退出、业务范围、风险管理等业务活动的法律规范。在我国，2001 年 4 月 28 日第九届全国人大常委会通过的《中华人民共和国信托法》，是我国调整信托关系的基本法，而目前调整信托业的法律依据主要是中国银监会 2006 年 12 月 28 日主席会议通过、2007 年 3 月 1 日开始施行的《信托公司管理办法》。

6. 外汇法

外汇法是调整外汇管理关系与外汇流通关系的金融法律规范的总称，其目的在于稳定本国货币的对外汇率，防范外汇风险，保护国内市场，促进经济发展。新中国成立以来，我国一直实行严格的外汇管理制度。目前，我国的外汇管理体制基本上属于部分外汇管制，主要的法律规范为国务院 1996 年 1 月 29 日颁布，1997 年 1 月 14 日修正的《外汇管理条例》。与此同时，中国人民银行、国家外汇管理局先后发布了一系列外汇管理方面的法规、规章，从而形成了我国较为全面的外汇管理制度。

7. 票据法

票据法是指调整票据关系以及与票据关系有关的其他社会关系的金融法律规范的总称。整个现代票据法律制度都是建立在票据流通与信用基础之上的。1995 年 5 月 10 日，第八届全国人大常委会审议通过了《中华人民共和国票据法》，自 1996 年 1 月 1 日起施行。《票据法》施行以后，1997 年 6 月 23 日，经国务院批准，中国人民银行于 1997 年 8 月 21 日发布了《票据管理实施办法》。2004 年 8 月 28 日，第十届全国人大常委会决定对《票据法》作出修正。

8. 证券投资基金法

证券投资基金法是调整证券投资基金流通关系及其监管管理关系的金融法律规范的总称，其主要内容包括投资基金的设立、募集、交易、运作和监管等方面的具体规定。为明确与调整基金当事人之间的权利义务关系，保护投资人的合法权益，促进我国基金业的健康规范发展，我国于 1997 年颁布了《证券投资基金管理暂行办法》（现已失效），2003 年 10 月 28 日颁布了《中华人民共和国证券投资基金法》，自 2004 年 6 月 1 日起施行。

9. 金融衍生品法

金融衍生品是一种金融合约，其基本种类包括远期、期货、期权与互换。金融衍生品法是调整金融衍生品交易关系与监管关系的金融法律规范的总称，其主要包括金融衍生品交易法和金融衍生品交易监管法等。在我国，1995 年 2 月，证监会和财政部颁布了《国债期货交易管理暂行办法》（现已失效），标志着我国金融衍生品法律制度的起步。

（三）金融调控法

金融调控法作为宏观调控法的重要组成部分，是指调整中央银行在控制与调节货币供应量、利率、贷款量等过程中发生的金融宏观调控关系的法律规范的总称，其任务在于明确金融调控目标、确定调控机构、规范调控手段、维护货币金融秩序。金融是现代经济的核心，金融调控对国民经济走向可以起到"牵一发而动全身"的功效，因而是最重要的宏观调控手段。[①] 金融调控法以金融调控关系为调整对象，具有较强的程序法和组织法的特点。金融调控法确定金融调控机构的职责，明确金融调控的目标与手段，规定金融调控的原则与工具，涉及与金融调控相关的各个金融领域。一般来说，金融调控法律规范集中体现在一国的中央银行法中，典型的宏观调控手段有法定存款金政策、基金利率政策、再贴现和再贷款政策、公开市场业务等。

在我国，《中国人民银行法》是我国金融调控法的主要规范性文件。在《商业银行法》、《银行业监督管理法》中，为执行货币政策、防范和化解金融风险、维护金融稳定，而对存贷利率、同业拆借、境外贷款、系统性银行业风险等作了规定。除此之外，我国目前关于金融调控法的法律规范还包括《人民币管理条例》、《货币发行管理条例》、《外汇管理条例》、《外资银行管理条例》、《国家货币出入境管理办法》、《中国人民银行货币供应量统计和公布暂行办法》等。这些规定都是我国金融调控法的表现形式。

（四）金融监管法

金融监管法是经济法最核心的组成部分，指调整国家金融监管机构对金融机构及其金融活动进行监督管理所产生的社会关系的法律规范的总称。在现代市场经济中，中央银行在宏观调控中居于核心地位，因此，银行业监管法是监管法的核心。金融监管法的内容包括金融监管体制、对金融机构的监管、对投资人和融资人的监管、对金融市场活动和金融产品的监管，以及金融监管的国际合作等。[②] 金融监管法通过对金融机构的准入、经营行为、退出机制以及金融监管机构的职能、权限的规定来对整个金融市场进行调节[③]，从而规范、约束、指引与保障各种金融机构的行为。经过多年的改革与发展，我国已经初步建立起了"分业经营，分业监管"的金融业监督管理体系，从而有利于专业化监管机构发挥它们各自的专业优势，保障行业之间的协调发展和杜绝不同金融行业之间的风险传播。我国现行的金融监管机关呈多元化结构，即除中国人民银行执行货币政策等有关监管职能以外，还有中国银行业监督管理委员会、中国证券监督管理委员会和中国保险监督管理委员会等分业监管机关。

近些年来，随着众多金融法律法规的出台，我国的金融监管法律体系已经初步形成。1995年我国出台《中国人民银行法》和《商业银行法》（两部法律均于2003年重新修订），从而确立了我国银行业经营与发展的模式。1995年我国出台《保险法》（2009年重新修订），1998年出台《证券法》（2005年重新修订），2003年出台《银行业监督管理法》（2006年修正），从而形成了我国初步意义上的现代金融监管立法体系。

① 参见张学森主编：《金融法学》，45页，上海，复旦大学出版社，2006。

② 参见顾功耘主编：《经济法教程》，581页，上海，上海人民出版社，2002。

③ 参见李昌麒主编：《经济法学》，531页，北京，法律出版社，2007。

除此之外，我国还有一系列的关于金融监督管理的行政法规和部门规章，如《外汇管理条例》、《股票发行与交易管理暂行条例》、《外资保险公司管理条例》、《国有重点金融机构监事会暂行条例》等。这些法规中关于金融主管机关的职责、职权以及监管措施等方面的规定都是我国金融监管法的重要表现形式。

三、涉外金融法

涉外金融法是调整涉外金融关系的法律规范的总和。涉外金融关系是以涉外金融活动为特定内容的经济关系，相对于国内金融而言，涉外金融活动是一种跨越国界的金融活动，是一切与货币信用有关的国际经济活动的总称。从涉外金融法律关系主体、客体或内容应有一个或一个以上涉外因素这一标准来衡量，涉外金融法律关系的调整范围可谓非常广泛，牵涉到涉外金融活动的各个领域。因此，涉外金融法作为调整涉外金融关系的子法律部门，是有关涉外金融的公法规范和私法规范的综合体。

随着经济全球化、金融国际化的迅速发展，跨国商品与服务交易及国际资本流动规模迅速扩大，形式迅速增加，技术的广泛传播所促成的世界各国经济的相互依赖性亦日益增强。世界各国的金融业发展既相互依赖、相互促进，同时也相互影响、相互竞争，从而在根本上改变了各国彼此之间金融关系的性质与格局。任何一个国家都不能逃避经济全球化的现实，相反应当以积极的姿态融入国际金融活动，同时稳定国内金融秩序，减少金融风险和防范金融危机。因此，各国国内都需要制定相应的涉外金融法。从这个意义上讲，学习和研究金融法，不能不包括涉外金融法。不过，由于涉外金融活动与纯粹国内金融活动相比，关系国家主权和国家经济安全，所以我们认为，有必要将之单独分立出来予以重点说明。

前已提及，在讨论金融法的体系时，本书不将国际法范围的金融规范纳入其中，但其仍是金融法的渊源之一。同时，对于国际私法中涉及金融的内容要具体分析，若该内容属于统一实体规范，因不属于国内法范畴故不作为金融法体系范围，自然不可纳入涉外金融法；而一国在国内金融法中作出的冲突规定，属于国内法范畴，是涉外金融法的内容。

涉外金融法的内容从理论上而言可包括外资国内证券市场投资法、国内资金海外投资法、国内企业境外上市法。从我国现有规范性法律文件而言，其具体包括《外资金融机构管理条例》、《外资银行管理条例实施细则》、《非保险机构投资境外保险类企业管理办法》、《外国保险机构驻华代表机构管理办法》等。不过，不能否认的是，我国现行涉外金融立法还普遍存在着立法层次低、稳定性差、内容零散、缺乏统一性、操作性的问题。有鉴于此，本书以为，国内学者应立足于中国国情，大胆借鉴和采用国际金融监管惯例，努力构建一套既反映我国金融市场特点，又与国际惯例接轨；既充分维护我国经济和政治利益，又全面体现对外开放基本国策；既有稳定性、权威性、统一性，又具有适当灵活性、操作性、适用性的涉外金融法律体系。

案例与思考

1. 综合案例

2002 年 1 月 16 日，赵某由其所在单位统一在中国农业银行北京市西城区支行办理了 103 非银联标识金穗借记卡作为工资卡使用。通过正常程序，赵某领取了中国农业银行金穗借记卡一张及对账存折一个，未变更初始密码。到 2004 年 7 月 1 日，赵某借记卡内金额还存有 6 921.58 元，此后再未从此卡内提款。2005 年 2 月 27 日，赵某根据中国农业银行相关公告将该卡更换为银联标识金穗通宝卡，并查出卡内存款仅有余额 7.58 元。存款交易明细显示：2005 年 1 月 13 日至 2005 年 1 月 14 日，赵某卡内存款分七次支取 6 900 元。赵某同事在得知该情况后，立即到银行核对存款情况，其他未变更初始密码的同事发现自己卡内存款也被他人支取。赵某表示，其从开卡之日至存款被盗，从未授权他人取款，此卡也从未脱离其本人的控制。2005 年 2 月 28 日，赵某等人报案。案件审理过程中，根据赵某的申请，法院到北京市公安局海淀分局了解情况，根据公安部门调取的银行录像资料，证实在该时段内确有一名犯罪嫌疑人在 ATM 机上取款，排除了赵某或与其他有关人员取款的可能。

该案涉及银行金融机构与储户个人之间的权利义务关系。根据银行法的相关规定，储蓄机构理应对储户的存款及相关储蓄信息负有安全保密的义务。但在本案中，银行未尽到对储户存款及相关储蓄信息的安全保障义务，以致赵某 103 卡内存款被他人盗取，故中国农业银行西城支行应承担相应的赔偿责任。

2. 思考题

（1）简述金融法的渊源。

（2）简述金融法的体系。

（3）简述涉外金融法的概念与内容。

参考书目

1. 徐孟洲．金融法．北京：高等教育出版社，2002

2. 强力．金融法．2 版．北京：法律出版社，2003

3. 王保树．金融法二元规范结构的协调与发展趋势——完善金融法体系的一个视点．广东社会科学，2009（1）

4. 杨春平．论金融安全与我国金融法体系完善．见：王保树主编，中国法学会商法学研究会编．中国商法年刊（2008）．北京：北京大学出版社，2009

第三章 金融法的原则与功能

本章要点

1. 我国金融法的原则
2. 金融法的功能

第一节　金融法的原则

一、金融法原则的定义

在现代汉语中，原则的公共含义是观察问题、处理问题的准绳。在《布莱克法律词典》（Black's Law Dictionary）之中，所谓原则，是指法律的基本真理或准则，一种构成其他规则的基础或根源的总括性原理或准则。所以，金融法原则的含义应当是渗透和贯穿于金融法中起根本性和统率性作用的准则、精神与原理。我们认为，金融法原则是金融立法的指导思想，是从事金融调控监管活动和金融业务活动所应遵循的根本准则。它集中体现了金融法的本质和精神，是确立金融法律制度的基础，对金融立法、执法和司法具有普遍的意义和指导作用。

金融法原则究竟有哪些，在不同性质的国家或同一国家的不同历史阶段都可能有不同的表述，这是由经济发展水平、货币政策目标等多种因素所共同决定的，是一国特定金融环境在法律上的反映。根据我国经济发展的情况以及现行金融立法的基本内容，我国金融法原则主要有四个，分别是在稳定币值的前提下促进经济发展原则、防范和化解金融风险原则、保护投资者利益原则和与国际惯例接轨原则。

二、我国金融法的基本原则

（一）在稳定币值的前提下促进经济发展原则

金融是现代经济的核心，对于国民经济的总量控制和经济结构优化具有积极有效的调控作用。金融要促进经济的发展，就必须受到经济规律的制约，其中最重要的一条就是必须保持货币价值的稳定。这一原则的确立是多年来国内外经济发展的经验总结。对于经济发展的认识，人们最初是采用单因素的发展观，认为经济发展就是指经济的高速增长。但人们逐渐认识到，经济发展应当是指经济持续、稳定、健康、协调的发展，如果一国的经济只注重经济的高速增长而非经济地增大货币发行量，也许能在短期内刺激消费和投资，增加就业，但这种经济繁荣只能是表面的、暂时的经济繁荣。因为“物价的稳定是经济发展的大前提。从长远的眼光看，物价不稳定，就不会有持续的景气”①。从实践来看，无论是西方发达国家还是发展中国家，都有过不少深刻的教训。例如，不少西方发达国家曾奉行凯恩斯主义的经济政策，以低通货膨胀刺激有效需求，但最终都误入“滞胀”的泥淖和怪圈；很多拉美国家牺牲物价稳定，以图经济的超快攀升，却欲速不达，反使经济良性发展的机制遭到破坏。相反，一些新兴工业化国家重视货币稳定，倒更快地实现了高增长率。② 所以，货币的稳定是经济持续、稳定、健康和协调发展的必要条件。在我国现阶段，发展经济无疑是最为重要的目标之一，但经济发展不能以通货膨胀为代价来刺激增长，必须在稳定币值的前提下，扎扎实实地促进经济增长。对此，我国《中国人民银行法》把“保持货币币值的稳定，并以此促进经济增长”明确规定为我国的货币政策目标，从而使其成为我国金融法的重要原则。

所谓保持币值稳定，对内而言，就是指物价水平不发生显著的或急剧的波动，既没有明显的通货膨胀，也没有明显的价格下跌；对外而言，就是指保持人民币汇率的稳定。而要稳定币值，就必须贯彻货币制度独立、统一的方针，执行经济发行的原则。③ 货币制度的独立是指货币政策的制定和实施要与其他政策相对独立，货币的发行必须与财政发行、政府信用分开，即财政部门不得向中国人民银行透支，人民银行不得直接认购、包销国债和其他政府债券，不得向地方政府、各级政府部门提供贷款。统一是指货币的发行与管理要统一由中国人民银行负责，其他银行非依法律规定或经特别授权不得发行任何形式的银行券。稳定货币是与经济发行相联系的，是指货币的发行只能满足生产和流通的正常需要，使货币的总供给与总需求保持平衡，从而保证货币币值的稳定，防止通货膨胀。当然，稳定币值并非最终的目标，也就是说金融调控并不是为了稳定币值而稳定币值，而是为了促进经济稳定增长而稳定币值，最终的目标是在稳定币值的基础上促进经济发展。

（二）防范和化解金融风险原则

这一原则通常又被表述为“维护金融稳定原则”。金融业是从事货币融通的具有高

---

① ［日］铃木淑夫：《日本的金融政策》，张云方等译，6～7页，北京，中国发展出版社，1995。

② 参见刘颖等：《论金融法的基本原则》，载《经济师》，2002（12）。

③ 参见朱大旗：《金融法》，2版，13页，北京，中国人民大学出版社，2007。

度社会公共性的特种行业，它时刻面临多种类型风险的威胁，尤其在金融环境日益多样化、金融创新层出不穷、金融业务日益复杂的情况下，金融业面对的风险也日益增加。所谓风险，是指经济可能发生的损害和危险，金融风险是指资本在运动过程中由于一系列不确定因素而导致价值或收益损失的可能性。[①] 金融风险具有客观性和普遍性，只要存在金融活动，就必然存在金融风险。这些风险包括信用风险、国家和转移风险、市场风险、利率风险、流动性风险、操作风险、法律风险、声誉风险等。按照巴塞尔委员会2004年公布的新《巴塞尔资本协议》，金融风险依据最低资本要求的计量方法的不同被分为三类，即信用风险、操作风险和交易账户风险。与普通的经济风险不同，金融风险具有隐蔽性、扩散性、加速性等特征。金融风险并非是在金融危机爆发时才发生，它可能因信用活动的特点而被掩盖，然而一旦金融机构经营失败，就必然导致众多储蓄者和投资者的损失，不仅危及金融机构自身的生存与发展，还会引起多家金融机构的连锁反应，并加速整个金融业的危机，并进而危及整个国民经济的健康发展和社会稳定。因此防范和化解金融风险，确保金融机构稳健和审慎经营，化解金融风险隐患，防止因金融机构倒闭引发大规模的金融危机，历来是各国金融法的基本原则之一。

防范和化解金融风险原则，必须贯穿于金融立法、执法、守法和对外交往过程的始终。在立法方面，必须科学合理地建立金融法律制度，完善金融法律体系，为防范和化解金融风险提供良好的法律规范环境；在执法方面，应当强化金融监管部门的地位和职权，改进金融监管的方式、方法，严格按照有关风险防范的要求，完善有关资本充足率、贷款损失准备金、资产集中度、关联人贷款、流动性管理、风险管理、金融企业信息披露等方面的监管程序，切实加强非现场检查、现场检查、聘用外部审计和综合报表监管等措施；在守法方面，金融机构自身应当依法健全法人治理结构、完善内部风险控制机制，按照合法、合规和审慎的原则开展业务；在金融对外开放方面，必须积极稳妥，立足于国家主权和经济安全，切实做好涉外金融业务的经营和监管工作，防范国际金融风险的渗透和转移。[②]

（三）保护投资者利益原则

投资者是指在金融交易中购入金融工具融出资金的所有个人和机构，包括存款人。从公平的角度来讲，金融市场上的任何主体的合法权益都应当受到保护，但在各国的金融法中，均对投资者的利益予以特别的保护，这是基于以下几个方面的原因：首先，金融的基本功能是通过银行等金融中介机构把投资者的资金聚集起来发放给生产组织，因此投资者的资金是金融交易的主要来源，如果其利益不能得到公平、有效的保护，投资者就没有信心进入金融市场，从而最终导致资金融通的资源枯竭。其次，相较于金融机构，投资者属于“弱势群体”，需要金融法的特别保护。因为投资者大部分是个人投资者，他们不但不具有专业的金融知识，而且高度分散，力量单薄，并通常欠缺信息渠道和准确判断市场变化的能力，所以金融法突出对投资者利益的保护，更能体现出法律的实质公平理念。再次，由于金融工具具有的流通性特征决定了金融工具的持

① 参见王顺主编：《金融风险管理》，6页，北京，中国金融出版社，2004。

② 参见朱大旗：《金融法》，2版，15页，北京，中国人民大学出版社，2007。

有人具有不特定性和广泛性的特征，也就是说投资者数量众多，所以投资者利益的保护，事关金融秩序乃至社会的稳定。最后，投资者是金融市场不可忽视的社会监督力量，用以保护投资者利益的各项法律措施，有助于提高金融市场透明度及其规范运作的程度。例如在美国，证券投资者被形象地称为“私人检察官”，因为通过证券投资者对违法行为的起诉可以起到广泛而有效的监督作用。这样，不仅可以有效保护金融市场的秩序并促进发展，而且可以大量地节约国家直接支付的社会监督成本，提高社会监督效率。[①] 所以，保护投资者的利益是金融法要遵循的基本原则。

我国金融立法也十分重视这一原则，在《商业银行法》、《证券法》等重要法律中都有相关制度的规定，这些制度主要有：(1) 信息披露制度。其核心是赋予金融市场筹资主体及金融机构依法公开法定信息的义务，用以保证投资者公平地获取信息，并在全面、准确的信息基础上进行投资决策。(2) 银行保密制度。金融机构必须信守客户秘密。除法律另有规定外，不得向任何人披露所掌握的客户财务资料和其他信息，否则须赔偿客户由此遭受的损失。(3) 存款保险制度。即由专门的政策性存款保险机构在投保金融机构倒闭时对其存户提供补偿，它不仅为存款人特别是小额存款人提供了利益保障，而且能够有效控制系统性风险，即防止信任危机的全面爆发和金融风潮的扩散。[②]

（四）与国际惯例接轨原则

国际惯例是在国际经济交往实践中逐渐形成的不成文的规则，它们通常是指人们在长期的国际金融实践中经重复的类似行为而形成的并被从事有关实践之当事人普遍认为具有法的拘束力的习惯做法或通例。国际惯例因其“不成文”的特点所致，其所表现的行为规则在实际适用中往往会发生解释上的分歧。为了促进惯例规则的统一化，一些国际组织和学术团体对某些国际金融惯例加以收集、整理并系统编纂，形成某些国际惯例文件。[③] 所谓与国际惯例接轨，就是要消除国与国之间在金融交往上的障碍，这就要求我们的金融法在立法、执法、司法以及守法等各方面都要与国际惯例的做法和要求相一致。

我国法律之所以要与国际惯例接轨，是因为随着经济全球化、一体化的发展，任何国家经济发展都不可能脱离全球经济发展而独立进行，特别是我国已经加入 WTO，市场经济体制更是必须要与国际经济体制接轨。具体到金融法与国际惯例接轨，则主要是因为以下三个方面的原因[④]：首先，国际惯例通常是成熟的金融交易和金融监管经验的结晶，与国际惯例接轨，可以有效地避免立法失误，提高我国金融立法的水平和金融监管的质量。其次，与国际惯例接轨，有助于改善我国的金融法制环境，减少和降低涉外金融交往中与外方不必要的冲突与摩擦，促进金融的进一步对外开放，为积极引进和利用外资创造条件。最后，放眼世界，谋求各国金融制度某种程度的统一，确立最低的国际金融监管标准，并以此降低因各国制度差异所形成的竞争扭曲的程度，已然成为一股不可逆转的国际潮流，而国际惯例无疑是各国金融制度趋同化的方向。

① 参见何立惠：《论我国金融法的基本原则》，载《甘肃政法成人教育学院学报》，2005 (2)。

② 参见汪鑫：《金融法若干基本原则探析》，载《法学评论》，1997 (4)。

③ 参见刘丹冰主编：《金融法》，12 页，北京，经济科学出版社，2008。

④ 参见刘颖等：《论金融法的基本原则》，载《经济师》，2002 (12)。

近年来，我国已经在立法中自觉地与国际惯例接轨，从先后出台的有关金融法律来看，在很多方面都吸取了国际惯例中的合理成分。例如，中国就参照《统一国际银行资本衡量和资本标准协议》，在《商业银行法》等法律、法规中规定了8%的资本充足率的标准。当然，在许多方面还需进一步完善①：第一，进一步加强中国人民银行的独立性，建立以中央银行为领导，商业银行、政策性银行为主体，其他各类银行和外资金融机构为补充的金融体制，从而使得我国的金融市场主体规范化，符合国际惯例的要求。第二，改善国家金融宏观调控手段，对信贷的管理由直接控制改为间接控制，运用经济、法律手段控制货币供应总量，将存款准备金、再贴现率和公开市场业务作为宏观调控的主要手段。第三，制定外资银行法，对外资银行在中国开业的资格认证、经营范围、享受的待遇等作出明确规定，允许外资银行在适当范围内同中国金融机构进行平等竞争。第四，推动商业银行股份制改革，吸收私人资本参与金融业的投资，在条件成熟时，向私营业主开放金融市场，允许民营金融机构参与金融市场竞争。

第二节　金融法的功能

一、金融法功能的定义

“功能”（function）一词在不同学科中用法不同，但它们有共通之处。法的功能中的“功能”之词意源于社会学中“功能”之意。社会学对功能研究的发端起源于孔德的社会观，他指出“我将把社会有机体的构成要素明确地分为家庭——它们是真正的要素或细胞，接下来是阶级或喀斯特（castes）——它们是专门组织，最后是城市和社区——它们是实际器官”②。这一将社会跟有机体类比的思想对后来的社会学产生了很大影响，斯宾塞就认为社会是一个由不同部分组成的超级有机体，对于整个系统的运作而言，每一部分都有功用，并把人或事物引起的社会后果称为功能。依据这样的观点，社会是一个持久稳定的结构，各种社会要素密切关联并共同构成一个和谐的整体，每一个构成要素都具有一定的功能，其使命是以自身的行动对整体发展作出贡献。由此可见，对功能的理解应当从系统与构成要素或整体与部分的关系中来理解，并强调部分对整体产生的后果。所以法的功能是指法作为社会体系的部分或要素，基于其内在结构属性对社会整体或其他部分或要素，通过自身活动造成的积极的影响或后果。

金融法的功能，就是指立法者为达到对社会经济发展的调控目标，在一定的价值观或立法目的指引下，预设于金融法中，并期望通过金融法的实施，而造成一种积极的客观社会后果，并有利于实现法律的目的或价值。

二、金融法的功能

从总体上讲，金融法的功能在于促进社会经济的发展，因此，金融法的功能主要

① 参见朱崇实主编：《金融法教程》，13～14页，北京，法律出版社，2005。

② J. H. Turner, The Structure of Sociological Theory, California: Wadsworth Publishing Company, 1998, p. 10.

是从经济，尤其是金融领域来分析的。从结构上讲，金融法的功能具有递进的三个层次，首先，金融法可以推动和促进金融市场健康发展；其次，金融法可以完善和加强宏观经济调控体系；最后，金融法还可从整体层面维护和实现整体经济利益。

（一）促进金融市场健康发展

建立和完善社会主义市场经济体制，是我国经济体制改革的目标和战略任务，而要建立和完善社会主义市场经济体制，不仅要建立和完善商品市场、技术市场和劳务市场等，还必须要发展和完善我国的金融市场。

金融市场是现代市场经济发展的产物，也是现代市场经济的特征，并为促进市场经济发展服务。要建立和完善金融市场，就需要建立能够保证良好的金融秩序的法律环境。这是因为[①]，金融市场是融通资金、买卖有价证券的场所，它种类繁多，包括货币市场、资本市场、外汇市场、金银市场、期货期权市场等等，而且每一完善的金融市场必须具备交易主体、交易对象、交易工具、交易价格四大要素，只有通过立法对各类要素加以规范，克服市场规模狭小、信息不对称、道德风险等方面的难题，才能建立和健全各类各层次的金融市场。金融法就具有这样的功能，它根据社会对金融业的多向度、多层次、多样化的个性服务需求，合理设置具有不同功能的全能化、专业化的商业性金融机构和合作金融机构、特定目的的政策性金融机构，建立不同类型的货币市场、多层次的资本市场和其他金融市场。同时，通过设置市场监管制度来规范金融交易行为，防范系统性、全局性金融风险，使货币的收付、汇兑、结算、信贷等活动迅速、及时、准确，加速资金的流动和循环，从而为建立统一开放、有序竞争、充满生机的金融市场提供可靠的法律保障。

（二）完善宏观经济调控体系

宏观经济调控是指国家从经济运行的全局出发，运用各种宏观经济手段，对国民经济总体的供求关系进行调节和控制。宏观经济调控的手段主要包括财政政策、货币政策、产业政策、价格政策以及对外经济政策等，因此我国的宏观调控体系也应当是由财政、金融、计划、对外经济政策等相互配合和制约的系统工程。在现代社会里，金融是现代经济的核心，金融业是事关经济全局、事关千家万户的公共性行业，金融市场是瞬息万变、充满了不确定性的市场，任何一个金融机构的金融活动开展，已经超越了交易个体自身的范围，这就需要通过金融法对金融业进行宏观调控。[②] 由此可见，金融调控是整个宏观经济调控的重要组成部分，如何通过金融立法，使金融调控与其他调控政策相互配合，对社会总供给与总需求进行平衡，对于完善宏观经济调控体系具有重要的意义。具体来讲，金融法通过以下方面来完善宏观经济调控体系[③]：

第一，金融法对贯彻和稳定货币政策提供法律保证，有助于国家宏观调控目标的实现。例如，《中国人民银行法》就是围绕货币政策这个中心，通过法律的规定使我国的货币政策具体化、条文化和法定化，从而使得国家的货币政策具有普遍的约束力，也使国家在使用货币政策调控经济时更有权威和保障。

---

① 参见朱大旗：《金融法》，2版，11、14页，北京，中国人民大学出版社，2007。

② 参见朱大旗：《金融法》，2版，11页，北京，中国人民大学出版社，2007。

③ 参见徐孟洲：《金融法》，11～12页，北京，高等教育出版社，2007。

第二，金融法通过明确银行和其他金融机构的法律地位和具体权利义务，强化中央银行的地位，有利于加强金融机构活动的宏观管理。例如《中国人民银行法》规定：中国人民银行是中华人民共和国的中央银行。中国人民银行在国务院领导下依法独立执行货币政策，履行职责，开展业务，不受地方政府、各级政府部门、社会团体和个人的干涉。我国《商业银行法》等其他金融法律，也都从不同侧面规范银行行为，引导和管理金融活动符合国家宏观经济调控的大目标，既保障金融的活力，又使金融业活而不乱。

第三，金融法可以克服金融领域的“市场失灵”现象，保持宏观经济的稳定。市场经济的发展历史表明，在资源配置上，市场机制能够发挥有效作用，激发经济活力，但同时市场也存在自发性、盲目性和滞后性的负面作用，也就是说存在市场失灵的现象，包括垄断、负外部性、信息不对称等等。金融法的许多规定都可以克服“市场失灵”。例如，《证券法》就规定，发行人、上市公司依法披露的信息，必须真实、准确、完整，不得有虚假记载、误导性陈述或者重大遗漏。这无疑可以克服信息失灵。再如，《商业银行法》规定：商业银行开展业务，应当遵守公平竞争的原则，不得从事不正当竞争。这一规定的目的无疑是控制垄断。

（三）维护社会整体经济利益

美国著名法学家庞德认为，法律的功能在于承认、确定、实现和保障利益，或者说以最小限度的阻碍和浪费来尽可能满足各种相互冲突的利益。① 所以金融法最根本的功能也在于维护和实现整体经济利益。整体经济利益是整体经济关系对法律的客观要求，对它的维护与实现有利于一国综合国力的提高和社会和谐的达成，而金融在现代整体经济中占据主导性地位，是现代经济的核心。金融秩序的稳定与否，直接决定着国家整体经济的运行状况，也关涉人民大众的生活福祉，并最终影响所有社会主体的经济利益。② 金融法对整体经济利益的保护，主要是从维护整体经济效益、经济秩序和经济安全三个方面来实现的。③

第一，经济效益。现代社会经济效益的提高取决于整个社会综合效率的提高，而金融产业是现代社会的主导性产业，没有整个金融产业效率的提高，就难有整个社会经济效益的提高。在市场经济条件下，金融法的调整可以节约交易成本、节约资源消耗、节约权力配置的费用，而这些成本、费用的节约都有助于提高金融市场的有效运作。

第二，经济秩序。经济秩序是经济效益得以实现的前提，没有良好的经济秩序就难以有高的经济效益。而金融秩序对于经济秩序有重要的影响，因为金融活动是以货币或其衍生产品为客体的财产经营活动，现代货币是一种没有物化的价值符号，而货币衍生物则是以货币为基础创制的虚拟资产，它们的流动或融通体系是社会统一的完整体系，没有良好的金融秩序就必然带来经济秩序的紊乱，而金融法可以通过金融制度的制定、金融机构的设置、金融市场的建构和金融监管调控行为来保障金融秩序，

① 参见沈宗灵：《现代西方法理学》，291页，北京，北京大学出版社，1992。

② 参见朱大旗：《金融法》，2版，14页，北京，中国人民大学出版社，2007。

③ 参见刘少军：《金融法概论》，8页，北京，中国政法大学出版社，2005。

进而实现经济秩序的稳定。

第三，经济安全。在现代市场经济的体系中，金融业作为整个社会资金流通与融通的中心，具有脆弱性、风险易传染性等特点，面临巨大的系统风险，一旦金融产业出现安全问题就会很快波及整个社会。因此，维护金融安全及经济安全成为金融法的最基本功能，通过完善金融监管体制、实行市场准入监管、实施金融谨慎监管，建立金融安全网与危机处理制度，金融法发挥确保金融安全的作用。

法律应用

“百年一遇”的金融危机事件大事记

2007年4月开始的美国次贷危机迅速波及全球经济，成为全球性的金融海啸。了解这次金融危机以及各国政府应对金融危机而采用的金融调控手段，有利于我们理解金融法的基本原则和功能。

（一）2007年大事记

4月2日，美国第二大次级抵押贷款机构新世纪金融公司申请破产保护。

8月6日，美国第十大抵押贷款机构住房抵押贷款投资公司申请破产保护。

8月9日，次贷危机波及欧洲。

9月18日，美联储进入“降息周期”。

（二）2008年大事记

2月12日，美国六大房贷商提出“救生索计划”，2月13日，布什正式签署一揽子经济刺激法案。

3月，贝尔斯登被摩根大通以2.4亿美元低价收购，次贷危机持续加剧，并首次震动华尔街。

7月，美联储和财政部宣布救助两大房贷融资机构房利美和房地美（以下简称“两房”），美国国会批准3 000亿美元住房援助议案，授权财政部无限度提高“两房”贷款信用额度，必要时可不定量收购其股票。

9月，美国政府宣布接管“两房”；雷曼兄弟宣布申请破产保护；美国银行宣布将以440亿美元收购美林；美国政府出资850亿美元救助美国国际集团（AIG）；美联储批准高盛和摩根斯坦利转为银行控股公司的请求，华尔街投行退出历史舞台。华盛顿互惠银行被美国联邦存款保险公司（FDIC）查封、接管，成为美国有史以来倒闭的规模最大的银行。30日，美三大股指暴跌，纳指创历史最大日跌幅，道指创单日最大下跌点数。

10月，欧洲各国提高个人存款担保额度；富通集团比利时和卢森堡业务被巴黎银行收购；冰岛遭遇“国家破产”危机；英政府宣布向本国四大银行注资350亿英镑；乌克兰和匈牙利接受国际货币基金组织（IMF）紧急贷款，危机已经扩散至整个欧洲。当月，全球主要央行先后两次同步降息；西方七国集团（G7）财政部长会议承诺用“一切可用手段”对抗当前的金融危机。

11月，欧洲央行和英国央行分别降息50和150个基点；日、欧经济正式步入衰退；中国出台4万亿人民币经济刺激计划；欧盟提出2 000亿欧元经济刺激计划。当月第三周，花旗集团股价累计跌去60%，美财政部、美联储和联邦储蓄保险机构联合宣布，将为花旗3 060亿美元问题资产提供担保；美国政府拨款8 000亿美元刺激消费者信贷市场。二十国集团（G20）财政部长和中央银行行长2008年年会呼吁国际社会协调一致，共同应对国际金融危机。

12月，全球多家央行再度同步大幅降息。新当选的美国总统奥巴马宣布制订“经济复兴”计划；美国非农就业人数创24年来新低，金融危机对实体经济的影响显著。

（三）2009年大事记

2月，13日，美国国会通过了自第二次世界大战以来最大规模的经济刺激方案，议案总额为7 870亿美元。17日，美国总统奥巴马签署总额为7 870亿美元的经济刺激计划，使之成为法律，成为美国政府干预经济的一个新的里程碑。

思考题

1. 什么是金融法的原则，我国金融法的基本原则有哪些？
2. 金融法在现代生活中具有哪些功能？

参考书目

1. 刘少军主编．金融法概论．北京：中国政法大学出版社，2005
2. 刘亚天，刘少军主编．金融法．北京：中国政法大学出版社，2002
3. 席月民．浅析我国金融法的基本原则．中国社会科学院院报，2006-06-08
4. 徐强胜．我国金融法功能主义倾向的反思．见：王保树主编，中国法学会商法学研究会编．中国商法年刊（2008）．北京：北京大学出版社，2009

第二篇

金融机构及业务法

第四章
银行机构及业务法

第一节　银行机构及业务概述

一、银行及其在现代经济领域中的作用

二、银行法的概念和调整对象

第二节　中央银行

一、中央银行的法律地位

二、中央银行的职责

三、中央银行的组织机构

四、中央银行的业务

第三节　商业银行

一、商业银行法概述

二、商业银行的设立、变更、接管和终止

三、商业银行的组织形式与组织机构

四、商业银行的经营活动

第四节　政策性银行

一、政策性银行概述

二、政策性银行的相关法律规定

本章要点

1. 银行的概况及银行在经济中的作用
2. 中国人民银行的法律地位、职能
3. 商业银行的定义、特征及业务规定
4. 政策性银行的定义、种类及业务规定

第一节　银行机构及业务概述

一、银行及其在现代经济领域中的作用

作为现代金融体系的核心，银行从事经营存款、贷款与结算等中间业务，是经济活动中的信用中介与支付中介机构。

近现代意义上的银行起源于11世纪意大利的威尼斯，是为了满足当时国际贸易活动中各国商人铸币兑换的需要应运而生。在满足了早期的贸易支付工具的需求后，随着经济活动的发展，中世纪的货币兑换商将大量货币用于存款、贷款等具有现代银行信用中介本质的经营业务，拉开了近现代银行的帷幕。在此货币兑换与信用中介耦合的情形下，历史上第一家以“银行”命名的金融机构——威尼斯银行于1580年正式成立。此后，银行由意大利传至欧洲其他国家，并逐渐形成现代银行的存款、贷款与结算等传统业务。

中央银行则由近现代的商业银行演变而来。最早的中央银行是1688年的瑞典国家银行，源自于对商业银行里克斯银行的国有化。1844年，英国颁布《英格兰银行条例》，确立了英格兰银行作为英国中央银行的法律地位。英国的中央银行也同样来自于对1694年成立的商业银行英格兰银行的国有化。

自20世纪30年代以来，随着现代金融活动的创新及金融服务走向多元化，以政策性银行为代表的专业银行在各国的经济活动中亦占据重要的地位。政策性银行由政府创办或参股，不以营利为目的，主要开展以实施国家特定的产业政策和经济政策为目的的政策性贷款业务。

从经济学的角度分析，银行存在的必然性之一在于解决融资中的信息不对称问题。经济领域中的不同经济单位尤其资金盈余方需要展开合理的投资活动，同时资金短缺单位需要筹集资金。现代金融体系的主要作用在于为资金短缺单位与盈余单位提供有效的资金融通渠道，银行的基本作用在于为资金的周转提供间接融资的中介服务。

直接融资是指资金盈余方与资金短缺方通过一定的金融工具直接形成债权债务关系的金融行为。在直接融资中，金融媒介的作用是帮助资金盈余方与资金短缺方形成债权债务关系。间接融资是指资金盈余方与资金短缺方通过金融中介机构间接实现资金融通的行为。在间接融资中，资金的供求双方不直接形成债权债务关系，而是由金融中介机构分别与资金供求双方形成两个各自独立的债权债务关系。直接融资通常在资本市场完成，被称为“市场机制”；间接融资通常在信贷市场完成，被称为“银行机制”。

一般情形下，直接交易成本较低。间接融资虽然成本稍高，但也有其不可替代的优势，即银行可以有效地解决直接融资中的逆向选择与道德风险问题。两者都与信息不对称有关，银行能比金融市场更有效地应对信息不对称的问题。银行可借助其掌握的大量信息通过贷前审查避免资金短缺方（借款人）的逆向选择问题，通过有效的贷后风险监控解决道德风险问题。

二、银行法的概念和调整对象

作为当代中国法律体系的组成部门，银行法指调整货币流通和货币信用活动中的各种社会关系的法律规范的总称，包括《中国人民银行法》、《商业银行法》、《经济特区外资银行、中外合资银行管理条例》、《贷款通则》及其他相关的法律文件。

银行的活动包括货币流通和银行信用活动。前者指货币的发行、流通与调节；后者指以信用工具为载体的借贷行为。因此，银行法的适用范围包括货币的发行、流通和回笼，存款的吸收与支付，贷款的发放与回收，票据的承兑与贴现，银行间的同业拆借，金银和外汇的买卖，国内、国际货币收支与结算等银行业务活动。

银行法的调整对象是指银行法所调整的社会关系的范围，即在货币流通和信用活动中各主体之间的社会关系，包括主体（亦即机构）地位，业务活动关系以及监督管理关系。鉴于教材体系的设置，本章主要介绍银行主体地位和银行业务关系。银行的主体地位涉及银行的内部组织结构，指银行的性质、地位、设立、变更、接管、终止等；银行业务关系指银行之间以及银行与其客户之间，在货币流通和银行信用活动中形成的社会关系。

第二节　中央银行

一、中央银行的法律地位

从历史的角度来看，中央银行的出现晚于商业银行。早期的瑞典国家银行以及稍后的英格兰银行的前身皆为私人资本形式的银行。1844 年英国通过的《英格兰银行条例》是世界上首部界定中央银行性质、地位、职能的中央银行立法。此后，世界其他国家都基本采用了中央银行制度。[①] 虽然中央银行制度在各国有名称上的差异，但纵观中央银行的历史现状以及当今的各国立法，中央银行是代表国家发行货币并制定和实施货币政策、管理货币市场，同时又承担一定监督职能的金融机构。

中国人民银行是中国的中央银行，成立于 1948 年 12 月 1 日，是在原华北银行、北海银行、西北农民银行合并的基础上于石家庄建立的。2003 年修改后的《中华人民共和国中国人民银行法》第 2 条规定："中国人民银行是中华人民共和国的中央银行。中国人民银行在国务院领导下，制定和执行货币政策，防范和化解金融风险，维护金融稳定。"该规定明确界定了中国人民银行的法律地位，为中国人民银行履行相关的职责提供了法律依据；同时也确定了其与国务院的法律关系。中国人民银行作为我国的中央银行，是国务院领导下的一个主管金融工作的部级政府机关，是在国务院领导下主管金融事业的行政机关，是国家货币政策的制定者和执行者，同时也承担对金融市场的一定监管职能。它的全部开支来源于财政，其从事公开市场业务的收入全部上缴国库。

---

① 参见李昌麒主编：《经济法学》，438 页，北京，法律出版社，2007。

二、中央银行的职责

《中国人民银行法》第4条规定了中国人民银行的以下职责：(1) 发布与履行其职责有关的命令和规章。(2) 依法制定和执行货币政策。(3) 发行人民币，管理人民币流通；监督管理银行间同业拆借市场和银行间债券市场。(4) 实施外汇管理，监督管理银行间外汇市场；监督管理黄金市场。(5) 持有、管理、经营国家外汇储备、黄金储备。(6) 经理国库；维护支付、清算系统的正常运行；指导、部署金融业反洗钱工作，负责反洗钱的资金监测。(7) 负责金融业的统计、调查、分析和预测。(8) 作为国家的中央银行，从事有关的国际金融活动。(9) 国务院规定的其他职责。

2003年4月28日中国银行业监督管理委员会（以下简称银监会）成立后，原来由中国人民银行行使的对金融机构的审批权和监管权转交给了银监会。制定和执行货币政策，对国民经济进行宏观调控，防范和化解金融风险，维护金融稳定成为中国人民银行的主要职责。中国人民银行与银监会在金融职责上的调整强化了中国人民银行制定和执行货币政策的职能，突出了其在宏观调控中的作用。监管职能分离后，中国人民银行的职责以调控金融市场和维护金融体系稳定为中心，对金融业的整体风险、金融控股公司以及交叉性金融业务的风险进行监测和评估，切实履行“最后贷款人”职责，防范和化解系统性金融风险。

根据现行法律规定，中国人民银行的职责主要有两类：一类是经济监督管理职责，即中国人民银行作为国家的宏观调控机关所享有的规章制定权、金融秩序维护权等。如银监会成立以后，中国人民银行仍保留对银行间同业拆借市场和银行间债券市场、外汇、黄金市场的监督管理职责。另一方面是金融调控职责，即通过制定和执行货币政策，对金融及国民经济进行宏观调控，并维持币值的稳定。

三、中央银行的组织机构

根据《中国人民银行法》的规定，中国人民银行的组织机构涉及领导、内设部门和分支机构以及咨询机构等内容。

中国人民银行实行行长负责制。行长领导中国人民银行的工作，副行长协助行长工作。行长由国务院总理提名，全国人民代表大会（或全国人大常委会）决定，国家主席任免。副行长由国务院总理任免。每届任期5年，可以连任。中国人民银行行长的职责权限为：召集主持行务工作会议，讨论决定中国银行的重大问题；负责中国人民银行的全面工作，签署中国人民银行上报国务院的重要文件，签发给各分支机构的文件和指示；根据国务院有关规定，发布中国人民银行令和重要规章。

目前世界各国的中央银行大多采取总分行制的组织结构，全国设独家中央银行，其总行下设若干分支机构，构成一国的中央银行组织体。中国人民银行同样采用总分行制，总行设在北京，下设办公厅、货币政策司、调查统计司、金融市场司、会计财务司、国际司、支付结算司、人事司、内审司、科技司、条法司、金融稳定局、货币金银局、征信管理局、反洗钱局、国库局以及研究局等。中国人民银行在全国设立了跨行政区域的九大分行和北京、重庆两大总行营业部，339个中心支行和1 766个县

（市）支行。这些分支机构作为中国人民银行的派出机构，根据总行的授权，依法维护本辖区的金融稳定，承办有关业务。在法律地位上，各分支机构不具有独立法人资格，不享有独立的权利；从领导体制上，中国人民银行实行垂直领导制，总行管一级分行，一级分行管支行，分支机构的人事任免由上级行负责。

货币政策委员会是中国人民银行制定货币政策的咨询议事机构，其职责是在综合分析宏观经济形势的基础之上，依据国家的宏观经济调控目标，对下列货币政策事项进行讨论，并提出建议：（1）货币政策的制定、调整；（2）一定时期内的货币政策控制目标；（3）货币政策工具的运用；（4）有关货币政策的重要措施；（5）货币政策与其他宏观经济政策的协调。

四、中央银行的业务

中国人民银行作为我国的中央银行，为履行其职责，根据法律的规定，可以开展法律授权范围内的业务活动。根据《中国人民银行法》第四章规定的中国人民银行的法定业务范围，中国人民银行的基本业务之一是运用货币政策工具，即通过存款准备金、基准利率、再贴现、向商业银行提供贷款以及通过公开市场业务买卖国债和外汇等，执行货币政策。具体而言：（1）存款准备金制度，指商业银行按照中央银行规定的比例，将其吸收的存款总额的一定比例款额，缴存中央银行指定的账户；（2）中央银行基准利率，指中央银行贷款给商业银行的利率；（3）再贴现，中央银行根据一定比率从现款中扣取自贴现日至票据到期日的利息，这一比率即为再贴现率；（4）公开市场业务，中央银行在公开市场上（即金融市场）公开买卖有价证券或外汇影响金融机构的头寸，吞吐基础货币，从而起到调节信用与货币供给作用的一种业务活动；（5）对在中国人民银行开立账户的商业银行办理贷款时，解决商业银行临时性资金头寸不足的流动性危机。

除运行货币政策工具外，中国人民银行还依法开展以下业务：（1）代理财政部向金融机构组织发行、兑付国债和其他政府债券；（2）依照法律、行政法规的规定经营国库；（3）组织或者协助组织银行业金融机构相互之间的清算系统，协调银行业金融机构相互之间的清算事项，提供清算服务；（4）法律、行政法规规定的其他业务。

根据《中国人民银行法》第28～30条规定，中国人民银行不得从事以下活动：（1）对政府财政透支，直接认购、包销国债和其他政府债券；（2）向地方政府、各级政府部门提供贷款，向非银行金融机构以及其他单位和个人提供贷款，但国务院决定中国人民银行可以向特定的非银行金融机构提供贷款的除外；（3）向单位和个人提供担保。

第三节　商业银行

一、商业银行法概述

（一）商业银行的性质和职能

商业银行是指依照商业银行法和公司法设立的吸收公众存款、发放贷款、办理结算等业务的企业法人。商业银行是公司制的法人，具有法人资格。商业银行具有信用中介、支付中介、信用创造、金融服务等职能。

1. 信用中介

商业银行借助广泛的分支网点，通过银行的负债业务，把社会上的各种闲散货币集中到银行，再通过银行的资产业务，把它投向社会经济各部门，实现资金盈余方和短缺方的间接融通。商业银行借助于两个债权债务关系中的利差空间来获得经营利润。

2. 支付中介

商业银行除了作为信用中介，融通货币资本以外，还执行着货币经营的职能，主要表现为汇兑、代收、代付等专业业务。

3. 信用创造

商业银行在信用中介职能和支付中介职能的基础上，产生了信用创造职能。商业银行是在吸收存款的基础上，向借款人发放贷款，在支票流通和转账结算的基础上，贷款又转化为存款。在这种存款不提取现金或不完全提现的基础上，就增加了商业银行的资金来源，最后在整个银行体系，形成数倍于原始存款的派生存款，实现对信用的创造。

4. 金融服务

经济的发展和社会生活的进步对商业银行的经营提出了金融服务的要求。在激烈的业务竞争中，各商业银行也不断开拓服务领域，通过金融服务业务的发展，进一步促进资产负债业务的扩大，并把资产负债业务与金融服务结合起来，开拓新的业务领域。目前，金融服务已在许多市场体系发达国家的商业银行经营中占据越来越重要的地位。

（二）商业银行法的调整对象

商业银行法是调整商业银行设立、变更、接管、终止以及商业银行在开展业务活动中所发生的各种社会关系的法律规范总称。各国的商业银行法虽然在结构体系上有一定差异，但其内容主要涉及商业银行的法律地位、商业银行的资本、商业银行的设立、变更与终止、商业银行的经营范围以及商业银行的财务会计等。我国的商业银行法是1995年制定并于2003年修订的《中华人民共和国商业银行法》。该法为商业银行取得金融市场的主体资格及开展银行业经营活动提供了法律依据。

二、商业银行的设立、变更、接管和终止

商业银行的设立是指按照法律规定的条件和程序取得从事商业银行合法经营资格的行为。我国《商业银行法》第11条规定：设立商业银行，应当经国务院银行业监督管理机构审查批准。未经国务院银行业监督管理机构批准，任何单位和个人不得从事吸收公众存款等商业银行业务，任何单位不得在名称中使用“银行”字样。

（一）商业银行的设立

1. 商业银行设立的条件

根据《商业银行法》和《公司法》的规定，设立商业银行应当具备以下条件：(1) 符合《商业银行法》和《公司法》规定的章程。(2) 符合《商业银行法》规定的注册资本最低限额。设立商业银行的注册资本最低限额为10亿元人民币，城市合作商业

银行的注册资本最低限额为1亿元人民币，农村合作商业银行的注册资本最低限额为5 000万元人民币，且注册资本必须为实缴资本。(3) 具备任职专业知识和业务经验的董事长（行长）、总经理和其他高级管理人员。(4) 有健全的组织机构和管理制度。(5) 有符合要求的营业场所、安全防范设施和与业务有关的其他设施。

2. 设立的程序

按照商业银行市场准入相关法律的规定，我国对商业银行的设立采取严格准则主义。商业银行的设立应按照《商业银行法》的规定取得中国银监会的营业许可审批，再凭营业许可向公司登记管理部门领取营业执照，完成法人人格，从而具有民事权利能力和民事行为能力，并以其法人财产承担民事责任。

《商业银行法》第19条中规定："商业银行根据业务需要可以在中华人民共和国境内外设立分支机构。设立分支机构必须经国务院银行业监督管理机构审查批准。"商业银行设立分支机构应向国务院银行业监督管理机构提交下列文件、资料：(1) 申请书，申请书应当载明拟设立的分支机构的名称、营运资金额、业务范围、总行及分支机构所在地等；(2) 申请人最近两年的财务会计报告；(3) 拟任职的高级管理人员的资格证明；(4) 经营方针和计划；(5) 营业场所、安全防范措施和与业务有关的其他设施的资料；(6) 国务院银行业监督管理机构规定的其他文件、资料。

经批准设立的商业银行分支机构，由国务院银行业监督管理机构颁发经营许可证，并凭该许可证向工商行政管理部门办理登记，领取营业执照。商业银行对其分支机构实行全行统一核算，统一调度资金，分级管理的财务制度。商业银行分支机构不具有法人资格，在总行授权范围内依法开展业务，其民事责任由总行承担。根据民事诉讼法的相关规定，领取营业执照的商业银行的分支机构可以自己的名义参加诉讼活动。

（二）商业银行的变更

商业银行的变更是指商业银行在存续期间，发生法定事项时，应向国务院银行业监督管理机构履行相应的变更手续。按照《商业银行法》的规定，商业银行有下列变更事项之一的，应当经国务院银行业监督管理机构批准：变更名称；变更注册资本；变更总行或者分支行所在地；调整业务范围；变更持有资本总额或者股份总额百分之五以上的股东；修改章程；国务院银行业监督管理机构规定的其他变更事项。

商业银行的分立、合并，适用公司法的规定。商业银行的分立、合并，应当经国务院银行业监督管理机构审查批准。

（三）商业银行的接管

商业银行的接管是指在经营过程中，商业银行已经或者可能发生信用危机，严重影响存款人的利益时，由国务院银行业监督管理机构对该银行实行接管。接管的目的是对被接管的商业银行采取必要措施，以保护存款人的利益，恢复商业银行的正常经营能力。被接管的商业银行的债权债务关系不因接管而变化。接管自接管决定实施之日起开始。自接管开始之日起，由接管组织行使商业银行的经营管理权力。接管期限届满，国务院银行业监督管理机构可以决定延期，但接管期限最长不得超过2年。

（四）商业银行的终止

商业银行的终止是指商业银行因出现解散、被撤销和被宣告破产等法律规定的情形而消灭其法律主体资格的法律行为。根据《商业银行法》第七章的规定，商业银行终止的情形有：

1. 解散

商业银行因分立、合并或者出现公司章程规定的解散事由需要解散的，应当向国务院银行业监督管理机构提出申请，并附解散的理由和支付存款的本金和利息等债务清偿计划，经国务院银行业监督管理机构批准后解散。

2. 被撤销

商业银行因被吊销经营许可证被撤销的，国务院银行业监督管理机构应当依法及时组织成立清算组，进行清算，按照清偿计划及时偿还存款本金和利息等债务。

3. 破产

商业银行不能支付到期债务，经国务院银行业监督管理机构同意，由人民法院依法宣告其破产。商业银行被宣告破产的，由人民法院组织国务院银行业监督管理机构等有关部门和有关人员成立清算组，进行清算。

三、商业银行的组织形式与组织机构

（一）组织形式

根据《商业银行法》的规定，商业银行的组织形式、组织机构适用《公司法》的规定。据此，我国商业银行的组织形式主要为有限责任和股份有限等企业形态。有限责任公司形式的商业银行是指由 2 个以上 50 个以下股东共同出资设立，股东以其出资额为限对银行承担责任，银行以其全部资产对银行债务承担责任的商业银行。股份有限公司形式的商业银行是指银行的全部资本分为等额股份，股东以其所持股份为限对银行承担责任，银行则以全部资产对银行债务承担责任的商业银行。

（二）组织机构

根据《商业银行法》第二章的规定，结合《公司法》的相关规定，我国商业银行的组织机构包括股东会或股东大会、董事会、监事会、行长或总经理。

1. 股东会或股东大会

公司的股东会或股东大会作为公司的权力机构，依法行使职权。国有独资公司不设股东会，由国家授权投资的机构或国家授权的部门授权董事会行使股东会的部分职权，决定重大事项。但商业银行的合并、分立、解散、增减资本和发行金融债券，必须由国家授权投资的机构或国家授权的部门决定。

2. 董事会

董事会是公司的常设机构，对股东会或股东大会负责，依法行使职权，董事长是公司的法定代表人。

3. 监事会

商业银行应当设立监事会，国有独资银行的监事会成员由中国银监会、政府有关部门的代表、有关专家和本行工作人员的代表组成。监事会对国有独资商业银行的信贷资产质量、资产负债比例、国有资产保值增值等情况以及高级管理人员违反法律、法规或章程的行为和损害银行利益的行为进行监督。

4. 行长或总经理

商业银行的行长或总经理由董事会聘任或解聘，对董事会负责，依法行使职权。

四、商业银行的经营活动

商业银行作为金融企业，以金融资产和负债为经营对象，以追求利润最大化为企业目标。但作为经营特殊商品——货币资本的企业，为保障商业银行的规范和稳健运行，维护稳定的货币资本市场，商业银行在开展金融业务活动中必须遵循一定的经营原则指导方针。《商业银行法》第 4 条规定：商业银行以安全性、流动性、效益性为经营原则，实行自主经营，自担风险，自负盈亏，自我约束。商业银行依法开展业务，不受任何单位和个人的干涉。商业银行以其全部法人财产独立承担民事责任。

（一）商业银行的经营原则

1. 安全性原则

安全性原则是指商业银行应当依法维护金融资产质量、收回资产的可靠程度。根据《巴塞尔协议》关于银行自有资本的要求，各国商业银行从事的资产业务的资金多来源于其吸收的存款或其他负债，因此，为保证银行资金的安全及存款人的合法权益，法律规定了许多措施来保证银行经营过程中的安全性，有关存款准备金、资本充足比例、流动资金比例、分业经营、限制银行进入证券业和信托业以及房地产业务等法律规定，都是为了确保银行经营的安全，保证金融市场的稳定。

2. 流动性原则

流动性原则是指商业银行的资金应当保持较高程度的资金经常流动的状态，以便及时充分地满足存款和发放贷款的需要。法律规定商业银行对存款人要保证支付，避免公众挤兑；商业银行贷款按照合同约定的履行期限执行。因此，为了保证商业银行的支付能力，商业银行必须保证资产的适度流动性。《商业银行法》第 39 条规定，商业银行的流动性资产余额与流动性负债余额的比例不得低于 25%。

3. 效益性原则

效益性原则是指银行应当以利润最大化为主要经营目标。作为企业法人，商业银行的传统收益来自于存款与贷款之间的利差。此外，随着现代经济和社会对多元化金融服务的要求，商业银行利用自己的专业能力和广泛网络为客户提供的中间业务也成为其重要的利润来源。效益性不仅包括商业银行本身的经济效益，而且包括国家宏观经济和产业政策指导的金融业整体效益。

4. 自主经营、自担风险、自负盈亏

自主经营原则是指商业银行作为资本市场的企业主体，具有完全独立的法人资格，其依法开展银行业务活动，不受任何单位和和个人的干涉。

自担风险及自负盈亏原则是指商业银行作为民商事主体，以其全部法人财产独立承担民事责任。《商业银行法》第 2 条规定，商业银行的法律性质是企业法人。根据我国《公司法》的有关规定，有限责任公司和股份有限公司是企业法人。有限责任公司和股份有限公司都强调公司的独立法人人格，即股东以其出资额为限承担有限责任，公司以其全部财产独立承担责任。

5. 自我约束的原则

自我约束的原则是指商业银行经营中要自律经营行为。商业银行的自我约束主要体现在两个方面：一是商业银行组成的同业公会或协会，同业组织制定的章程，参加同业组织的金融机构都要自觉遵守；二是银行内部监察部门、法律部门和安全保卫部门对本行经营活动的自律约束。

（二）商业银行的主要业务

1. 商业银行的资产业务

资产业务是指商业银行运用各种资金（包括存款和资本金）进行经营活动及其收益，主要包括：现金资产、投资银行、贷款、固定资产和其他资产等几部分。在商业银行资产业务中，各种期限结构的信贷资产占其业务的绝大比重，即商业银行将其所吸收的资金，按一定的利率发放给客户，并约定到期后还本付息。

商业银行信贷资产发放应当坚持分级、分类授权的原则，实行统一授信制度，对客户的信用进行等级评定，并且评级、授信与贷款实行分离。信贷资产的规范流程应包括贷款调查、贷款审查、贷款审批、贷款发放和贷后管理、档案管理等。

投资也是商业银行资产业务之一。在商业银行业务中，投资是指将资金较长期地投放于有价证券的行为，是不包括二级准备金在内的证券买卖投资。在我国，对于商业银行投资证券的种类有严格的限制，仅限于信用可靠、安全性好、流动性强的政府债券（如国库券等）、金融债券，而禁止从事其他股票、企业债券的投资。

按照我国“分业经营、分业监管”的金融体制，《商业银行法》第 43 条规定：商业银行在中华人民共和国境内不得从事信托投资和证券经营业务，不得向非自用不动产投资或者向非银行金融机构和企业投资，但国家另有规定的除外。

2. 商业银行的负债业务

负债业务是指商业银行形成的资金来源的业务，是商业银行进行资产业务和中间业务的基础，主要由自有资本、存款和借款构成。

自有资本是指银行成立时所筹集的资本、储备资本和未分配利润。任何商业银行在开业登记注册时必须筹集一定的资本额，称为法定资本。未达到注册资本，不予开业。《商业银行法》第 39 条规定了商业银行应遵循的资产、负债比例，并根据《巴塞尔协议》的要求，规定商业银行的资本充足率不得低于 8%。

存款是商业银行最重要的资金来源，也占银行负债业务的绝大比重。商业银行吸收的存款有不同的利率期限和利率结构，商业银行的资产负债管理要求商业银行根据收益曲线得出不同期限的资金成本，使商业银行的资产期限和利率与负债的期限和成本相匹配。

借款主要解决商业银行经营过程中的临时流动性不足的问题，具体包括，同业拆借，即金融机构之间发生的短期或临时性的借贷活动；向中央银行借款，中央银行作为最后贷款人，向其发放贷款，以解决商业银行融通资金的需要；其他借款，商业银行向其他金融机构借款，如向国际金融市场的借款。

3. 商业银行的中间业务（fee-based banking business）

中间业务又称为表外业务，是指其收入不列入商业银行资产负债表、商业银行不运用自有资产而以中介人身份凭借技术、信誉、资质、机构、信息优势在存款、贷款和投资之外代理承办收付和其他委托事项，或提供各种金融服务而收取佣金和手续费的业务。此种业务与资产业务、负债业务构成商业银行的三大业务范围。商业银行的中间业务主要包括结算、信用证、代理、银行卡以及咨询等业务。

结算业务是指商业银行通过为客户设置银行账户的方式为本行和他行的客户办理各种资金的汇兑、收付，并以此清算和了结各方债权、债务的中介行为。根据结算的工具和区域的不同，可分为票据结算和非票据结算、国内结算和国际结算。根据《银行结算办法》的规定，银行与被代理客户作为银行结算法律关系的双方当事人应当遵循“恪守信用、履约付款”，“谁的钱进谁的账，由谁支配”，“银行不垫款”等原则。双方应按照《合同法》、《商业银行法》、《银行账户管理办法》、《银行结算办法》等履行各自的合约义务。

信用证业务是指商业银行用以保证买方或进口方有支付能力的凭证签发及流转的行为。尤其是在国际贸易活动中，商业银行介入国际贸易的跨国支付结算，以银行信用代替商业信用。信用证独立于贸易合同，银行在审单时强调的是信用证与基础贸易相分离的书面形式上的认证，只要单据相符，开证行就应无条件付款。

按照《跟单信用证统一惯例》（UCP 600）的规定，在采用信用证的国际结算方式下，银行有条件保证付款。根据国际惯例，买方先凭其在当地银行的授信情况，向银行申请开立信用证，通知卖方开户银行转告卖方，卖方按合同和信用证规定的条款发货，银行审核单证后代买方付款。信用证的常见的分类有：

（1）可撤销信用证和不可撤销信用证。可撤销信用证指开证行对所开信用证不必征得受益人同意有权随时修改或撤销的信用证；不可撤销信用证指信用证一经开出，在有效期内非经信用证有关当事人同意，开证行不能片面修改或撤销的信用证。由于不可撤销信用证对受益人较有保障，所以在国际贸易结算中使用最多。

（2）跟单信用证和光票信用证。跟单信用证是指凭跟单汇票或仅凭单据付款的信用证。由于货运单据代表着货物的所有权，控制单据就意味着控制了货物，故国际贸易结算中使用的信用证绝大部分是跟单信用证。光票信用证是凭不附货运单据的汇票付款的信用证。

（3）保兑信用证和不保兑信用证。关于保兑信用证，指开证行开出不可撤销的信用证以后，再由另一家银行加具保函，对符合信用证条款的单据履行付款。对信用证加具保兑的银行称为保兑行。保兑行一经保兑，就和开证行一样承担付款责任。所以，保兑信用证是一种双重保证的信用证，对出口方安全收汇是非常有利的。不保兑信用证是未经保兑的信用证，即一般的不可撤销信用证。

（4）可转让信用证和不可转让信用证。可转让信用证指开证行授权通知行在受益人要求下，可将信用证的全部或一部分金额转让给一个或数个第二受益人，即受让人。这种信用证的第一受益人通常是中间商，而第二受益人则通常是实际供货人。可转让信用证必须注明“可转让”字样，否则，只能作为不可转让信用证使用。不可转让信用证指受益人不得将所持信用证的权利转让给任何人的信用证。

代理业务是指商业银行借助其网络网点代收煤气费、代收税款、代收电费、代收取暖费、代收水费、代发工资等服务行为。

第四节　政策性银行

一、政策性银行概述

政策性银行主要是指由政府创立或担保，以贯彻国家产业政策和区域发展政策为目的，具有特殊的融资原则，不以营利为目标的金融机构。20 世纪 30 年代，美国、德国、日本等国家开始建立政策性银行。[①] 为了从第二次世界大战的破坏中迅速恢复经济，各国为解决商业银行在资金配置上的缺陷，提高财政资金对产业经济的扶植力度，设立了一批政策性银行，建立了各自的政策性银行体系。我国的政策性银行体系始于 1993 年 12 月 25 日国务院发布的《关于金融体制改革的决定》。1994 年，我国组建了三家政策性银行，即国家开发银行、中国进出口银行、中国农业发展银行，均直属国务院领导。

政策性银行不同于中央银行，在性质、业务等方面也区别于商业银行。与商业银行相比，其具有如下特征：

1. 资金来自政府

政策性银行由政府创办或参股，属于政府的金融机构。如《德国复兴开发银行》规定，复兴开发银行为政府所有，其中联邦政府占 80％的股份，各州政府占 20％的股份。我国的三家政策性银行的注册资本，都由财政部核拨。

2. 不以营利为目的

政策性银行不以营利为目的，而以贯彻国家产业政策和区域发展政策为目的。在经济发展过程中，为了扶持对国民经济发展、社会稳定具有重要意义，投资规模大、周期长、经济效益见效慢、资金回收时间长的项目，政府往往实行各种鼓励措施，各国通常采用的办法是设立政策性银行，专门对这些项目融资。但政策性银行的资金并不是财政资金，政策性银行也必须考虑盈亏，坚持银行管理的基本原则，力争保本微利。

3. 主要从事资产业务

政策性银行主要从事资产业务，不吸收存款。政策性银行的资金来源主要是政府提供的资金以及发行政策性金融债券筹集的资金，从事的资产业务主要集中在商业银行不愿参与的长期项目。因此，在银行资产业务方面，政策性银行不以商业银行为直接竞争对手。

政策性银行法是关于政策性银行地位、性质、设立宗旨、经营目标、业务范围，以及变更、终止等各项社会关系的法律规范总称。

二、政策性银行的相关法律规定[②]

（一）国家开发银行的法律规定

经国务院批准，国家开发银行于 1994 年 3 月正式成立，总行设在北京。国家开发

① 参见李昌麒主编：《经济法学》，451 页，北京，法律出版社，2007。

② 本部分内容参考了中国人民银行官方网站的相关信息。

银行的设立宗旨是，一方面为国家重点建设融通资金，保证关系国民经济全局和社会发展的重点建设顺利进行；另一方面把当时分散管理的国家投资基金集中起来，建立投资贷款审查制度，赋予开发银行一定的投资贷款决策权，并要求其承担相应的责任与风险，以防止盲目投资，重复建设。

国家开发银行注册资本金为500亿元人民币，由国家财政全额拨付。中国人民银行对国家开发银行不提供资金。国家开发银行的主要任务是：按照国家有关法律、法规和宏观经济政策、产业政策、区域发展政策，筹集和引导境内外资金，重点向国家基础设施、基础产业和支柱产业项目以及重大技术改造和高新技术产业化项目发放贷款；从资金来源上对固定资产投资总量和结构进行控制和调节。

国家开发银行实行行长负责制，行长、副行长由国务院任免。行长负责全面工作，副行长协助行长工作。行长主持行长会议，研究决定本行业务方针、计划、筹资、贷款以及财务决算等重大事项。国家开发银行目前设立总行营业部、27家国内分行和香港代表处。按照国家开发银行章程的规定，国家开发银行遵循“统一管理、区别授权、责权明确、严格监控”的原则，实行法人体制下的总分行授权管理。

按照《国有重点金融机构监事会暂行条例》的规定，国家开发银行应接受监事会的监督管理。根据国家开发银行监事会章程规定，监事会由财政部、中国人民银行、审计署等部门各派出一名负责人以及国务院指定的其他人员组成。监事会主席由各监事会成员单位定期轮换担任，每届任期3年。监事会的主要职责是：监督国家开发银行执行国家方针政策的情况、资金使用方向和资产经营情况，提出国家开发银行行长的任免建议。监事会不得干预国家开发银行的具体业务。

国家开发银行的业务范围主要为：（1）管理和运用国家核拨的预算内经营性建设基金和贴息资金；（2）向国内金融机构发行金融债券和向社会发行财政担保建设债券；（3）办理有关外国政府和国际金融组织贷款的转贷，经国务院批准在国内发行债券，根据国家利用外资计划筹借国际商业贷款等；（4）向国家基础设施、基础产业和支柱产业的大中型基本建设和技术改造等政策性项目及配套工程发放政策性贷款；（5）办理建设项目贷款评审、咨询和担保等业务，为重点建设项目物色国内外合资伙伴，投资机会和投资信息；（6）经批准的其他业务。

国家开发银行按照国家宏观经济政策和开发银行信贷原则独立评审贷款项目、发放贷款。其资金主要通过市场方式向国内外发行金融债券筹集，资金运用领域主要包括：制约经济发展的“瓶颈”项目；直接关系增强综合国力的支柱产业中的重大项目；重大高新技术在经济领域应用的项目；跨地区的重大政策性项目等。

国家开发银行的贷款分为两部分：一是软贷款，即国家开发银行注册资本金的运用。其主要按项目配股需要贷给国家控股公司和中央企业集团，由其对企业参股、控股。二是硬贷款，即国家开发银行借入资金的运用。国家开发银行在项目总体资金配置的基础上，将借入资金直接贷给项目，到期收回本息。目前国家开发银行的贷款主要是硬贷款。

为了适应经济的发展，2008年2月，国家开发银行改革方案获得批准。根据这一方案，国家开发银行将定位为商业银行，主要做中长期业务，也可做投行和投资业务，并通过股份制改革建立现代企业制度，按照《公司法》成立股份公司，不再属于政策性银行。

（二）中国农业发展银行的法律规定

中国农业发展银行于1994年4月经国务院批准成立。中国农业发展银行成立的宗旨是为了完善农村金融服务体系，贯彻国家的农业政策，集中财力解决农业和农村经济发展的合理的政策性资金需要，促进主要农产品收购资金的封闭运行。

按照国务院《关于金融体制改革的决定》和《中国农业发展银行章程》的规定，中国农业发展银行注册资本金为200亿元人民币，由国家财政全额拨付。

中国农业发展银行实行行长负责制，行长、副行长由国务院任免；在机构设置上实行法人体制下的总分行授权管理，总行设在北京，国内设有两千多家分支机构。中国农业发展银行设立监事会。监事会由财政部、中国人民银行、农业部以及审计署等有关部门选派人员组成，并报国务院批准，由国务院任命监事会主席一人。

中国农业发展银行实行独立核算，自主、保本经营，企业化管理的经营方针。主要任务是：按照国家有关法律、法规和方针、政策，以国家信用为基础，筹集农业政策性信贷资金，承担国家规定的农业政策性金融业务，代理财政性支农资金的拨付。

目前，中国农业发展银行依据国家有关法律、法规、产业政策，实行“库贷挂钩、钱随粮走、购贷销还、封闭运行”的信贷原则。即发放的收购贷款额要与收购的粮棉油库存值相一致，销售粮棉油收入中所含贷款要全部收回，防止收购资金被挤占挪用，保证收购资金及时、足额供应，保护农民的生产积极性，促进粮棉油生产和粮食购、销、调、存等方面工作的顺利开展。

中国农业发展银行的资金主要来源于中央银行的再贷款。其业务范围主要是向承担粮棉油收储任务的国有粮食收储企业和供销社棉花收储企业提供粮棉油收购、储备和调销贷款，此外，还办理中央和省级政府财政支农资金的代理拨付，为各级政府设立的粮食风险基金开立专户并代理拨付。

（三）中国进出口银行的法律规定

中国进出口银行于1994年4月经国务院批准正式成立，具有法人资格，实行自主、保本经营和企业化管理的经营方针。中国进出口银行的主要职责是按照国际惯例运用出口信贷、担保等通行做法，扩大机电产品，特别是大型成套设备和高新技术、高附加值产品的出口，合理促进对外贸易的发展，创造公平、透明、稳定的对外贸易环境。

中国进出口银行注册资本金为33.8亿元，由国家财政全额拨付。中国进出口银行只设总行，在国内设立15家营业性分支机构，境内设1家代表处，境外设3家代表处，负责调查统计和监督代理等事宜。

中国进出口银行设董事会。董事会设董事长一人，并可视情况设置副董事长。董事长可兼任行长。董事长、行长由国务院任免。中国进出口银行设监事会。监事会由财政部、中国人民银行、审计署等有关部门的成员组成。

中国进出口银行的主要任务是：执行国家产业政策和外贸政策，为扩大我国机电产品和成套设备等资本性货物出口提供政策性金融支持。

中国进出口银行依据国家有关法律、法规、外贸政策、产业政策和自行制定的有关制度，独立评审贷款项目。其资金主要通过市场方式向国内外发行金融债券筹集，业务范围主要是为成套设备、技术服务、船舶、工程承包、其他机电产品和非机电高新技术的出口提供卖方信贷和买方信贷支持。同时，该行还办理中国政府的援外贷款及外国政府贷款的转贷款业务。

案例与思考

1. 典型案例

2006年6月14日，上海一家外资企业的邓小姐持中国建设银行与中国银联股份有限公司共同发行的建行龙卡到交通银行上海漕河泾支行、中国工商银行上海市漕河泾开发区支行的ATM机查询时，发现每次查询后银行卡余额都会自动扣费。邓小姐向银行工作人员询问后方得知，包括建行、交行、工行在内的几大商业银行根据中国银联的规定，决定从2006年6月1日起对银行卡跨行查询收取手续费每笔0.3元。邓小姐认为，自己办卡时银行承诺跨行查询是免费的，建行也从未告知或提醒过将来有可能要收取银行卡跨行查询费，在对方的银行卡章程和办卡合约上也都没提及将会收费，现在竟在未经用户同意的情况下，突然擅自收取跨行查询手续费，显然是侵犯了储户的合法财产权益。邓小姐随即一纸诉状将交通银行上海漕河泾支行、中国工商银行上海市漕河泾开发区支行、中国建设银行上海市分行和中国银联股份有限公司一起告上徐汇区法院，请求法院判四被告返还银行卡跨行查询手续费人民币1.5元；停止侵权，取消银行卡跨行查询收费并承担本案的诉讼费用。

根据本章的学习，结合银行业务的法律规定，思考以下问题：(1) 如何理解银行与储户之间的法律关系？(2) 银行金融产品的定价权应如何合理配置？(3) 储户合法权益的救济机制如何建立？(4) 如何理解中国人民银行、银监会、中国银联、商业银行、金融产品消费者几者之间的法律关系？

2. 思考题

(1) 中国人民银行有哪些职能？

(2) 商业银行的终止情形有哪些？

(3) 什么是政策性银行？中国的三家政策性银行业务范围有哪些？

参考书目

1. 李玫．银行法．北京：对外经济贸易大学出版社，2007

2. 王一平．银行法基本问题研究．北京：人民法院出版社，2005

3. 刘隆亨．中国银行业监督管理法理解与适应．北京：红旗出版社，2004

4. 孙国华．银行法律基础知识．北京：中国金融出版社，2005

第五章
保险机构及业务法

第一节　保险机构及业务概述

一、保险与保险法

二、保险经营机构

三、保险中介机构

第二节　保险合同

一、保险合同概述

二、财产保险合同

三、人身保险合同

第三节　保险索赔及理赔

一、保险索赔及理赔概述

二、保险索赔的要件与程序

三、保险理赔的程序与其他规定

□·本章要点·□

1. 保险法的概念和特点
2. 保险机构的类型
3. 财产保险合同的内容
4. 人身保险合同的主要条款
5. 保险理赔的程序

第一节　保险机构及业务概述

一、保险与保险法

（一）保险

1. 保险的概念

“保险”（insurance）作为一个专业术语，不同于我们日常生活中所指的办事稳妥、安全可靠等意思，有其特定的内涵和深刻的意义。对保险概念的理解，应从两方面来分析。从经济学的角度看，保险是以大数法则为基础，通过合理计算参加者应缴保费建立基金，对特定危险事故或特定事件发生导致的损失进行补偿或给付的一种互助共济制度。从法学的角度看，保险是依据法律规定或双方当事人的约定，一方以承担支付保险费的义务，换取另一方对因危险事故或特定事件出现造成的损失承担保险责任的法律行为。因此，在现代社会生活中，保险作为一项社会化的制度安排，是经济关系与法律关系的统一。

保险有狭义与广义之分。《中华人民共和国保险法》（以下简称《保险法》）[①] 第 2 条规定：“本法所称保险，是指投保人根据合同约定，向保险人支付保险费，保险人对于合同约定的可能发生的事故因其发生所造成的财产损失承担赔偿保险金责任，或者当被保险人死亡、伤残、疾病或者达到合同约定的年龄、期限等条件时承担给付保险金责任的商业保险行为。”这是狭义的保险概念，仅指商业保险。而广义的保险不仅包括商业保险，还包括社会保险。

保险作为分散危险、协力共济的一种社会经济制度，应具备以下要素：（1）必须有危险存在。无危险则无保险，危险的客观存在与发展是保险制度形成与发展的前提。但并非所有的危险都可以承保，只有具备一定条件，能够被保险公司接受的危险才是保险合同意义上的危险。（2）必须有互助共济关系。互助共济是保险存在的基础。“保险之旨趣，乃根据危险分散之法则，亦即相互性之原理，将集中于少数人之危险，由多数人分担其损失，寓有‘我为人人，人人为我’之旨意，可谓人类社会以协同协力为基础之各种社会经济制度中最为普遍而有效的一种制度。”[②]（3）必须对危险造成的损失给予经济补偿。这是保险的目的所在，保险作为一种善后对策，通过对损失的补偿确保社会经济生活的安定。所谓经济补偿，是指这种补偿不是恢复已毁灭的原物，也不是赔偿实物，而是进行货币补偿。但人身保险与财产保险有所不同，因为人的身体、健康与生命是无法计算其价值并用货币衡量的，所以人身保险一般采用定额方式，当发生保险事故时，按照约定的方式予以金额给付。

2. 保险的分类

以上对保险概念内涵的分析有助于理解保险的本质及功能，而对保险外延的考察，

① 《中华人民共和国保险法》于 1995 年 6 月 30 日第八届全国人大常委会第十四次会议通过，2002 年 10 月 28 日第九届全国人大常委会第三十次会议修正，2009 年 2 月 28 日第十一届全国人大常委会第七次会议修订。

② 陈云中：《保险学》，7 页，台北，五南图书出版公司，1985。

则在于把握保险的表现形式及具体内容。

(1) 以开展保险事业的目的为标准，保险可分为商业保险与社会保险。商业保险是保险人采用商业化经营方式并以营利为目的开展的保险。依据《保险法》规定，商业保险以自愿保险为原则，以强制保险为例外。社会保险是国家依据法律规定强制实施的，为劳动者的生老病死等提供基本生活保障的非营利性保险。与商业保险的保费完全由投保人负担不同，社会保险的保费一般由政府、单位与个人分担，社会保险实质上是借用保险形式施行的一种社会保障制度。

(2) 以保险实施形式为标准，保险可分为强制保险与自愿保险。强制保险又称法定保险，是指国家颁布法令强制施行的保险，如我国的社会保险与铁路、飞机、轮船的旅客意外伤害保险以及机动车辆的第三者责任保险都属于强制保险。自愿保险则是依据投保人的意愿，由投保人与保险人在平等互利、协商一致的基础上签订合同而实现的一种保险，是商业保险实施的主要形式。

(3) 以保险标的为标准，商业保险可分为财产保险与人身保险。财产保险是指以财产以及同财产相关的利益为标的的保险。人身保险是指以人的生命或身体为标的的保险。根据《保险法》第 95 条规定，财产保险包括财产损失保险、责任保险、信用保险、保证保险等保险业务；人身保险包括人寿保险、健康保险、意外伤害保险等保险业务。

(4) 以保险人承担责任的次序为标准，商业保险可分为原保险与再保险。原保险又称第一次保险，是指保险人对被保险人因保险事故所受的损害承担直接的、原始的赔偿或给付责任的保险。再保险也称分保，是指保险人将其承保的保险业务的部分或全部再分散给其他保险人承担的保险。我国《保险法》第 28 条规定只允许保险人将其承担的保险责任部分转移给其他保险人。

(二) 保险法

1. 保险法的概念

保险法是调整保险关系的法律规范体系的总称。保险法有狭义和广义之分。狭义的保险法是指保险法典或民商法中有关保险的法律规范，即商业保险法。而广义的保险法是指以保险关系为调整对象的一切法律规范的总称，包括社会保险法与商业保险法。

我国现行的《保险法》即为商业保险法。其调整对象为商业保险关系，包括：一是保险合同关系，即保险合同当事人及关系人之间的权利义务关系，这是商业保险中适用最广的保险关系。二是保险中介关系，包括保险人与保险代理人之间的保险代理关系；保险人、投保人与保险经纪人之间的保险经纪关系以及保险人、被保险人与保险公估人之间的保险公估关系。三是保险监督管理关系，即保险监督管理机关与保险人及保险中介人之间的监督管理关系。此外，商业保险关系还包括保险人之间因再保险合同形成的协作关系。

2. 保险法的特征

保险本身的性质决定了保险法在金融法中的与众不同的特征，主要表现为：

(1) 社会性。保险法的社会性特征是由保险业的分散危险、协力共济的特点决定的，更多地关注对投保人利益的保障，抑制保险人对营利性的过分追求，毕竟保险关系涉及的公众面较广，处理得当与否直接影响到经济社会生活的稳定。因此，保险法对保险人从资本、人员、财务、经营、再保险到合同订立、履行、解释等各方面加以规制，以保护处于弱势地位的社会公众的利益。

(2) 强制性。因保险法的社会性，故法律规定中多有一些强制性的规范，关乎保险宗旨或社会利益的，其效力不允许当事人进行变更或限制。如对财产保险合同中超额保险的禁止，《保险法》第55条规定保险金额不得超过保险价值；超过保险价值的，超过的部分无效，保险人应当退还相应的保险费。

(3) 技术性。保险是以数理计算为基础形成的一种经济补偿制度，因此保险法中有较多的技术性规定，如保险费率的厘定、事故损失的计算、保险人的资本金、责任准备金、保险人的承保责任限制等，各国保险法均有相应规定。

(4) 伦理性。保险合同是射幸合同[1]，极易诱发道德风险，故保险合同的订立必须善意为之，具有伦理性。如保险法中的保险利益、保险人代位权、重复保险分摊规则等制度，都是为避免被保险人和受益人不当谋求超出其损失的利益，防范其道德风险而设计的。

二、保险经营机构

（一）保险经营机构的类型

保险经营机构的类型，是指依照法律规定的程序与条件设立的，专门经营保险业务的组织或个人。由于各国保险市场的发展水平不同，经营保险业务的机构类型也不尽相同，组织形式多种多样。

按组织结构不同，可分为公司制与非公司制保险机构。其中公司制保险机构又可分为有限责任公司、股份有限公司与相互保险公司等。非公司制则包括相互保险社、保险合作社与个人保险组织等。相互保险公司与一般保险公司的区别在于，相互保险公司的投保人同时也是公司的所有人。而相互保险社则是一种传统的保险组织，与相互保险公司的区别在于是否为法人组织。保险合作社与相互保险社有些类似，但最大区别在于其成员未必与合作社建立保险关系，但相互保险社则必须以此为要件，此外，两者在成员构成、业务范围与资金来源方面也有不同之处。而对于个人保险组织，除英美等少数国家外，一般都禁止个人经营保险业务。

（二）保险公司的设立、变更与终止

1. 保险公司的设立

由于经营的保险业务是风险业务，所以世界各国大都对于保险公司的设立规定了较为严格的条件与程序。我国《保险法》规定设立保险公司，必须经保险监督管理机构批准，并规定了具体的设立条件与程序等。

无论是股份有限或国有独资保险公司的设立，都应当具备以下条件：(1) 公司章程。保险公司的章程是关于公司组织及行为的基本准则。章程需符合相关法律规定，经发起人或公司创立大会通过并经登记机关核准后方能生效。(2) 注册资本。资本是

---

[1] 射幸，本意为碰运气。射幸合同是指合同一方当事人义务的履行取决于偶然事件的发生，带有不确定性。参见彭虹、豆景俊主编：《保险法》，65页，广州，中山大学出版社，2003。

公司运营的物质基础，是公司对债权人的财产担保，也是公司股东承担责任的限额。我国规定设立保险公司的注册资本的最低限额为人民币 2 亿元，且必须为实缴货币资本。(3) 高级管理人员。保险业务的专业性与技术性，决定了保险从业人员必须具备相关的专业知识与业务经验。因此，各国对于保险公司高级管理人员的任职资格都规定了明确要求。(4) 组织机构。这是保障保险公司正常经营管理的组织保证。我国保险公司的组织机构由股东大会（国有独资保险公司不设股东会）、董事会与监事会组成。此外，还应具有完备的内部管理制度。(5) 营业场所等硬件设施。这是保险公司开展业务经营，保障正常运转的必要条件。

保险公司的设立不仅应当具备相应条件，还应符合法定的程序，一般需要经过如下几个阶段：(1) 申请。发起人应当向主管机关提交设立申请书、可行性研究报告及其他必要的文件资料。(2) 筹建。设立保险公司的申请经初步审查合格，申请人应当依照《保险法》与《公司法》的规定进行筹建，提交正式申请表及相关的文件资料。(3) 审查批准。主管机关自收到正式申请文件之日起 6 个月内，应当作出批准或者不批准的决定。(4) 公司登记。经批准同意设立的，由批准部门颁发经营保险业务许可证，并凭此证向工商行政管理机关办理登记，领取营业执照。如保险公司自取得许可证之日起 6 个月内，无正当理由未办理公司设立登记的，其经营保险业务许可证自动失效。(5) 缴存保证金。为确保公司稳健经营，保障投保人利益，保险公司成立后应当按照其注册资本总额的 20%提取保证金，存入保险监督管理机构指定的银行，用于保险公司清算时清偿债务。

此外，保险公司在境内外设立分支机构与代表机构的，都必须经保险监督管理机构批准后，方可设立。

2. 保险公司的变更

保险公司的变更是指保险公司在依法成立之后，在经营过程中因某些原因导致的有关事项变动。我国《保险法》第 84 条规定保险公司有下列变更事项之一的，须经保险监督管理机构批准：(1) 变更名称；(2) 变更注册资本；(3) 变更公司或者分支机构的营业场所；(4) 撤销分支机构；(5) 公司分立或者合并；(6) 修改公司章程；(7) 变更出资额占有限责任公司资本总额 5%以上的股东，或变更持有股份有限公司 5%以上的股东；(8) 保险监督管理机构规定的其他变更事项。

对于保险公司更换董事长、总经理的，应当报经保险监督管理机构审查其任职资格。

3. 保险公司的终止

保险公司的终止是指保险公司在经营过程中出现章程或法律规定的特定情形时，依法消灭其主体资格的法律行为。导致保险公司终止的情形包括解散、撤销与宣告破产等。

(1) 保险公司的解散，是指已经成立的保险公司，基于公司自己的意志而自愿消灭其法人资格的行为。当章程规定解散事由、股东大会的决议及公司的合并与分立等情形的出现时，经保险监督管理机构批准，均可导致公司的解散。保险公司应当依法成立清算组，进行清算。但法律严格限制经营人寿保险业务的保险公司的自愿解散行为，规定其除分立、合并外，不得解散。

（2）保险公司的撤销，是指保险公司因保险监督管理机构的命令而被强制消灭其法人资格的行为。当保险公司在经营过程中严重违反相关法律法规，被保险监督管理机构吊销经营保险业务许可证的，依法撤销，并由撤销机构依法及时组织清算组，进行清算。

（3）保险公司的破产，是指保险公司财务状况严重恶化，不能支付到期债务，经保险监督管理机构同意，由人民法院依照法定程序消灭其法人资格的行为。保险公司被宣告破产的，由人民法院组织保险监督管理机构等有关部门和有关人员成立清算组，进行清算。

但对于经营人寿保险业务的保险公司，被撤销或宣告破产的，其持有的人寿保险合同及责任准备金，必须转让给其他经营有人寿保险业务的保险公司；不能同其他保险公司达成转让协议的，由保险监督管理机构指定经营有人寿保险业务的保险公司接受转让。转让或者由保险监督管理机构指定接受转让前款规定的人寿保险合同及责任准备金的，应当维护被保险人、受益人的合法权益。

（三）保险公司经营制度

保险公司的经营规则是指保险公司及其工作人员在经营保险业务活动中应当遵循的基本准则。

1. 经营范围制度

根据我国的法律规定，保险公司不得经营保险业务以外的其他业务，并且同一保险人不得同时兼营财产保险业务和人身保险业务。法律之所以规定不得兼营两种保险业务，是因为二者在标的、期限、保费与保险金赔付等方面截然不同，混合经营极易导致保险公司顾此失彼，难以稳健经营或损害投保人利益。但对于短期健康保险业务和意外伤害保险业务，经保险监督管理机构核定，财产保险公司可以同时经营。

2. 提取准备金制度

为维护被保险人利益，保证保险公司的稳健经营，保险公司除按照注册资本总额的20%提取保证金外，还必须依法提取和转存各项责任准备金、公积金、保险保障基金等，并依法管理使用。

3. 风险防范制度

首先，保险公司应当具有与其业务规模和风险程度相适应的最低偿付能力。其净资产不得低于保险监督管理机构规定的数额。其次，对于保险公司承担保险业务的自留风险与再保险业务的分担风险都有明确的法律规定，以控制保险业务的经营风险。其中对于保险公司的当年自留保险费，规定不得超过其实有资本金加公积金总和的四倍，防止其过度追求盈利性。同时对于一次保险事故可能造成的最大损失范围所承担的责任，不得超过其实有资本金加公积金总和的10%；超过的部分，应当办理再保险。办理再保险分出业务，应当依法进行。再次，保险公司的资金运用必须稳健，遵循安全性原则，限于在银行存款、买卖政府债券、金融债券和国务院规定的其他资金运用形式；不得用于设立证券经营机构，不得用于设立保险业以外的企业。

4. 诚信经营制度

保险公司及其工作人员在保险业务活动中不得从事欺骗投保人、被保险人或者受益人；对投保人隐瞒与保险合同有关的重要情况；阻碍投保人履行本法规定的如实告知义务，或者诱导其不履行本法规定的如实告知义务；故意编造未曾发生的保险事故进行虚假理赔，骗取保险金等行为。

5. 公平竞争制度

依据我国《反不正当竞争法》、《反垄断法》与《保险法》的相关规定，保险公司在经营过程中，应当公平竞争，维护市场秩序，促进保险市场良性发展。不得从事降价排挤、诋毁商誉、不当利诱、商业贿赂、虚假宣传、侵犯商业秘密等不正当竞争，不得从事达成垄断协议、滥用市场支配地位以及具有排除、限制竞争效果的经营者集中的垄断行为，如保险公司不得承诺向投保人、被保险人或者受益人给予保险合同规定以外的保险费回扣或者其他利益来从事不正当竞争行为。

三、保险中介机构

（一）保险代理人

保险代理人是根据保险人的委托，向保险人收取代理手续费，并在保险人授权范围内代为办理保险业务的单位和个人。保险代理人实质上是代表保险人利益从事保险中介活动，其代理权来源于保险人的委托授权，代理的行为后果由保险人承受。

1. 保险代理人的类型

按照保险代理的经营方式，保险代理人可为个人保险代理人、兼业保险代理人与专业保险代理人三大类型。

（1）个人保险代理人，是指根据保险人的委托，向保险人收取代理手续费，在保险人授权的范围内代为办理保险业务的个人。根据我国《保险法》及相关法律规定，个人保险代理人必须取得《保险代理从业人员资格证书》与《执业证书》方可申请从事保险代理业务，并且在代为办理人寿保险业务时，不得同时接受两个以上保险人的委托。

（2）兼业保险代理人，是指受保险人委托，在从事自己业务的同时，指定专人为保险人代办保险业务的单位。依据我国《保险兼业代理管理暂行办法》的规定，兼业保险代理人须有同经营主业直接相关的保险代理业务来源，按照《保险兼业代理许可证》核定的代理范围，在其主业营业场所内从事保险代理业务，且只能为一家保险公司代理保险业务。

（3）专业保险代理人，是指专门从事保险代理业务，具有独立主体资格的保险代理组织。依据我国《保险代理机构管理规定》的规定，专业保险代理人的组织类型有合伙企业、有限责任公司、股份有限公司三种。专业保险代理人须符合法定条件，取得《经营保险代理业务许可证》之后，方可依法代理保险业务。

2. 保险代理业务的经营规则

（1）代理人的业务规则。业务范围包括销售保险产品、收取保险费、相关保险业务的损失勘察和理赔以及法定的其他业务，只是对于不同类型的保险代理人其业务范围会有所不同。并且保险代理人应当有自己的经营场所，设立专门账簿记载保险代理业务的收支情况，接受保险监督管理机构的监督。

（2）委托代理协议规则。保险代理人从事保险代理业务，应当与保险人签订委托代理协议，约定双方的权利义务及其他代理事项。保险代理人依据授权办理的保险业务的行为后果由保险人承担，并且适用《合同法》中有关表见代理的规定，保险代理人的行为后果仍然由保险人承担。

（3）代理人的行为规则。保险代理人在办理保险业务的活动中，应当诚实守信，不得有下列行为：欺骗保险人、投保人、被保险人或者受益人；隐瞒与保险合同有关的重要情况；阻碍投保人履行本法规定的如实告知义务，或者诱导其不履行本法规定的如实告知义务；给予或承诺向投保人、被保险人或者受益人给予保险合同规定以外的其他利益；利用行政权力、职务或者职业便利以及其他不正当手段强迫、引诱或者限制投保人订立保险合同等。

（4）保险公司的行为规则。保险公司应当加强对保险代理人的培训和管理，提高保险代理人的职业道德和业务素质，不得唆使、误导保险代理人进行违背诚信义务的活动。同时，保险公司对个人保险代理人有培训和管理的责任，以确保个人保险代理人的职业道德和业务素质。

（二）保险经纪人

保险经纪人是指基于投保人的利益，为投保人与保险人订立合同提供中介服务，并依法收取佣金的单位。保险代理人实质上是代表投保人、被保险人的利益，以自己的名义独立从事保险经纪活动，向保险人收取佣金的保险中介机构。①

按照保险经纪人的组织形式，可以分为个人保险经纪人、合伙保险经纪人与公司保险经纪人三种类型。

1. 个人保险经纪人

是指自然人以个人名义从事保险经纪业务活动。个人保险经纪人在英、美、日等国普遍存在，并设有严格的资格条件。但根据我国《保险经纪机构管理规定》的规定，不允许以个人名义从事保险经纪业务活动。

2. 合伙保险经纪人

是指以合伙企业形式设立的保险经纪组织。依据我国法律，合伙保险经纪人须符合法定条件，取得《经营保险经纪业务许可证》之后，方可依法从事保险经纪业务。

3. 公司保险经纪人

是指以公司形式设立的保险经纪组织。依据我国法律，公司保险经纪人分为有限责任公司与股份有限公司两种。其从事保险经纪业务也必须符合法定条件，取得《经营保险经纪业务许可证》。

（三）保险公估人

保险公估人是指是接受保险当事人（保险人或投保人、被保险人）的委托，专门从事保险标的的评估、勘验、鉴定、估损、理算等业务，并据此向委托人收取合理费用的单位。

根据我国的《保险公估机构管理规定》，保险公估人的组织形式包括合伙企业、有限责任公司及股份有限公司三种类型，并且要求均须符合法定条件，取得《经营保险

---

① 这与我国《合同法》有关居间合同的规定有所不同。因为根据《合同法》第424条的规定，对于向委托人报告订立合同机会的居间合同，应由委托人向居间人（即经纪人）支付报酬；对于提供订立合同的媒介服务，促成合同成立的报告居间合同，应由合同双方当事人向居间人支付报酬。这与保险特性及传统有关，各国在保险实务与保险法中一般都是规定保险经纪人向保险人收取佣金。

经纪业务许可证》之后，方可依法从事保险公估业务。

保险公估人经保监会批准，可以经营保险标的承保前的检验、估价及风险评估；对保险标的出险后的查勘、检验、估损及理算以及法定的其他业务。有关保险公估人的经营规则，还包括禁止性行为、保证金缴存及商业秘密保守等。

第二节　保险合同

一、保险合同概述

（一）保险合同的概念与特点

保险合同是投保人向保险人支付约定的保险费，保险人对承保标的因保险事故所造成的损失，在保险金额范围内承担赔偿责任，或在合同约定期限届满时，承担给付保险金义务的协议。根据我国《保险法》的规定，保险合同是投保人与保险人约定保险权利义务关系的协议。

保险合同相对于一般合同，除具有诺成性、有偿性、双务性等特点外，还具有如下特点：

1. 保险合同是射幸合同

依照民法原理，有偿合同可分为实定合同与射幸合同。实定合同中双方当事人的权利义务是确定对等的，而射幸合同中一方当事人义务的履行取决于偶然事件的发生，具有不确定性。保险合同中，投保人交付保险费的义务是确定的，而保险人履行赔付保险金的义务则取决于约定的保险事故是否发生，是不确定的。

2. 保险合同是最大诚信合同

任何合同都应遵守诚信原则，保险合同之所以较一般合同对当事人的诚信要求更为严格，是因为保险事故的发生具有不确定性，除受客观因素影响外，还与合同主体是否如实告知密切相关，任何违背诚信原则的行为，都可能加重对方的风险。

3. 保险合同是附和合同

附和合同即格式合同。保险合同的主要条款由保险人事先拟定，投保人一般只能作出是否同意的意思表示，并无协商的余地。这是由保险的技术性、行业垄断性及保险经营的客观需要决定的。

（二）保险合同的法律关系

1. 保险合同的主体

保险合同的主体是指保险合同的参加者，主要是保险合同的当事人与关系人。另外，还有保险合同的辅助人，即保险中介。

保险合同的当事人包括保险人与投保人。保险人又称承保人，是指与投保人订立保险合同，并承担赔偿或者给付保险金责任的保险公司。投保人是指与保险人订立保险合同，并按照保险合同负有支付保险费义务的人。投保人必须对保险标的具有保险利益，即投保人对保险标的具有的法律上承认的利益，否则合同无效。

保险合同的关系人包括被保险人与受益人。被保险人是指保险事故发生时遭受损失，享有赔偿请求权的人。被保险人与投保人可以是同一人，也可不是。受益人是指由投保人或被保险人在合同中指定的，保险事故发生时享有保险金请求权的人，一般仅存在于人身保险中。投保人与被保险人均可是受益人。

2. 保险合同的客体

保险合同的客体是指保险合同双方当事人权利义务共同指向的对象。有学者认为保险合同的客体是保险标的，即作为保险对象的财产及其有关利益或者人的寿命和身体。① 我们认为其混淆了保险标的与保险合同标的两个概念。因为保险合同权利人享有的是债权请求权，而非对物的支配权，所以，保险合同的客体应当是行为，即保险人向被保险人就保险标的提供保险保障的行为。

3. 保险合同的内容

保险合同的内容是指保险合同双方当事人的权利义务，主要体现在双方签订的保险合同条款上，可分为基本条款与特约条款。基本条款是指依据不同险种，规定合同当事人权利义务基本事项的必备条款，包括当事人的姓名、住所、保险标的、保险金额、保费、保险责任、保险期限等。特约条款是指在基本条款基础上所附加的用以扩大或限制原基本条款中所规定的权利义务的补充条款。

（三）保险合同的订立、变更与终止

1. 保险合同的订立

订立保险合同，需经过要约与承诺阶段，方可成立保险合同。一般采用投保单、暂保单、保险单、保险凭证作为书面凭证，但经双方协商同意，也可采用其他书面协议形式。订立保险合同，保险人应当向投保人说明合同内容，特别是有关保险人责任免除的条款，未向投保人说明的，该条款无效。而投保人也应履行如实告知义务，否则将可能导致合同解除、责任自负或不退保费等严重后果。

2. 保险合同的变更

在保险合同有效期内，双方经协商同意，可以变更保险合同有关内容，应采取在原保险合同上批注或附贴批单及另行签订书面协议等形式进行。

3. 保险合同的终止

引起保险合同终止的原因主要有合同期限届满、合同解除、合同失效与合同履行等。

二、财产保险合同

（一）财产保险合同的概念与类型

财产保险合同是指投保人依约缴付保费，保险人按照约定对被保险人因自然灾害、意外事故所遭受的经济损失或依法应承担的民事责任承担补偿责任的合同。财产保险合同包括物质财产保险、责任保险、信用保险、保证保险等合同类型。

1. 物质财产保险合同

即以有形财产为保险标的的合同。依据投保标的不同，可分为企业或家庭财产保险、运输工具保险、货物运输保险等几类。

① 参见李玉泉：《保险法》，2版，144页，北京，法律出版社，2003。

2. 责任保险合同

即以被保险人对第三人依法应承担的民事损害赔偿责任为保险标的的合同，通常包括雇主责任保险、公众责任保险、产品责任保险、职业责任保险等合同种类。

3. 信用保险合同与保证保险合同

二者均是以特定的信用风险为保险标的的合同。不同之处在于，信用保险合同是保险人为债务人的还款风险向债权人提供担保的保险合同，保证保险合同则是保险人为被保证人的履约风险向权利人提供担保的保险合同。

（二）财产保险合同的保险责任与除外责任

保险责任是指保险人依法应承担的对保险财产发生损失后的赔偿责任。保险人应承担保险责任的范围主要包括：(1) 自然灾害所致损失，如地震、海啸、龙卷风、洪水、泥石流等自然现象造成的损失。(2) 意外事故所致损失，如火灾、爆炸、空中运行物坠落等无法预见或抗拒的事件造成的损失。(3) 其他保险事故所致损失。

除外责任是指依照法律规定或合同约定，保险人不负赔偿责任的范围。财产保险合同中常见的除外责任有被保险人的故意违法行为、战争或敌对行为、保险标的的自然损耗等。

（三）财产保险合同的内容

1. 投保人、被保险人的权利义务

投保人、被保险人的权利包括：(1) 合同解除权。除法律另有规定或合同约定外，保险合同成立后，投保人可以解除合同。保险责任开始前，投保人要求解除合同的，应当向保险人支付手续费，保险人应当退还保险费。保险责任开始后，投保人要求解除合同的，保险人可以收取自保险责任开始之日起至合同解除之日止期间的保险费，剩余部分退还投保人。但是，货物运输保险合同和运输工具航程保险合同，保险责任开始后，合同当事人不得解除合同。(2) 合同终止权。保险标的发生部分损失的情况下，在保险人赔偿后 30 日内，投保人可以终止合同，并可获得未受损失部分的保险标的在终止合同之后的剩余保险费。(3) 保险金请求权。发生保险事故后，被保险人享有请求保险人赔偿损失的权利，任何单位或个人不得限制被保险人行使其合法权利。

投保人、被保险人的义务包括：(1) 如实告知义务与通知义务。投保人应就保险标的的有关情况，如实地告知保险人，不得隐瞒，否则，保险人不承担赔付责任或有权解除合同；投保人知道保险事故发生后，应及时通知保险人；重复保险的投保人应将重复保险的有关情况通知各保险人；保险标的转让时，被保险人应通知保险人，经保险人同意继续承保后，依法变更合同，但货物运输保险合同和另有约定的除外。在合同有效期内，保险标的危险程度增加时，被保险人应及时通知保险人，否则，因保险标的危险程度增加而发生的保险事故保险人不承担赔偿责任。(2) 支付保费义务。投保人应按照合同约定的方式、时间向保险人支付保费。(3) 遵守国家规定维护保险标的安全的义务。被保险人应当遵守国家有关消防、安全、生产操作、劳动保护等方面的规定，维护保险标的的安全。(4) 提供索赔单证与施救义务。保险事故发生后，投保人、被保险人应依照保险合同向保险人提供其所能提供的与确认保险事故的性质、原因、损失程度等有关的证明和资料，并且有责任维护保险事故现场，尽力采取必要的措施，防止或减少损失。(5) 协助保险人行使代位求偿的义务。被保险人不得放弃其对保险事故负有责任的第三人请求赔偿的权利，并应向保险人提供代位求偿所需的文件及其所知道的有关情况，协助其行使代位求偿权。

2. 保险人的权利义务

保险人的权利包括：(1) 收取保费权。财产保险合同成立后，保险人有权依照具体约定向投保人收取保费。投保人未依约缴付保费的，保险人可通过催缴、诉讼的方式催缴保费。(2) 调查询问权。保险人可就保险标的的情况向投保人提出询问；检查保险标的的安全状况；经被保险人同意，采取必要措施维护保险标的的安全。发生保险事故后，对有关情况进行调查。(3) 合同解除权与增加保费权。投保人未履行如实告知义务，足以影响保险人决定是否同意承保或者提高保险费率的，保险人有权解除合同。被保险人谎称发生保险事故向保险人索赔及故意制造保险事故的，保险人有权解除合同。投保人、被保险人未依约履行对保险标的安全义务的，保险人有权要求增加保险费或者解除合同。保险标的危险程度增加，保险人有权要求增加保险费或解除合同。(4) 合同免责权。除合同约定的免责事由外，保险人对于投保人故意违反告知义务，对于解除保险合同前发生的保险事故以及发生保险事故后，被保险人以伪造、变造的有关证明、资料或其他证据编造虚假的事故原因或夸大损失程度的，保险人对其虚报的部分，不承担赔偿责任。此外，对于被保险人在保险人未赔偿保险金之前，放弃对第三人的索赔权的，保险人亦不承担赔偿责任。(5) 代位求偿权。因第三人对保险标的的损害而造成保险事故后，保险人自向被保险人赔偿保险金之日起，在赔偿金额范围内可行使代位求偿权，向第三人请求赔偿。

保险人的义务包括：(1) 保险赔偿义务。这是保险人的基本义务。(2) 合同说明义务。订立保险合同时，保险人应当向投保人说明合同条款的内容，特别是对于责任免除条款，应当向投保人明确说明，未明确说明的，该条款不产生效力。(3) 拒赔通知义务。对不属于保险责任的事故，保险人应向被保险人发出拒绝赔偿保险金通知书。(4) 保密义务。保险人对在办理保险业务中知悉的投保方的业务、财产情况及个人隐私，负有保密的义务。(5) 降低、退还保费义务。除合同另有约定外，保险人对于因据以确定保险费率有关的情况发生变化，保险标的危险程度明显减少或保险标的的保险价值明显减少的情形，应当降低保险费，并退还相应的保费。(6) 承担合理费用义务。承担为查明和确定保险事故的性质、原因和保险标的的损失程度所支付的必要的、合理的费用。除合同另有约定外，承担因责任保险提起仲裁或诉讼所支付的费用以及其他必要的、合理的费用。

三、人身保险合同

(一) 人身保险合同的概念与类型

人身保险合同是指以人的生命或身体为保险标的，保险人按照被保险人的年龄、健康状况向投保人收取保费，并在被保险人死亡、伤残、疾病或达到合同约定的年龄、期限时，向被保险人或受益人支付赔偿金或保险金的合同。人身保险合同主要有人寿保险、意外伤害保险和健康保险合同三大类。

1. 人寿保险合同

即以被保险人在一定期限内死亡或生存为给付保险金条件的保险合同。根据保险事故不同，可分为死亡保险合同、生存保险合同与生死两全保险合同。死亡保险合同是以被保险人的死亡为保险事故的合同。生存保险合同是以被保险人在规定期限内生存为给付保险金条件的合同。生死两全保险合同又称储蓄保险合同，是指被保险人在一定期限内死亡或期限届满时仍生存，保险人均需给付保险金的合同。

2. 意外伤害保险合同

即以被保险人遭受意外伤害导致伤残或死亡为给付保险金条件的保险合同。按照承保条件，可分为普通意外伤害保险合同与特种意外伤害保险合同。前者是指为被保险人因意外事故导致伤害提供保险保障的合同；后者是指为被保险人因特定时间、特定原因或特定地点导致伤害提供保险保障的合同，如旅游意外伤害、飞机旅客意外伤害保险合同等。

3. 健康保险合同

又称疾病保险合同，即以被保险人因疾病、分娩导致伤残或死亡为给付保险金条件的保险合同。

（二）人身保险合同的主要条款

人身保险合同除应当具备一般保险合同的基本条款外，因人身保险的特点而具有如下一些特殊条款：

1. 不可抗辩条款

又称不可争条款，是指人身保险合同中，自合同成立之日起满 2 年后，保险人将不得以投保人在投保时违反如实告知义务为理由，主张合同无效或拒绝给付保险金。基于保险法的最大诚信原则，投保人应履行如实告知义务，否则保险人有权解除合同。但多数人身保险合同属于长期性合同，经过一定时间后很难查清投保人当时是否如实告知，若不加以限制，保险人就可能滥用这一权利，而使被保险人的利益无法得到保障。我国《保险法》第 32 条第 3 款对于投保人申报的被保险人年龄不真实情况的处理即为不可抗辩条款。

2. 年龄误告条款

主要是针对投保人申报的被保险人年龄不真实，而真实年龄又符合合同限制年龄的情况而设立的。因为在人身保险合同中，被保险人的年龄是确定保险费率与测定危险的重要依据，投保人应如实告知。但是，对于不同原因的年龄误告应作出不同处理。我国《保险法》第 32 条进行了全面规定：对于被保险人的真实年龄超过合同约定的承保年龄限制的，合同无效，但自合同成立之日起逾 2 年的除外；对于被保险人的真实年龄大于误告年龄但其真实年龄又符合合同约定年龄限制，致使少缴保费的，投保人应按真实年龄补缴保险费或调整原定的保险给付金额；对于被保险人的真实年龄小于误告年龄，致使多缴保费的，保险人应退还多收的保险费。

3. 宽限期条款

这是对于分期支付保费的保险合同，在支付首期保险费后，投保人虽未按合同约定的时间缴付保费，在合同约定的或法定的缴费宽限期内，保险合同仍然有效。依据我国《保险法》第 60 条规定，宽限期除合同另有约定外，为 60 天，自应缴当期保费之日算起。超过宽限期后，投保人未支付当期保险费将导致：一是保险合同效力中止；二是由保险人按照合同约定的条件减少保险金额。但是，保险人对人身保险的保险费，不得以诉讼方式要求投保人支付。

4. 复效条款

是指投保人在宽限期届满后，仍未缴纳应付保险费的，致使保险合同效力中止后，在法定的期限内，经保险人与投保人协商并达成协议，在投保人补缴保险费后，合同效力恢复。但自合同效力中止之日起 2 年内未达成协议的，保险人有权解除合同。复效条款对投保人来讲，要比重新订立保险合同更为有利。

5. 自杀条款

我国《保险法》第 44 条第 1 款规定：以被保险人死亡为给付保险金条件的合同，自合同成立或合同效力恢复之日起 2 年内，被保险人自杀的，保险人不承担给付保险金责任，但被保险人自杀时为无民事行为能力人的除外。该条第 2 款规定：保险人依照前款规定不承担给付保险金责任的，应当按照合同约定退还保险单的现金价值。

6. 不丧失价值任选条款

人身保险带有储蓄性质，因为投保人所缴付的保费中，除去费用开支与当年给付的保险金外，剩余部分充作责任准备金，以便将来给付被保险人或受益人。投保人缴付保费若干年后，其保险单就具有了现金价值。当投保人不愿意继续缴纳保险费时，投保人有权选择有利于自己的方式来处理这笔现金价值。如申请退保要求给付现金、要求办理减额保险或要求办理展期定期保险等。

7. 保单贷款条款

如上所述，因为保险单所具有的现金价值，故投保人可以以质押方式，在保险单积存的责任准备金的累计金额范围内，向其投保的保险人申请贷款。保单贷款通常是投保人以保险单作质押向保险人贷款，贷款数额按有关法律或合同约定，一般不超过保单现金价值的一定比例。如果债权人不是其投保的保险人，应通知该保险人。另外，根据《保险法》规定，以死亡为给付保险金条件的保险合同，非经被保险人同意，投保人不得将保险单进行质押。

8. 保单转让条款

人身保险单具有现金价值，且逐年增加，投保人可以按有价证券转让给他人，实质即为投保人的变更。但是出于防范道德风险的原因，根据我国《保险法》第 34 条第 2 款规定，依照以死亡为给付保险金条件的合同所签发的保险单，未经被保险人书面同意，不得转让或者质押。在保单转让时，保单所有人应书面通知保险人，由保险人批单生效。

9. 受益人条款

在人身保险合同中受益人是指享有给付保险金请求权的独立主体，因此法律对其有专门的规定。受益人可由被保险人或投保人指定。但投保人指定受益人时须经被保险人同意，并且被保险人或投保人可以指定一人或者数人为受益人。未确定受益份额的，受益人按照相等份额享有受益权。变更受益人的，被保险人或投保人应书面通知保险人，且投保人变更受益人时，须经被保险人同意。

10. 战争条款

将战争和军事行动作为保险人的免责条款，是因为在战争中往往有大量的人员死亡，远远超过正常的死亡率。对于按照正常死亡率收取保险费的保险人而言，无法承担由此带来的给付责任。因此，人身保险合同一般都将其作为合同的除外责任。

第三节　保险索赔及理赔

一、保险索赔及理赔概述

发生保险事故后，投保人要向保险人提出索赔，保险人要进行理赔，索赔与理赔是保险赔偿与给付的两个不同侧面，是保险合同履行的重要组成部分。

（一）保险索赔与理赔的概念

保险索赔是指被保险人或受益人在保险标的遭受保险事故造成财产损失或人身伤害，或是在保险合同期限届满之后，依据保险合同向保险人请求赔偿损失或给付保险金的行为。

保险理赔是指保险人按保险索赔人的请求，依据保险合同的约定，对其提供的资料进行审核、调查，处理有关保险赔偿事务的行为。

其中，被保险人或受益人提出索赔要求，是基于保险合同所享有的主要权利，是行使债权请求权的行为。而保险人进行理赔，则是基于保险合同应尽的义务，是履行保险责任的行为。

（二）保险赔付的近因原则

被保险人或受益人提出索赔以及保险人进行理赔，除应具备保险合同并且合同合法有效外，还应当坚持近因原则。所谓近因，是指造成某一事件的最直接、有效、起决定性作用的原因，并非指时间上、空间上的最近原因。

近因原则是保险理赔过程中必须遵循的原则。因为保险事故的发生并不意味着保险人一定要承担保险责任。保险人是否赔偿损失或给付保险金，还要看导致危险事故发生的原因是否属于保险人承担的风险范围，以及所承保的风险与事故的发生有无因果关系。但危险事故的发生，不仅存在一因一果，还有一因多果、多因一果及多因多果情况的存在。这时，何种原因导致事故的出现，就成为保险索赔与理赔的关键，进而对于能否获得赔偿起至关重要的作用。各国保险立法与实践均普遍认为，只有导致保险事故发生的最直接、最有效、起主导作用或支配作用的因素出现，保险人才应承担保险责任。我国虽未明确规定近因原则，但《保险法》第 2 条的规定实际上确立了有关保险赔付的近因原则。

二、保险索赔的要件与程序

（一）保险索赔的要件

被保险人或受益人在向保险人行使索赔请求权时，应当具备下列条件，才能为保险人接受，赔偿损失或给付保险金。

1. 保险合同合法有效

这是保险索赔的合法依据。保险合同的有效与否，应当以我国《保险法》与《合同法》的相关规定为依据。

2. 索赔权利人主体适格

这是保险索赔的主体要件。保险合同作为双务合同，保险人所承担的保险责任是与投保人或被保险人应履行的义务相对应的。投保人或被保险人在合同成立之后，只有按照合同约定忠实履行各项义务，没有违反合同的相关约定，被保险人或受益人才是适格的保险索赔请求权人。

3. 存在保险事故且造成损失或合同期限届满的事实

这是保险索赔的客观要件。只有存在属于保险责任范围内的保险事故且造成损失或合同约定的期限业已届满，保险人才能接受请求，予以理赔，并且保险事故与保险责任之间存在因果关系。如前所述，两者之间必须不仅存在因果关系，而且必须是近因关系。

4. 索赔权利人在法定期限内提出请求

索赔是一项民事权利。为督促权利人及时行使权利，法律规定了索赔权利行使的诉讼时效。我国《保险法》第26条规定：人寿保险以外的其他保险的被保险人或者受益人，对保险人请求赔偿或者给付保险金的权利，自其知道保险事故发生之日起2年不行使而消灭。人寿保险的被保险人或者受益人对保险人请求给付保险金的权利，自其知道保险事故发生之日起5年不行使而消灭。

（二）保险索赔的一般程序

在不同的保险合同中，提出索赔的具体程序有所不同。但是，一般均需经过如下几个步骤：

1. 通知保险人

在保险事故发生后或保险合同期限届满后，投保人、被保险人或受益人应当及时通知保险人。告知保险人有关被保险人或受益人姓名名称、保险单号码、事故发生的时间、地点、原因及损失等基本情况。应注意，被保险人或受益人通知保险人不等于向保险人提出索赔请求。因为，通知保险人是被保险人或受益人应尽的义务，而索赔则是其权利。

2. 提出索赔请求

为防止保险人以仅收到通知而未提出索赔请求为由不予理赔，被保险人或受益人最好在通知出险或合同期届满的同时，向保险人提交出险通知书或给付请求书，提出索赔请求。

3. 合理施救，保护现场

合理施救是索赔权利人应承担的义务。特别是对于财产保险，当合同约定的保险事故发生时，被保险人有责任尽力采取必要的措施，防止或者减少损失。同时，对于发生保险事故的现场，应当尽力保护、积极配合，使保险人的现场勘验得以顺利进行，为日后理赔的及时、准确、合理打下基础。

4. 提供索赔单证

向保险人提供单证的过程，也就是投保人、被保险人或受益人承担举证义务的过程。投保人、被保险人或受益人应向保险人提供其所能提供的与确认保险事故的性质、原因、损失程度等有关的证明和资料。

三、保险理赔的程序与其他规定

（一）保险理赔的一般程序

1. 受领事故发生通知

在索赔请求权人通知保险人后，保险人应立即接受该通知，详细记录被保险人或受益人的姓名或名称、保险单号码、事故发生的时间、地点、原因及损失情况。保险人不接受事故通知的，不影响其承担保险责任。

2. 审核索赔单证

保险人在收到有关索赔单证后，应立即进行审核以确定保险单是否有效、资料是否齐全、索赔人是否享有索赔权利、出险通知时间是否在有效期间、出险事故是否属于承保的保险事故等。审核后，初步认为符合索赔条件的，应立即继续进行理赔工作，对于不符合索赔条件的，直接拒绝其请求。

3. 现场调查

保险人在接受事故通知并初步审核索赔单证后，认为可能需要赔付的，应及时赶到事故发生现场，着手进行损失调查。调查的方法主要是对现场的查看检验。现场调查的主要内容包括：查勘事故发生的地点、时间、原因及经过；查明保险标的损失后果，计算损失数额；组织施救与救助工作，以减少损失。现场调查结束后，保险人或受托检验人应制作查勘报告或检验报告。

4. 责任审定

经过前期工作后，保险人应根据现场调查资料与保险合同等有关单证的内容，确定保险人是否应当承担责任以及应承担多大的保险责任。对于确定应当承担保险责任的，保险人还需进一步核对损失清单与赔付金额。经过审核后，认为不应当承担保险责任的，决定拒绝赔付时，根据我国《保险法》第 24 条的规定，保险人应当向被保险人或受益人发出拒绝赔偿或者拒绝给付保险金通知书。另外，我国《保险法》第 27 条规定了保险人有权拒绝赔付的三种情形：一是保险欺诈。即被保险人或受益人在未发生保险事故的情况下，谎称发生了保险事故，向保险人提出赔偿或者给付保险金的请求的，保险人有权解除保险合同，并不退还保险费。二是故意制造保险事故。对于投保人、被保险人或受益人故意制造保险事故的，保险人有权解除保险合同，不承担赔偿或者给付保险金的责任，也不退还保险费。但对于人身保险合同中投保人、受益人故意造成被保险人死亡、伤残或疾病的，同时已缴足 2 年以上保险费的情形，保险人虽不承担给付保险金的责任，但应当按照合同约定向其他享有权利的受益人退还保险单的现金价值。三是虚报损失。即保险事故发生后，投保人、被保险人或受益人以伪造、变造的有关证明、资料或其他证据，编造虚假的事故原因或夸大损失程度的，保险人对其虚报的部分不承担赔偿或给付保险金的责任。投保人、被保险人或受益人有以上行为之一，致使保险人支付保险金或支出费用的，应当退回或者赔偿。

5. 金额确定

确定应当承担保险责任的，保险人应根据前期收集的情况，计算应当支付的保险金数额。对于人身保险合同，因其实行定额保险，有关保险金数额在合同中有明确的约定，一般容易确定。而对于财产保险合同，因其实行损失补偿原则，故赔偿数额的确定需要综合考虑保险价值、实际损失、保险金额与可保利益等标准，最终确定保险赔偿金额。保险价值即保险标的的价格，一般可以由当事人约定或按市场价格计算。实际损失就是通过现场调查之后确定的保险标的损失数额，一般以损失当时的市场价格为依据进行确定。保险金额是指保险合同双方在合同中约定的保险人赔偿的金额，即在事故发生后，保险人承担赔偿或给付保险金责任的最高限额。可保利益是被保险人对保险标的所具有的利益。我国《保险法》第55条规定：保险标的的保险价值，可以由投保人和保险人约定并在合同中载明，也可以按照保险事故发生时保险标的的实际价值确定。保险金额不得超过保险价值；超过保险价值的，超过的部分无效。保险金额低于保险价值的，除合同另有约定外，保险人按照保险金额与保险价值的比例承担赔偿责任。

6. 保险金给付

在确定应当赔付的金额之后，保险人应及时赔偿损失或给付保险金。我国《保险法》第23条规定：保险人收到被保险人或受益人的赔偿或给付保险金的请求后，应当及时作出核定，并将核定结果通知被保险人或者受益人；对属于保险责任的，在与被保险人或者受益人达成有关赔偿或者给付保险金额的协议后10日内，履行赔偿或者给付保险金义务。保险合同对保险金额及赔偿或者给付期限有约定的，保险人应当依照保险合同的约定，履行赔偿或者给付保险金义务。保险人未及时履行前款规定义务的，除支付保险金外，应当赔偿被保险人或者受益人因此受到的损失。

7. 损余处理

主要是针对财产保险合同理赔而言的。所谓损余，是指发生保险事故的保险标的遭受损失后，尚存的具有经济价值的财产部分。对于保险损余的归属，应当按照保险合同的约定进行处理。在保险实践中，一般是在保险理赔的过程中，由保险人向被保险人发出损余处理意见，经双方协商后处理。

（二）保险理赔中的其他规定

1. 保险金的先予支付

保险金的先予支付是指保险人对索赔的证明、资料进行审核后，认为应当承担保险责任的，在最终确定赔偿金额或支付金额之前，向被保险人或受益人预先支付能够确定的最低数额赔付的制度。因为对于某些保险理赔案件来说，并不能很快地确定最终的赔付金额，有时可能需要一年或更长的时间。但被保险人或受益人在遭受损失后，往往又非常迫切需要资金恢复生产或生活。如果保险理赔的时间过长，可能会导致生产停顿、企业破产或个人生活陷入窘境，从而也就失去了保险的互助共济的意义。

因此，我国《保险法》第25条规定：保险人自收到赔偿或者给付保险金的请求和有关证明、资料之日起60日内，对其赔偿或者给付保险金的数额不能确定的，应当根据已有证明和资料可以确定的数额先予支付；保险人最终确定赔偿或者给付保险金的数额后，应当支付相应的差额。即保险金的先予支付应符合下列条件：前提条件，即保险人确属应当对业已发生的保险事故承担保险责任；时间条件，即经过审核在特定时间内难以确定最终的赔付金额；数额条件，即预先支付的仅是根据当前情形能够确定的数额；补偿性条件，即为保障双方当事人的公平，预先支付的金额要从最终确定的赔付金额中扣除。

2. 代位求偿

代位求偿是指财产保险中，由于第三人的过错导致保险事故发生的，保险人对被保险人在保险责任范围内所遭受的损失予以赔偿后，依法取得向对财产损失负有责任的第三人进行追偿权利的制度。该制度是从财产保险的补偿性原则中派生出来的，是为避免被保险人在财产保险中获得双重补偿，维护财产保险合同双方当事人的利益平衡。

保险人获得代位求偿权应当具备如下条件：(1) 被保险人享有对第三人因保险事故造成损失的赔偿请求权，即保险标的的损失是由第三人的侵权行为造成的，否则也就失去了代位求偿的前提，并且被保险人尚未依法向侵权第三人提出赔偿请求。(2) 保险人依据财产保险合同对于保险标的的损失同时也负有赔偿责任，即保险标的的损失是由保险事故造成的，保险人有义务予以赔付。(3) 被保险人在事故发生后，并未豁免第三人的赔偿责任。我国《保险法》第 61 条规定：保险事故发生后，保险人未赔偿保险金之前，被保险人放弃对第三者的请求赔偿的权利的，保险人不承担赔偿保险金的责任。保险人向被保险人赔偿保险金后，被保险人未经保险人同意放弃对第三者请求赔偿的权利的，该行为无效。(4) 保险人已经向被保险人就事故损失在保险责任范围进行了赔偿。

保险人在获得代位求偿权之后，在向第三人追偿过程中，还应注意如下问题：(1) 保险人应在赔偿金额的限度内行使代位追偿权。保险人行使代位求偿权，不影响被保险人就未取得赔偿的部分向第三人请求赔偿的权利。如果保险人向第三人取得的赔款金额超过保险人的赔偿金额，其超过赔偿金额的部分应归被保险人所有。(2) 保险事故发生后，被保险人已经从第三人处取得损害赔偿的，保险人赔偿保险金时，可以相应扣减被保险人从第三人处已取得的赔偿金额。(3) 由于被保险人的过错致使保险人不能行使代位请求赔偿的权利的，保险人可以相应扣减保险赔偿金。(4) 被保险人有义务协助保险人行使代位追偿权。我国《保险法》第 63 条规定：在保险人向第三者行使代位请求赔偿权利时，被保险人应当向保险人提供必要的文件和其所知道的有关情况。(5) 除被保险人的家庭成员或其组成人员故意对保险标的进行损害而造成保险事故以外，保险人不得对被保险人的家庭成员或其组成人员行使代位求偿权。

法律应用

1. 按照保险利益原则，下列哪些当事人的投保行为无效？（2002 年国家司法考试试卷三第 51 题）

A. 某甲为自己购买的一注彩票投保

B. 某乙为自己即将出生的女儿购买人寿险

C. 某丙为屋前的一棵国家一级保护树木投保

D. 某丁为自己与女友的恋爱关系投保

解答：此题考查的是保险法中保险利益原则的知识。订立保险合同的基础就是投保人对保险标的应当具有保险利益，它既可以是经济上的利益，也可以是投保人依法或依合同所承担的义务、责任而产生的利害关系。投保人对保险标的没有保险利益的，保险合同无效。保险利益的成立须具备以下要件：必须是法律上承认的利益，即合法利益；必须是经济上的利益，即可用金钱估计的利益；必须是可以确定的利益。选项A虽是经济上的利益，但不是确定的利益，故无法投保。选项B中的胎儿不是民事主体，还不具有法律上承认的利益，故该投保行为无效。选项D中的恋爱关系不是法律关系，不受法律保护，故该投保行为无效。对于选项C，学界对此有不同的观点，争论的焦点表面上看是：丙是否对该树具有保险利益，但实质在于丙是否对该树拥有所有权，如果拥有所有权，则该投保行为有效，否则，行为无效。根据题干中提供的信息，无法推定丙是否对该树具有所有权，故无法作出正确的判断，但这并不妨碍我们从中学习相关的保险法知识，反而更有利于对相关知识的深入理解。

2. 王某将自己居住的房屋向某保险公司投保家庭财产保险。保险合同有效期内，该房屋因邻居家的小孩玩火而被部分毁损，损失10万元。下列哪些选项是错误的？(2008年国家司法考试试卷三第71题)

A. 王某应当先向邻居索赔，在邻居无力赔偿的前提下才能向保险公司索赔

B. 王某可以放弃对邻居的赔偿请求权，单独向保险公司索赔

C. 若王某已从邻居处得到10万元的赔偿，其仍可向保险公司索赔

D. 若王某从保险公司得到的赔偿不足10万元，其仍可向邻居索赔

解答：此题考查的是保险法中代位求偿权的知识。发生保险事故后，被保险人既可以向保险人请求赔偿，也可以向侵害人请求赔偿，法律并没有要求被保险人在向侵害人索赔无果的前提下才能向保险人提出请求的前置条件。因此，只要是保险责任范围内的损失，保险公司都应当赔偿，故选项A错误。同时，法律规定保险事故发生后，保险人未赔偿保险金之前，被保险人放弃对侵害人的请求赔偿的权利的，保险人不承担赔偿保险金的责任，故选项B错误。按照财产保险合同的损害补偿的原则，如果王某已从邻居处得到10万元的赔偿，其财产损失已经得到弥补，因此不能再向保险公司索赔，故选项C错误。但如果王某从保险公司得到的赔偿不足10万元，则可以就未取得赔偿的部分向邻居索赔，故选项D正确。因此，本题应选ABC。

案例与思考

1. 综合案例

甲将自己的汽车向某保险公司投保财产损失险，附加盗抢险，保险金额按车辆价值确定为20万元。后该汽车被盗，在保险公司支付了全部保险金额之后，该车辆被公安机关追回。关于保险金和车辆的处置方法，下列哪一选项是正确的？(2008年国家司法考试试卷三第27题)

A. 甲无须退还受领的保险金，但车辆归保险公司所有

B. 车辆归甲所有，但甲应退还受领的保险金

C. 甲无须退还保险金，车辆应归甲所有

D. 应由甲和保险公司协商处理保险金与车辆的归属

答题思路：考查保险法中有关全额保险的知识点，即保险事故发生后，保险人已支付了全部保险金额，并且保险金额相等于保险价值的，受损保险标的的全部权利归

谁所有的问题。

2. 思考题

(1) 保险的要素包括哪些?

(2) 保险合同的当事人、关系人有哪些?

(3) 保险人解除保险合同的要件有哪些?

(4) 重复保险如何分摊损失?

(5) 保险赔付的近因原则是什么?

参考书目

[日] 上山道生著，刘淑梅，赵儒煜译．保险．北京：科学出版社，2004

第六章 证券机构及业务法

第一节 证券机构及业务概述

一、证券机构的概念和特征

二、证券机构的种类及业务活动

第二节 证券公司

一、证券公司的概念和法律特征

二、证券公司的种类和业务范围

三、证券公司的设立、变更和终止

四、证券公司的风险管理和内部控制制度

第三节 证券交易所

一、证券交易所的概念和法律特征

二、证券交易所的沿革与功能

三、证券交易所的设立和组织形式

四、证券交易所的自律管理与政府监管

第四节 证券中介机构

一、证券登记结算机构

二、证券投资咨询机构

三、证券资信评级机构

四、其他证券中介机构

本章要点

1. 证券公司的法律特征和业务范围
2. 证券公司的风险管理和内部控制制度
3. 证券交易所的法律特征
4. 证券交易所的自律管理与政府监管

第一节　证券机构及业务概述

一、证券机构的概念和特征

证券机构是指依法成立的从事证券发行、交易、监管等活动或者为证券的发行、交易、监管等活动提供各种专业服务的机构，包括证券发行机构、证券投资机构、证券公司、证券交易所、证券登记结算机构、证券投资咨询机构等。

与一般机构相比，证券机构具有下列特征：

（一）是依法成立的组织

首先，无论是作为证券交易的当事人、交易的代理人、交易的服务者，还是作为证券业的监管者，都必须具有合法的主体资格。因此，非依法成立的组织不能成为证券机构。其次，作为一种机构，它总是具有社会组织性，而不能是个别的自然人。虽然律师、会计师、审计师等在从事证券服务时个体特色比较鲜明，但他们最终仍然要以事务所的名义开展工作。

（二）从事证券及其相关业务

证券机构从事的是与证券相关的业务。在我国，证券业务是国务院证券监督管理机构根据法律、行政法规规定的资格和条件审查批准的一种特许经营业务。不过，这里的证券与民商法上所称的证券有所不同，它主要是指资本证券，即根据证券权利可以取得资本性收益而将其作为投资工具的有价证券。各证券机构围绕资本证券分别进行证券提供、证券交易、证券交易服务、证券交易监管等业务活动。

（三）机构的独立性和机构间的合作性

各证券机构都是独立的机构，具有独立的法律主体资格，各自的职能也具有自己的特征，它们在证券市场的不同运行阶段参与到市场运行中，发挥自己独特的作用。但各证券机构的业务又密切相联。证券发行机构的证券发行是首要环节，证券交易所为证券交易提供场所、设施和规则，证券投资者、证券发行人通过证券公司的平台进行交易，而证券监管机构的监管和证券中介机构的服务则贯穿始终。各机构分工合作，共同促进证券市场的良好运行。

二、证券机构的种类及业务活动

依照不同的标准可以对证券机构进行不同的分类。根据证券机构的性质，可以将证券机构分为证券发行机构、证券交易机构（企业）、证券服务机构和证券监管机构。根据证券机构的业务范围与性质可以把证券机构分为证券发行机构、证券投资机构、证券公司、证券交易所、证券中介机构和证券监管机构。

证券发行机构发行证券、筹集资金，是证券的原始供应者，一般包括企业、金融机构、政府部门和其他社会经济组织。证券投资机构是指从事证券买卖的单位，它是证券市场上的资金供给者和证券需求者。

证券公司是证券市场最主要的参与者。一方面，它是沟通发行人与投资者，以及投资者与投资者的桥梁，是连接证券市场各个主体的纽带，是实现资金融通的重要渠道。另一方面，它自身有时也是机构投资者，直接参与证券市场资金的流转以及资源的合理配置。证券公司业务活动广泛，包括证券经纪，证券投资咨询，与证券交易、证券投资活动有关的财务顾问，证券承销与保荐，证券自营，证券资产管理，以及其他证券业务。在我国现行法律环境下，证券投资机构不能直接进入证券交易所进行交易，只能通过证券公司提供的证券经纪业务，才能完成证券交易，因此，证券经纪业务是证券公司的主要业务。

证券交易所为证券交易提供固定设施、场所以及规则。它有一系列完善的设施、严密的上市规则和交易规则，为集中交易提供了必要的物质保障、制度保障和安全保障。证券交易所是证券交易最集中、最需要的交易场所，在证券市场中占据核心地位。

证券中介机构为证券的发行、承销、上市和交易提供各种专业化的中介服务，包括证券登记结算机构、证券投资咨询机构、资信评估机构、资产评估机构等。证券中介机构根据各自的性质和职能为证券市场提供相应的服务，帮助发行公司实现筹资目标，引导投资者理性消费，降低证券市场的风险，是证券市场正常运行不可或缺的组成部分。

证券监管机构根据证券法律法规和行业规定，对证券发行、交易活动及其他市场参与者的行为进行监督和管理，以保护投资者的合法权益，包括政府监管机构、证券交易所、证券商协会等。政府监管机构是其中最主要的组成部分。我国的政府监管机构是国务院证券监督管理委员会，经过授权，各省、市、自治区成立的证券管理办公室也可在一定范围内行使监管职能。证券监管机构是维护证券市场有序高效运行的重要主体。

第二节　证券公司

一、证券公司的概念和法律特征

在我国，证券公司是指按照《公司法》和《证券法》等法律法规规定的设立条件，经证券监管机构批准并经公司登记机关登记设立的、从事证券业务的有限责任公司或股份有限公司。

证券公司与普通公司有许多共同属性，但作为专门从事证券经营业务的商业组织，证券公司又具有以下特征：

（一）经营业务的特殊性

普通公司从事的经营业务范围非常广泛，而证券公司专门从事证券经营业务以及其他相关业务。根据2005年修订的《证券法》的规定，证券公司经营的业务主要包括证券经纪，证券投资咨询，与证券交易、证券投资活动有关的财务顾问，证券承销与保荐，证券自营，证券资产管理和其他证券业务。这些业务多数属于金融服务领域，服务对象主要以发行公司、证券投资者为主，涉及金额大、风险高。

（二）设立条件的特殊性

普通公司的设立只要满足《公司法》规定的有关有限责任公司或股份有限公司的

设立条件即可，证券公司还要满足《证券法》的特殊规定，如主要管理人员和业务人员的任职资格、固定的经营场所和合格的交易设施等。另外2005年修订的《证券法》提高了证券公司最低注册资本限额的标准。严格设定证券公司的设立条件，可以增强证券公司的责任心和抗风险能力，有助于保护投资者的利益。

（三）设立程序的特殊性

根据《公司法》的规定，普通公司的设立采取登记制，即公司股东或者发起人应当签署公司设立文件并提交给公司登记管理机关，公司登记管理机关经审核合格后，向申请人签发企业法人营业执照，公司即告成立。而设立证券公司除要符合《公司法》的规定外，还应当符合《证券法》的相关规定，即设立证券公司除要履行《公司法》规定的登记程序外，还应当办理前置批准程序和登记后许可程序。没有完成前置审批程序，任何人不得设立证券公司；没有履行登记后许可程序，任何人不得经营证券业务。

（四）管理制度的特殊性

出于防范风险的目的，证券公司的管理标准远远严于普通公司。首先，普通公司的管理制度主要是来自于公司内部约束，由公司内部的组织机构负责。证券公司的管理制度，不仅来自于公司内部，而且来自于公司外部，要遵循法律的强行性规范，接受国务院证券监管机构的监督。其次，证券公司的管理制度突出风险控制内容，而普通公司无此要求。

二、证券公司的种类和业务范围

根据不同的标准可以将证券公司分为不同的种类。如根据组织形式，可以把证券公司分为证券有限责任公司和证券股份有限公司；根据股东境内外来源的不同，可以将证券公司分为中资证券公司和中外合资证券公司等。

从业务角度探讨证券公司的分类最具现实意义，也是国际通行的做法。在我国《证券法》修订之前，证券公司分为综合类证券公司和证券经纪公司。2005年修订的《证券法》考虑到这种分类对证券公司业务发展的负面影响，采取了按具体证券业务分别管理的制度。根据《证券法》第125条的规定，经国务院证券监督管理机构批准，证券公司可以经营下列部分或者全部业务：证券经纪，证券投资咨询，与证券交易、证券投资活动有关的财务顾问，证券承销与保荐，证券自营，证券资产管理，其他证券业务。据此，证券公司相应地分为证券经纪公司、证券投资咨询公司、证券承销保荐公司、证券自营公司等，而经营几种证券业务的是证券综合公司。

证券经纪业务是指证券公司在核定业务范围内，执行客户委托，以自己的名义从事证券交易的业务活动。这是证券公司最主要的一项业务。证券投资咨询业务是指证券公司根据客户委托向证券投资者或者客户提供证券投资信息分析、预测、建议的业务活动。与证券交易、证券投资活动有关的财务顾问业务是指证券公司在限定范围内，根据委托人的委托，向客户提供证券投资融资、资本运作等财产方面的建议的业务活动。证券承销业务是指证券公司通过证券承销协议，在规定的证券发行有效期内协助证券发行人销售证券的业务活动。证券保荐业务是指证券公司对发行人的发行、上市文件进行实质性核查，推荐符合条件的发行人的证券发行、上市，并对所推荐公司督促、指导和信用担保的业务活动。证券自营业务是指证券公司以自己的名义和资金为了自己的利益进行证券买卖的业务活动。证券资产管理业务是指证券公司按照资产管理合同，对客户资产进行经营，为客户提供投资管理服务的业务活动。除上述业务之外，证券公司还可以经营国务院证券监督管理机构核定的其他证券业务。

2005年修订的《证券法》对证券公司的原有业务规定作了较大的修改：首先，扩大了业务范围。过去证券公司的营业范围仅限于证券经纪、承销、自营和其他证券业务。2005年修订的《证券法》增加了证券投资咨询、与证券交易投资活动有关的财务顾问、证券保荐、证券资产管理四项业务。其次，取消了按综合类和经纪类不同划分业务范围、按业务不同实行不同管理模式的做法，改为实行“一司一批”的证券业务许可证制度，并规定国务院证券监督管理机构应当依照法定条件和法定程序并根据审慎监管原则进行审查。

三、证券公司的设立、变更和终止

世界范围内，证券公司的设立有三种制度：即审批制、注册制和承认制。我国《证券法》第122条中规定：“设立证券公司，必须经国务院证券监督管理机构审查批准。”因此，我国对证券公司的设立采取审批制。实行审批制可以防止信誉不好、资产不良的证券公司进入证券市场，有利于净化市场环境、防范市场风险、增加交易安全。

根据《证券法》第124条和第128条的规定，设立证券公司，应当具备下列条件：有符合法律、行政法规的公司章程；主要股东符合任职条件；相应的注册资本；高级管理人员和从业人员符合任职条件；完善的风险管理和内部控制制度；合格的经营场所和业务设施；法律法规规定的其他条件。证券公司的设立除依照《公司法》规定的设立程序进行外，还需要经过申请、证监会审批、注册登记、国务院证券监督管理机构许可四个步骤。2005年修订的《证券法》在设立条件上所做的变更是：统一了设立条件；提高了最低注册资本额；增加了主要股东和高管人员任职资格的规定的内容；增加了风险管理制度和内部控制制度的内容。在程序上采取了先设立后申领业务许可证的做法，明确了批准期限和程序上的要求，使国务院监督管理机构的行政审批行为更为规范。

证券公司的变更是指证券公司名称、住所、业务范围、注册资本等发生变化以及公司的合并、分立。对于一般事项的变更，公司可自主决定，无须经过审批，只到公司登记机关办理变更登记手续即可。对于重要事项的变更，特别是经过审批的事项发生的变更，则须履行报批手续。2005年修订的《证券法》在证券公司的变更方面的变化是：首先，对公司章程的变更放松了管制。只有变更公司章程中的“重要”条款，才需要经国务院证券监督管理机构批准，从而减少了审批程序，有利于证券公司的高效运作，提高竞争力；其次，增加规定“变更持有5%以上股权的股东、实际控制人”的要经过审批，其目的是防止他们在公司决策时滥用股东权和控制权，损害中小股东和投资者的利益。

证券公司的终止是指依法成立的证券公司因特定事由丧失民事主体资格。我国《公司法》规定的证券公司的终止事由有两类：解散和破产。解散有四种情形：公司章程规定的营业期限届满；股东会决议解散；因合并分立而解散；因违反法律法规解散。

2005年修订的《证券法》在总结经验的基础上，为关闭证券公司这一强制性措施设置了缓冲，对违法经营或者出现重大风险，严重危害证券市场秩序的证券公司，可以采取责令停业、指定其他机构托管、接管等，以免因风险的系统性、复杂性、社会性和关闭的刚性对证券市场造成较大的冲击。

四、证券公司的风险管理和内部控制制度

证券市场是一个充满风险的市场，为防范风险，必须要求证券公司建立风险控制制度。《证券法》明确规定："完善风险管理制度和内部控制制度"。风险管理制度主要包括投资者保护基金制度、资产负债比例管理制度、交易风险准备金制度、业务风险管理制度等。

证券法投资者保护基金是指依法筹集形成的在防范和处置证券公司风险中用于保护投资者利益的资金。《证券法》第134条规定：国家设立证券投资者保护基金。证券投资者保护基金由证券公司缴纳的资金及其他依法筹集的资金组成，其筹集、管理和使用的具体办法由国务院规定。将证券投资者保护基金法定化是《证券法》修订的一项重大举措。

资产负债比例管理制度是指国务院证券监督管理机构规定的证券公司的净资本、净资本与负债的比例，净资本与自营自销、承销、资产管理等业务规模的比例，负债与净资产的比例，以及流动资产与流动负债的比例等。《证券法》确立了以净资本为核心指标的风险控制指标体系，是顺应时代潮流的进步之举。

交易风险准备金，也称营业保证金，是指证券公司按照法定比例提取和缴纳的，用于弥补证券交易损失，承担法律责任的准备金。我国的风险准备金是由证券公司以货币形式，从每年的税后利润中提取的，具有较强的变现能力，适合弥补证券交易损失的用途。

业务风险管理制度是指为防范风险、规范管理，对不同证券公司规定的业务规则。如对证券经纪公司实行的严禁挪用客户交易结算资金，信用交易要经过批准，禁止接受客户全权委托等规则；再如对证券自营业务实行的自主经营、采取实名制等规则。

证券公司内部控制制度是因应近些年证券公司"挪用客户资金问题"日益严峻而出台的一项制度。《证券法》规定，证券公司应当建立、健全内部控制制度，将业务分开办理，不得混合操作，采取有效的隔离措施，防范公司与客户之间、不同客户之间的利益冲突。此外，还规定了对证券业务的"一司一批"制度以配合"分开操作"业务；改革了结算资金制度，以防范公司与客户之间的利益混同；增加了"分户管理、单独立户"制度，以明晰客户与客户之间的利益。

第三节　证券交易所

一、证券交易所的概念和法律特征

证券交易所是指依法设立的为证券集中交易提供场所和设施，组织和监督证券交

易，实行自律管理的法人。证券交易所具有以下法律特征：

（一）以集中交易为主要交易方式

集中交易是指在买方和卖方均为多数的情况下，采用当事人公开报价的方式，依照时间优先、价格优先等标准，合理地确定证券交易价格。集中交易最大限度地实现了证券流通性，是证券交易所采取的基本交易方式。需要注意的是，集中交易并非证券交易所唯一的交易方式。《证券法》第 40 条规定，证券在证券交易所上市交易，应当采用公开的集中交易方式或者国务院证券监督管理机构批准的其他方式。这是 2005 年修订的《证券法》适应证券市场的发展趋势，为协议收购、大宗交易等非集中交易预留了一定的法律空间。

（二）为证券交易提供设施、场所和规则

证券交易所是进行证券交易所必需的空间、设施和规则的完整体系。证券交易所通常具有比较完备和固定的证券交易场所和交易设施、安全的交易服务网络、规模较大的管理人员和从业人员，还制定有适合大规模证券集中交易所需要的管理规则、交易规则和各项组织制度，为证券交易的实现提供制度保障。各国法律一般要求证券交易所为有形市场，但是，伴随着通信技术、计算机和互联网技术的发展，证券的电子化交易和网络交易日益频繁，证券交易所呈现无形化的趋势。

（三）具有证券交易组织者和管理者的双重身份

作为证券市场的重要组成部分，证券交易所具有多重身份。首先，证券交易所是证券交易的组织者。除提供必要的设施和场所外，证券交易所还在其职权范围内制定和修改证券交易的具体规则，如上市规则、交易规则、会员管理规则、监管规则等，来保证证券交易有组织地进行。因为这些职能，证券交易所也同时具有被监管者的身份，需要接受国务院证券监督管理委员会的监督。其次，证券交易所实行自律管理，是证券交易的自律监管者。证券交易所不是为某一参与者而是为各方参与者的利益提供服务，这就客观确立了证券交易所具有的中立监管功能。证券交易所通过接受上市监管、日常监管、决定暂停或者终止上市等措施，督促各方当事人按照公开、公正、公平的原则进行交易。

（四）法律性质为依法成立的法人

证券交易所所有职能的完成都有赖于证券交易所的独立地位。根据各国证券立法的通行做法，证券交易所无论采取何种组织形式，均应具备法人资格，独立享有权利、履行义务和承担责任，成为独立的法律主体。从另一个角度讲，正是因为证券交易所具有法人资格，它才有可能作为证券交易各方的交易活动的媒介，才可能在相当程度上发挥调整证券交易关系的实际作用。法人资格是其在证券市场上发挥组织和监督作用的前提条件，也是其进行自律管理的必然要求。

二、证券交易所的沿革与功能

世界上最早的证券交易所见于 1680 年荷兰的阿姆斯特丹，此后西班牙、德国和法国等国家也陆续出现了各自的证券交易所。18 世纪 60 年代至 90 年代，伴随着股份经济的迅猛发展，证券交易所得以迅猛发展。我国的证券交易市场最早出现于清朝末年。1891 年欧美证券商人在上海成立的“上海股份公所”是旧中国出现的第一家外商经营的证券交易所。1914 年，北洋政府公布实行《证券交易所法》。1918 年北京证券交易所成立。1919 年，北洋政府农商部正式批准设立“上海交易所”。新中国成立后，为尽快恢复金融市场秩序，“天津市证券交易所”和“北京市证券交易所”先后成立。改革开放后，随着金融体制改革的深入，1990 年 11 月 26 日上海证券交易所正式成立。1991 年 4 月 11 日深圳证券交易所成立。与此相适应，我国的证券立法工作也逐步展开。1996 年 8 月 21 日，原国务院证券委发布《证券交易所管理办法》。1997 年，上海和深圳证券交易所划归证监会，同年，证监会发布《证券交易所管理办法》。2001 年，证监会根据修订后《证券法》的规定重新发布《证券交易所管理办法》并沿用至今。

证券交易所的功能是创造公开、公平、公正的市场环境，保障证券市场的正常运行。具体而言，证券交易所通过提供设施、场所形成连续性的证券交易市场；通过集中竞价交易形式形成公开合理的证券交易价格；通过交易行情的及时公布，提供权威的交易信息；通过制定规则规范交易行为，维护交易市场秩序。

证券交易所的上述功能在理论上又可以归纳为服务功能和监管功能。其中，服务功能是证券交易所最基础也是最主要的功能。证券交易所只有在发挥服务功能的基础上，才能谈及监管职能的实现。不过，在证券交易所的历史发展过程中，服务功能和监管功能随不同的历史发展时期而不尽相同，经历了从早期的服务功能为主向到如今的服务与监管功能并重的演变。早期证券市场发育程度低，证券交易所多实行会员制，证券交易所与上市公司之间更像是单纯的民事关系，证券交易所作为交易设施提供者而存在，服务是证券交易所的主要功能。随着证券市场的发展，社会公众投资者大量进入证券领域，信息披露日显重要，证券交易所的自律监管功能日益凸显。

三、证券交易所的设立和组织形式

证券交易所的设立需要一定的条件和程序。不同的设立条件和程序常常能反映出一个国家对于证券市场的干预程度。根据我国《证券法》的规定证券交易所的设立和解散，由国务院决定。证券交易所章程的制定和修改，必须经国务院证券监督管理机构批准。这些规定表明，我国证券交易所的设立，采用的是审批制。证券交易所的设立必须具备如下条件：名称、章程和业务规则；必要的场所、设施和资金；一定数量的会员；适格的管理人员和从业人员。

在世界范围内，证券交易所按组织形式分为两种：会员制证券交易所和公司制证券交易所。会员制证券交易所是指证券公司以会员身份自愿出资共同设立的非营利性的证券交易所。公司制证券交易所是指由股东共同出资建立的，采取有限责任公司和股份有限公司形式的营利性的证券交易所。二者的区别是：第一，会员制证券交易所是社团法人，公司制证券交易所是企业法人、公司法人。第二，会员制证券交易所不以营利为目的，公司制证券交易所以营利为目的。第三，会员制证券交易所对会员证券公司的管理权来源于会员共同达成的设立契约或入会契约，公司制证券交易所对入场交易者的管理权来自于证券交易所与证券公司达成的入市交易契约。第四，会员制证券交易所的组织机构为会员大会、理事会和经理，公司制证券交易所的组织机构为股东大会、董事会、监事会和经理。第五，会员制证券交易所是由会员缴纳会费设立的，不需要进行利益分配，公司制证券交易所是由股东出资设立的，税后利润除用于保证证券交易场所设施运行和更新外，应分配给出资者。这些不同导致会员制证券交易所比公司制证券交易所更易于自律管理，但是会员制证券交易所囿于会员人数的限制又难以因应证券交易所的国际化发展趋势，可能会阻碍证券交易的进一步发展。

一般认为，我国的证券交易所属于会员制证券交易所。其主要根据是修订前的《证券法》和《证券交易所管理办法》关于组织机构的相关规定中有“会员大会”的规定，如“证券交易所设会员大会、理事会和专门委员会”。但是我国的会员制证券交易所带有很深的政府主导的烙印，与西方自生自发、自律管理的会员制证券交易所有明显的区别。2005 年《证券法》修订了原《证券法》第 95 条“证券交易所是提供证券集中竞价交易场所的不以营利为目的”的规定，去掉了“不以营利为目的”，改为“证券交易所是为证券集中交易提供场所和设施，组织和监督证券交易，实行自律管理的法人”。这意味着证券交易所可以采取非营利的会员制，将来也可以采取营利性的公司制。这些修改顺应了证券市场的发展趋势，为发展公司制交易所预留了法律空间。

四、证券交易所的自律管理与政府监管

证券交易所是实行自律管理的法人。从理论上讲，证券交易所属于私法上的民事主体，契约关系是其自律管理的理论基础。证券交易所对会员公司、上市公司和交易活动的监管权，主要来自于证券公司以签署章程的方式换取公平有序的交易环境，来自于上市公司以公开企业信息方式获取广大社会公众的认购，来自于投资者对良好市场秩序的追求。① 具体依据是交易所章程、上市协议和交易规则。

从世界各国的情况看，证券市场的监管模式一般有三种：政府主导型、市场自律型和综合型。不论采用何种监管模式，自律管理始终在一国证券市场监管体系中扮演着重要角色。首先，和政府监管相比，自律管理更加灵活，更能化管理为会员的自觉行为。同时，由于交易所熟悉和掌握市场交易的现状和规律，其监管不仅有市场基础，而且有实践经验，因而更加专业。其次，自律管理必须接受政府监督。《证券法》在赋予证券交易所自律管理职能的同时，也规定了其必须接受政府监督的义务，这些义务包括：报批和报告义务，提供信息资料义务，接受检查义务，设立风险基金义务，不得分配财产积累义务等。最后，自律管理与政府监管互相补充。证券交易所不具有行政监管权，自律管理缺乏政府监管的刚性，而政府监管远离市场，专业不足。交易所和政府机构应在分工监管的基础上相互协同紧密合作，自律与行政的双重监管可以最大限度地消除金融风险并且鼓励投资。

证券交易所的自律管理体现在证券交易所通过制定具体交易规则、公布交易信息、采取技术性停牌或临时停市和实时监控等方式对证券公司交易活动进行监督；通过制定上市规则、上市保荐人制度和暂停或终止上市交易等对上市公司进行监督；通过制定会员管理规则、资格席位管理、业务财务监督和从业人员管理对会员和从业人员进行监督管理。

---

① 参见叶林：《证券法》，220 页，北京，中国人民大学出版社，2000。

第四节　证券中介机构

证券中介机构是指依法成立的为证券的发行、交易及其他相关活动提供各种专业服务的机构。证券中介机构主要包括证券登记结算机构、证券投资咨询机构、证券资信评级机构、资产评估机构、财务顾问机构、会计师事务所、律师事务所等。证券中介机构的出现是证券市场专业化的客观需求，这些机构通过专业化服务为整个证券市场的良好运行提供必要的技术支持。

一、证券登记结算机构

证券登记结算机构是指经过证券监督管理机构批准设立的，为证券交易提供集中登记、存管与结算服务，不以营利为目的的法人。证券登记结算机构是随着证券业的发展、登记结算业务从分散到集中的需求而出现的，它有利于降低证券发行和交易成本，提高交易效率。与一般的证券中介机构不同，证券登记结算机构是非营利法人，它提供的服务虽然具有有偿性，但并不以追求利润为目的，这种定位有利于它正确行使职能，维护证券交易的正常秩序。

根据《公司法》和《证券法》，证券登记结算机构的设立应具备以下条件：自有资金不少于2亿元，具有证券登记、存管和结算服务必需的场所和设施，主要管理人员和从业人员必须具有相应资格和国务院证券监督管理机构规定的其他条件。证券登记结算机构的职能主要是：证券账户和结算账户的设立与管理；证券的存管与过户；证券持有人名册登记及权益登记；证券和资金的清算交收及相关管理；受发行人委托办理证券权益分配等代理人服务等。证券登记结算机构实行自律管理，同时也要接受中国证监会的监督管理。

2001年3月30日，经国务院证券监督管理委员会批准，上海、深圳证券交易所依据相关规定，共同发起设立了中国证券登记结算有限责任公司。2005年，《证券法》进一步明确了中国证券登记结算的法律地位。2006年4月，中国证券监督管理委员会制定发布了《证券登记结算管理办法》（以下简称《办法》），规范证券登记结算行为，保护证券市场安全高效运行。首先，《办法》明确了证券登记、存管、结算等业务的具体管理办法，更具有操作性。其次，《办法》为证券登记结算的安全和高效提供了法律保障。它规定的实名制开户制度、清算交收中的货银对付制度，以及证券登记结算机构建立各种风险控制措施的制度集中体现了保证业务安全的原则。同时，《办法》明确了集中登记原则，规定了结算公司与结算参与人进行证券与资金交收的具体方法，体现了在保证安全基础上对效益最大化的追求。最后，《办法》在账户体系设计、结算模式选择等方面为产品和制度创新预留了空间，为证券登记结算机构的进一步发展构筑了平台。

二、证券投资咨询机构

证券投资咨询机构是指依法设立的，为证券投资者和客户的投资、融资、证券交易活动提供专家性咨询服务的有限责任公司和股份有限公司。由于证券筹资和证券投资是一种技术性非常强的业务活动，客观上需要一个专门从事证券事务的专业咨询机构，所以，证券投资咨询机构的产生是证券市场发展的必然要求。

在现代证券市场中，证券投资咨询机构的作用日益重要：证券投资咨询机构向投资者公布各类报告，有利于增强证券市场的透明度；证券投资咨询机构向投资者或客户提供证券投资分析、预测和建议，有利于减少投资者的盲目性，引导投资者的理性投资；证券投资咨询机构发表分析报告文章，对规范上市公司经营运作起到监督和促进作用。

目前我国关于证券投资咨询业的法律规范除《证券法》外，还有 1997 年国务院发布的《证券、期货投资咨询管理暂行办法》，1998 年中国证监会发布的《证券、期货投资咨询管理暂行办法实施细则》以及 2001 年证监会发布的《关于规范面向公众开展的证券投资咨询业务行为若干问题的通知》等，这些法律法规及规范性文件对证券投资咨询机构的设立、业务范围等作了较为详细的规定。

证券投资咨询机构的设立需要具备以下条件：分别从事证券或者期货投资咨询业务的机构，有 5 名以上取得证券、期货投资咨询从业资格的在职人员；同时从事证券和期货投资咨询业务的机构，有 10 名以上取得证券、期货投资咨询从业资格的专职人员，其高级管理人员中，至少有 1 名取得证券或者期货投资咨询从业资格；有 100 万元人民币以上的注册资本额；有固定的业务场所和与业务相适应的通信及其他信息传递设施；有公司章程；有健全的内部管理制度；符合证监会要求的其他条件。

证券投资咨询机构的服务形式主要有：接受投资人或者客户委托，提供证券投资咨询服务；举办有关证券、期货投资咨询的讲座、报告会、分析会等；在报刊上发表证券投资咨询的文章、评论、报告，以及通过电台、电视台等公众媒体提供证券投资咨询服务；通过电话、传真、电脑网络等电信设备系统，提供证券投资咨询服务等；中国证券监督管理委员会认定的其他形式。

我国的证券投资咨询业还不完善，主要表现为传播信息质量不高、业务活动不够规范、缺乏强有力的自律管理。因此，加强对证券投资咨询的监管显得尤为重要。据现行法律法规的规定，目前对证券投资咨询业务和从业人员的监管主要包括：首先，明确规定了业务活动的相关规则，对咨询的资料运用、程序履行进行了规定，同时，也对业务进行了限制和禁止。如规定禁止非法或变相从事证券交易，禁止与委托人约定分享证券投资收益或者分担证券投资损失。其次，规定了从业人员的资格条件和行为规则。如证券投资咨询机构及其执业人员在与自身有利害冲突的情况下应当进行执业回避，证券投资咨询机构从业人员必须具备证券专业知识，并且有从事证券业务或者证券服务业两年以上的经验。《证券法》第 171 条、《证券、期货投资咨询管理暂行办法》第 24 条以禁止性规范规定了证券投资咨询机构及其从业人员不得从事的业务活动。

三、证券资信评级机构

证券资信评级机构又称证券资信评估机构，是指根据规范的指标体系和科学的评估方法，以客观公正的立场，对证券的质量、投资价值进行综合评估，并以一定的符号表示其资信等级的专业机构。证券资信评级机构的作用在于监督发行人提高经济效益，帮助公司融资；向投资者提供证券信用信息，提高投资的安全性和收益性等。

2003年中国证监会发布的《证券公司债券管理暂行办法》、与之配套的《资信评级机构出具证券公司债券信用评级报告准则》以及2007年中国证监会发布的《证券市场资信评级业务管理暂行办法》，对资信评级机构出具证券公司债券信用评级报告的活动进行了规范。

关于证券资信评级机构设立及监管问题，我国目前立法非常薄弱，致使实践中问题丛生。首先，中国人民银行银发（1990）211号、银函（1993）408号等文件曾建议将企业资信证券评级定性为金融服务性机构，故设立需经中国人民银行审批。实践中，中国人民银行银发（1997）547号文件也确实认证过九家可对企业债券进行评级的机构。但是1999年修改的《企业证券管理条例》中，企业债券的审批权集中于国家计委（现为国家发改委），中国人民银行不再负责资信评级机构的设立审批和认证。其次，《证券法》第169条规定，资信评级机构从事证券服务业务的审批管理办法，由国务院证券监督管理机构和有关主管部门制定。2007年8月，中国证监会发布了《证券市场资信评级业务管理暂行办法》，于2007年9月1日起施行。最后，目前我国资信评级的对象主要是企业债券、上市公司可转换债、证券公司发行证券、部分地区银行信贷企业评级等，实务中不同的业务由不同的机关负责监管，因此，我国至今还没有一个针对资信评级机构的统一监管机关。统一资信评级业的主管部门，进而统一资信评级机构的资质资格标准、统一评级标准和统一使用评级结果是我国证券评级业发展中亟待解决的问题。

关于资信评级机构的法律责任，传统理论强调资信评级机构的独立性，认为资信评级机构与被评级公司，尤其是与其所提供信息的使用者之间不存在委托代理关系，而且资信评级机构的资信评级是一种评定预测行为，不能也不应对评级错误的结果负法律责任。但是，随着资信评级公司造假事件的频繁发生，人们意识到没有法律责任机制约束的资信评级机构会滥用权利；而且，因为与评级机构的核心业务存在利益冲突：即被评定的客户向评级机构支付评定费，而使用这些评级结果的却是投资者，所以，评级机构的独立性并非不容置疑；此外，由于各评级机构的评级方法、程序并不完全相同，评级信息的可靠性和透明度值得怀疑。如今越来越多的观点认为，评级机构应当承担法律责任。我国法律明确规定，证券资信评级机构应当对评级结果的客观、公正和及时性承担责任。不过，评级机构及其从业人员承担法律责任的前提是其主观上有过错。从评级机构的角度看，只要其评级的工作程序符合法律法规和专业标准，即使其评级结果和实际情况不完全一致，也不应承担责任。

四、其他证券中介机构

（一）资产评估机构

资产评估机构主要从事对股票公开发行、上市交易的企业进行资产评估以及对其他与证券业务有关的资产进行评估的业务。我国从事资产评估业务的机构既有专业的资产评估事务所，又有具有资产评估资格的会计师事务所等。资产评估机构的职责是为公司上市、收购兼并、资产重组等业务活动提供资产评估报告。根据《证券法》第169条的规定，资产评估机构要从事证券业务必须取得中国证监会和有关主管部门的批准。资产评估机构进行相关业务活动必须严格执行有关证券、证券市场和资产评估方面的法律法规和业务准则，接受国家国有资产管理局和证监会的监管。

（二）财务顾问机构

证券业中的财务顾问机构主要是指为企业证券发行、交易和公司收购等提供专业咨询服务的机构。按照我国现行法律，证券公司、证券投资咨询机构中具备条件的都可以取得从事财务顾问证券业务的资格。财务顾问机构要取得从事证券业务的资格，必须经过中国证监会的审批。财务顾问机构从事证券业务的人员必须具备证券专业知识和从事证券业务或者证券服务业务2年以上的经验，取得证券业务从业资格。目前财务顾问机构的业务和从业人员的行为规范散见在《证券法》和《上市公司收购管理办法》等法律法规中。

（三）会计师事务所

会计师事务所从事的证券业务主要是：为股票的发行和上市出具各种报告，如发行公司近三年的财务报告、盈利预测的审计报告等均须2名以上注册会计师及其所在事务所签字盖章方能有效；接受委托对上市公司董事会准备提交给股东会讨论表决的各种财务报表和利润分配方案进行审计和核查；接受委托对证券经营机构向中国人民银行提供的资产负债表、损益表和其他财务报表进行审计等。会计师事务所从事证券业务必须取得法律法规规定的相关条件，并向所在省、自治区、直辖市的财政主管机关提出书面申请，经财政主管机关审核后，报送财政部和证监会。会计师事务所对发行与交易证券的企业、机构、场所进行财务审计时，必须严格执行财政部、证监会和注册会计师协会制定的规则程序，必须接受财政部和证监会的监管。

（四）律师事务所

律师事务所从事的证券业务主要包括为证券发行和上市活动出具法律意见书，即申请人所附文件是否齐备、真实，公司筹备是否符合要求，章程有无明显瑕疵，股东结构及持股比例是否符合法律要求，资产评估、盈利预测是否合理，公司重大涉诉案件、未了结案件可能会出现什么判决结果，审查、修改、制作与证券发行、上市和交易有关的法律文件，包括审查、修改和制作公司章程、招股说明书、债券募集办法、上市申请书、上市报告书、重大事件报告书、证券承销协议书以及股东大会决议。根据《证券法》规定，凡是公开披露的文件涉及法律事项的，应当由律师事务所出具法律意见书，因此，与证券市场的信息披露相关的业务活动才是《证券法》所规定的证券法律业务。2002年12月，司法部和证监会联合发布了《关于取消律师及律师事务所从事证券业务资格审批的通告》，正式取消了证券律师资格审批制度。所有合法登记注册的律师事务所及执业律师都可以从事证券业务。律师事务所从事证券业务除了对客户资料负有保密义务外，还要遵循股票交易限制规则，在违反信息披露义务时承担相应的责任。律师事务所进行证券业务服务必须严格执行相关规则程序，接受司法部和证监会的监管。

法律应用

1. 融资融券是资本市场发展到一定阶段的产物，西方一些发达国家的资本市场设立有融资融券交易制度。我国2005年修订的《证券法》不再限制券商融资融券，规定：证券公司为客户买卖证券提供融资融券服务，应当按照国务院的规定并经国务院证券监督管理机构批准。

2. 证券公司作为证券市场中重要的参与者以及联系证券发行人与投资者的中介组织，在证券发行及交易过程中与一般投资者形成了一定的法律关系。这种关系因证券公司从事业务性质的不同以及业务方式的不同而有所差别。从事代销业务的证券承销商与证券发行人之间形成委托代理关系；投资人之间形成买卖关系；从事包销业务的证券承销商与证券发行人、投资人之间均形成买卖关系；从事自营业务的证券公司与投资者之间是证券买卖关系；从事证券经纪业务的证券公司与证券投资人之间的关系“争议较大，一般认为是行纪关系”①。

3. 证券交易所作为证券市场的组织者，依据法定上市条件和交易所上市规则对证券上市申请进行审核，属于自律管理。经审核同意上市的，证券交易所与上市申请人签订上市协议，通过上市协议规范双方的权利义务，形成一种民事法律关系。因此，上市申请人对证券交易所暂停上市、终止上市决定不服的，应按民事关系处理。

4. 根据《证券法》的规定，证券服务机构提供的审计报告、资产评估报告、财务顾问报告、资信评级报告或者法律意见书等文件有虚假记载、误导性陈述或者重大遗漏，给他人造成损失的，应当与发行人、上市公司承担连带赔偿责任，但是允许证券服务机构作无过错抗辩。

案例与思考

1. 综合案例

2002年7月17日，赵一与某证券公司上海营业部（以下简称营业部）签订证券交易委托协议书和代理国债投资协议，委托资产金额为人民币1 000万元，代理期限为一年。赵一又与营业部签订了代理国债投资补充协议，约定营业部确保赵一资金的保值增值，确保资金年收益率为10.5%。协议约定期满后，营业部未支付资金本息。赵一诉至法院，请求营业部按约定支付本息。法院查明2002年9月至2003年6月，赵一账户内资金被用于股票买卖，被告不能提供股票买卖为赵一行为的证明。②

问题：

(1) 本案中，证券公司有哪些违规行为？

(2) 赵一应该以谁为被告起诉？

(3) 法院对于赵一要求营业部按约定支付本息的请求应否支持？

---

① 李东方主编：《证券法学》，248页，北京，中国政法大学出版社，2007。

② 案例来源：《上海证券报》，2004-08-03。

答题思路：

(1) 证券公司承诺资金保值增值超越了其职能范围；与赵一签订的代理国债投资补充协议中约定投资国债盈利10.5%违法；未遵循客户要求进行国债投资行为。

(2) 应以证券公司和上海营业部为被告。营业部系证券公司设立的分支机构，虽有一定的责任能力，但是证券公司仍应对营业部不能还款部分承担还款责任。

(3) 应支持归还赵一1 000万元本息的要求，但是因代理国债投资补充协议违法，10.5%的利息部分不予支持。

2. 思考题

(1) 2005年修订的《证券法》中涉及证券公司的修订有哪些？

(2) 证券经纪公司和投资人之间的法律关系性质如何认定？

(3) 我国证券交易所的监管模式是什么？

(4) 比较证券交易所两种组织形式的优劣。

参考书目

1. 朱伟一．美国证券法判例解析．北京：中国法制出版社，2002

2. 胡光志．内幕交易及其法律控制研究．北京：法律出版社，2003

3. 刘海龙，张丽芳．证券市场流动性与投资者交易策略．上海：上海交通大学出版社，2009

4. 戴志敏．证券市场机构投资者规范化发展研究．杭州：浙江大学出版社，2008

5. 凤良志．经济全球化与证券经营机构风险管理．北京：经济科学出版社，2003

6. 盛学军．证券公开规制研究．北京：法律出版社，2004

第七章 信托机构及业务法

第一节 信托机构及业务概述

一、信托概述

二、信托机构及业务概况

第二节 信托公司的设立、变更、终止

一、信托公司的设立

二、信托公司的变更与终止

第三节 信托公司的业务范围和经营规则

一、信托公司的业务范围

二、信托公司的经营规则

第四节 信托监督管理和自律

一、政府监督管理

二、信托公司的自律管理

本章要点

1. 信托的定义
2. 信托与代理、行纪、居间的相同点与区别
3. 信托公司的设立、变更与终止
4. 信托公司业务经营范围和规则
5. 信托的监管主体、职责和内容

第一节　信托机构及业务概述

一、信托概述

（一）信托的定义及分类

信托观念起源于14世纪罗马的遗嘱信托制度，后在英国的用益权制度中得到体现。信托即“受人之托，代人理财”之意，信托作为一种财产管理制度，被越来越多的国家所采用，信托业也发展成为与银行、保险、证券并驾齐驱的金融业四大支柱之一。关于信托的确切含义，各国立法和学者有不同的诠释。根据我国《信托法》第2条的规定，我国将信托立法定义为“委托人基于对受托人的信任，将其财产权委托给受托人，由受托人按委托人的意愿以自己的名义，为受益人的利益或者特定目的，进行管理或者处分的行为”。信托的实质特征可概括为以下几个方面：第一，信托财产必须独立，且不构成受托人自有财产的一部分。第二，受托人或其代表拥有信托财产的所有权。第三，受托人有权力和责任根据信托文件和法律的要求管理、使用或处分信托财产。信托具有资金融通、财产管理、资本聚集和社会公益等功能。

我国《信托法》将信托分为民事、营业和公益信托。从信托的发展来看，起初只是自然人之间建立在相互信任基础上的一种财产处分手段，主要属于民事信托。随着社会经济的迅速发展，以信托作为营利手段从事经营的现象大量出现，特别是信托制度引入美国以后，高效率的信托公司组织形式大范围地经营起来。[①] 营业信托是指信托机构以获取盈利为目的而从事的信托行为。民事与营业信托合称为私益信托，而以慈善、救济和学术等具有社会公益目的的信托称为公益信托。

（二）信托法律关系

信托法律关系，是指由信托法调整和保护的在委托人、受托人和受益人之间形成的，以信托当事人的权利、义务为内容的社会关系。信托法律关系可以按不同的标准进行分类，如民事信托法律关系和商事信托法律关系，公益信托法律关系和私益信托法律关系等。

信托法律关系由主体、客体和内容所构成。信托法律关系的主体，就是指能够参加信托法律关系，享有信托权利和承担信托义务的当事人，即委托人、受托人和受益人。信托法律关系主体资格必须符合法律上的规定。信托法律关系的客体，是指信托法律关系主体享受权利、承担义务所共同指向的对象，也就是借以产生信托法律关系的信托财产，具体包括货币、有价证券、发明专利权以及其他可转让的有价值的权利等。信托法律关系的内容，是指法律关系主体之间的权利和义务，具体包括委托人、受托人、受益人的权利义务。

信托法律关系可依照委托人的意思表示而产生，如通过合同、遗嘱等加以设立；同时在少数情况下可根据法律的直接规定（法定信托）、法院的推定和拟制（如回归信

① 参见［日］川崎诚一：《信托》，刘丽京、许泽友译，10页，北京，中国金融出版社，1989。

托和拟制信托）以及国家行政机关的指定（大陆法系国家中一定情形下的公益信托）而产生。[①] 信托法律关系的变更包括信托财产管理办法的变更和信托当事人的变更，信托财产管理办法的变更对信托法律关系影响较大。信托法律关系的终止，是指由信托终止的法律事实出现而引起的主体之间权利义务关系的消灭。信托法律关系的终止包括自然终止和非自然终止两种情况。

（三）信托与相关法律概念的比较

1. 信托与代理。代理是指代理人以被代理人的名义，在代理权限内与第三人为法律行为，其法律后果直接归属于被代理人的民事法律制度。信托与代理存在较多相似之处，如两者均属于以信任为基础的法律关系，二者的产生往往以委托为根据，部分代理行为也涉及为他人管理财产等内容。信托与代理的区别表现在：(1) 设立的前提不同。代理关系的设立并不以存在确定的财产为前提，而信托要求委托人拥有用于设立信托的合法财产，否则信托关系不能确立。(2) 受托人的地位和权限不同。在代理活动中，代理人通常以被代理人的名义对外从事代理行为，所产生的法律后果由被代理人承担。而信托法律关系中，受托人取得信托财产的所有权，并以自己的名义对外从事活动，同时直接承担由此产生的法律后果。(3) 连续性与稳定性不同。代理关系的稳定性较弱，如委托代理可因被代理人取消委托、被代理人死亡等原因终止代理关系。而信托一经生效不会因委托人及受托人的欠缺与变更而终止。我国《信托法》第52条中规定：信托不因委托人或者受托人的死亡、丧失民事行为能力、依法解散、被依法撤销或者被宣告破产而终止，也不因受托人的辞任而终止。

2. 信托与行纪。行纪是指一方（行纪人）接受他方的委托，以自己的名义为委托人办理物品买卖或者其他商业交易并收取报酬的行为。信托与行纪的相似点包括：均以信任为基础，委托人将财产转移给受托人占有，以及受托人可以自己的名义对外开展活动等内容。二者的区别主要表现在：(1) 制度属性不同。行纪关系属于债法中的一种合同关系，而信托制度体现的是一种财产管理制度。信托关系的受托人享有财产管理权和所有权，而行纪关系中的行纪人仅仅享有占有权。(2) 适用范围和授予权限不同。行纪一般适用于营业领域，而信托还可适用于个人、家庭事务的委托，范围较广。同时，行纪处理事务的权限受到限制，必须严格服从委托人的指示。在信托情形下，受托人拥有广泛的自由决定权，不受委托人和受益人的具体指示。(3) 期限不同。信托一般适用于财产的中长期管理，持续期较长。而行纪关系设定后，委托人可以随时取消，行纪适用于短期的财物处理，持续期限较短。

3. 信托与居间。居间是指一方接受另一方的委托，为另一方报告订立合同的机会或者充当订立合同的媒介，并收取报酬的行为。信托与居间均属于信任关系，两者的产生一般都要以委托为根据。信托与居间的区别表现在：(1) 基本目的不同。信托的目的是按照委托人的指示，受托管理特定的财产，而居间行为的基本目的是促使委托人与第三人订立契约。(2) 受托人的法律地位和被授予的权限不同。在信托活动中，受托人是当事人，而居间人并不直接介入合同中，仅仅是为委托人提供订立合同的机会和可能性。在被授予的权限方面，居间人不能对居间涉及的交易事务独立地作出意

① 参见陈开琦：《信托业的理论与实践及其法律保障》，68页，成都，四川大学出版社，2001。

思表示，信托关系中的受托人被授予全面地占有、使用、处分信托财产的权利。(3) 付酬条件不同。信托制度中受托人因不能归责于其自身的事由而导致信托财产的亏损或相关交易失败的，受托人仍然能够按照信托契约的规定取得报酬。而居间合同的居间人一般只能在其所介绍的第三人与委托人订立合同后，才享有获得报酬的权利。

二、信托机构及业务概况

(一) 信托投资机构

信托的营业性特征成为现代信托的一个重要表现，随着信托运用范围的日益扩大，信托已经演变成为一种商业组织安排，专业从事营业信托的信托投资机构也应运而生。信托投资机构在不同的国家有不同的称谓，在美国，信托业务主要由商业银行设附属机构经营，信投资机构被称为“银行信托部”；在日本，信托投资机构大多以经营信托业务为主，同时还兼营银行业务，故称为“信托银行”；我国信托机构主要经营信托业务，在 2007 年中国银监会修订《信托公司管理办法》前被称为“信托投资公司”，后改称为“信托公司”。信托投资机构是财产管理机构和金融机构的统一。信托投资机构本质上是一种财产管理机构。信托投资机构作为营业受托人，其主要职责是接受信托委托，使信托财产保值增值，以维护受益人的最大利益，同时信托投资机构还具有金融机构属性。信托投资机构所经营的信托财产主要表现为货币形态，从而派生出金融功能。

历史上，美国是最早完成民事信托向商事信托转变的国家。1818 年 2 月，马萨诸塞州行政当局核准波士顿的麻省人寿保险公司执照，允许其开办信托业务，该公司被认为是世界上最早出现的信托机构。19 世纪末，日本、英国也开始引进和接受美国的商事信托和法人受托的形式，此后，加拿大、德国、法国、瑞士等国也相继成立了大批信托投资机构。

我国自 19 世纪末和 20 世纪初开始引进英美的信托制度。20 世纪 20 年代出现信托机构，从事营业信托活动，主要经营证券业务。新中国成立后，由于客观经济条件的制约，信托业逐渐消失。1978 年改革开放后，信托业在我国得到恢复。1979 年 10 月 4 日，我国第一家信托投资公司——中国国际信托投资公司经国务院批准在北京成立，此后各专业银行和大部分省、市政府相继成立了各种各样的信托公司。这些信托投资机构在拓展金融功能、激发金融创新、完善金融体系、促进市场经济发展等方面，都发挥了积极的作用，但同时也存在一些比较突出的问题，如公司存在严重的治理缺陷、业务经营不规范、风险控制能力差等，在一定程度上甚至造成金融业务混乱的局面。为此，我国信托业先后于 1982、1985、1988、1993、1999 年进行了五次大规模的整顿，1999 年的第五次整顿被认为是信托业的一次根本性变革。而之后的“一法两规”，即《中华人民共和国信托法》(2001 年)、《信托投资公司管理办法》(2002 年)、《信托投资公司资金信托管理暂行办法》(2002 年)，被视为信托业改革重要标志，从此初步确立了我国的信托法律体系。2007 年 3 月 1 日，中国银监会主持修订的《信托公司管理办法》与《信托公司集合资金信托计划管理办法》正式颁布实施，此次修改涉及信托公司及信托业务的方方面面，新法实施也为我国信托公司的发展构建新的更好的发展平台。

（二）信托投资机构业务

信托投资机构业务一般包括信托业务、投资业务和兼营业务。信托业务是其主营业务，即接受委托人的委托，收受、管理和处分信托财产，包括资金信托、动产信托、不动产信托等。投资业务是指信托投资机构受托办理的各类投资业务和自营投资业务，包括股票投资、债权投资等。兼营业务是指信托投资机构在以信托业务为主的同时，兼营银行业及其他相关业务，包括办理储蓄存款、票据承兑和贴现、居间、咨询、资信调查等。

世界各国通过立法对信托投资机构的业务范围作出了不同的分类规定。美国信托立法将其信托机构的业务范围划分为两类，即固有的信托业务和辅助的信托业务。固有的信托业务包括执行遗嘱信托、证券投资信托、设备信托、雇员信托等传统信托类业务；辅助的信托业务则包括各种代理业务、储蓄业务、银行业务等。日本则将其信托机构的业务范围分为三类，即银行业务、信托业务和兼营业务。其中信托业务为最基本业务，约占业务总量的80%以上，包括贷款信托、金钱信托、年金信托、财产形成信托、证券投资信托、有价证券信托、动产信托、不动产信托等，而银行业务所占比重极少，且主要是与信托业务有关的部分。我国《信托公司管理办法》也明确规定信托公司的经营范围，归纳起来可分为以下几类：信托业务，投资基金业务，投资银行业务，中间业务，自有资金的投资、贷款、担保等业务。

第二节　信托公司的设立、变更、终止

一、信托公司的设立

信托公司的设立是指信托公司的设立人为取得经营信托业务的资格，依法定程序进行设立的法律行为。设立信托公司应当经中国银监会批准，并领取金融许可证，信托公司应采取有限责任或者股份有限公司的形式。

（一）信托公司设立的条件

根据《信托公司管理办法》的有关规定，设立信托公司应当具备下列条件：(1) 有符合《公司法》和中国银监会规定的公司章程。(2) 有具备中国银监会规定的入股资格的股东，包括境内非金融机构、境内金融机构、境外金融机构和银监会认可的其他出资人。(3) 具有《信托公司管理办法》规定的最低限额的注册资本；注册资本为一次性实缴货币资本，最低限额为3亿元人民币或等值的可自由兑换货币；处理信托事务不履行亲自管理职责，即不承担投资管理人职责的，最低限额为1亿元人民币或等值的可自由兑换货币。信托公司注册资本最低限额为3亿元人民币或等值的可自由兑换货币，注册资本为实缴货币资本。申请经营企业年金基金、证券承销、资产证券化等业务，应当符合相关法律法规规定的最低注册资本要求，中国银监会根据信托公司行业发展的需要，可以调整信托公司注册资本最低限额。(4) 有具备中国银监会规定任职资格的董事、高级管理人员和与其业务相适应的信托从业人员。(5) 具有健全的组织机构、信托业务操作规程和风险控制制度。(6) 有符合要求的营业场所、

安全防范措施和与业务有关的其他设施。(7) 中国银监会规定的其他条件。

(二) 设立程序

中国银监会依照法律法规和审慎监管原则对信托公司的设立申请进行审查，作出批准或者不予批准的决定；不予批准，应说明理由。未经中国银监会批准，信托公司不得设立或变相设立分支机构。具体说来，设立信托公司须经筹建和开业两个阶段。

在筹建信托公司阶段，应由出资人各方共同作为申请人向拟设地银监局提交申请，由银监局受理并初步审查、银监会审查并决定。银监会自收到完整申请材料之日起 4 个月内作出批准或不批准的书面决定。信托公司的筹建期为批准决定之日起 6 个月。未能按期筹建的，可申请延长一次，延长期限不得超过 3 个月。申请人应在筹建期限届满 1 个月前向银监会提交筹建延长申请。银监会自接到书面申请之日起 20 日内作出是否批准延期的决定，并抄送有关银监局。申请人逾期未提交开业申请的，筹建批准文件失效，由决定机关注销筹建许可。

信托公司开业，应由筹备组向拟设地银监局提交申请，由银监局受理并初步审查、银监会审查并决定。银监会自收到完整申请材料之日起 2 个月内作出核准或不予核准的书面决定。申请人应在收到开业核准文件并领取金融许可证后，办理工商登记，领取营业执照。信托公司应当自领取营业执照之日起 6 个月内开业。不能按期开业的，可申请延期一次，延长期限不得超过 3 个月。申请人应在开业期限届满 1 个月前向银监会提交开业延期申请。银监会自接到书面申请之日起 20 日内作出是否批准延期的决定，并抄送有关银监局。未在规定期限内开业的，开业核准文件失效，由决定机关注销开业许可，收回金融许可证，并予以公告。

二、信托公司的变更与终止

根据《信托公司管理办法》第 12 条的规定，信托公司有下列变更事项之一的，应当经中国银监会批准：(1) 变更名称；(2) 变更注册资本；(3) 变更公司住所；(4) 改变组织形式；(5) 调整业务范围；(6) 更换董事或高级管理人员；(7) 变更股东或者调整股权结构，但持有上市公司流通股份未达到公司总股份 5%的除外；(8) 修改公司章程；(9) 中国银监会规定的其他情形。

信托公司终止的事由发生后，要依法对该机构进行清算，清理其财产和债权债务。清算结束后办理注销登记，其法律人格消灭。信托公司终止的具体原因包括依法解散、被宣告破产等事由。

信托公司满足以下情形之一的，可以申请解散：(1) 公司章程规定的营业期限届满或者规定的其他解散事由出现时；(2) 股东会议决定解散；(3) 因公司合并或者分立需要解散；(4) 其他法定事由。银监会自受理之日起或自收到完整申请材料之日起 3 个月内作出批准或不批准的书面决定。信托公司经银监会批准解散后，依法组织清算组进行清算。

信托公司不能清偿到期债务，且资产不足以清偿债务或明显缺乏清偿能力的，经银监会同意，可向人民法院提出破产申请。银监会可以向人们法院提出对该信托公司进行重整或破产清算的申请。信托公司终止时，其管理信托事务的职责同时终止。清算组应当妥善保管信托财产，作出处理信托事务的报告并向新受托人办理信托财产的移交。信托文件另有约定的，从其约定。

第三节　信托公司的业务范围和经营规则

一、信托公司的业务范围

我国《信托公司管理办法》第16条规定："信托公司可以申请经营下列部分或者全部本外币业务：(一) 资金信托；(二) 动产信托；(三) 不动产信托；(四) 有价证券信托；(五) 其他财产或财产权信托；(六) 作为投资基金或者基金管理公司的发起人从事投资基金业务；(七) 经营企业资产的重组、购并及项目融资、公司理财、财务顾问等业务；(八) 受托经营国务院有关部门批准的证券承销业务；(九) 办理居间、咨询、资信调查等业务；(十) 代保管及保管箱业务；(十一) 法律法规规定或中国银行业监督管理委员会批准的其他业务。"信托公司还可以根据市场需要，按照信托目的、信托财产的种类或者对信托财产管理方式的不同设置信托业务品种。

按照《信托公司管理办法》的规定，信托公司可以根据《信托法》的有关规定，接受为公益目的而设立的公益信托，包括：救济贫困；救助灾民；扶助残疾人；发展教育、科技、文化、艺术、体育事业；发展医疗卫生事业；发展环境保护事业，维护生态环境；发展其他社会公益事业。

分析以上信托公司经营的业务，可以将其业务分为以下几类：信托业务，投资基金业务，投资银行业务，中间业务，自有资金的投资、贷款、担保等业务。

(一) 信托业务

信托公司可经营的信托业务包括资金信托、动产信托、不动产信托、有价证券信托、其他财产或财产权信托、公益信托等。

1. 资金信托。资金信托是指委托人基于对受托人（信托机构）的信任，将自己合法拥有的资金委托给受托人，由受托人将委托人的意愿以自己的名义，为受益人的利益或特定目的管理、运用和处分的行为。资金信托是信托公司的一项重要的信托业务，也是信托公司理财业务的主要存在方式。以信托公司接受的委托人的数量为标准，可把资金信托分为单独资金信托和集合资金信托。单独资金信托是指信托公司接受单个信托人委托，为其单独管理资金信托。集合资金信托是指信托公司接受两个或两个以上委托人管理信托资金的行为。单独资金信托又可分为特定单独管理资金信托和指定单独管理资金信托。前者是指委托人指定资金的运用方法及标的，信托机构并无裁量权。后者是指结合信托公司自身信托投资及业务专长，引导信托资金投资于政府编列预算执行的开发项目。资金信托特别是集合资金信托一方面能发挥信托公司规范化管理和专业化运作资金的优势，满足中小投资者的投资需求，同时能聚集闲散资金投资于证券、产业项目领域，增强金融对国民经济的渗透力。

信托公司办理资金信托业务，应与委托人签订信托合同，信托合同应当载明的事项包括：(1) 信托目的；(2) 受托人、保管人的姓名（或者名称）、住所；(3) 信托资金的币种和金额；(4) 信托计划的规模和期限；(5) 信托资金管理、运用和处分的具体方法或安排；（6）信托利益的计算、向受益人支付信托利益的时间和方法；（7）信托财产税费的承担、其他费用的核算及支付方法；（8）受托人报酬计算方法、支付期间及方法；（9）信托终止时信托财产的归属及分配方法；（10）信托当事人的权利、义务；（11）受益人大会召集、议事及表决的程序和规则；（12）新受托人的选任方式；（13）风险揭示；（14）信托当事人的违约责任及纠纷解决方式；（15）信托当事人约定的其他事项。

信托公司办理资金信托业务时，应当与委托人签订信托资金管理、运用风险申明书。风险申明书至少应包含以下内容：（1）信托计划不承诺保本和最低收益，具有一定的投资风险，适合风险识别、评估、承受能力较强的合格投资者。（2）委托人应当以自己合法所有的资金认购信托单位，不得非法汇集他人资金参与信托计划。（3）信托公司依据信托计划文件管理信托财产所产生的风险，由信托财产承担。信托公司因违背信托计划文件、处理信托事务不当造成信托财产损失的，由信托公司以固有财产赔偿；不足赔偿时，由投资者自担。（4）委托人在认购风险申明书上签字，即表明已认真阅读并理解所有的信托计划文件，并愿意依法承担相应的信托投资风险。

2. 财产信托。财产信托是委托人将自己的动产、不动产、其他财产和财产权委托信托公司按照约定的条件和目的，进行管理、运用和处分的信托。动产信托是指信托财产是动产的信托，包括机械设备、车辆等均可作为动产信托的标的。不动产信托是以土地及地面固定物为信托财产的信托。不动产信托可分为房地产信托和土地信托。

3. 公益信托。公益信托是与私益信托相对应的概念，具体指委托人为实现慈善、文化、卫生、宗教或其他公共利益目的而设立的信托。公益信托是区别于普通信托的特殊信托，其成立、终止、信托监管等均有别于普通信托业务。根据我国信托法的有关规定，公益信托的设立和确定其受托人，应当经有关公益事业的管理机构批准，未经公益事业管理机构的批准，不得以公益信托的名义进行活动。公益信托的受托人未经公益事业管理机构批准，不得辞任。公益信托还应当设置信托监察人。

（二）投资基金业务

投资基金业务是一种典型的信托业务，其实质是一种集合运用的资金信托。具体是指由众多不确定的投资者将不等额的资金汇集起来，形成一定规模的基金资产，交由专业投资机构按资产组合原理进行分散投资，所得收益由投资者按比例分享，并承担相应风险的集合投资制度。信托公司是作为投资基金或者基金管理公司的发起人从事投资基金业务。

（三）投资银行业务

信托公司可经营的投资银行业务包括：经营企业资产的重组、购并及项目融资、公司理财、财务顾问、受托经营国务院有关部门批准的证券承销业务。目前我国信托公司开展投资银行业务往往局限于承销业务，业务范围比较狭窄。

（四）中间业务

信托公司可经营的中间业务主要包括：办理居间、咨询、资信调查等业务以及代保管及保管箱业务。

我国《信托公司管理办法》也对信托公司经营范围作了限制性规定，即：信托公司不得以卖出回购方式管理运用信托财产；信托公司不得以固有财产进行实业投资，但银监会另有规定的除外；信托公司不得开展同业拆入业务以外的其他负债业务，且同业拆入余额不得超过其净资产的20%，银监会另有规定的除外；信托公司可以开展对外担保业务，但对外担保余额不得超过其净资产的50%；信托公司经营外汇信托业务，应当遵守国家外汇管理的有关规定，并接受外汇主管部门的检查、监管。

应当注意信托公司开展业务时能够采取的主要方式。我国《信托公司管理办法》第19条规定："信托公司管理运用或处分信托财产时，可以依照信托文件的约定，采取投资、出售、存放同业、买入返售、租赁、贷款等方式进行。中国银行业监督管理委员会另有规定的，从其规定。信托公司不得以卖出回购方式管理运用信托财产。"第20条规定："信托公司固有业务项下可以开展存放同业、拆放同业、贷款、租赁、投资等业务。投资业务限定为金融类公司股权投资、金融产品投资和自用固定资产投资。信托公司不得以固有财产进行实业投资，但中国银行业监督管理委员会另有规定的除外。"由此可见，信托公司既可采用存放同业、贷款等金融方式，也可以采取各类投资方式，还可以采取一般企业使用的出售、买入返售、租赁等方式。在资金运用方面，可从事证券投资资金信托业务、贷款资金信托业务以及其他各类投资、融资租赁方式的资金信托业务；既可从事资本市场的投资，也可涉足货币市场。

二、信托公司的经营规则

信托公司的业务经营处于整个信托业务经营活动的核心地位，为确保信托财产的安全和受益人的利益，信托公司必须遵循一定的经营规则。我国《信托法》、《信托公司管理办法》等法律法规也为信托公司确立了多项经营规则。

（一）信托的设立

我国《信托法》明确规定，设立信托应当采用书面形式。书面形式包括信托合同、遗嘱或者法律法规规定的其他书面文件。以信托合同设立信托时，《信托公司管理办法》规定信托合同应当载明以下事项：(1) 信托目的；(2) 委托人、受托人的姓名或者名称、住所；(3) 受益人或者受益人的范围；(4) 信托财产的范围、种类及状况；(5) 信托当事人的权利、义务；(6) 信托财产管理中风险的揭示和承担；(7) 信托财产的管理方式和受托人的经营权限；(8) 信托利益的计算，向受益人支付信托利益的形式、方法；(9) 信托公司报酬的计算及支付；(10) 信托财产税费的承担和其他费用的核算；(11) 信托期限和信托的终止；(12) 信托终止时信托财产的归属；(13) 信托事务的报告；(14) 信托当事人的违约责任及纠纷解决方式；(15) 新受托人的选任方式；(16) 信托当事人认为需要载明的其他事项。以信托合同以外的其他书面文件设立信托时，书面文件的载明事项按照有关法律法规规定执行。

（二）勤勉谨慎地处理信托事务

《信托公司管理办法》第24条规定："信托公司管理运用或者处分信托财产，必须恪尽职守，履行诚实、信用、谨慎、有效管理的义务，维护受益人的最大利益。"信托公司是基于委托人的高度信任而取得的信托管理处分权，信托公司必须从受益人的最大利益出发，勤勉尽力地处理信托事务。"恪尽职守"要求信托公司必须尽职尽责地完成受托任务。"诚实、信用、谨慎、有效管理"表明信托公司应尽善良管理人之义务，在管理处分信托财产时要履行忠实义务和谨慎义务，具体来讲就是信托公司要坚持公平、诚实和道德的原则，高度注意管理信托财产，维护受益人的合法利益。勤勉谨慎地处理信托事务这一规则在普通法系和大陆法系国家的立法中均得到体现，该规则既体现为对信托公司的法律义务规范，也表明一种道德要求约束。

（三）利益冲突的防范规则

利益冲突防范规则是指受托人应忠于信托目的，在处理信托事务时必须以受益人的利益为唯一依据，不得考虑自己利益或图利他人，避免与受益人产生利益冲突。利益冲突防范规则具体包括利益冲突交易禁止规则和个人交易图利禁止规则。利益冲突交易之禁止是指信托公司作为受托人不得将信托财产或受益人的利益置于与其个人利益相冲突的地位，包括事实上的和潜在性的利益冲突。个人利益交易图利禁止规则要求信托公司不得利用其地位为自己或第三人谋取利益。

各国信托法为防止利益冲突均作出了相关规定，如英美法系和大陆法系国家的信托法均规定，受托人不得从信托财产中获益，即受托人不得使自己处于与委托人或受益人利益相冲突的地位。我国信托法规对此也作出了相应的规定。《信托公司管理办法》第25条规定："信托公司在处理信托事务时应当避免利益冲突，在无法避免时，应向委托人、受益人予以充分的信息披露，或拒绝从事该项业务。"第34条规定："信托公司开展信托业务，不得有下列行为：（一）利用受托人地位谋取不当利益；（二）将信托财产挪用于非信托目的的用途；（三）承诺信托财产不受损失或者保证最低收益；（四）以信托财产提供担保；（五）法律法规和中国银行业监督管理委员会禁止的其他行为。"

（四）信托财产分别管理规则

信托财产分别管理规则是指信托公司必须将信托财产与自有财产和其他信托财产分别加以管理，以维护信托财产独立性。信托财产分别管理规则是各国信托法的一项基本原则。我国也对此作了相关规定：信托公司应当将信托财产与其固有财产分别管理、分别记账，并将不同委托人的信托财产分别管理、分别记账；信托公司应当依法建账，对信托业务与非信托业务分别核算，并对每项信托业务单独核算。信托公司的信托业务部门应当独立于公司的其他部门，其人员不得与公司其他部门的人员相互兼职，业务信息不得与公司的其他部门共享。

（五）建立赔偿准备金

信托公司违反信托目的处分信托财产，或者因违背管理职责、处理信托事务不当致使信托财产受到损失时应对委托人或受益人负赔偿责任。为防止信托公司违反义务造成财产损失而无法赔偿，大陆法系国家建立了风险赔偿准备金制度，即信托公司必须提取一定数额的资金，作为赔偿准备金。如日本、韩国等国的信托业法要求信托公司必须提取相当于资本金1/10以上的金钱作为赔偿准备金，而且该项准备金可以以国债的形式予以保存。[①] 我国《信托公司管理办法》第49条规定："信托公司每年应当从税后利润中提取5%作为信托赔偿准备金，但该赔偿准备金累计总额达到公司注册资本的20%时，可不再提取。信托公司的赔偿准备金应存放于经营稳健、具有一定实力的境内商业银行，或者用于购买国债等低风险高流动性证券品种。"信托赔偿准备金在性

① 参见日本《信托业法》第7条，韩国《信托业法》第16条。

质上属于保证金的范畴，委托人或受益人对之有优先于信托公司的其他债权人受偿的权利。[①]

（六）其他规则

除以上所列规则外，信托公司还需遵循保密义务、亲自处理信托事务、信息披露等规则。

第四节 信托监督管理和自律

加强信托监管有利于维护信托当事人合法权益，防范金融风险，保障信托业稳定健康发展。外部监管与信托公司自律是各国信托立法的重要内容，我国也对信托监管作出相关的立法规定。

一、政府监督管理

（一）我国信托业监管体制沿革与发展

1. 1978—1988 年，双层监管和混业经营体制的形成。信托业成长于计划经济色彩浓厚的 20 世纪 80 年代，其市场准入也是按地区部门来配置指标的。1980 年国务院和中国人民银行要求各地积极开办信托业务的文件中把审批地方性信托投资机构的权限放在省级人民银行分行，本来仅是中央权力向地方的延伸，但仍然是中央单一集中监管的安排。但是由于金融体制中“谁审批谁监管”的规则，加上人民银行省级分行实际上与地方政府形成的隶属关系，从而形成了地方和中央两套信托公司的审批监管体制。这一体制直到 1988 年中央政府新的强制性制度变迁方才改变。

2. 1988—2001 年，单层监管和分业经营体制的建立。1998 年，中国人民银行根据中共中央和国务院关于清理整顿公司的 8 号文件，提出“银信分离”的方针。1993 年，中国人民银行开始对各级人民银行以前越权批设的信托公司进行全面清理，着力取消资产较少又经营不佳的信托公司的金融牌照。1995 年国务院又批准了《中国人民银行关于中国工商银行等 4 家银行与所属信托投资公司脱钩的意见》要求中国工商银行、中国农业银行、中国银行、中国建设银行 4 家银行与所属的信托公司彻底脱钩。1995 年颁布的《中华人民共和国商业银行法》第 43 条规定：“商业银行在中华人民共和国境内不得从事信托投资和证券经营业务，不得向非自用不动产投资。”这在法律上确定了银行与信托业的分业经营。1998 年颁布的《中华人民共和国证券法》规定：“证券业和银行业、信托业、保险业分业经营、分业管理。证券公司与银行、信托、保险业务机构分别设立。”从法律上确立了证券业与信托业的分离。此次强制性的变迁历经 14 年之久，才最后确定了信托公司以信托业务为核心、被严厉禁止从事银行业务的经营模式。

3. 2001 年至今。信托业及其监管的法制化进程加快，我国出台了《中华人民共和国信托法》和《信托投资公司管理办法》、《信托投资公司资金信托管理暂行办法》等

---

① 参见徐孟洲主编：《信托法学》，235 页，北京，中国金融出版社，2004。

法律法规。2003年国务院机构改革，信托业的监管机关由原来的中国人民银行调整至由中国银监会监管。银监会成立以来，力图以规范促进信托行业发展，制定了从业务范围规则到公司治理、内控管理的一系列法规和指南。2007年，银监会颁布实施新修订的《信托公司管理办法》和《信托公司集合资金信托计划管理办法》，同年还出台了《信托公司治理指引》，并下发《关于信托公司过渡期有关问题的通知》，明确揭示了信托业的发展方向和功能定位，信托业监管法制化步入新的历史阶段。

（二）我国信托业监督管理模式定位

树立正确的信托理念，建立有效的信托业监督管理模式和体系，才能发挥信托业的各项功能，保障金融市场健康稳健发展。目前世界各国信托监管模式大致有以下几种类型：(1) 以美国为代表的双层多头监管，“双层”即监管机关及其立法依据可以分为联邦机关和联邦立法以及州监管机关和州立法两个层次。“多头”是指信托机构面临着多个监管主体。(2) 以日本为代表的统一型监管体制，即由政府专业部门银行局负责信托业的监管。(3) 以英国为代表的“单层多头”监管模式，即只在中央一级设立几家机构共同进行信托监管。

从各国信托业监管的情况来看，监管模式与各国的具体环境相适应。以上几种监管模式哪种更适合我国，这要结合本国政治经济体制和文化传统进行判断。我国属于中央集权制国家，从表象来看，我国信托业实行分业经营、统一监管，银监会是法定监管机构。但事实上，目前在我国的金融市场上，经营信托与“准信托”业务的机构除信托公司外，还有其他金融机构。比如《信托公司管理办法》赋予信托公司的业务中的大部分，其他金融机构都能经营。因此，信托业统一监管、分业经营的制度安排，实践中发展成为某种程度上的“多头监管”和“混业经营”。面对这一矛盾，我国信托业监管体制在进行积极的探索，如推动信托业由目前法定的分业经营、分业监管的机构监管体制，向混业经营、统一监管的功能监管体制转型。

（三）政府监管的主要内容

根据我国《信托公司管理办法》的规定，政府对信托机构监管内容主要包括：

1. 市场准入、退出监管。即解决信托机构的合法性问题，包括信托公司的设立、变更、解散及清算。银监会按照规定审批信托公司的设立、变更、终止，以保障信托机构的合法主体资格。

2. 对信托营业活动进行监管。《信托公司管理办法》明确了信托公司的经营范围，并赋予监管机关的检察权、质询权以及处置权。如《信托公司管理办法》第47条规定：“中国银行业监督管理委员会可以定期或者不定期对信托公司的经营活动进行检查；必要时，可以要求信托公司提供由具有良好资质的中介机构出具的相关审计报告。信托公司应当按照中国银行业监督管理委员会的要求提供有关业务、财务等报表和资料，并如实介绍有关业务情况。”第53条规定：“中国银行业监督管理委员会根据履行职责的需要，可以与信托公司董事、高级管理人员进行监督管理谈话，要求信托公司董事、高级管理人员就信托公司的业务活动和风险管理的重大事项作出说明。”第54条规定：“信托公司违反审慎经营规则的，中国银行业监督管理委员会责令限期改正；逾期未改正的，或者其行为严重危及信托公司的稳健运行、损害受益人合法权益的，中国银行业监督管理委员会可以区别情形，依据《中华人民共和国银行业监督管理法》

等法律法规的规定，采取暂停业务、限制股东权利等监管措施。”

3. 对信托公司的从业人员的管理。《信托公司管理办法》第 50 条规定：“中国银行业监督管理委员会对信托公司的董事、高级管理人员实行任职资格审查制度。未经中国银行业监督管理委员会任职资格审查或者审查不合格的，不得任职。”第 51 条规定：“中国银行业监督管理委员会对信托公司的信托从业人员实行信托业务资格管理制度。符合条件的，颁发信托从业人员资格证书；未取得信托从业人员资格证书的，不得经办信托业务。”第 52 条规定：“信托公司的董事、高级管理人员和信托从业人员违反法律、行政法规或中国银行业监督管理委员会有关规定的，中国银行业管理委员会有权取消任职资格或者从业资格。”

二、信托公司的自律管理

缺乏完整有效的公司治理机构和行业自律机制会造成信托公司的无序经营和信托业的市场混乱。因此除政府部门的外部监管外，建立、健全信托公司内部运作机制和整个信托行业形成自我协调、自我平衡的制约机制，也十分关键。

（一）信托公司个体自律管理

信托公司个体自律管理是指信托公司通过完善公司治理结构，建立、健全内部控制制度，进行自我约束、自我控制、自我管理的过程。信托公司个体自律管理是衡量其自身经营水平的标志，也是金融监管的重要组成部分。

1. 完善公司治理结构。我国《信托公司管理办法》第 43 条规定：“信托公司应当建立以股东（大）会、董事会、监事会、高级管理层等为主体的组织架构，明确各自的职责划分，保证相互之间独立运行、有效制衡，形成科学高效的决策、激励与约束机制。”2007 年中国人民银行还专门出台了《信托公司治理指引》对信托公司的内部治理提出要求。信托公司治理应体现受益人利益最大化的原则，股东（大）会、董事会、监事会、高级管理层等组织架构的建立和运作也应当以受益人为根本出发点。完善的公司治理结构才能保障信托公司的科学决策和良性运作。

2. 建立健全信托公司内部控制制度。内部控制是指信托公司为实现经营目标，通过制定和实施一系列制度、程序和方法，对风险进行事前防范、事中控制、事后监督和纠正的动态过程和机制。内部控制的基本要素包括控制环境、风险评估、控制活动、信息沟通和内部监控等内容。我国《信托公司管理办法》对信托公司的内部控制制度建设提出了明确的要求，《信托公司管理办法》第 44 条规定：“信托公司应当按照职责分离的原则设立相应的工作岗位，保证公司对风险能够进行事前防范、事中控制、事后监督和纠正，形成健全的内部约束机制和监督机制。”第 45 条规定：“信托公司应当按规定制订本公司的信托业务及其他业务规则，建立、健全本公司的各项业务管理制度和内部控制制度，并报中国银行业监督管理委员会备案。”另外在财务会计、信息披露方面均有相应的规定。比如《信托公司管理办法》第 46 条规定：“信托公司应当按照国家有关规定建立、健全本公司的财务会计制度，真实记录并全面反映其业务活动和财务状况。公司年度财务会计报表应当经具有良好资质的中介机构审计。”

（二）信托公司行业自律

信托公司行业自律是指信托公司行业自律组织依法制定行业管理规章和行为守则，

进行自我约束和管理的行为。行业自律可以分担政府监管责任，促进信托行业整体的规范发展。行业自律已成为信托监管发展的一大趋势。美国、英国、日本等国家的行业自律对其信托业的发展发挥了重要作用。信托公司行业自律组织信托业协会可以开展各项培训活动，对信托公司会员进行法律、法规、规章的宣传教育，同时信托业协会还可对信托公司进行业务指导，加强信托监管机构与信托公司之间的信息交流。我国《信托公司管理办法》第 57 条规定："信托公司可以加入中国信托业协会，实行行业自律。中国信托业协会开展活动，应当接受中国银行业监督管理委员会的指导和监督。"

思考题

1. 我国信托公司的业务经营现状及特点是什么?
2. 信托公司的法律责任如何认定?
3. 简述信托业政府监管存在的问题及发展方向。
4. 如何完善信托公司的自律监管?

参考书目

1. 徐孟洲主编．信托法．北京：法律出版社，2006
2. 何宝玉．信托法原理研究．北京：中国政法大学出版社，2005
3. [日] 中野正俊著，张军建译．信托法．北京：中国方正出版社，2004
4. 邢成主编．2009 年中国信托公司经营蓝皮书．北京：中国经济出版社，2009
5. 栗玉仕．信托公司主营业务塑造及其风险控制．北京：经济管理出版社，2008
6. [美] 埃里克・M・佩塔斯尼克著，郭小冬等译．美国预算中的信托基金：联邦信托基金和委托代理政治．上海：格致出版社，上海人民出版社，2009

第八章 投资基金及业务法

本章要点

1. 投资基金的概念与特征
2. 证券投资基金的当事人
3. 产业投资基金的特征

第一节　投资基金及业务概述

一、投资基金

（一）投资基金的概念与特征

投资基金，是指由专业机构根据特定投资目的，向公众或者特定对象募集资金，实行分工和专业化管理的组合资产。通过专业性的投资管理机构将投资者的出资按照收益风险最佳组合原则进行投资，获得收益后由投资者按出资比例分享。投资基金作为具有特定内涵的概念，与基金、信托、基金组织等概念均存在明显区别。

首先，投资基金不同于基金。传统意义上的基金一般是指通过国民收入分配与再分配所形成的具有专门用途的资金。根据其用途的不同，又可以分为企业的奖励基金、福利基金、生产发展基金，国家的财政后备基金、储备基金、社会保险基金以及国家管理基金等。上述基金虽均冠以“基金”之名，但它们一般有其特定用途，不用作投资，即使用于投资，也往往是为了抵消通货膨胀的压力，保证资金的购买力，而不是追求投资利润。

其次，投资基金不同于信托。投资基金是金融信托的一种形式，它与信托既有联系又有区别。二者的联系表现在：作为金融信托的一种形式，投资基金也是代理他人运用资产以获取收益。投资基金与信托的区别主要表现在：第一，信托业务范围更广，既有贸易信托又有金融信托。而投资基金则属于金融信托，主要从事有价证券投资。第二，信托的当事人中受托人可以是法人，也可以是个人。投资基金当事人中受托人为基金管理人，一般由法人担任，不能由个人担任。同时，投资基金中还有一个独立于基金管理人的不可或缺的基金托管人。

再次，投资基金不同于国际上的基金组织。在国际上有许多基金组织，例如国际货币基金组织等。这些组织都有一笔来自成员国的资金，且用途明确，是一个跨国性的协调、互助机构。但这类基金组织的资金并不用于投资，其目的不是为成员国赚取收益，而是服务于特定目的。因此，这类基金组织与投资基金也完全不同。

通过上述比较，我们可以看出投资基金具有如下特征：

其一，从基金的筹集来看，通过从众多的投资者手中筹集资金，然后集中进行投资。

其二，从基金的管理来看，投资基金由具有专门知识及经验的专业机构运营、管理。专业投资机构能够熟练地收集和分析金融市场情况，通过其专业判断获取较高的投资收益。

其三，从基金的投资来看，为了分散风险，通常采取投资组合方式，按不同层次分别投资于各种不同的投资对象。

其四，从基金的目的来看，在分散风险的前提下，投资基金以追求投资效益为目的，与控股或持股公司不同，控股或持股公司主要是为了控制其他企业的经营权，而投资基金则是站在投资者的立场以获取投资收益为目的，以此来吸引更多的投资者。

（二）投资基金的分类

按照不同的划分标准，可以对投资基金进行不同的分类。

1. 根据组织形式的不同，投资基金可以分为契约型投资基金和公司型投资基金。

契约型投资基金是通过出资人共同协商，达成共同投资各项事宜条款的契约，然后根据该契约设立的基金，不需要取得法人资格。契约型投资基金是投资基金最基本的形式，也是当今世界各国采用最多的投资基金形式。由于其契约型基金的组织形式相对松散，更能适合广大公众的选择，所以规模大的基金往往倾向于选择契约型投资基金的形式。

公司型投资基金是按照公司法组成的以投资营利为目的的投资公司，持有该公司股票的投资者，可以通过股东大会参与公司的经营，并以股息或红利的方式分享投资收益。公司型投资基金相当于由出资人共同出资成立了一个公司，出资人之间的联系较为紧密。从世界范围来看，公司型投资基金无论是个体规模还是社会总体规模都较小。

契约型投资基金与公司型投资基金的区别主要体现在以下几个方面：

（1）组织形态和法律关系不同。契约型投资基金是依据金融信托原理，按照信托契约组建的一种投资基金，不具备独立法人资格。公司型投资基金则是依据公司法，按照公司形式设立的一种投资基金，有自己的章程和组织机构，是独立的企业法人。

（2）投资者的地位不同。契约型投资基金的投资者购买的是受益凭证，作为契约关系的当事人享有投资基金的受益权，但对资金如何运用没有发言权。公司型投资基金的投资者购买投资公司的股票后即成为投资公司的股东，除了可以以股息、红利等形式取得收益外，还有权参加股东大会，发表自己的意见，并有权参与公司的决策以维护自己的利益。

（3）资产的性质不同。契约型投资基金的资产从本质而言是信托资产。公司型投资基金的资产则是公司法人的资本。

（4）资金的运用方式不同。契约型投资基金是依据合同的约定运用资金。公司型投资基金是依据公司章程与公司经营方针运用资金。

2. 根据资金进出自由度的不同，投资基金可分为开放型投资基金和封闭型投资基金。

开放型投资基金，是指投资基金发行份额随着市场变化以及投资者的需要而变动，投资者可以随时购买基金单位，也可以随时将手中持有的基金单位按基金单位的资产净值转卖给发行机构要求赎回的投资基金。开放型投资基金允许出资人随时出资加入，也可以随时抽回自己的出资。由于开放型投资基金变现方便，更易招募资金，所以基金规模都较大。另外，由于开放型投资基金必须保留足够的现金应付赎回之需，所以投资调动能力往往受到影响，盈利能力较差。

封闭型投资基金，是指基金发行时，其发行份额受到数量的限制，一旦发行完毕，就不再增加份额，投资者也不得向发行机构请求赎回其持有份额，但是投资者可以将基金单位拿到证券交易所上市转让的投资基金。这种类型的基金很稳定，由于没有赎回的压力，所以可以充分调动投资能力，但由于变现不灵活、风险性大，导致其招募资金比较困难。封闭型投资基金较之开放型投资基金的规模要小得多。

开放型投资基金和封闭型投资基金的区别主要体现在以下几个方面：

（1）基金单位发行数量限制不同。开放型投资基金发行的份额不受限制，数量可增可减，因而其资本额具有不固定性。封闭型投资基金发行的份额则是固定的，不能随意增减。

（2）收回投资的方式不同。开放型投资基金单位的发行无须经证券交易所批准，基金公司保证随时赎回基金单位，投资者可以直接向基金公司买卖基金单位，不受时间限制。封闭型投资基金单位的发行则同上市公司股票的发行一样，需获得证券交易所批准。发行后，投资者所持有的封闭基金单位不能向基金公司赎回，只能卖给第三者，或在证券交易所挂牌出售。封闭型基金都有一个明确的期限，只有到期后，投资者才可以直接向基金公司赎回基金单位所代表的金额。

（3）基金的投资方式不同。开放型投资基金由于需要应付投资者随时赎回基金，故不能把全部基金用来投资，须保留一部分现金，或在其投资组合要有一部分随时可以出手的金融商品，以便随时应对赎回。而封闭型投资基金由于不准投资者随时赎回基金，一般可以全部用来投资，而且可以用来进行长线投资。

（4）投资目标市场不同。开放型投资基金的投资目标市场多为开放程度比较高、规模大、灵活性强的金融市场，这种市场资金周转较快，能够适应大规模的领域投资。封闭型投资基金的投资目标多为封闭型市场或开放程度较低的市场，其市场规模狭小，资金周转速度较慢，灵活程度较低，一般不适合大规模短线投资。

3．根据基金追求的回报形式的不同，分为收益型投资基金和成长型投资基金。

收益型投资基金，是指为获取最大的当期收入，投资于各种可以带来短期收益的投资基金。一般而言，收益型投资基金的出资人首先追求的是当期回报，往往会把资金更多地投向能产生固定利息的货币、存单、股票、债券。特点是收益较为稳定但回报较低。

成长型投资基金，是指为追求资金的长期成长，重视获得资本利得的投资基金。和收益型投资基金相比较，成长型投资基金的出资人首先追求的是资本的成长性，多投资于信誉好、有发展前景的公司，甚至愿意为此牺牲当期利益。成长型投资基金的特点是回报周期长，回报往往高于收益型投资基金，但风险较大，对投资机构的专业能力要求较高。

收益型投资基金与成长型投资基金的区别主要表现在以下几个方面：

（1）投资目标不同。收益型投资基金强调基金单位价格的增长，并使投资者获得稳定、最大的当期收入。成长型投资基金着重为投资者带来经常性收益，重视资本的长期、稳定、积极增长。

（2）投资工具不同。收益型投资基金主要投资于资本增值有限的市场。成长型投资基金主要投资于风险较大的金融市场，如股票市场中升值潜力较大的小型公司甚至是未上市股票。

（3）投资组合不同。收益型投资基金现金持有量较大，资金投资项目多元化，以分散投资风险，形成不同种类的投资组合。成长型投资基金持有现金数量较小，资金大部分投向市场。

4．根据投资理念的不同，分为进取型投资基金和稳健型投资基金。

进取型投资基金，是指投资理念更多倾向于利用市场波动带来的盈利机会的投资基金。这类基金投资盈利快、回报丰厚，但投机色彩较重，风险也较大。

稳健型投资基金，是指投资理念倾向于注重资本的长期成长的投资基金。这类基金倾向于选择有固定收益的投资对象或在某一个时期价值被大大低估了的投资对象，这类投资基金的投资行为受市场波动的影响较小。

5．根据基金募集方式的不同，分为公募投资基金和私募投资基金。

公募投资基金，是指通过向社会公众公开发行受益权凭证或股票方式募集资金设立的基金，具有公开性、规范性和严格性的特点。

私募投资基金，是指通过非公开方式，面向少数个人或机构投资者募集资金而设立的投资基金。由于其销售和赎回都是通过基金管理人与投资者私下协商来进行的，所以，它又被称为“向特定对象募集的基金”。目前，我国依法设立和发行的各类基金，无论是封闭式还是开放式，都属于公募投资基金的范畴，私募投资基金目前尚无合法地位。

6. 根据基金投向的不同，分为证券投资基金和产业投资基金。本章第二、三节将主要针对证券投资基金及产业投资基金进行介绍。

二、投资基金法

（一）投资基金法的概念

投资基金法是调整基金管理人、基金托管人与基金份额持有人在基金发行、管理和运作过程中产生的经济关系的法律规范的总称。投资基金法在不同的国家或地区称谓不同，有证券投资信托法、投资公司法、证券投资基金法、投资基金法等各种称谓。

（二）投资基金法的立法沿革及现状

自从美国在1940年前后出台了《投资公司法》、《投资顾问法》等专门对投资基金进行管理的法律规范之后，世界各国纷纷颁布了对投资基金进行规范的相关法律规定。如日本于1951年颁布了《证券投资信托法》，德国于1957年颁布了《投资公司法》，法国于1988年颁布了《关于有价证券集合投资体及债权共同基金的1988年12月23日法令第88到1201号》法规，我国香港地区亦于1978年颁布了《单位信托基金和互惠基金守则》。

我国自从20世纪90年代初期开始引入基金制度以来，在不断的摸索中，不断进行着投资基金的立法尝试。1997年国务院证券管理委员会通过《证券投资基金管理暂行办法》，2001年全国人大常委会颁布了《信托法》，中国证监会颁布了《开放式证券投资基金试点办法》，2002年6月中国人民银行颁布了《信托投资公司资金信托管理暂行办法》，2002年中国证监会颁布了《证券投资基金销售活动管理暂行规定》。虽然我国的投资基金法律规范不断建立和健全，但是从整体上看，缺少一部完整的投资基金法的状况成为制约我国投资基金发展的重要障碍。有鉴于此，全国人大财经委会同中国证监会等部门于1999年成立起草小组，开始着手我国的投资基金立法工作。起草小组最初考虑制定一部包含证券投资基金、产业投资基金在内《投资基金法》，但在草案的起草过程中，考虑到各类基金的差异性较大，难以在一部法律中作以规范，起草小组向全国人大常委会最终提交的草案改为《证券投资基金法》。经过全国人大常委会的三次审议，2003年10月28日，《中华人民共和国证券投资基金法》终于得以诞生。其后，与之配套的《证券投资基金销售管理办法》、《证券投资基金运作管理办法》、《证券投资基金信息披露管理办法》、《证券投资基金管理公司管理办法》等规范性文件相继颁布。证券投资基金的相关立法日益完善。与此同时，有关产业投资基金的立法活动也在不断推进过程中，1999年由国家发展计划委员会牵头开始起草《产业投资基金管理暂行办法》，1999年国务院办公厅转发了科技部等部委制定的《关于建立风险投资机制的若干意见》，2008年国务院办公厅转发了发改委等部门《关于创业投资引导基金规范设立与运作指导意见的通知》，一些地方人民政府也制定了相应的高科技领域的风险投资基金的管理办法。

第二节　证券投资基金

一、证券投资基金的概念与特征

证券投资基金，是指通过发售基金份额募集资金形成独立的基金财产，由基金管理人管理、基金托管人托管，以资产组合方式进行证券投资，基金份额持有人按其所持份额享受收益和承担风险的资本集合体。

从投资的角度看，证券投资基金是一种投资方式，它集中了投资者众多分散的资金，交由专门的投资管理机构进行证券投资，以实现高回报。从资金的关系看，证券投资基金是用于特定用途并具有独立性的资产。这种资金专门投资于证券市场，与基金管理人、基金托管人资产相分离。从组织关系看，证券投资基金是管理和运作专门用于某种特定目的的资金的组织或机构，既可以是法人也可以是非法人机构。从证券市场的角度看，证券投资基金就是证券投资基金证券，即证券投资基金发行人为募集资金向不特定或特定投资者发行的一种证券凭证。

二、证券投资基金的功能

证券投资基金产生至今已有上百年的历史，并在世界各国广泛应用，其功能主要体现在以下几个方面：

（一）通过组合投资分散投资风险

组合投资是证券投资基金的运作方式，通过组合投资可以使各种投资的风险和收益相互配合，分散和降低投资风险，提高投资收益。同时，基金管理人在组合投资方面如果业绩良好，不仅将给基金投资人带来满意的收益，也会为其代客理财业务的发展带来良好的市场支持。

（二）促进机构投资者的发展

证券投资基金通过集中众多分散投资交由专业基金管理人投资操作，在一定程度上也推动了机构投资者的发展。证券投资基金是机构投资者中的重要组成部分，通过合规操作、合理投资，可以克服中小投资者盲目和短视的投资倾向，防止证券市场过度投机，维持证券价格的相对稳定，从而保护投资者的利益。

（三）实现资本市场资源有效配置

证券投资基金是证券市场资金的重要供给者。证券投资基金通过代客理财、专家经营，可以吸引缺乏投资知识和投资经验的投资者以及那些有投资愿望但缺少投资机会的投资者，将来自社会方方面面的资金有效集中起来投入证券市场，增加证券市场的资金供给，从而有力推进证券市场的发展和实现资本市场资源的有效配置。

（四）推动金融市场创新

证券投资基金作为投资股票、债券及其他金融产品的工具，本身就是一种金融创新。同时，证券投资基金也带动了商业银行等金融机构的金融管理体制、业务运作、金融产品等各方面的金融创新活动。在此过程中，商业银行的业务已经突破了吸收存款、发放贷款等传统的负债与资产业务的范围，通过担任基金托管人获得托管收入，担任基金管理人获得管理收入，代为销售基金证券获得代理收入，拓宽了盈利来源，并带来了金融组织结构、金融市场结构、金融产品结构的大幅度调整。

三、证券投资基金法律关系的主体

证券投资基金法律关系主体又称为基金当事人，是证券投资基金法律关系的参加者、权利义务的享有者与承担者。证券投资基金法律关系主体包括三方当事人：基金管理人、基金托管人、基金份额持有人（投资人）。

（一）基金管理人

基金管理人即基金管理公司，是指依照公司法和证券投资基金法的规定设立的，从事证券投资基金管理业务的公司。基金管理人在证券投资基金法律关系中处于核心地位。基金投资者的投资利益能否得到有效保护，能否实现预期的投资收益直接取决于基金管理人经营管理水平和职业道德素质。

1. 基金管理人的设立

根据我国《证券投资基金法》的规定，设立基金管理公司，应当具备下列条件，并经国务院证券监督管理机构批准：

（1）有符合《证券投资基金法》和《公司法》规定的章程；

（2）注册资本不低于1亿元人民币，且必须为实缴货币资本；

（3）主要股东具有从事证券经营、证券投资咨询、信托资产管理或者其他金融资产管理的较好的经营业绩和良好的社会信誉，最近三年没有违法记录，注册资本不低于3亿元人民币；

（4）取得基金从业资格的人员达到法定人数；

（5）有符合要求的营业场所、安全防范设施和与基金管理业务有关的其他设施；

（6）有完善的内部稽核监控制度和风险控制制度；

（7）法律、行政法规规定的和经国务院批准的国务院证券监督管理机构规定的其他条件。

2. 基金管理人的职责

为了实现管理基金的职能，各国证券投资基金立法往往要赋予基金管理人具体的职责。我国《证券投资基金法》第19条规定，基金管理人应当履行下列职责：

（1）依法募集基金，办理或者委托经国务院证券监督管理机构认定的其他机构代为办理基金份额的发售、申购、赎回和登记事宜；

（2）办理基金备案手续；

（3）对所管理的不同基金财产分别管理、分别记账，进行证券投资；

（4）按照基金合同的约定确定基金收益分配方案，及时向基金份额持有人分配收益；

（5）进行基金会计核算并编制基金财务会计报告；

（6）编制中期和年度基金报告；

（7）计算并公告基金资产净值，确定基金份额申购、赎回价格；

（8）办理与基金财产管理业务活动有关的信息披露事项；

（9）召集基金份额持有人大会；

（10）保存基金财产管理业务活动的记录、账册、报表和其他相关资料；

（11）以基金管理人名义，代表基金份额持有人利益行使诉讼权利或者实施其他法律行为；

（12）国务院证券监督管理机构规定的其他职责。

基金管理人的上述职责在发生以下情形时将终止：其一，被依法取消基金管理资格；其二，被基金份额持有人大会解任；其三，依法解散、被依法撤销或者被依法宣告破产；其四，基金合同约定的其他情形。

当发生基金管理人职责终止情形时，基金份额持有人大会应当在6个月内选任新基金管理人，在此之前，由国务院证券监督管理机构指定临时基金管理人。发生基金管理人职责终止情形时，基金管理人还应当妥善保管基金管理业务资料，及时办理基金管理业务的移交手续，同时应当按照规定聘请会计师事务所对基金财产进行审计，并将审计结果予以公告，报国务院证券监督管理机构备案。

3. 基金管理人的行为禁止

基金管理人在管理基金期间负有忠实义务和注意义务，不得将其自有财产或者他人财产混同于基金财产从事证券投资，不得不公平地对待其管理的不同基金财产，不得利用基金财产为基金份额持有人以外的第三人牟取利益，也不得向基金份额持有人违规承诺收益或者承担损失。

（二）基金托管人

基金托管人，是指负责保管和根据基金管理公司的指示实际运用基金资产的机构。基金托管人是为保护投资者的利益和保障基金财产的安全而设立的，是证券投资基金法律关系中必不可少的重要主体。在我国，基金托管人由依法设立并取得基金托管资格的商业银行担任。

1. 取得基金托管资格的条件

由于基金托管的专业性，我国《证券投资基金法》明确规定，申请取得基金托管资格，应当具备下列条件，并经国务院证券监督管理机构和国务院银行业监督管理机构核准：

（1）净资产和资本充足率符合有关规定；

（2）设有专门的基金托管部门；

（3）取得基金从业资格的专职人员达到法定人数；

（4）有安全保管基金财产的条件；

（5）有安全高效的清算、交割系统；

（6）有符合要求的营业场所、安全防范设施和与基金托管业务有关的其他设施；

（7）有完善的内部稽核监控制度和风险控制制度；

（8）法律、行政法规规定的和经国务院批准的国务院证券监督管理机构、国务院银行业监督管理机构规定的其他条件。

2. 基金托管人的职责

基金托管人是为了防止基金管理人滥用职权，损害基金投资人的利益而设置的专门机构。首先，基金托管人通过控制基金资产的占有权、保管权，使基金管理人不能滥用基金资产。其次，基金托管人通过对基金管理人是否违反法律、法规、基金合同，或者是否实施有损于基金投资人利益行为的监督，以保护基金投资人的利益。具体而言，基金托管人的职责包括如下几个方面：

(1) 保管职责。保管基金资产是基金托管人的主要义务。保管基金资产的基本要求是安全性和独立性。就安全性而言，基金托管人必须采取有效措施保障基金安全，避免其遭受损失。就独立性而言，基金托管人必须将基金资产与托管人自己的资产，以及与托管人保管的其他基金资产相互区分，不允许混同。如我国《证券投资基金法》规定，基金托管人应对所托管的不同基金财产分别设置账户，确保基金财产的完整与独立。

(2) 执行指令的职责。基金管理人对基金资产的管理运用所作出的指示需要通过基金托管人来执行，执行基金管理人的指示，是托管人保管职责的延续。与基金管理人的指示内容相对应，托管人执行指示的行为有：基金买卖证券的交割及清算过户、支付投资者收益、向开放型基金投资者给付赎回基金的价金等。基金托管人对基金管理人所发布的正常指令不得拖延或拒绝执行。对此，我国《证券投资基金法》明确规定，基金托管人应当按照基金合同的约定，根据基金管理人的投资指令，及时办理清算、交割事宜。

(3) 监督职责。基金托管人有责任对基金管理人投资运作的合法性进行监督。对于管理人发来的每一项指令，托管人都必须认真审查其是否合乎法律、法规、基金合同以及托管协议的规定，是否有可能损害基金投资人的利益、危害基金资产的安全等。如果托管人发现管理人的指令存在上述问题时，应当拒绝执行该指令，并向监管部门报告该情况，由监管部门作出处理。如我国《证券投资基金法》规定，基金托管人发现基金管理人的投资指令违反法律、行政法规和其他有关规定，或者违反基金合同约定的，应当拒绝执行，立即通知基金管理人，并及时向国务院证券监督管理机构报告。如果该投资指令依据交易程序已经生效的也应当立即通知基金管理人，并及时向国务院证券监督管理机构报告。同时，我国《证券投资基金法》还规定，基金托管人还负有对基金管理人编制的基金财务会计报告、中期和年度基金报告出具意见，复核、审查基金管理人计算的基金资产净值和基金份额申购、赎回价格等监督职责。

(三) 基金份额持有人

基金份额持有人又称做基金投资人，是指购买并持有基金证券，享有基金资产受益权的人。基金份额持有人往往通过持有人大会行使其权利。

1. 基金份额持有人的权利

(1) 获得投资收益的权利。获得投资收益是基金份额持有人最基本的权利，也是投资者投资所追求的目标。就开放型证券投资基金而言，在有收益的情况下，基金份额持有人可以依据自己持有的基金份额享受分红，也可以在每日公布的每股资产净值高于其购买价格时赎回投资，以获得收益。就封闭型证券投资基金而言，虽然在封闭期间内基金单位份额不变，但基金单位可以上市交易。投资者可以买卖基金单位获取差价收益，也可以在封闭期届满、基金清算时，获取基金单位资产净值与购买价格之间的差价收益。

(2) 对基金资产的请求权。基金份额持有人对基金资产的请求权主要有：赎回权、转让权、剩余基金资产分配权等。赎回权，是指开放型证券投资基金投资人可以随时要求基金管理人按照当日公布的基金证券的资产净值将自己购买的基金证券进行回购的权利。转让权，是指基金份额持有人将其持有的基金单位转让给他人的权利。剩余基金资产分配权，是指当基金终止进行清算时，基金份额持有人参与分配清算后的剩余基金财产的权利。

(3) 重大事务表决权。我国《证券投资基金法》规定，当涉及提前终止基金合同，基金扩募或者延长基金合同期限，转换基金运作方式，提高基金管理人、基金托管人的报酬标准，更换基金管理人、基金托管人等重要事项时，应当通过召开基金份额持有人大会审议决定。

(4) 知情权。基金份额持有人有权了解并监督自己投资资产的状况、用途、损益等情况，是各国证券投资基金立法公认的准则。我国《证券投资基金法》规定，基金份额持有人有权查阅或者复制公开披露的基金信息资料。

(5) 司法救济权。当基金管理人、基金托管人、基金份额发售机构实施了损害基金份额持有人合法权益的行为时，基金份额持有人有权依法提起诉讼，要求加害人停止侵害、返还财产、赔偿损失。

2. 基金份额持有人大会

基金份额持有人大会是基金份额持有人行使其权利的重要方式，根据我国《证券投资基金法》的规定，基金份额持有人大会由基金管理人召集，在基金管理人未按规定召集或者不能召集时，由基金托管人召集。若基金管理人、基金托管人都不召集的，代表基金份额10%以上的基金份额持有人有权自行召集，并报国务院证券监督管理机构备案。召开基金份额持有人大会，召集人应当至少提前30日公告基金份额持有人大会的召开时间、会议形式、审议事项、议事程序和表决方式等事项。基金份额持有人大会可以采取现场方式召开，也可以采取通讯等方式召开。每一基金份额具有一票表决权，基金份额持有人可以委托代理人出席基金份额持有人大会并行使表决权。基金份额持有人大会应当有代表50%以上基金份额的持有人参加，方可召开；大会就审议事项作出决定，应当经参加大会的基金份额持有人所持表决权的50%以上通过；但是，转换基金运作方式、更换基金管理人或者基金托管人、提前终止基金合同，应当经参加大会的基金份额持有人所持表决权的2/3以上通过。基金份额持有人大会决定的事项，应当依法报国务院证券监督管理机构核准或者备案，并予以公告。

四、证券投资基金的监管

证券投资基金的监管，是指基金的相关管理部门运用法律、经济以及必要的行政手段，对基金的募集、发行、交易等行为以及基金管理公司的行为进行监督管理。

(一) 证券投资基金监管体制

各国基金业监管制度主要有两种典型模式：一种是行业自律监管模式，另一种是集中监管模式。

行业自律监管模式以英国为代表，重视行业自律组织的作用。在英国，各个基金行业自律组织，如共同基金协会、投资信托协会、投资顾问协会、证券投资协会、基金管理人协会等承担了主要的监管职能。各协会制定本行业基金投资的限制，如基金投资行业的限制、基金资产投资数额的限制、基金投资于其他基金的限制等。自律机构有效替代政府的微观监督行为，英国财政部作为政府代表只负责基金业大政方针的制定，不直接干预基金的具体业务活动。

集中监管模式以美国为代表，美国基金监管职能主要集中于美国联邦证券交易委员会，同时，各基金自律组织也承担了部分微观监管的职权。除了联邦一级的监管和行业自律，各州也通过自己的监管法规与监管机构和人员，负责本州范围内投资基金的监管。

我国的证券投资基金的监管倾向于集中监管模式，一方面，中国证监会依法对证券投资基金活动实施监督管理；另一方面，基金管理人、基金托管人和基金份额发售机构，可以成立同业协会，提供行业服务，协调行业关系，加强行业自律。

（二）监管机构的监管职责与权限

根据我国《证券投资基金法》的规定，中国证监会负责对证券投资基金活动实施监督管理，其监管职责包括：（1）依法制定有关证券投资基金活动监督管理的规章、规则，并依法行使审批或者核准权；（2）办理基金备案；（3）对基金管理人、基金托管人及其他机构从事证券投资基金活动进行监督管理，对违法行为进行查处，并予以公告；（4）制定基金从业人员的资格标准和行为准则，并监督实施；（5）监督检查基金信息的披露情况；（6）指导和监督基金同业协会的活动等。

中国证监会在依法履行监管职责时，有权进入违法行为发生场所调查取证，有权询问当事人和与被调查事件有关的单位和个人，要求其对与被调查事件有关的事项作出说明，有权查阅、复制当事人和与被调查事件有关的单位和个人的证券交易记录、登记过户记录、财务会计资料及其他相关文件和资料，有权对可能被转移或者隐匿的文件和资料予以封存，有权查询当事人和与被调查事件有关的单位和个人的资金账户、证券账户或者基金账户，有权对有证据证明有转移或者隐匿违法资金、证券迹象的，申请司法机关予以冻结等。

第三节　产业投资基金

一、产业投资基金的概念与特征

产业投资基金是一种对未上市企业进行股权投资和提供经营管理服务的利益共享、风险共担的集合投资制度，即通过向多数投资者发行基金份额设立基金公司，由基金公司自任基金管理人或另行委托基金管理人管理基金资产，委托基金托管人托管基金资产，从事创业投资、企业重组投资和基础设施投资等实业投资。根据投资领域的不同，产业投资基金又可分为创业投资基金（又称风险投资基金）、企业重组投资基金、基础设施投资基金等类别。

产业投资基金通常具有如下特征：其一，投资对象主要是未上市企业。通过直接取得未上市企业的股权，推动被投资企业的发展来实现投资的增值。根据被投资企业所处发展阶段的不同，产业投资基金可以分为种子期投资、起步期投资、扩展期投资、筹备上市期投资以及重组期投资等不同时期的投资。其二，投资与管理相结合。产业投资基金在向被投资企业提供资金的同时，还为企业提供经营管理服务，参与企业的市场开拓、技术研发、资金融通、组织结构调整等重大问题的决策，同时还积极为企业上市创造条件。其三，投资期限较长。产业投资基金投资期限长，流动性小，一般从投资到收回投资需要经过 3 年至 7 年的时间。其四，退出渠道多样化。由于产业投资基金的利润主要来自投资成本与投资转让的差价，因此，产业投资基金需要多样化的退出机制。如通过被投资公司股票公开上市，在股票市场出售该公司的股票退出，由其他公司购买产业投资基金持有的股份退出，由被投资企业购回股份退出，通过被投资企业重组、破产清算方式退出等。其五，产业投资基金往往受到政府扶持。政府针对高新技术企业、支柱产业和基础设施产业的产业投资基金往往给予各种优惠政策。例如，国务院办公厅于 2008 年转发发改委等部门《关于创业投资引导基金规范设立与运作指导意见的通知》，由政府出资设立并按市场化方式运作的政策性创业投资引导基金，通过扶持创业投资企业发展，引导社会资金进入创业投资领域。

通过对产业投资基金的概念与特征的分析，我们发现产业投资基金与证券投资基金具有非常明显的区别。

其一，投资对象不同。产业投资基金的投资对象是某个产业或某个地区的多家企业，它直接投资于目标企业的股权，并根据企业的需要提供管理方面的服务。而证券投资基金则主要投向各类上市流通证券，不为企业提供管理方面的服务。

其二，运作机制不同。产业投资基金通过向未上市企业投资，向其提供经营管理服务，扶持其发展壮大，然后通过退出机制，实现投资成本与投资转让的差价收益。而证券投资基金主要根据证券市场的行情确定组合投资方向，根据需要在证券市场上售出持有的有价证券来实现投资收益。

其三，风险性不同。产业投资基金从投资到退出往往需要 3 年至 7 年，甚至更长的时间，由于投资周期长、流动性差，如果被投资企业经营管理不善，资金很难退出，将会面临严重亏损。证券投资基金的风险则来源于证券市场。由于证券市场复杂多变，若基金管理人对投资组合把握不当，损失将很难避免。

二、产业投资基金的设立与募集

产业投资基金的设立必须符合相关规定，按照我国《产业投资基金管理暂行办法（草案）》的规定，设立产业基金，应当具备下列条件：(1) 基金拟投资方向符合国家产业政策。(2) 发起人须具备 3 年以上产业投资或相关业务经验，在提出申请前 3 年内持续保护良好财务状况，未受到过有关主管机关或者司法机构的重大处罚。(3) 法人作为发起人，除产业基金管理公司和产业基金管理合伙公司外，每个发起人的实收资本不少于 2 亿元；自然人作为发起人，每个发起人的个人净资产不少于 100 万元以及管理机关规定的其他条件。

产业投资基金的募集应先取得管理机关的核准，并且只能向确定的投资者发行基金份额，投资者数目不得多于 200 人，不能公开募集。在募集过程中，发起人须让投资者获取招募说明书内容并签署认购承诺书，投资者签署的认购承诺书经管理机关核准后方可向投资者发行基金份额。一般而言，产业基金募集额会有一定的规模要求，投资者承诺的投资可以一次到位，也可分期到位，但首期到位资金必须达到基金拟募集金额的一定比例，否则，该基金不能成立，发起人须承担募集费用，并将已募集的资金加计银行活期存款利息退还给认购人。募集资金到位后，须在规定时间内经法定的验资机构验资，向工商管理机构申请注册并报管理机关备案。根据《产业投资基金管理暂行办法（草案）》的规定，我国的产业基金须按封闭式设立，事先确定发行总额和存续期限，在存续期内基金份额不得赎回，只能转让。产业基金存续期限不得短于10年，不得长于15年，除非因管理不善或其他原因，经基金公司股东大会（股东会）批准和管理机关核准提前终止者，以及经基金公司股东大会（股东会）批准和管理机关核准可以续期者除外。

三、产业投资基金的组织管理

产业投资基金的组织架构通常包括基金公司、基金管理人与基金托管人。

（一）基金公司

公司型产业投资基金的主体是基金公司，投资者通过购买基金公司的份额成为基金公司的股东。基金公司的股东享有出席或委派代表出席股东大会（股东会），监督基金运营情况，获悉基金业务及财务状况的资料，合法转让和扩募时优先申购基金份额，取得基金收益和基金清算后的剩余资产，优先收购基金转让的项目等权利。基金公司的最高权力机构是股东大会（股东会），其常设机构为基金公司董事会。

（二）基金管理人

产业投资基金的基金管理人可以由基金公司自行担任，也可以由专业的基金管理公司担任。基金管理人一般参与投资基金经营管理及决策，并负责产业投资基金运作的日常业务，包括选择投资对象，实施投资行为，负责评估基金资产价值，负责基金股权的申购、转让、赎回事宜等。具体而言，基金管理人的职责包括：制定投资方案，经基金公司董事会批准后实施投资，并对所投资企业进行监督和参与管理；定期编制基金财务报告，经基金托管人复核，注册会计师审核后向基金公司董事会和管理机关报告；保存基金所有的会计账册、记录；及时、足额向基金公司股东支付基金收益，并在基金终止时，参与清算小组对基金资产进行清算，将全剩余资产分配给基金公司股东；基金公司章程规定的其他职责。在管理过程中，基金管理人须将所管理的基金资产与其自有资产严格分开，并对所管理的不同基金分账管理、分账核算。

（三）基金托管人

产业投资基金托管人的设立是为了防止基金管理人挪用基金财产，保护投资者的权益。通常而言，基金托管人的主要职责有：安全保管所托管基金的全部资产；执行基金管理人发出的投资指令，负责基金名下的资金往来；监督基金管理人的投资运作，发现基金管理人的投资指令违反国家法律法规或基金公司章程的，不予执行并及时通知基金管理人和向基金公司董事会报告；对已经造成违反国家法律法规的投资行为，应及时向管理机关报告；复核、审查基金管理人计算的基金资产净值；出具基金业绩报告，陈述基金托管情况，并向基金公司董事会和管理机关报告；托管协议、基金公司章程规定的其他职责。

四、产业投资基金的退出模式

任何投资的目的和动机，都是为了获得高额投资回报。产业投资基金从投资初期开始就要考虑退出问题。当基金投资者在持有创业企业股权到一定时间后，就要考虑退出创业企业，收回投资。

在资本市场发达的国家，产业投资基金的退出方式很多，通常包括四种方式，即首次公开发行股票（IPO）退出、普通股权转让方式、原股东或管理层回购退出以及清算退出。

（一）首次公开发行股票退出方式

在被投资企业顺利实现首次公开发行股票上市之后，基金投资者可以出售其所持有的被投资企业股票，从而获得高额利润。股票上市后，基金投资者作为发起人在经过法定和约定的禁售期后即可售出其持有的风险企业股票，获取巨额增值，从而实现成功退出。目前，基金投资企业一般选择在美国纳斯达克、我国香港创业板等境外证券市场上市，而我国开通的创业板也将成为基金投资企业股票上市的另一选择。当然，部分规模较大的基金投资企业也可选择在我国的主板上市。

（二）普通股权转让退出方式

在被投资企业未上市前，基金投资者亦可通过将其持有的被投资企业股份转让给他人的方式退出。在普通的股权转让方式中，有限责任公司及未上市股份有限公司股权转让的基本程序包括：企业股东会或股东大会通过同意转让的决议；转让方和受让方各方的股东会或董事会的授权或同意；协商谈判；制作签署股权转让协议等文件；办理股东变更的工商登记手续或股份过户手续。某些项目在办理股权变更手续前还需报政府主管部门批准，如：外商投资企业股权转让需报原审批机关批准；国有股权转让的，评估立项及评估结果需获国有资产管理部门的批准和确认等。

（三）被投资企业股东或管理层回购退出方式

在基金投资退出方式中，出现了被投资企业原来的股东或管理层购买基金投资者股权以帮助其退出的方式。在投资协议中，通常会约定在基金投资者的要求下，被投资企业原股东或管理层必须按照一定的价格回购其投资的股份，这使得投资方的投资在退出时候具有债权性质。

（四）清算退出方式

在投资项目失败的情况下，基金投资者往往只有选择清算的方式退出。在被投资企业遇到困难时，基金投资者往往需要当机立断，及时退出。这时候，被投资企业及其股东按照《公司法》的规定进行清算，通知债权人及债权公告，进行债权登记与确认，协助进行剩余财产分配以及向工商管理局申请注销公司登记等工作。值得注意的是，如果在投资协议中规定了投资方在清算时的优先权，应当给予基金投资者优先补偿。

案例与思考

1. 综合案例

基金银丰是银河基金管理有限公司（以下简称银河基金）于2002年8月发行的证券投资基金，发行时通过招募说明书、上市公告书和基金契约明确表示基金设立后封闭运行1年以上，可由基金管理人或持有10%以上基金份额的基金持有人提议召开基金持有人大会，讨论“封转开”事宜。但是直到2003年9月基金银丰设立满一年，基金银丰的基金管理人银河基金没有主动提出过召集会议讨论“封转开”。之后基金银丰持有人王源新向银河基金提出银丰“封转开”被拒绝。王源新于是用时一个月征集了7.37亿基金单位，占银丰基金总份额的24.56%。2003年11月，王源新带着这些征集的基金单位来到基金银丰，要求召开持有人大会讨论“封转开”事宜。但是由于双方在提交材料的程序等问题上有严重分歧，银河基金没有签收王源新的有关文件，基金银丰“封转开”陷入僵局。2004年4月，王源新向上海市虹口区人民法院提起诉讼状告银河基金，请求法院判令被告根据基金契约的约定和招募说明书、上市公告书的承诺，履行基金管理人的义务，召集召开基金持有人大会，讨论“封转开”事宜。之后，王源新将有关材料寄往银河基金。

问题：王源新是否有权要求召开基金持有人大会讨论“封转开”事宜？为什么？

2. 思考题

(1) 试述投资基金的种类。

(2) 试述证券投资基金管理人的职责。

(3) 试述产业投资基金与证券投资基金的区别。

参考书目

1. 吴弘主编．华东金融法制评论．第2卷．北京：中国方正出版社，2006

2. 王连洲，董华春．《证券投资基金法》条文释义与法理精析．北京：中国方正出版社，2004

3. 郭锋，陈夏等．证券投资基金法导论．北京：法律出版社，2008

4. 高翔，邱志锋，戴祝君．基金投资分析与策略．北京：经济管理出版社，2008

5. 高湘平主编．2007年中国证券投资基金业年报．北京：经济科学出版社，2008

第九章 其他金融机构与业务法

第一节　企业集团财务公司法律制度

一、财务公司的性质和法律地位
二、财务公司的设立
三、财务公司的业务范围
四、财务公司的监管和风险控制
五、财务公司重要事项变更、整顿、接管及终止

第二节　信用合作组织法律制度

一、农村信用合作社
二、城市信用合作社

第三节　金融租赁公司法律制度

一、金融租赁的性质和法律地位
二、金融租赁公司的设立
三、金融租赁公司的业务范围和经营规则
四、金融租赁公司的重要事项变更和终止

第四节　期货公司法律制度

一、期货公司的性质和法律地位
二、期货公司的设立
三、期货公司的业务范围和规则
四、期货公司重要事项变更、停业和终止

本章要点

1. 财务公司的设立条件、业务范围及对其的监管和风险控制
2. 农村信用合作社的性质、设立条件及业务范围
3. 金融租赁公司的设立条件、业务范围及对其的监管和风险控制
4. 期货公司的性质、业务范围和业务规则

第一节　企业集团财务公司法律制度

一、财务公司的性质和法律地位

企业集团财务公司（以下简称财务公司）是以加强企业集团资金集中管理和提高企业集团资金使用效率为目的，为企业集团成员单位提供财务管理服务的非银行金融机构，是我国金融体系的重要组成部分。

1716年，财务公司首先产生于法国，其后英、美各国相继效仿设立。当今西方财务公司的业务范围已大大扩展，在消费信贷、企业信贷和财务投资咨询等方面有着举足轻重的地位。我国的财务公司是随着我国经济体制改革而出现的一类金融机构，植根于国有大型企业集团，其宗旨是完善我国金融体系，支持国有大型企业的发展。我国自1987年设立第一家企业集团财务公司——东风汽车工业集团财务公司以来，截至2008年年底，共有企业集团财务公司84家，总资产达到9 941.32亿。二十多年来，财务公司行业整体上发展稳健，在加强资金集中管理、降低财务费用等方面为所属企业集团的发展作出了很大贡献。

自我国加入世界贸易组织以来，外资银行、跨国公司及外资财务公司相继而来，开拓在中国市场上的业务领域，我国的财务公司面临着很大的竞争压力。为适应新形势，本着有利于支持大型企业集团发展、有利于引进外资、有利于加强监管、有利于财务公司事业发展的原则，中国银行业监督管理委员会于2004年7月27日颁布了《企业集团财务公司管理办法》，并于2006年12月28日对此进行了修订。

二、财务公司的设立

（一）财务公司的设立条件

根据《企业集团财务公司管理办法》及银监会于2007年1月26日颁布的《申请设立企业集团财务公司操作规程》的规定，申请设立财务公司，应具备以下条件：

1. 申请设立财务公司的企业集团应具备的条件：

（1）符合国家的产业政策并拥有核心主业；

（2）申请前一年，母公司的注册资本金不低于8亿元人民币；

（3）申请前一年，按规定并表核算的成员单位资产总额不低于50亿元人民币，净资产率不低于30%；

（4）申请前连续两年，按规定并表核算的成员单位营业收入总额每年不低于40亿元人民币，税前利润总额每年不低于2亿元人民币；

（5）现金流量稳定并具有较大规模；

（6）母公司成立2年以上并且具有企业集团内部财务管理和资金管理经验；

（7）母公司具有健全的公司法人治理结构，无不当关联交易；

（8）资信良好，申请前连续2年内无不良诚信记录，未发生违法违规行为；

（9）入股资金来源真实合法，不得以借贷资金入股，不得以他人委托资金入股。

2. 确属集中管理企业集团资金的需要，经合理预测能够达到一定的业务规模。

3. 有符合《公司法》和《企业集团财务公司管理办法》的章程。

4. 有符合规定的最低限额注册资本金。按照有关法律法规的规定，设立财务公司的最低注册资本金为1亿元人民币或者等值的可自由兑换货币。其中经营外汇业务的财务公司，其注册资本金中应当包括不低于500万美元或者等值的可自由兑换货币。财务公司的注册资本金应当主要从成员单位中募集，并可以吸收成员单位以外的合格的机构投资者的股份。

5. 有符合银监会规定的任职资格的董事、高级管理人员和规定比例的从业人员，在风险管理、资金集约管理等关键岗位上有合格的专门人才；财务公司从业人员中从事金融或财务工作3年以上的人员应当不低于总人数的2/3，其中从事金融或者财务工作5年以上人员应当不低于总人数的1/3。

6. 在法人治理、内部控制、业务操作、风险防范等方面具有完善的制度，建立较为完善的管理信息系统和风险控制系统。

7. 有符合要求的营业场所、安全防范措施和其他设施。

8. 银监会规定的其他条件。

（二）财务公司分支机构的设立条件

根据《企业集团财务公司管理办法》的规定，允许符合一定条件的财务公司设立分支机构。分支机构只能是分公司或代表处，分公司只能在母公司的授权范围内开展业务，但不能从事担保、有价证券投资等风险较高的业务，代表处只能从事市场调研、债权催收等非营业性业务。

1. 财务公司分公司的设立条件

财务公司根据业务需要，经银监会审查批准，可以在成员单位集中且业务量较大的地区设立分公司。

(1) 财务公司申请设立分公司，应当符合下列条件：

第一，确属业务发展和为成员单位提供财务管理服务的需要。

第二，财务公司设立2年以上，且注册资本金不低于3亿元人民币，资本充足率不低于10%。

第三，拟设立分公司所服务的成员单位不少于10家，且上述成员单位资产合计不低于10亿元人民币，或成员单位不足10家，但成员单位资产合计不低于20亿元人民币。

第四，财务公司经营状况良好，且在2年内没有违法、违规经营记录。

(2) 财务公司的分公司应当具备下列条件：

第一，有符合本办法规定的最低限额的营运资金。财务公司分公司的营运资金不得少于5 000万元人民币。财务公司拨付各分公司的营运资金总计不得超过其注册资本金的50%。

第二，有符合中国银监会规定的任职资格的高级管理人员。

第三，有健全的业务操作、内部控制、风险管理及问责制度。

第四，有符合要求的营业场所、安全防范措施和与业务有关的其他设施。

第五，中国银监会规定的其他条件。

2. 财务公司代表处的设立条件

财务公司根据业务管理需要，可以在成员单位比较集中的地区设立代表处，并报中国银监会备案。

财务公司的代表处不得经营业务，只限于从事业务推介、客户服务、债权催收以及信息的收集、反馈等相关工作。

（三）财务公司设立程序

1. 财务公司设立程序

企业集团设立财务公司，分为申请筹建和申请开业两个阶段。

企业集团设立财务公司，应由集团母公司作为申请人提交下列文件：筹建申请表；筹建申请书；设立财务公司的可行性研究报告；集团母公司的资质证明材料；成员单位名册及有权部门出具的相关证明资料；申请人和其他出资人的股东资格材料；出资人的出资保证或出资协议；母公司董事会作出的、在财务公司出现支付困难时增加相应资本金的书面承诺；引进高级管理人员或风险管理专业人员的，母公司董事会须提供引进高级管理人员或风险管理专业人员的相关证明材料；母公司法定代表人签署的确认母公司及其成员单位提供的资料真实性的证明文件；律师事务所出具的申请人在申请筹建程序、材料等方面合法合规性和完整性的法律意见书等文件。

银监会对申请人报送的材料进行审查，并在一定时间内予以批复。申请人应当自收到批准筹建文件起3个月内完成财务公司的筹建工作。

财务公司申请人筹建工作就绪后，应向银监会提出开业申请，同时提交下列文件：开业申请表；申请开业报告；拟设立财务公司章程草案；财务公司经营方针和计划；财务公司股东名册及其出资额、出资比例；法定验资机构出具的对财务公司股东出资的验资证明（法定验资机构出具的验资证明是指中国境内依法设立的会计师事务所出具的验资报告）；工商行政管理机关出具的对拟设机构名称的预核准登记证书；拟任职的董事、高级管理人员的名单、详细的专业培训及从业履历及任职资格证明材料；从业人员中拟从事风险管理、资金集中管理等关键岗位人员的相关证明材料；引进的风险管理专业人员担任风险管理部门经理2年以上的证明材料；从业人员中从事金融、财务工作5年及5年以上有关人员的证明材料；财务公司业务规章及风险防范制度，其中包括财务公司与母公司之间有关风险隔离的严格规定；财务公司应参照《商业银行内部控制指引》的有关要求建立健全拟办业务的规章制度及内部风险控制制度；财务公司管理信息系统及风险控制系统；财务公司营业场所及其他与业务有关设施的资料（指财务公司购买或租赁营业场所的协议和公安部门及消防部门等出具的营业场所及有关业务设施的验收文件）；财务公司第一次股东大会决议；律师事务所出具的申请人在申请开业程序、材料等方面合法合规性和完整性的法律意见书等文件。

财务公司的开业申请经银监会核准后，由银监会颁发金融许可证并予以公告。财务公司凭金融许可证到工商行政管理机关办理注册登记，领取企业法人营业执照后方可开业。经批准设立的财务公司自领取营业执照之日起，无正当理由6个月不开业或者开业后无正当理由连续停业6个月以上的，由银监会吊销其金融许可证，并予以公告。

2. 财务公司分公司设立程序

财务公司申请设立分公司，应当向银监会报送申请书，可行性研究报告，符合设立条件的有关证明文件，财务公司董事会关于申请设立该分公司的决议以及对拟设分公司业务范围授权的决议草案等文件。

经批准设立的财务公司分公司，由银监会颁发金融许可证并予以公告，凭金融许可证向工商行政管理部门办理登记手续，领取营业执照，方可开业。

经批准设立的分公司自领取营业执照之日起，无正当理由由6个月不开业或者开业后无正当理由连续停业6个月以上的，由银监会吊销其金融许可证，并予以公告。

三、财务公司的业务范围

财务公司的业务仅限于集团内部，不得从企业集团之外吸收存款，也不得对非集团单位和个人发放贷款，不得办理实业投资、贸易等非金融业务。

（一）财务公司的业务范围

1. 财务公司可以经营下列部分或者全部业务：

（1）对成员单位办理财务和融资顾问、信用鉴证及相关的咨询、代理业务；

（2）协助成员单位实现交易款项的收付；

（3）经批准的保险代理业务；

（4）对成员单位提供担保；

（5）办理成员单位之间的委托贷款及委托投资；

（6）对成员单位办理票据承兑与贴现；

（7）办理成员单位之间的内部转账结算及相应的结算、清算方案设计；

（8）吸收成员单位的存款；

（9）对成员单位办理贷款及融资租赁；

（10）从事同业拆借；

（11）中国银监会批准的其他业务。

2. 符合条件的财务公司，可以向中国银监会申请从事下列业务：

（1）经批准发行财务公司债券；

（2）承销成员单位的企业债券；

（3）对金融机构的股权投资；

（4）有价证券投资；

（5）成员单位产品的消费信贷、买方信贷及融资租赁。

财务公司从事上述业务，必须具备以下条件：

（1）财务公司设立1年以上，且经营状况良好；

（2）注册资本金不低于3亿元人民币，从事成员单位产品消费信贷、买方信贷及融资租赁业务的，注册资本金不低于5亿元人民币；

（3）经股东大会同意并经董事会授权；

（4）具有比较完善的投资决策机制、风险控制制度、操作规程以及相应的管理信息系统；

（5）具有相应的合格的专业人员；

(6) 中国银监会规定的其他条件。

(二) 财务公司分公司的业务范围

财务公司分公司的业务范围，由财务公司在其业务范围内根据审慎经营的原则进行授权，报中国银监会备案。财务公司分公司不得办理担保、同业拆借及财务公司须向银监会申请才能从事的业务。

四、财务公司的监管和风险控制

1. 财务公司经营业务，应当遵守下列资产负债比例的要求：(1) 资本充足率不得低于10%；(2) 拆入资金余额不得高于资本总额；(3) 担保余额不得高于资本总额；(4) 短期证券投资与资本总额的比例不得高于40%；(5) 长期投资与资本总额的比例不得高于30%；(6) 自有固定资产与资本总额的比例不得高于20%。

银监会可以根据财务公司业务发展或者审慎监管的需要，对上述比例进行调整。

2. 财务公司应当按照审慎经营的原则，制定各项业务规则和内部控制制度。

3. 财务公司应当分别设立对董事会负责的风险管理、业务稽核部门，制订相关制度，定期向董事会、银监会报告。

4. 财务公司董事会应当每年委托具有资格的中介机构对公司上一年度的经营活动进行审计，并于每年的4月15日前将经董事长签名确认的年度审计报告报送银监会。

5. 财务公司应当依照国家有关规定，建立、健全本公司的财务、会计制度。

6. 财务公司应向银监会报送资产负债表、损益表、现金流量表、非现场监管指标考核表及其他报表，并于每一会计年度终了后的1个月内报送上一年度财务报表和资料。

7. 财务公司应当于每年的4月底前向银监会报送其所属企业集团的成员单位名录，并提供其所属企业集团上年度的业务经营状况及有关数据。

8. 财务公司发生挤提存款、到期债务不能支付、大额贷款逾期或担保垫款、电脑系统严重故障、被抢劫或诈骗、董事或高级管理人员涉及严重违纪、刑事案件等重大事项时，应当立即采取应急措施并及时向银监会报告。

9. 财务公司应当按中国人民银行的规定缴存存款准备金，并按有关规定提取损失准备，核销损失。

10. 财务公司应当遵守中国人民银行有关利率管理的规定；经营外汇业务的，应当遵守国家外汇管理的有关规定。

11. 财务公司对单一股东发放贷款余额超过财务公司注册资本金50%或者该股东对财务公司出资额的，应当及时向银监会报告。

12. 财务公司的董事、高级管理人员应当具有财务公司资金集中管理经验。

13. 财务公司可成立行业性自律组织。

五、财务公司重要事项变更、整顿、接管及终止

(一) 财务公司重要事项变更

财务公司有下列变更事项之一的，应当报经银监会批准：

1. 变更名称；
2. 调整业务范围；
3. 变更注册资本金；
4. 变更股东或者调整股权结构；
5. 修改章程；
6. 更换董事、高级管理人员；
7. 变更营业场所；
8. 银监会规定的其他变更事项。

财务公司分公司重要事项变更包括：财务公司的分公司变更名称、营运资金、营业场所或者更换高级管理人员，应当由财务公司报银监会批准。

（二）整顿

1. 财务公司出现下列情形之一的，银监会可以责令其进行整顿：

（1）出现严重支付危机；

（2）当年亏损超过注册资本金的30%或者连续3年亏损超过注册资本金的10%；

（3）严重违反国家法律、行政法规或者有关规章。

2. 整顿时间最长不超过1年。财务公司整顿期间，应当暂停经营部分或者全部业务。

3. 财务公司经过整顿，符合下列条件的，可恢复正常营业：

（1）已恢复支付能力；

（2）亏损得到弥补；

（3）违法违规行为得到纠正。

（三）接管

财务公司已经或者可能发生支付危机，严重影响债权人利益和金融秩序的稳定时，银监会可以依法对财务公司实行接管或者促成其机构重组。接管或者机构重组由银监会决定并组织实施。

（四）终止

1. 解散

财务公司出现下列情况时，经银监会核准后予以解散：

（1）组建财务公司的企业集团解散，财务公司不能实现合并或改组；

（2）章程中规定的解散事由出现；

（3）股东会议决定解散；

（4）财务公司因分立或者合并不需要继续存在的。

2. 撤销

财务公司有违法经营、经营管理不善等情形，不予撤销将严重危害金融秩序、损害公众利益的，银监会有权予以撤销。

3. 破产

财务公司解散或者被撤销，母公司应当依法成立清算组，按照法定程序进行清算，清算组在清算中发现财务公司的资产不足以清偿其债务时，应当立即停止清算，并向银监会报告，经银监会核准，依法向人民法院申请该财务公司破产。

第二节　信用合作组织法律制度

合作社是分散的小规模的商品生产者，为了解决经济活动中的困难，获得某种服务，按照自愿、平等、互利的原则组织起来的一种经济组织形式。从1860年德国第一家信用社的成立算起，信用合作组织已经走过了一百多年的发展历程，对经济发展和社会进步起到了积极的作用。我国现有的合作社分为农村信用合作社和城市信用合作社。

一、农村信用合作社

（一）农村信用合作社的性质和法律地位

农村信用合作社，是指经中国人民银行批准设立，由社员入股组成，实行社员民主管理，主要为社员提供金融服务的农村合作金融机构。

我国现有的农村信用社大部分诞生于20世纪50年代，经过五十多年的发展，农村信用合作社经历了曲折的发展历程。近年来，由于商业银行基本上退出基层农村市场，乘势兴起并蓬勃发展的各类农村金融合作组织，逐渐发挥了农村资金融通的重要职能。

为了加强对农村信用合作社的管理，规范其行为，促进农村信用合作组织发展，中国人民银行于1997年9月15日颁布了《农村信用合作社管理规定》和《农村信用合作社县级联合社管理规定》；1998年4月20日颁布了《农村信用合作社机构管理暂行办法》。

（二）农村信用合作社的设立

1. 农村信用合作社的设立条件

农村信用合作社的设立条件包括：（1）有符合《农村信用合作社机构管理暂行办法》规定的章程；（2）入股社员一般不少于500个；（3）注册资本金一般不少于100万元人民币；（4）法定代表人和其他主要负责人符合中国人民银行规定的任职资格条件；（5）从业人员中必须有60%以上的人员从事过1年以上的金融工作或具有金融及相关专业大中专学历，从业人员一般不少于5人；（6）有健全的组织机构和规章制度；（7）有符合中国人民银行及当地公安消防部门要求的营业场所和完备的防盗、报警、通信、消防等设施；（8）中国人民银行要求的其他条件。

2. 农村信用社的设立程序

设立农村信用社应经过筹建和开业两个阶段。

筹建农村信用社的申请人，应向中国人民银行提交筹建申请报告、可行性分析报告、筹建方案、筹建人员名单及其简历等资料。中国人民银行对农村信用社筹建申请的答复期为3个月，逾期未获批准的，申请人6个月内不得再次提出申请。

筹建申请经批准后方可筹建，筹建期限为6个月。筹建期满未达到开业标准者，原批准文件自动失效。自动失去筹建资格或被取消筹建资格后，自终止筹建之日起6个月内，不得再次提出筹建申请。如遇特殊情况，经中国人民银行批准可适当延长筹建期限，但最长不得超过1年。筹建期内不得从事金融活动。

农村信用社筹建就绪后，应当向中国人民银行提出开业申请，并提交下列文件：开业申请报告；中国人民银行认可的会计师事务所或有关单位出具的验资证明；资本金入账原始凭证复印件；主要投资者的背景资料、资产负债表及会计报表；拟任法定代表人和其他主要负责人名单和简历；发起社员名单和出资额；从业人员的有关情况；营业场所所有权或使用权的证明文件；章程；公安、消防等部门出具的公安、消防合格证明，理事会、监事会成员名单等资料。

中国人民银行在收到申请开业文件之日起30日内，书面通告申请人是否批准其开业申请，未予批准的，在通知书中注明理由。经批准开业的农村信用社，由中国人民银行颁发农村合作金融机构法人许可证或农村合作金融机构营业许可证，并凭该许可证到工商行政管理部门办理登记注册手续，领取营业执照。办妥上述手续后方可营业。

农村信用社自领取许可证6个月内必须开业。逾期未开业者，原批准文件自动失效，由中国人民银行收回许可证。但遇不可抗拒的客观原因，经中国人民银行批准可适当延期，但最长不得超过一年。

（三）农村信用合作社的业务范围

经中国人民银行批准，农村信用社可经营下列人民币业务：（1）办理存款、贷款、票据贴现、国内结算业务；（2）办理个人储蓄业务；（3）代理其他银行的金融业务；（4）代理收付款项及受托代办保险业务；（5）买卖政府债券；（6）代理发行、代理兑付、承销政府债券；（7）提供保险箱业务；（8）由县联社统一办理资金融通调剂业务；（9）办理经中国人民银行批准的其他业务。

（四）农村信用合作社重要事项变更、接管和终止

1. 重要事项变更

农村信用合作社变更下列事项应事先报中国人民银行批准或审查，并办理变更手续：（1）增减注册资本金，变更持有资本总额10%以上的股东；（2）变更组织形式；（3）调整业务范围；（4）更换法定代表人或其他主要负责人；（5）变更名称；（6）机构分立、合并；（7）修改章程；（8）变更所在地或营业地址；（9）中国人民银行规定的其他变更事项。

农村信用合作社变更事项的审批程序和权限，参照《农村信用合作社机构管理暂行办法》第三章及其他有关规定办理。农村信用合作社的变更申请答复期为60天，逾期如未获批准，90天内不得再次提出同样的申请。

2. 农村信用合作社的接管

农村信用合作社已经或者可能发生信用危机、经上级联合社采取自我救助措施无效，中国人民银行可以按有关规定实施接管。接管的目的是对被接管的农村信用合作社采取必要的措施，改善资产负债状况，恢复农村信用合作社的正常经营能力。被接管的农村信用合作社的债权债务关系不因接管而变化。接管期限届满，中国人民银行可以决定延期，但接管期限最长不得超过二年。

农村信用合作社有下列情形之一的，接管可以终止：（1）接管决定规定的期限届满或中国人民银行决定的接管延期届满；（2）接管期限届满前，该农村信用社已恢复正常经营能力；（3）接管期限届满前，该农村信用合作社被合并或者被宣告破产。

3. 农村信用合作社的终止

农村信用合作社终止的原因主要有以下三种：

一是解散。农村信用合作社因分立、合并或者出现章程规定的解散事由需要解散时，应向中国人民银行提出申请，并附解散的理由和支付存款本金和利息等债务清偿计划，经中国人民银行按机构管理权限批准后方可解散。农村信用合作社解散时应成立清算组进行清算，按照清偿计划及时偿还存款本金和利息等债务。中国人民银行监督清算过程。

二是撤销。农村信用合作社严重违反国家的法律、法规、政策和中国人民银行的有关规定等原因，中国人民银行可将其撤销并吊销许可证。农村信用合作社的撤销必须事先报中国人民银行总行备案，由省级分行组织实施。撤销时由中国人民银行成立清算组进行清算，按照清偿计划及时偿还存款本金和利息等债务。

三是破产。农村信用合作社因严重资不抵债、无力清偿到期债务的，经过债权人或者债务人的申请，由人民法院裁定宣告破产，并以农村信用合作社的全部资产清偿债务。农村信用合作社破产必须经中国人民银行总行同意，由人民法院依法宣布。农村信用合作社被宣告破产进行清算时，其清算财产按照有关法律规定的顺序进行清偿。

二、城市信用合作社

（一）城市信用合作社的性质和法律地位

城市信用合作社，是指中国人民银行批准设立，由社员入股组成，实行社员民主管理，其宗旨是通过信贷活动为城市集体企业、个体工商业户以及城市居民提供资金服务的城市合作金融机构。城市信用合作社是我国经济和金融体制改革的产物，是我国金融机构体系的一个组成部分。我国的城市信用合作社最早出现于20世纪70年代末。针对一部分城市信用合作社管理不规范、经营水平低下、不良资产比例高、抗御风险能力差、形成了相当大的金融风险这一现实情况，为切实防范和化解金融风险，保持社会稳定，确保城市信用社稳健经营和健康发展，自1989年以来中国人民银行多次对城市信用合作社进行清理整顿工作，并停止审批新的城市信用合作社。中国人民银行于1997年9月4日颁布了《城市信用合作社管理办法》；1998年1月1日颁布了《城市信用合作社联合社管理办法》（现已失效）。1998年10月，国务院办公厅转发中国人民银行《整顿城市信用合作社工作方案》，将一些城市信用合作社改组为城市商业银行。

（二）城市信用合作社的设立

1. 设立条件

城市信用合作社的设立条件主要有：（1）有50个以上的社员，其中企业法人社员不少于10个。（2）有符合法律规定的注册资本最低限额。《城市信用合作社管理办法》规定城市信用合作社的注册资本最低限额为100万元人民币。城市信用合作社的注册资本由社员实际缴纳的股金总额构成。（3）有符合本办法规定的章程。（4）有具备任职专业知识和业务工作经验的理事长、主任及其他高级管理人员。（5）有健全的组织机构和管理制度。（6）有符合要求的营业场所、安全防范措施和与业务有关的其他设施。

2. 设立程序：

设立程序主要包括筹建审批程序和开业审批程序两个步骤：

申请筹建城市信用合作社的全体发起人（筹建城市信用合作社的发起人不得少于20人，其中企业法人不得少于5人）指定的代表或者共同委托的代理人向中国人民银行当地分、支行提出申请，并应同时提交申请筹建的报告，可行性研究报告，发起人协议，拟定的筹建人员的履历等文件、资料。自中国人民银行批准筹建之日起满6个月，仍不具备申请开业条件的，发起人的筹建工作应当终止，且自终止之日起6个月内不得再次提出筹建申请。

城市信用合作社的股金总额募足，并经中国人民银行认可的验资机构出具验资证明后，发起人应在30日内召开创立大会。理事会应在城市信用合作社创立大会结束后，向中国人民银行当地分、支行申请开业，并同时提交申请开业的报告并附创立大会会议记录，章程草案，拟任职的理事长、副理事长、主任、副主任的名单、详细履历和有关任职资格证明资料，法定验资机构出具的验资证明和股金结构证明，社员名册及其股金额，营业场所、安全防范措施和与业务有关的其他设施的资料等其他文件、资料。城市信用合作社经批准设立后，由中国人民银行省级分行颁发金融机构法人许可证，并在工商行政管理部门登记注册，领取法人营业执照后方可营业。

（三）城市信用合作社的业务范围

经中国人民银行批准，城市信用合作社在其所在地可经营下列人民币业务：(1) 吸收社员存款；(2) 吸收中国人民银行规定限额以下的非社员的公众存款；(3) 发放贷款；(4) 办理结算业务；(5) 办理票据贴现；(6) 代收代付款项及受托代办保险业务；(7) 办理经中国人民银行批准的其他业务。

（四）城市信用合作社重要事项变更、接管和终止

1. 重要事项变更

城市信用合作社变更下列事项之一的，应当报经中国人民银行省级分行批准：(1) 变更名称；(2) 更注册资本；(3) 变更营业场所；(4) 调整业务范围；(5) 变更社员及其所持股金额；(6) 修改章程；(7) 中国人民银行省级分行要求报批的其他变更事项。

2. 接管

城市信用合作社已经或者可能发生信用危机，严重影响债权人利益时，中国人民银行可以对其实行接管。接管是指为了恢复城市信用合作社的正常经营，保护社员及其他债权人的合法权益，对已经或可能发生信用危机的城市信用合作社采取必要的挽救措施，以帮助其恢复正常经营能力。被接管的城市信用合作社的债权债务关系不因接管而改变。

3. 终止

城市信用合作社因下列原因之一而终止：(1) 依据其章程规定或社员大会决议自行解散；(2) 依法被中国人民银行关闭或撤销；(3) 依法被宣告破产；(4) 因分立、合并或其他原因而终止。

第三节　金融租赁公司法律制度

一、金融租赁的性质和法律地位

金融租赁，是指出租人根据承租人对租赁物和供货人的选择或认可，将其从供货人处取得的租赁物按合同约定出租给承租人占有、使用，向承租人收取租金的交易活动。金融租赁作为一种金融工具，兼有融资和融物的双重职能，在促进企业技术改造，降低企业负债率，盘活企业资产存量，促进消费，提高企业产品竞争力方面有着独特的优势。金融租赁在发达国家已成为设备投资中仅次于银行信贷的第二大融资方式。

金融租赁公司，是指经中国银行业监督管理委员会批准，以经营融资租赁业务为主的非银行金融机构。金融租赁公司最早出现在美国，我国从1981年成立第一家金融租赁公司——由中国国际信托投资公司、北京机电设备公司和日本东方租赁公司共同组建的金融租赁公司到目前为止，共有十余家金融租赁公司。为促进我国融资租赁业的健康发展，加强对金融租赁公司的监督管理，中国银监会于2007年1月23日颁布了《金融租赁公司管理办法》。

二、金融租赁公司的设立

（一）金融租赁公司的设立条件

申请设立金融租赁公司应具备下列条件：

1. 具有符合《金融租赁公司管理办法》规定的出资人。金融租赁公司的出资人分为主要出资人和一般出资人。主要出资人是指出资额占拟设金融租赁公司注册资本50%以上的出资人。一般出资人是指除主要出资人以外的其他出资人。设立金融租赁公司，应由主要出资人作为申请人向中国银监会提出申请。

2. 具有符合本办法规定的最低限额注册资本。金融租赁公司的最低注册资本为1亿元人民币或等值的自由兑换货币，注册资本为实缴货币资本。

3. 具有符合《公司法》和《金融租赁公司管理办法》的章程。

4. 具有符合中国银监会规定的任职资格条件的董事、高级管理人员和熟悉融资租赁业务的合格从业人员。

5. 具有完善的公司治理、内部控制、业务操作、风险防范等制度。

6. 具有合格的营业场所、安全防范措施和与业务有关的其他设施。

7. 中国银监会规定的其他条件。

（二）金融租赁公司的设立程序

金融租赁公司的设立需经过筹建和开业两个阶段。

1. 筹建审批程序

申请筹建金融租赁公司，申请人应当提交筹建申请书、可行性研究报告、拟设立金融租赁公司的章程（草案）、出资人基本情况、出资人最近二年经有资质的中介机构审计的年度审计报告等其他文件。银监会对申请人报送的材料进行审查，并在一定期限内予以答复。

2. 开业审批程序

金融租赁公司筹建工作完成后，应向银监会提出开业申请，并提交筹建工作报告和开业申请书，境内有资质的中介机构出具的验资证明，工商行政管理机关出具的对拟设金融租赁公司名称的预核准登记书，股东名册及其出资额、出资比例，金融租赁公司章程，拟任高级管理人员名单、详细履历及任职资格证明材料，拟办业务规章制度和风险控制制度，营业场所和其他与业务有关设施的资料等其他文件。

金融租赁公司的开业申请经银监会批准后，由银监会颁发金融机构法人许可证，并凭该许可证到工商行政管理机关办理注册登记，领取企业法人营业执照后方可开业。金融租赁公司自领取营业执照之日起，无正当理由 3 个月不开业或开业后自行停业连续 6 个月的，由银监会吊销其许可证，并予以公告。

三、金融租赁公司的业务范围和经营规则

（一）业务范围

经银监会批准，金融租赁公司可经营下列部分或全部本外币业务：(1) 融资租赁业务；(2) 吸收股东 1 年期（含）以上定期存款；(3) 接受承租人的租赁保证金；(4) 向商业银行转让应收租赁款；(5) 经批准发行金融债券；(6) 同业拆借；(7) 向金融机构借款；(8) 境外外汇借款；(9) 租赁物品残值变卖及处理业务；(10) 经济咨询；(11) 中国银监会批准的其他业务。

（二）业务经营规则

金融租赁公司从事经营必须遵守以下基本规则：(1) 金融租赁公司的公司治理应当建立以股东（大）会、董事会、监事会、高级管理层等为主体的组织架构，明确各自之间的职责划分，保证相互之间独立运行、有效制衡，形成科学、高效的决策、激励和约束机制。(2) 金融租赁公司应当按照全面、审慎、有效、独立的原则，建立和健全内部控制制度，并报中国银监会或其派出机构备案。(3) 金融租赁公司的关联交易应当按照商业原则，以不优于对非关联方同类交易的条件进行。(4) 金融租赁公司应当制定关联交易管理制度，金融租赁公司的重大关联交易应经董事会批准。(5) 金融租赁公司的董事会、未设立董事会的金融租赁公司的经营决策机构及关联交易控制委员会对关联交易进行表决或决策时，与该关联交易有关联关系的人员应当回避。(6) 售后回租业务必须有明确的标的物，标的物应当符合相关法律法规的要求：一是售后回租业务的标的物必须由承租人真实拥有并有权处分；二是金融租赁公司对标的物的买入价格应有合理的、不违反会计准则的定价依据作为参考，不得低值高买；三是从事售后回租业务的金融租赁公司应真实取得相应标的物的所有权。标的物属于国家法律法规规定其产权转移必须到登记部门进行登记的财产类别的，金融租赁公司应进行相关登记。

四、金融租赁公司的重要事项变更和终止

（一）重要事项变更

金融租赁公司有下列变更事项之一的，须报经中国银监会批准：(1) 变更名称；

(2) 改变组织形式;(3) 调整业务范围;(4) 变更注册资本;(5) 变更股权;(6) 修改章程;(7) 变更注册地或营业场所;(8) 变更董事及高级管理人员;(9) 合并与分立;(10) 中国银监会规定的其他变更事项。

(二) 终止

1. 解散

金融租赁公司有以下情况之一的,经中国银监会批准后可以解散:(1) 公司章程规定的营业期限届满或者公司章程规定的其他解散事由出现;(2) 股东(大)会决议解散;(3) 因公司合并或者分立需要解散;(4) 依法被吊销营业执照、责令关闭或者被撤销;(5) 其他法定事由。

2. 破产

金融租赁公司有以下情形之一的,经中国银监会批准,可向法院申请破产:(1) 不能支付到期债务,自愿或其债权人要求申请破产的;(2) 因解散或被撤销而清算,清算组发现该金融租赁公司财产不足以清偿债务,应当申请破产的。

金融租赁公司不能清偿到期债务,并且资产不足以清偿全部债务或者明显缺乏清偿能力的,中国银监会可以向人民法院提出对该金融租赁公司进行重整或者破产清算的申请。

第四节 期货公司法律制度

一、期货公司的性质和法律地位

期货公司是指从事期货经纪或其他交易的公司。期货经纪是指接受客户委托,按照客户的指令,以自己的名义为客户进行期货交易并收取交易手续费,交易结果由客户承担的经营活动。期货经纪公司是代表客户从事期货交易的企业法人或由企业法人设立的分支机构,通常被称为期货佣金商、经纪人事务所、电话行、佣金行或经纪行。期货经纪公司作为期货交易活动的中介组织,为客户提供最佳的期货合约买卖服务,代理客户完成缴交产品、缴收货款、保管资金的业务;负责记载客户的交易状况和管理客户账户的盈亏,为客户办理开户及就进行商品交易行情分析,为客户提供新的市场信息。

以美、英等国为代表的期货市场已经相当成熟,已经形成了机制完善、结构完备的期货行业体系。而新加坡以及我国香港、台湾地区等新兴期货市场也在学习成熟市场经验的基础上取得了长足的发展。1991 年郑州商品交易所第一个期货合约挂牌交易,就此标志着中国期货市场的开端。此后,中国期货公司伴随着期货市场走过了起起伏伏的十多年历程,最多时达三百多家,许多公司在市场的洗礼中未能经得起考验,它们有的违规经营被处罚,有的管理不善而关门,经过清理整顿后,期货公司已进入稳步发展时期。

为了保护客户的利益,规范中国期货公司的健康发展,中国证监会于 2007 年 3 月 28 日颁布了《期货公司管理办法》。

二、期货公司的设立

（一）期货公司的设立条件

申请设立期货公司应当具备下列条件：

1. 注册资本最低限额为人民币 3 000 万元；注册资本应当是实缴资本。股东应当以货币或者期货公司经营必需的非货币财产出资，货币出资比例不得低于 85%。

2. 董事、监事、高级管理人员具备任职资格，从业人员具有期货从业资格。

3. 有符合法律、行政法规规定的公司章程。

4. 主要股东以及实际控制人具有持续盈利能力，信誉良好，最近三年无重大违法违规记录。

5. 有健全的风险管理和内部控制制度。

6. 具有期货从业人员资格的人员不少于 15 人。

7. 具备任职资格的高级管理人员不少于 3 人。

（二）期货公司的设立程序

申请设立期货公司，应当向中国证监会提交下列文件：设立期货公司申请书；公司章程草案；经营计划；发起人名单及其审计报告；拟任用高级管理人员和从业人员名单、简历和相关资格证明；拟订的期货业务制度、内部控制制度和风险管理制度文本；场地、设备、资金证明文件；律师事务所出具的法律意见书等其他申请材料。

国务院期货监督管理机构应当在受理期货公司设立申请之日起 6 个月内，根据审慎监管原则进行审查，作出批准或者不批准的决定。

未经国务院期货监督管理机构批准，任何单位和个人不得委托或者接受他人委托持有或者管理期货公司的股权。

三、期货公司的业务范围和规则

（一）业务范围

期货公司可以从事商品期货经纪业务，从事其他期货业务的，还应当取得由国务院期货监督管理机构按照其商品期货、金融期货业务种类颁发的许可证。期货公司除申请经营境内期货经纪业务外，还可以申请经营境外期货经纪、期货投资咨询以及国务院期货监督管理机构规定的其他期货业务。

期货公司不得从事与期货业务无关的活动，法律、行政法规或者国务院期货监督管理机构另有规定的除外。期货公司不得从事或者变相从事期货自营业务。期货公司不得为其股东、实际控制人或者其他关联人提供融资，不得对外担保。

（二）业务经营规则

从事期货业务必须遵守以下一般规则：

1. 期货公司应当按照审慎经营的原则，建立并有效执行风险管理、内部控制、期货保证金存管等业务制度和流程，保持财务稳健并持续符合中国证监会规定的风险监管指标标准，确保客户的交易安全和资产安全。

2. 期货公司应当遵循诚实信用原则，以专业的技能，勤勉尽责地执行客户的委托，维护客户的合法权益。

期货公司应当避免与客户的利益冲突，当冲突无法避免时，应当确保客户利益优先。

3. 下列人员不得以本人或者他人名义从事期货交易：(1) 国家机关和事业单位；(2) 国务院期货监督管理机构、期货交易所、期货保证金安全存管监控机构和期货业协会的工作人员；(3) 证券、期货市场禁止进入者；(4) 未能提供开户证明材料的单位和个人；(5) 无民事行为能力人或者限制民事行为能力人；(6) 期货公司的工作人员及其配偶；(7) 中国证监会及其派出机构、期货交易所、期货保证金安全存管监控机构和中国期货业协会的工作人员及其配偶。

4. 客户开立账户，必须出具中国公民身份证明或者中国法人资格或者其他经济组织资格的合法证件，中国证监会另有规定的除外。

5. 期货公司在为客户开立账户前，应当向客户出示期货交易风险说明书，由客户签字确认已了解期货交易风险说明书的内容，并签订期货经纪合同。期货公司不得为未签订期货经纪合同的客户开立账户。

6. 期货公司应当向客户充分揭示期货交易的风险，在其营业场所备置期货交易相关法规、期货交易所业务规则，并公开相关期货经纪业务流程、相关从业人员资格证明等资料供客户查阅。

7. 期货公司应当按照规定为客户申请交易编码。

8. 客户需要委托他人办理下达指令、调拨资金等事项的，应当在期货经纪合同中指定受托人及明确其受托权限，约定联络方式、指令下达方式并预留受托人签字。

9. 客户可以通过书面、电话、计算机、互联网等委托方式下达交易指令。以书面方式下达交易指令的，客户应当填写书面交易指令单；以电话方式下达交易指令的，期货公司应当同步录音；以计算机、互联网等委托方式下达交易指令的，期货公司应当以适当的方式保存该交易指令。

10. 期货公司为客户提供互联网委托服务的，应当建立互联网交易风险管理制度，并对客户进行互联网交易风险的特别提示。

11. 期货公司应当按照时间优先的原则传递客户交易指令。

12. 期货公司应当在期货经纪合同中约定风险管理的标准、条件及处置措施。

13. 期货公司应当在每日交易闭市后为客户提供交易结算报告。

14. 期货公司应当制定并执行错单处理业务规则。

15. 期货公司应当建立客户资料档案，除依法接受调查和检查外，应当为客户保密。

16. 期货公司应当建立、健全客户投诉处理制度。期货公司应当将客户的投诉材料及处理结果存档。

17. 期货公司之间或者期货公司与客户之间发生期货业务纠纷的，可以提请中国期货业协会、期货交易所调解处理。

18. 客户与期货公司的委托关系终止的，应当办理相关的销户手续。期货公司不得将客户未注销的资金账号、交易编码借给他人使用。

19. 期货公司应当建立交易、结算、财务数据的备份制度。

四、期货公司重要事项变更、停业和终止

(一) 期货公司重要事项变更

期货公司变更以下事项，应当经国务院期货监督管理机构批准：

1. 变更公司形式；
2. 变更业务范围；
3. 变更注册资本；
4. 变更5%以上的股权。

期货公司变更下列事项，应当经国务院期货监督管理机构派出机构批准：

1. 变更法定代表人；
2. 变更住所或者营业场所；
3. 变更境内分支机构的营业场所、负责人或者经营范围。

(二) 停业

期货公司因遭遇不可抗力等正当事由申请停业的，应当妥善处理客户的保证金和其他资产，清退或转移客户。期货公司恢复营业的，应当符合期货公司持续性经营规则。停业期限届满后，期货公司仍未能恢复营业或者仍不符合持续性经营规则的，中国证监会可以根据《期货交易管理条例》的规定注销其期货业务许可证。

(三) 终止

有下列情形之一的，期货经纪公司终止：

1. 营业期限届满或者出现公司章程规定的解散理由。
2. 股东会决议解散。
3. 因合并或者分立而解散。
4. 依法责令解散。
5. 依法宣告破产。

法律应用

1. 1996年9月27日，中国人民银行颁布了《企业集团财务公司管理暂行办法》，首次在法律上对财务公司作了原则规定。2000年6月30日由中国人民银行颁布了《企业集团财务公司管理办法》。随着我国财务公司的发展，相关的法律法规明显落后于现实，2004年7月27日，银监会颁布了新的《企业集团财务公司管理办法》。[①] 其中，重要的变化有：

第一，企业集团财务公司的市场定位有所调整。原法规将财务公司定位为“为企业集团成员单位技术改造、新产品开发及产品销售提供金融服务，以中长期金融业务为主的非银行金融机构”。根据企业集团和财务公司的实际经营情况，并借鉴国外类似机构的发展经验，2004版的《企业集团财务公司管理办法》将财务公司定位成“以加

① 2006年12月28日，中国银监会通过了《关于修改〈企业集团财务公司管理办法〉的决定》，仅对2004年办法第11条第2款关于“合格的机构投资者”的规定作出修改。

强企业集团资金集中管理和提高企业集团资金使用效率为目的，为企业集团成员单位提供财务管理服务的非银行金融机构”。

第二，市场准入标准有所降低。原法规中规定的市场准入标准较高，一般只有工业、能源、交通等领域的大型企业集团才能达到，大多数外资企业及其他行业的企业很难达到。本着支持企业集团发展的原则，2004 版的《企业集团财务公司管理办法》在资产、营业收入等方面都有较大幅度的降低。

第三，明确允许财务公司设立分支机构。2004 版的《企业集团财务公司管理办法》允许符合一定条件的财务公司设立分支机构，包括分公司和代表处。

第四，允许外资投资性公司设立财务公司。外资投资性公司是指外国投资者在中国境内独资设立的从事直接投资的公司。

第五，2004 版的《企业集团财务公司管理办法》加强了母公司的责任并强化了财务公司的集团内部金融机构的属性。

2. 国家税务总局于 2002 年 5 月 23 日颁布了《城市商业银行、城市信用合作社财务管理实施办法》。在其中首先规定了对银行、信用社的收入、成本、费用的确认应当遵循以下原则：(1) 权责发生制原则；(2) 配比原则；(3) 历史成本原则；(4) 划分收益性支出和资本性支出的原则；(5) 合理性原则；(6) 一贯性原则。

此外，对所有者权益和负债、固定资产、现金资产、贷款、抵债资产、投资及证券、其他类资产、成本、营业收入、利润及分配外币业务、清算、财务报告与财务评价规定了具体要求。

3. 中国人民银行于 2000 年 6 月 30 日颁布了《金融租赁公司管理办法》，但是随着金融租赁业务的发展，中国银监会于 2007 年 1 月 23 日颁布了新的《金融租赁公司管理办法》，新的《金融租赁公司管理办法》重要的变化有：

第一，对出资人的资格有了更严格的限制。新的《金融租赁公司管理办法》规定，只有商业银行、租赁公司、主营业务为制造适合融资租赁交易产品的大型企业及其他银监会认可的金融机构才可以成为主要出资人并规定各种出资人应具备的条件。

第二，降低了最低注册资本金。原《金融租赁公司管理办法》规定金融租赁公司最低注册资本金为 5 亿元人民币或等值的自由兑换货币，新办法则降为 1 亿元人民币或等值的自由兑换货币。

4. 国务院于 2007 年 3 月 6 日颁布了《期货交易管理条例》，对期货公司的设立、变更、终止、业务规则作出了原则规定。随后中国证监会于 2007 年 3 月 28 日通过了《期货公司管理办法》，对期货公司进行了详细的规范。《期货公司管理办法》对期货公司的业务范围作出了规定，期货公司可以从事商品期货经纪业务，从事其他期货业务的，还应当取得由国务院期货监督管理机构的许可。期货监督管理机构按照其他商品期货、金融期货业务种类颁发许可证。其中规定了期货公司申请金融期货经纪业务的资格，应当具备下列条件：

(1) 申请日前 2 个月的风险监管指标持续符合规定的标准；

(2) 具有健全的公司治理、风险管理制度和内部控制制度，并有效执行；

(3) 符合中国证监会期货保证金安全存管监控的规定；

(4) 具有从事金融期货经纪业务的详细计划；

(5) 业务设施和技术系统符合相关技术规范且运行状况良好；

(6) 高级管理人员近两年内未受过刑事处罚，未因违法违规经营受过行政处罚，无不良信用记录，且不存在因涉嫌违法违规经营正在被有权机关调查的情形；

(7) 不存在被中国证监会及其派出机构采取《期货交易管理条例》规定的监管措施的情形；

(8) 不存在因涉嫌违法违规经营正在被行政、司法机关立案调查的情形；

(9) 近两年内未因违法违规经营受过刑事处罚或者行政处罚；

(10) 控股股东净资产不低于人民币 3 000 万元；

(11) 控股股东和实际控制人近两年内未受过刑事处罚，未因违法违规经营受过行政处罚，且不存在因涉嫌违法违规经营正在被有权机关立案调查的情形；

(12) 中国证监会根据审慎监管原则规定的其他条件。

案例与思考

1. 综合案例：刘杏林诉海港农村信用合作社存款纠纷案①

1992 年 8 月至 1996 年 9 月，原告刘杏林在海港农村信用合作社陆续存款 3 615 512.02元，而至诉讼时，被告海港农村信用合作社提交的取款凭证中，刘杏林签字并盖章的有 1 949 325.20 元，只有刘杏林盖章而无签字的有 1 487 800 元。而刘杏林因其印章曾存放于海港农村信用合作社主任程秀丽处，所以只认可签字并盖章的 1 949 325.20元已被其取走，并提交了一份 1998 年 7 月 16 日程秀丽出具并盖有该社公章的证明，内容为：刘杏林自 1992 年在我社开户，目前存款已达 180 万元，该款已由我社贷出，目前正抓紧积极努力收回，力争在 8 月份全部收回，归还刘杏林，以解其购房地产之用，特此证明。原告刘杏林要求被告海港农村信用合作社返还侵权挪用的 180 万元存款和该存款的利息，其利息应当按贷款利率计算。而被告海港农村信用合作社辩称，原告将自己的印章放在程秀丽处，是原告对程秀丽的委托授权，与本社无关，只要是盖有原告印章的取款凭证都应认为是原告行为的结果，因此被告海港农村信用合作社认为此款已被刘杏林取走。

问题：

(1) 只有刘杏林盖章而无签字的 1 487 800 元，是否能认定为被刘杏林取走？谁负有证明责任？

(2) 若只有刘杏林盖章而无签字的 1 487 800 元不能认定为被刘杏林取走，海港农村信用合作社应该归还刘杏林 1 487 800 元还是 180 万元？

(3) 若海港农村信用合作社需要返还该存款的利息，应当按照贷款利率还是存款利率计算？

2. 思考题：

(1) 试述 2004 年的《企业集团财务公司管理办法》所作出的修改的意义。

(2) 我国财务公司如何适应经济全球化的发展？

---

① 案例来源：《中华人民共和国最高人民法院公报》，2002 年。本案例答案亦可参见该公报。

(3) 简述农村信用合作社的改革与发展。

(4) 简述城市信用合作社与城市商业银行的关系。

(5) 金融租赁公司的融资渠道有哪些？如何拓展？

(6) 简述金融租赁公司的风险管理与防范。

(7) 简述期货公司与期货经纪公司的区别。

(8) 简述对期货公司的监管措施。

参考书目

1. 张邦钜．台湾经济财政金融法规选编．北京：光明日报出版社，1987

2. 郑新文主编．上市公司、证券公司、期货公司行为指引．北京：经济管理出版社，2002

3. 史纪良主编．美国信用合作社管理．北京：中国金融出版社，2000

4. 欧阳卫民．中国金融租赁业的现状和出路．北京：中国金融出版社，2000

5. 崔刚．上市公司财务报告解读与案例分析．北京：人民邮电出版社，2009

第十章 金融机构与业务制度改革

□·本章要点·□

1. 金融机构与业务制度改革的背景
2. 国有商业银行制度改革的重点与难点
3. 政策性银行制度改革的问题
4. 中小金融机构制度改革的重点与难点
5. 金融机构退出机制改革
6. 金融业务经营模式及其制度变迁
7. 金融混业经营的主要模式及我国金融业务经营制度改革的模式选择

第一节　金融机构与业务制度改革概述

一、金融机构与业务制度改革的背景

（一）国际范围内的共同发展趋势

首先值得关注的是20世纪以来金融制度的演变历程。较长时期以来，金融制度都被视为所有经济关系中最具稳定性的部分，成为各国政府调节经济发展、建立或修复经济秩序的有力工具，由此形成金融制度的稳定性与管制性两大基本特征。最为典型的是于20世纪30年代，在反经济危机的政策基础上重建并逐步发展的现代金融制度，它奉行严格的汇率管制与业务分工，金融机构的运营偏于保守、较少创新。然而近二十年以来，以英美国家为主导的金融制度变革迅速席卷全球，形成一股势不可挡的改革浪潮猛烈冲击着既有的金融格局。

突破首先是从银行业开始的。早在20世纪80年代初美国就通过法律取消了限制银行业进行价格竞争的规定，通过赋予银行与其他金融机构展开竞争的机会，提升其在整个金融市场中的份额，挽回银行业急剧下降的市场竞争力；英国则于1986年发起了旨在取消混业经营限制、推动金融服务自由化的更具实质性的改革，后被称为第一次“金融大爆炸”，在世界金融改革历史上写下重要一页；90年代末美国废除《格拉斯—斯蒂格尔法案》关于限制金融机构经营品种与经营地域的规定，颁布《金融服务现代化法》，以法律的形式确定了金融控股公司的地位和金融混业经营的合法性，正式掀开美国金融机构混业经营的大幕。至此，那种“几乎没有多样化和所有权交叉现象，也很少有其他行业的公司拥有较多的金融机构的所有权”① 的状况成为历史，取而代之的是以金融业务全能化、市场竞争全球化、业务运作信息化、经营区域扩大化为基本特征的全能性超级银行在金融舞台上扮演重要角色，并因其明显的市场竞争优势以及应对金融市场变化的适应力而成为全球银行业发展的方向。

这些举措极大地推动了其他国家和地区的金融改革步伐。为顺应这一趋势，更重要的是为在国际金融竞争中赢得一席之地，各国政府纷纷放松金融管制的力度与范围，鼓励金融创新。一个显著的标志便是对于旨在谋求经济扩张的金融机构的兼并、收购行动普遍持更加自由、宽松的态度，促成了世界范围内持续掀起大银行间的购并浪潮②，其结果是使得金融机构的业务类型与经营区域显著扩张，金融商品不断创新。令人瞩目的还在于，金融的自由化与创新改革不仅打破了金融机构之间原有的经营界限，使金融机构相互间逐渐靠拢，呈现出一定意义上的“同质化”趋势，而且金融业本身

---

① ［美］拉维特等：《银行与金融机构法概要》，刘李胜等译，56页，北京，中国社会科学出版社，1996。

② 十多年来，西方银行业的合并收购浪潮风起云涌，具有代表性的是1998年美国花旗银行与旅行者集团合并成立花旗集团，总资产金额接近7 000亿美元，银行业务遍及全球一百多个国家的1亿多个企业和私人客户，成为世界最大的金融服务集团。更令人关注的是，花旗集团将花旗银行的商业银行业务与旅行者集团的证券、保险业务融合，开创了美国金融界“超市型服务”的先河。其他如英国、德国、瑞士、日本、澳大利亚、芬兰、瑞典、泰国等国家也多次出现银行业合并收购案，造就了一大批资产规模巨大的超级银行。

与实体经济部门日益融合，大型跨国银行或证券公司已经将其业务从金融延伸至房地产、工商业、石油交易等，形成所谓“全球经济时代的超级金融寡头”、“万能产业”。此外，借助高新技术，国际银行业开始从偏重机构扩张的传统发展模式过渡到运用电脑科技的虚拟银行（如网上银行服务）拓展业务的新的经营方式，使金融服务更加方便快捷并且有利于降低金融机构的运营、管理成本。而以中国为代表的广大发展中国家也加入了这一改革大军，力图在市场化程度较低的现实背景下创立并运行一套现代意义的金融制度。当然，正是市场经济基础的薄弱，决定了中国金融构造与调整过程的艰难与迫切性

综合来看，创新与自由化正在成为这一场全球“金融革命”的基本主题，金融机构与业务制度改革是国际范围内的共同发展趋势。

（二）适应国内经济、社会发展需要

金融机构及业务制度改革的最终动力离不开经济、社会发展的需求。兴起于英美国家的银行业改革在很大程度上便是基于加强银行业的市场竞争地位，促使银行业金融机构更好地满足经济社会发展的资金需求。而在推动我国经济社会快速、稳定、可持续发展的进程中，同样离不开金融的支持，金融机构及业务制度改革是适应国内经济社会发展需要的必然产物。

首先，拓宽农村金融市场，加大对“三农”的资金扶持力度，是金融机构及其业务制度改革的重要动因。伴随着改革开放的深入推进，我国农业、农村的经济面貌和农民的生活水平都有了显著改善和提高，但“三农”对资金的需求亦与日俱增。不仅农村基础设施建设、农村城镇化建设、农村中小企业发展、农村流通体系建设等需要大量资金投入，而且农民的生产需求、消费需求和教育需求等也迫切需要得到满足。金融机构及其业务制度改革十多年以来取得快速发展，有些取得实质性突破，原因就在于顺应了这一需求变化，进行了诸如增强经营的灵活性、减少审核环节、注重信誉机制的建立、积极扩展农村金融市场、鼓励新兴金融机构服务“三农”等改革。目前，我国面向农村金融市场的村镇银行、小额信贷公司逐步兴起正是为满足这些需求积极进行制度改革的产物，这些新兴的金融机构还谋求与传统的商业银行合作，利用债券市场和股票市场来拓宽自己的资金来源。

其次，回应中小企业融资需求，为金融机构及业务制度改革注入活力。中小企业融资难一直是困扰企业发展壮大的瓶颈，由于自身经济实力、经营规模、盈利水平以及所提供的担保不足等主客观原因，中小企业能够获得的间接融资和直接融资都较为有限，这就阻挡了那些具有成长性但资金缺乏的中小企业发展前进的道路，亦挫伤了社会成员自主创业的积极性。在这种背景下各金融机构尤其是中小金融机构积极采取措施拓宽中小企业融资渠道，并借助于各种新兴的金融担保机构提供的金融服务，在缓解中小企业融资难问题的同时，自身亦获取了较好的利润回报，提升了市场竞争力。

再次，保护投资者、存款者利益，防范金融风险的需求是推动我国金融机构与业务制度改革的又一强有力因素。可以说，近几年来，一系列旨在完善金融市场的改革举措都是与保护投资者、存款者利益密切相关，比如，存款保险制度改革的酝酿与推进，证券投资者保护基金的启动、金融机构内部治理的规范及强化。

最后，在推动改革的动力因素中不容忽视的还有社会财富增长及其对金融机构业

务创新的需求。这一点在国内商业银行不断争相推出新兴理财产品的现象中可见一斑。中国工商银行股份有限公司董事长姜建清一语道破："中国商业银行的确走到了一个需要进行经营结构转型的十字路口，而居民财富的急剧增长正是推动转型的重要动力。"①就商业银行的业务改革方向而言，一方面继续拓展除传统存贷款业务之外的新兴业务的发展空间，如以理财产品为代表的资产管理业务，另一方面探索并建立适合我国国情的金融混业经营的恰当模式并力求实现法制化。

（三）国内金融机构自身转型与创新要求

综观我国二十多年的金融体制改革进程，其基本任务是建立符合社会主义市场经济要求的现代金融体系。目前我国已经形成银行、证券、保险等功能齐全、层次多样、商业金融与政策性金融协调发展的金融市场格局，金融在我国经济生活中的重要地位日益提升。尤其令人瞩目的是2008年我国发布《金融业发展和改革"十一五"规划》，对金融业的发展历程进行了总结。我国在金融业领域的发展改革取得诸多成就：国有商业银行改革迈出重大步伐，中国建设银行、中国银行、中国工商银行相继进行股份制改革并成功上市，中国农业银行的股份制改革也已获得国务院批准；农村信用社改革全面推开，取得阶段性成果；以加入世界贸易组织为标志，金融领域对外开放的地域和范围不断扩大，引进境外战略投资者取得初步成效；银行、证券、保险业分业经营体制进一步健全，不断拓宽服务领域，防范和处置金融风险力度加大，不良贷款率大幅下降，大中型商业银行资本充足率多数达到8%。金融业积极服务经济社会发展，在调节经济运行和实施宏观调控中的作用不断增强。

然而应当看到，我国金融业发展改革需要进一步推进和深化。

1. 在总体上我国金融体系集中度仍然过高，在资源配置、分散风险等方面的作用有限。这表现在尽管我国已经组建了包括国有商业银行、股份制银行、城市商业银行、信用社、证券公司、保险公司等在内的多元金融机构体系，但从资产规模、经济实力、市场地位、在公众中的影响力等方面看，银行业尤其是国有银行或国有资本占据控股地位的金融机构拥有了绝对优势地位。② 2003年年底，银行业的资产占金融机构总资产的90%以上，而证券业、保险业、信托业、租赁业等非银行业所占比重偏低；在银行业中又以国有银行为主导，其资产占金融机构总资产的59.17%。可以说，银行业一直承担着最主要的金融中介角色③，整个金融市场呈现银行业主导、金融资产结构单一、国家占据绝对控制地位的特点。

毋庸置疑，金融机构的市场地位及其与国家的密切关系是由其自身的运营特点所决定的，即使在市场化程度较高以及竞争较为充分的国家和地区，金融机构都受到国

① 姜建清：《财富爆炸推着商业银行转型》，载《南方周末》，2007－11－08。

② 参见鲁志勇、于良春：《中国国有独资商业银行竞争力分析》，载《经济研究》，2002（3）。

③ 而与此相对，在一些主要的工业发达国家，金融市场的资产结构呈现明显的差异。以美国为例，1969年至1999年，公司债券与股票市值之和增长了23.5倍，同一时期，以人寿保险公司、养老金公司为代表的各类契约型金融机构（在契约基础上按期定量取得资金并进行长期投资的金融中介机构）的占比也从26.7%上升到32.8%，以共同基金为代表的投资型金融机构（为投资活动提供中介服务或直接参与投资活动的金融机构）的占比从3.7%上升到17.4%，而各类储蓄性机构占全部金融机构总资产的比例从1969年的61.4%下降到1999年的25.8%。前两类金融机构的投资回报远高于银行存款，出现了大量银行存款流入非银行金融机构及证券市场的所谓"金融脱媒"现象。

家比较严密的监管，甚至可能出现在面临清算风险时由国家注资进行国有化。而尚处于金融市场培育与发展阶段的中国，国家对金融资源实施较高程度的控制有其合理性，这对于全球化背景下金融风险的防范亦具有积极的作用。然而，应当指出的是，随着我国加入 WTO，金融市场的开放正在渐进展开，仍实行单一的国家高度垄断的金融格局，会带来多方面的影响：一是市场参与机会受到明显抑制，金融机构间缺乏适度竞争；二是金融供给水平较低，无法有效满足多元化的融资需求；三是参与金融市场的行为主体，无论是金融机构还是其他投资者、消费者在国家不会袖手旁观的心理预期之下存在更加强烈的投机性与风险偏好，缺乏主动、积极的风险防范，金融市场内聚集的风险最终由国家全部承担；四是获得垄断地位的金融机构缺乏改进经营与治理水平的动力；五是创新激励不足、创新能力不强。

2. 从国际范围来看，国内金融机构在国际市场的竞争中处于劣势，在其资产规模、盈利能力、业务领域、服务水平、治理结构等方面较之西方发达国家同类金融机构均存在明显差距。值得注意的是，当今世界范围内的金融改革浪潮中有一种趋势即是鼓励金融机构的合并收购，由此形成的金融集团的经济实力更加强大，竞争优势地位亦更加突出，这对于中国的金融机构而言无疑构成严峻挑战。

3. 具体就国有商业银行而言，其“商业化”过程仍面临着内部和外部许多困难，改革任务艰巨。首先，四大国有商业银行不良资产率相对较高，除通过四大资产管理公司剥离不良资产之外，2004 年年初，国务院又决定动用 450 亿美元外汇储备为中国银行和中国建设银行实施股份制改造补充资本金；2005 年 4 月，国家向工商银行注资 150 亿美元。这些举措的长期效果有待检验，同时学界也对财政式注资的合理性及可持续性产生了质疑。其次，公司治理结构不健全，所有者、经营者的角色和权、责、利关系不清晰，缺乏有效互动。另外，国有商业银行的人事制度、激励与约束机制离公司化要求尚有一定差距；信息技术对业务发展和产品创新的支持不足。在加入 WTO 后，国有商业银行又面临着外资银行的挑战。①

4. 股份制商业银行尽管在其十多年的发展历程中，机构与业务拓展迅速，整体实力不断壮大，经营管理呈现出特有的生机与活力，但其经营管理机制与市场经济发展不相适应的问题也日益突出，如资本金缺乏，经营风险增加，盈利能力有待进一步提高，业务特色尚不明显，偏重机构、人员基础上的外延扩张模式，与国有商行呈现同质化趋势等。

5. 相对于商业银行，政策性银行的发展则面临行业立法滞后、资金来源局限、资金运用中的潜在风险较大、内部经营机制不完善、业务过于单一等一系列问题。

6. 其他中小金融机构②规模相对较小，具有显著的地方性，存、贷款规模有限，对风险的承受能力面临严峻挑战。从现实来看，近年来一些经营亏损、存在高风险与支付危机的机构数量不断增加，并呈现出风险显性化的特征。③ 中小金融机构也有深化改革的必要。

① 参见张杰主编：《制度、渐进转轨与中国金融改革》，102 页，北京，中国金融出版社，2001。

② 主要是指城市商业银行、城市信用社、农村信用社等地方性银行业金融机构。

③ 参见褚伟：《市场选择：中小金融机构制度变迁的逻辑》，载《经济科学》，2001 (6)。

二、金融机构与业务制度改革的现有格局

由上观之，我国金融机构与业务制度改革的提出是面对内外各种因素和压力作出的必然选择，那么制度改革目前呈现怎样的格局？它又提供了哪些未来进一步推进改革的必要基础和条件呢？

（一）具有宏观指引功能的规范性文件、政策规划

具有代表性的如1993年国务院《关于金融体制改革的决定》、2004年国务院《关于推进资本市场改革开放和稳定发展的若干意见》、2008年《金融业发展和改革“十一五”规划》等，这些规范性文件及政策规划在不同阶段从宏观层面建构了我国金融体制的基本框架，指出了下一阶段改革发展的基本方向，是金融法制格局的生成依据。

（二）旨在规范各金融业经营者行为及强化监管的单项立法

银行业：《商业银行法》、《银行业监督管理法》、《商业银行市场风险管理指引》、《商业银行个人理财业务风险管理指引》、《关于加大防范操作风险工作力度的通知》、《商业银行市场风险监管现场检查手册》、《商业银行风险监管核心指标（试行）》等。

保险业：《保险法》、《财产保险公司保险条款及保险费率管理办法》、《再保险业务管理规定》、《人身保险保单标准化工作指引》、《保险公司非寿险业务准备金管理办法实施细则（试行）》、《保险公司偿付能力报告编报规则》、《保险机构投资者债券投资管理暂行办法》、《保险中介机构法人治理指引（试行）》等。

证券业：《证券法》、《证券公司综合治理工作方案》、《证券投资者保护基金管理办法》等。

信托业：《信托投资公司信息披露管理暂行办法》。

（三）规范、促进金融创新的规范性文件

银行业在规范和促进金融创新方面的力度最大，银监会制定《商业银行服务价格管理暂行办法》、《金融机构衍生品交易业务管理暂行办法》、《商业银行外部营销业务指导意见》、《商业银行个人理财业务管理暂行办法》，与其他部门共同制定《商业银行设立基金管理公司试点管理办法》、《信贷资产证券化试点管理办法》等，将要制定颁布《电子银行业务管理办法》、《电子银行安全评估指引》等。

银监会还设立了金融创新的专业监管部门——银监会业务创新监管协作部，主要职能是加强对银行业务创新的研究、协调和引导，负责制定统一的业务创新审慎监管标准和监管规程。

2006年银监会发布《商业银行金融创新指引》，鼓励、支持和指导商业银行的金融创新活动。基本思路是：按照“鼓励和规范并重、培育和防险并举”的监管原则，积极鼓励经营审慎的商业银行加快金融创新，推动商业银行更快更好地发展，引导商业银行强化风险自我管控意识，提高风险控制水平和能力，全面提升创新质量，促进金融创新活动持续健康发展，为广大金融消费者和投资者提供日益丰富的现代金融服务。

（四）其他相关法律、法规的重大修订①

与金融机构与业务制度改革有关的主要是《证券法》的修订、《企业破产法》的实

① 以下内容参考胡滨等主编：《中国金融法治报告2006》，北京，社会科学文献出版社，2006。

施以及《银行业监督管理法》的修订。

1. 为业务创新提供必要的法律空间。关于分业经营、分业管理的问题，修订后的《证券法》规定："证券业和银行业、信托业、保险业实行分业经营、分业管理，证券公司与银行、信托、保险机构分别设立。国家另有规定除外。"这为稳步实施综合化经营留下法律空间。"证券衍生品种发行、交易的管理办法，由国务院依照本法的原则规定"，这又为积极、稳妥推出期货、期权等证券衍生品种创造了条件。"证券公司为客户买卖证券提供融资融券服务，应当按照国务院的规定并经国务院证券监督管理机构批准"，这为在严格监管条件下稳步实施融资融券问题提供了基础。关于银行资金入市问题，根据中共十六届三中全会决定提出的"拓宽合规资金入市渠道"、"建立健全货币市场、资本市场、保险市场有机结合、协调发展的机制"要求，参照国务院《关于推进资本市场改革开放的若干意见》中"鼓励合规资金入市"的精神，《证券法》相应作出"依法拓宽资金入市渠道，禁止资金违规流入股市"的规定。

2. 推动证券公司综合治理，防范和化解证券市场风险。新修订的《证券法》吸收了近年来对证券公司进行综合治理的经验，并增加了法律规定。比如新增对证券公司主要股东的资格要求；补充和完善对证券公司的监管措施。

3. 通过《企业破产法》对金融业改革发展产生有益影响。《企业破产法》首次出现金融机构破产条款，规定商业银行、证券公司、保险公司等金融机构出现破产情形时，国务院金融监督管理机构可以向人民法院提出对该金融机构进行重整或者破产清算的申请；国务院金融监督管理机构依法对出现重大经营风险的金融机构采取接管、托管等措施的，可以向人民法院提出中止以该金融机构为被告或者被执行人的民事诉讼和执行程序。这意味着银行等金融机构被依法纳入破产通道。

4.《银行业监督管理法》修改，赋予银行业监督机构相关调查权。新法规定，银监会依法对银行业金融机构进行检查时，可以对涉嫌违法事项有关的单位和个人采取的相应措施，进一步完善和规范调查权的行使条件、程序以及有关的法律责任，这有利于银行业监督管理机构更有效地履行监管职责。

三、金融机构与业务制度改革的特点

（一）系统性

金融机构及其业务制度的改革是一项系统工程，不仅涉及金融机构的产权制度、治理模式、融资结构、激励机制、业务类型、准入与退出机制等方面的微观改革，还涉及企业的、行政的、司法的、立法的相关配套改革，以及整个外部的经济环境、法治环境、社会信用环境的改善，这些外部的因素实际上就构成了一个金融生态环境。在这一金融生态环境中，金融机构及其业务制度的发展与其他相关制度的运行状况、完善程度相互影响。以国有商业银行股份制改革为例，这便是一项包括商业银行自身与国有企业深化改革、政府职能转变、财政税收体制重建、中央银行宏观调控体制完善、社会保障体系建立等在内的多方面配套的系统改革工程。值得注意的是，金融机构与业务制度改革的系统性强调的是改革的整体推进与各方面协调配合，但并不排斥个体的差异性与相对独立性，以及在此基础上形成的"区别对待"。比如我国国有商业银行股份制改革实行"一行一策"原则，这种方式是充分考虑各国有商业银行实际情况进行的具体问题具体分析，体现不搞“一刀切”的决策智慧。[①] 因此，金融机构及其业务制度改革应当奉行辩证思维，既从金融生态的角度对改革总体架构作统筹规划，整体推进相关配套改革，也应充分考虑各金融主体面临的具体问题，分别确定改革重点、实施步骤与进度安排。

（二）协调性

金融机构与业务制度改革的协调性体现在：第一，金融机构之间制度改革的协调与配合。如国有商业银行减少营业网点与地方性中小金融机构扩大市场份额、提升市场地位之间是具有关联互动性的改革举措，这种“此消彼长”的格局是形成金融市场良性竞争格局、满足市场多样化资金需求的重要条件。此外，商业性金融与政策性金融改革也是相互联系、相互补充、相互促进的。[②] 第二，金融机构与金融业务之间制度改革的协调与配合。金融机构与金融业务的制度改革并不是孤立的，它们之间也需要相互协调与配合。比如基于混业经营的需要而产生的大型金融投资公司，既是金融业务创新的产物，也提出了金融机构在组织形式上的改革课题。第三，金融机构及其业务制度的改革又与金融监管体制的转型紧密关联。如针对金融控股公司这种新型组织形式而进行监管体制调整的问题；伴随国内商业银行的股改、境外投资者的引入而产生金融开放与风险防范的问题；因适应各种融资需求推行的金融业务创新引发的金融机构尤其是银行信贷资金安全保障的问题等，这些涉及金融监管体制调整、方式转换的问题都是在推进金融机构及业务制度改革过程中必须予以解决的。

（三）阶段性

伴随着1978年中国经济改革的起步，金融体制包括金融机构与业务制度的建设与改革也拉开序幕，其发展进程经历了几个阶段：首先是1978年至1993年以前，这是我国金融机构与业务制度初创阶段，在这一时期，政府逐步分离中央银行承担的商业银行职能，分设四大国有商业银行及其他非银行金融机构。至该阶段末我国初步形成了全国性和区域性商业银行、保险公司、金融信托投资公司、证券公司、财务公司、金融租赁公司、农村信用合作社、城市信用合作社等多种金融机构并存、分工协作的市场格局。其次是1993年末至2002年的改革启动阶段，具有标志性的成果是1993年12月国务院发布《关于金融体制改革的决定》，第一次规划出我国金融机构与业务制度改革的宏伟蓝图，提出政策性金融与商业性金融分离，建立统一开放、竞争有序、严格管理的金融市场体系的主张。在这一阶段我国加入WTO，金融市场环境发生显著变化，在金融开放的大格局下，中资金融机构无疑面临更加严峻的挑战。此外，这一时期还颁布了《商业银行法》等多部金融法律、法规和规章。如果说前面两个阶段主要是为金融机构及其经营制度的建立提供必要基础的话，那么开启于2003年第三阶段的发展则着眼于全面深化金融改革与鼓励倡导金融创新。2008年国家发布《金融业发展

---

① 参见胡怀邦主编：《国有金融机构发展与监管》，42页，北京，中国金融出版社，2005。

② 例如，在20世纪90年代，电力和交通作为制约中国经济发展的基础产业，其盈利性前景尚不明朗，因此，商业银行不愿介入，开发银行则在这些领域投入了大量的中、长期信贷资金，促进了电力和交通行业的发展。而随着电力、公路等开发银行所培育的基础产业的成熟和稳定现金流的出现，商业银行也开始将更多的资金投放到这些领域。商业性金融能够而且愿意进入的领域，政策性金融都应该及时退出，避免发生对商业性金融的“挤出效应”。

和改革"十一五"规划》，对金融机构及其经营改革提出了新的目标与任务。与此同时，我国新颁布或修订了金融业相关法律、法规，使我国金融法制环境不断趋于完善。

第二节　金融机构制度改革

一、国有商业银行机构的制度改革

（一）基本概况

2003年12月，国务院批准设立中央汇金投资有限责任公司（简称中央汇金公司），由其运用国家外汇储备向试点银行注资，作为国有资本出资人代表，行使国有重点金融机构控股股东职责。随即中央汇金公司向中国银行、建设银行分别注资225亿美元，2004年8月和9月，中国银行、中国建设银行先后整体改制为股份有限公司。2005年4月，国家向工商银行注资150亿美元，2005年10月，中国工商银行整体改制为股份有限公司。此外，2005年6月23日，交通银行成功在中国香港主板市场上市，成为第一家在中国内地以外上市的股份制商业银行；中国建设银行于2005年10月在香港成功上市；中国银行分别于2006年6月与7月在香港股市场和境内A股市场成功上市；中国工商银行于2006年10月以A＋H股的方式在内地和香港同时成功上市。借助于股份制与公开发行上市，国有商业银行在改善内部公司治理结构与财务状况、提升经营管理能力与市场竞争力等方面取得显著成果。但应当指出的是，上述改革基本是在国家的有关政策或规划指引下完成的，带有较强的应急性、波动性，并且改革之后由于缺乏相应的配套措施，改革难以推进与深化，从长远来看，对于改进国有商业银行的经营绩效与提高风险防范水平实效较弱。

（二）制度改革的重点与难点

国有商业银行的机构运行应当首先依托于法律制度，在确立了这一基本前提之后，有必要对涉及国有商业银行机构建立与完善的相关制度进行改革。为此注意以下的重点与难点：

第一，实现国有控股与产权多元化的统一。如何实现二者的有效结合，特别是如何对政府持股的份额与方式进行合理设计，这是影响国有商业银行制度改革成功与否的关键。既要避免因过度强调国家的控股权而重蹈原有体制的覆辙，亦须克服一味追求股权结构多元化、超越我国经济发展现实条件的做法。为此，不仅有必要在法律制度中明确国家控股的比例，而且应当借助现代公司治理结构为投资者提供相互合作与制约的机制。第二，厘清国家与商业银行之间的法律关系、明确国家作为投资者与监管者的角色。这里尤其值得一提的是国家财政注资行为。国家为加速股改、推进上市对国有商业银行进行了大规模的财政注资，但这种措施不宜继续。作为一种在特定背景和发展阶段下采取的政策性扶持行为，大规模财政注资不仅牵制财政支出的总体安排，制约涉及公众民生、环境保护、结构调整等诸多基础领域的资金供给，更为重要的是不利于塑造国有商业银行作为独立经营主体的地位、降低其风险约束、削弱经营激励，对厘清国家与商业银行关系产生消极影响。在完成股改上市的必要注资之后，下一阶段的任务应当是发挥商业银行内部各个经营管理机构的作用，使之形成自身系统的良性运作，产生稳定、安全与高收益的现金流，而不再一味依赖于外部提供资金支持。第三，完善风险监控的长效机制。目前，中、建、交三行的财务重组已经基本完成，但受公司治理机制的影响，风险控制机制的建立与完善不可能一蹴而就。在化解存量风险之后，商业银行将面临如何及时有效控制新增不良资产、进一步提高资本充足率的问题，换言之，国有商业银行的股改上市只是改革的开始而远非终结。值得指出的是，当前宏观经济环境的各种不确定因素明显增多，对国有商业银行的风险监控提出了更加严峻的挑战。自 2004 年以来，央行采取一系列宏观调控措施，连续调高商业银行存款准备金率，实行紧缩的货币政策；进入 2008 年又出现国内楼市、股市的明显震荡，实体经济发展进入新一轮调整的周期，全球经济增速放缓，通货膨胀压力持续存在，金融危机发生的频度与破坏程度渐强等，这些复杂、不确定的环境因素要求国有商业银行增强危机意识与风险防范意识，加强在全球化背景下金融风险的监测、预警、化解、救济机制。

二、政策性银行制度改革

政策性银行主要从事期限长、风险高、额度大、条件优惠的批发贷款、项目开发投资、信用担保等资产业务。与商业性金融不同，政策性金融投资的重点在经济增长的基础性部门，包括基础设施和基础产业。基础性部门的共同特点是具有外部经济性，社会效益和经济效益并不对称，对受市场信号支配的商业性资金缺乏吸引力。

政策性金融在实际运营中，面临的问题主要是：一方面基于政策性融资的基本特点，其资金来源、融资对象、业务范围、机构管理等方面受到政府较大的影响与制约；另一方面政策性金融机构毕竟是独立的法律实体，因而自身又存在提高业务独立融资判断和管理能力的需求，以及确保持续运营所必要的盈利水平。除此之外，不容忽视的是，目前我国政策性银行从组建到业务开展并没有专门的立法规范进行调整，更多依据的是银行各自的章程和内部规定，在实务中，又往往出现对《中国人民银行法》、《银行业监督管理法》等基本法律、法规的突破，潜伏着较大的经营风险，对商业性金融机构的业务经营也产生一定冲击。政策性金融究应何去何从、政策性金融制度究应如何改革，成为摆在人们面前的重要课题。从国外政策性金融发展方向来看，有些政策性银行已经转变为商业银行；有些政策性银行则通过采取母子公司分离运行模式（如德国、法国）或分账管理模式（如泰国、韩国）既实现政策性银行业务和商业银行业务的兼营，又对两者实行制度性隔离，呈现一种介于商业性金融与政策性金融之间的综合性开发金融机构的形态。就我国政策性银行的走向与制度改革而言，应当指出的是，尽管发达国家政策性银行的取消或转为商业银行渐成潮流，但对处于经济转轨阶段、市场发育不全、统筹发展任务繁巨的中国来说，采取这种做法的时期尚未到来，在可预见的较长时期内我国政策性银行还有存在的必要。① 当然，这并不排斥我国就个别政策性银行展开制度改革的探索。就在 2008 年岁末，中国国家开发银行经批准转型为商业银行，开了我国政策性银行转为商业银行的先河。之所以采取这项举措与开发

---

① 参见朱大旗：《金融法》，249 页，北京，中国人民大学出版社，2007。

银行的经营实践是密不可分的，从 1998 年以来，国家开发银行便主动推行市场化改革，以市场化方式办政策性银行，探索出一条支持发展、防范风险的开发性金融发展之路，增强了支持经济发展的能力，建行十余年以来，资本金累计增长超过 6 倍，不良贷款率控制在 1%以内，具备了转型的基本条件。

三、中小金融机构制度改革

这里“中小金融机构”主要指城市商业银行、城乡信用合作社等地方性银行业金融机构。如果从金融总量上考察，无论是机构还是业务的相对规模，中小金融机构都无法和其他（国有和股份制）商业银行相提并论。但从改革的本质上考察，中小金融机构的发展却意义重大：一是提高了中国金融机构的多样化与普及化程度，增强了金融机构资产对公众的吸引力；二是完善了中国金融业在国有商业银行垄断结构下所稀缺的金融服务功能；三是从地方金融的角度来讲，中小金融机构在追求地方利益的安排下积极配置地方金融资源的效用，是其他商业银行无法取代的。①

（一）农村信用合作社

1. 概念梳理

农村信用合作社，简称“农村信用社”，是指经批准设立，由社员（包括入股的农户、信用社职工和农村各类具有法人资格的经济组织）入股组成，实行社员民主管理，主要为社员提供金融服务的农村合作金融机构。农村信用社县级联合社，简称“县联社”，是指经批准设立，由所在县（市、区）农村信用社入股组成，实行民主管理，主要为农村信用社服务的联合经济组织，是企业法人，并对辖区内农村信用社实行管理、监督与协调职能。农村信用社市（地）联合社，简称“市（地）联社”，是指经批准设立，由所在市（地）农村信用社县级联社自愿出资入股组成，实行民主管理，履行行业管理和服务职能，具有独立法人资格的合作金融组织。农村信用社省（自治区、直辖市）联合社，简称“省联社”是由所在省（自治区、直辖市）内的市、地级农村信用合作联社、农村合作银行自愿入股组成，实行民主管理，主要履行行业自律管理和服务职能，具有独立企业法人资格的地方性金融机构。

2. 改革历程

农村信用社的制度改革从 20 世纪 90 年代初启动至今经历了近二十年的时间。

1990 年中国人民银行发布《农村信用合作社管理暂行规定》，明确农村信用社的性质是集体性质的合作金融组织和实行自主经营、独立核算、自负盈亏、自担风险的企业法人，是我国金融体系的重要组成部分。

1996 年 9 月至年底，按照国务院《关于农村金融体制改革的决定》，我国五万多家农村信用社和两千多家县联社与中国农业银行顺利脱钩，农村信用社的业务管理与金融监管分别由县联社与中国人民银行承担。

1997 年至 1999 年中国人民银行先后发布《农村信用合作社管理规定》、《农村信用合作社县级联合社管理规定》、《农村信用合作社机构管理暂行办法》、《关于组建农村信用合作社市（地）联合社的试点工作方案》、《农村信用合作社市（地）联合社管理

① 参见褚伟：《市场选择：中小金融机构制度变迁的逻辑》，载《经济科学》，2001 (6)。

规定（暂行）》、《农村信用合作社市（地）联合社示范章程》，搭建起农村信用社的基本制度框架。

2000年国务院以江苏为试点，推行了将各为独立法人的农村信用社、县（市）农村信用联社合并为统一法人的改革。2001年年底，在统一法人的基础上，国务院进一步选择常熟、张家港、江阴三市的农村信用社作为发达地区农信社的代表进行股份制改造，成立了三家农村商业银行。这标志着我国农村信用社新一轮改革序幕的拉开。

2003年6月国务院《深化农村信用社改革试点方案》确定浙江、重庆、江苏等8省市进行深化农村信用社改革的试点工作。确定的改革方案是：第一，在经济比较发达、城乡一体化程度较高、信用社资产规模较大且已商业化经营的少数地区，可以组建股份制银行机构，包括农村商业银行、农村合作银行；第二，在人口相对稠密或粮棉商品基地县（市），可以县（市）为单位将各为法人的基层信用社和县（市）联社改为统一法人；第三，在其他地区，可在完善合作制的基础上，继续实行乡镇信用社、县（市）联社各为法人的体制；第四，采取有效措施，通过降格、合并等手段，加大对高风险信用社兼并和重组的步伐。

伴随金融管理体制的改革，2003年银监会开始承担由央行分离出来的对金融机构的监管职能，并于当年发布实施《农村商业银行管理暂行规定》、《农村合作银行管理暂行规定》，标志着银监会取代中国人民银行履行对农村信用社的管理责任。

2007年7月，由银监会牵头、16个部委和单位组成的农村金融改革发展专题小组向国务院上报了《关于加快农村金融改革发展的意见》，提出了农村金融改革发展工作的总体要求和主要任务，明确了农村信用社市场化、商业化的改革取向，以及力争用5年到10年时间把农村信用社分期分批办成产权清晰、经营有特色的现代金融企业的改革目标。

3. 制度改革的重点与难点

（1）确立经营目标

从以上的规范性文件中可以看出农村信用社改革的重心在于治理结构、经营目标、组织形式与风险控制。其中，农村信用社经营目标定位是必须首先予以重视的。只有明确改革方向才能厘清改革思路、推进改革实践。在《深化农村信用社改革试点方案》中，我国已经确立农信社改革的经营目标与发展方向是服务“三农”。这是因为：

服务“三农”为农村信用社在竞争激烈的城市金融市场之外开辟了一个相对封闭但发展潜力巨大、优势明显的农村金融市场。农村金融市场环境下信息成本低，流通渠道更为畅通、信息传递速度更快，信贷对象的信用等级、所投资项目的营利前景与风险评估、代理人的道德风险等信息搜集更为便捷，监管的成本更低。农村信用社可以发挥服务网点广和经营方式灵活的优势，一方面将其服务网点扩散到农村各乡镇，借助信用站的形式还能使其金融服务遍及农村各个角落；另一方面，根据服务对象的资金需求特点，在不影响信贷安全的前提下，对信贷政策作相应调整，灵活选择合适的时机与方式提供服务。

服务“三农”使农村信用社的发展具有了政策优势与市场拓展良机。从2003年起，国家加大了对农村信用社的改革力度，投资1 650多亿元用于农村信用社的产权改革，并且对试点地区农村信用社给予税收方面的政策优惠，鼓励各农村信用社通过增资扩股的办法充实资本实力。与此同时，国有商业银行的战略调整为农村信用社的发展壮大提供了极好的机会。随着四大国有商业银行从农村领域的业务收缩，农村信用社逐渐成为向农村及农民提供金融服务的唯一正式金融机构。

应当指出的是，现实场景中的农村信用社完全有可能背离服务“三农”的改革目标。作为一种典型的地方性中小金融机构，农村信用社与地方政府具有密切的利益关联。在现有体制下，地方政府具有支配金融资源的权力，尤其在当其他领域所获经济效益强过支持“三农”带来的效益之时，可能转移该部分金融资源，因此，服务“三农”或许只是地方政府和农村合作金融机构争取中央政策优惠的筹码，但并非其唯一使命。如何调和资金追逐利润的理性要求与“三农”贷款的政策性调节之间的矛盾是农村信用社乃至其他农村金融机构始终面临的难题。

总体上看，农村信用社在农村金融市场的发展是困难与优势并存，机遇与挑战同在，从农村信用社的竞争力、风险承受能力及地理位置等因素考虑，农村信用社改革目标的战略定位应坚持服务“三农”的基本方向。

（2）改革组织结构

就组织形式来看，农村信用合作社属于合作制企业范畴。而合作制的基本特点在于自愿联合（入社自愿、退股自由），民主管理（以社员代表大会作为权力机构，实行“一人一票”的表决方式，强调自主与自治），互助合作（主要为社员提供服务[①]），不以营利为目的（企业营利主要用于积累而非分红），实行按劳分配（实质为按交易额分配盈余）而非按资分配。[②] 农村信用社的设立宗旨与目标便是要建成由成员直接所有或控制、实行民主自治管理的真正合作制金融企业。然而事实上，农村信用社的设立、运营乃至此后的改革都是在上自国务院、中国人民银行、银监会下至地方政府的行政支配下进行的，在具体经营中背离了合作制原则和为社员提供金融服务的基本要求。就此，农村信用社未来的制度改革面临三种选择：一是继续维持现状，即名义上为合作制金融，实际上按商业银行运作；二是按照合作制对其进行规范，使之成为真正的合作金融机构；三是放弃合作制，建立新的制度安排。显然，第一项选择过于消极，它只能使农村信用社的经营状况进一步恶化，最终危及农村经济的发展。那么，在第二项和第三项选择中，又应当进行怎样的制度调整？

从目前的格局来看，国家选择了对弊病丛生的农村信用社进行改革，改革的总体趋势呈现出淡化合作制的特点。《深化农村信用社改革试点方案》确定的具体做法是：有条件的地区可以进行股份制改造（即组建农村商业银行）；暂不具备条件的地区，可以比照股份制的原则和做法，实行股份合作制（即组建农村合作银行）；股份制改造有困难而又适合搞合作制的，也可以进一步完善合作制（即完善信用合作社）。由此不难看出，我国在规划农村信用社改革的具体路径时，尽管提出了完善合作制金融与建立新的股份制金融制度的两种意见，但两者并非是旗鼓相当的，股份制金融被视为在经

---

① 如《农村信用合作社管理规定》第 27 条规定：农村信用社对本社社员的贷款不得低于贷款总额的百分之五十。其贷款应优先满足种养业和农户生产资金需要，资金有余，再支持非社员和农村其他产业。

② 学界一般公认 1995 年国际合作联盟确认的七项原则是合作制组织的典型原则。分别是：自愿原则，社员民主控制原则，按劳分配原则，自治与独立原则，提供教育、培训与信息原则，合作社的合作原则，关心社区原则。

济发达、条件成熟地区的一种带有示范意义的改革模式，合作制则仅仅作为经济欠发达、条件尚不具备地区的一种带有过渡性的制度安排。这种区别对待的处理方式无疑蕴含着立法者对改革进程的阶段性把握与方向性选择。正是在这样的政策背景下，农村信用社的组织结构发生了重大变迁。以经济较为发达的江苏省为例，2001 年它作为农村信用社改革的试点省份，其常熟、张家港、江阴三市分别在统一法人社的基础上进行股份制改造，成立农村商业银行，按照现代股份公司治理结构成立农村商业银行的股东大会、董事会和监事会，并规定相关人员的任职资格和程序。至 2003 年三家农村商业银行的存贷款业务快速发展，抗风险能力明显增强。作为经济发达地区的农村信用社代表，江苏三市的改革取得了诸多突破，产生了一定的示范效应。时任常熟市农村商业银行董事长的吴建亚专门撰文指出"它们的成立意味着在经济发达地区的农村已不再存在合作金融组织"①。2007 年《关于加快农村金融改革发展的意见》更加明确地提出农村信用社的发展改革是按照股份制方向，着力解决股权结构优化问题，鼓励和支持符合条件的农村信用社和农村合作银行改制为农村商业银行，在法人治理上，按照社区机构特点，建立"形式灵活、结构规范、运行科学、治理有效"的模式。

在强有力的政策推动和颇具示范效应的实践典型面前，我们不得不思考：作为农村合作制金融的代表，农村信用社的改革难道就是淡化甚至去掉合作制本身吗？进而，合作制金融的发展前景怎样，在我国政府主导而缺乏民间合作自治的背景下是否终究免不了凋敝、萎缩的惨淡结局？抑或回归合作制金融的本来面目，按照合作制原则重构真正的合作制金融制度？

我们的基本看法是：农村合作制金融在整个金融体系中占据独特的优势地位，具有不可替代的作用，但我们要建立并完善的合作制金融应当是一个开放和动态发展的体系，它不应当局限于传统的典型的合作制模式，恪守合作制原则的每一项内容，而是可以选择放松对营利性、互助合作性的要求，或者允许非社员投资入股但同时对其持股比例给予限制等。事实上，合作制金融本身并非一成不变，传统意义上的合作制原则正在世界范围内包括合作金融非常发达的国家中发生程度不同的改变，合作制的色彩已经有所淡化。比如放贷对象不再严格限定于社员；投资合作金融组织的主体范围放宽，允许设立跨行业、跨社团、跨区域的信用社；采取分红方式吸引非合作社社员入股，扩大合作社资本金；营利和商业化倾向加重；民主管理和自治原则受到削弱。② 作出这些调整或改变的直接目的是充实合作制金融机构的资本金、增加积累、提高其服务水平和应对风险的能力，这是促使合作制金融在众多可供选择的金融制度安排中变得更具活力和竞争力的恰当途径。

(3) 完善立法保障

缺乏有效的制度保障，这是合作制金融发展改革的重大障碍。考察发达资本主义国家的合作制金融发展史，不难发现法制在确认、规范这种组织形式中发挥了重要作用。但我国迄今为止以农村信用社为代表的合作制金融改革主要是在部门规章、中央政策、文件等效力层级较低或非正式制度支撑下进行的，并且因采取分区域、分阶段

① 吴建亚：《现阶段我国农村商业银行的市场定位和发展战略》，载《金融论坛》，2004 (8)。

② 参见许崇正：《农村合作金融现状分析与发展对策》，载《南京师大学报》，2002 (4)。

的改革方式而带有较强的实验性、随意性，在改革过程中还始终伴随着有关合作制金融存废、性质、原则、治理结构等基本问题的争论，这些因素均加重了法制统一调整的难度，亦产生了对当前立即推动合作制金融立法的质疑。相比于商业性金融而言，合作制金融的法制化进程无疑将经历更多波折。但无论如何，合作制金融的立法保障是不能缺位的，对一些基本问题存在认识分歧将只会使立法变得更为迫切而非相反；允许改革的试错，但同样应当将改革的成果通过法制加以体现和巩固。

有鉴于以农村信用合作社为代表的合作制金融与一般商业性金融的显著区别，现有的《商业银行法》无法有效调整这种特殊的金融组织形式；同时《农村信用合作社管理规定》又是旧有管理体制下的产物（中国人民银行作为业务监管主体），具有滞后性；刚颁布的《农民专业合作社法》是对一种特殊合作经济组织的规定，对于合作制金融而言针对性仍旧不强。[①] 因而，我们建议制定专门的农村合作金融法，并对农村合作金融组织的性质和宗旨、农村合作金融组织的股权结构和管理模式、风险防范机制和监管机制、支持发展的优惠措施等方面进行规定。

（二）新兴农村金融机构

我国新兴农村金融机构包括农村商业银行、村镇银行、贷款公司、农村资金互助社等。

1. 政策背景

2006 年 12 月银监会出台《关于调整放宽农村地区银行业金融机构准入政策、更好地支持社会主义新农村建设的若干意见》（以下简称《若干意见》），其引人注目之处在于规定了：(1) 放宽准入资本范围，支持和引导境内外银行资本、产业资本和民间资本到农村地区投资、收购、新设各类银行业金融机构，鼓励各类资本到农村地区新设主要为当地农户提供金融服务的村镇银行，建立为入股社员服务的社区性信用合作组织，设立专营贷款业务的全资子公司。允许符合条件的商业银行和农村合作银行到农村地区设立分支机构和全资子公司开展业务，放宽它们设立分支机构的限制。(2) 调低注册资本，取消营运资金限制。根据农村地区金融服务规模及业务复杂程度，适当降低新设银行业金融机构注册资本以及农村地区现有银行业金融机构通过合并、重组、改制方式设立银行业金融机构的注册资本，取消境内银行业金融机构在县（市）、乡（镇）、行政村设立分支机构拨付营运资金的限额及相关比例的限制。(3) 调整投资人资格，放开境内投资人持股比例限制。降低境内企业法人向农村地区银行业法人机构投资入股的条件，适当提高合格投资人入股农村地区村镇银行、农村合作金融机构持股比例。(4) 放宽业务准入条件与范围。采取因地制宜、区别对待政策，简化农村地区银行业金融机构的业务准入政策，鼓励在成本可算、风险可控的前提下，积极开发各类金融产品，提供金融服务。(5) 调整董（理）事、高级管理人员准入资格。根据农村地区金融从业人员情况，调整村镇银行、信用合作组织董（理）事和高级管理人员的任职资格条件，取消在农村地区新设银行业金融机构分支机构高级管理人员任职资

① 当然，这里涉及合作社立法模式的问题。合作社立法模式分为分业立法与综合立法两种，分业立法即按照不同业务种类分别立法，通常有农业合作社法、消费合作社法、中小企业合作社法、信用合作社法等，采用此种模式的代表是美国和日本；综合立法即对各种类型合作社统一规定，制定一部综合性合作社立法，统一适用于各种合作社，如德国。我国目前进行综合立法的条件尚不具备。

格审查的行政许可事项。(6) 调整新设法人机构或分支机构的审批权限。进一步简化机构准入程序，下放法人机构开业审批权限，取消在县(市)、乡(镇)和行政村设立分支机构的筹建行政许可事项。(7) 实行简洁、灵活的公司治理。允许各类银行业金融机构根据农村金融规模小、业务简单的特点，按照因地制宜、运行科学、治理有效的原则，实行简洁、灵活的公司治理。

在这样的政策背景下，2007 年 3 月中国第一家村镇银行——四川仪陇惠民村镇银行宣告成立，其注册资本 200 万元，同日，惠民贷款公司成立。2008 年 8 月汇丰银行经批准在重庆市大足县设立村镇银行。村镇银行与普通商业银行的区别在于贷款业务上，村镇银行主要提供小额农户贷款、微小企业贷款、专业农户贷款三类贷款业务。其中对小额农户贷款往往设定一个最高限额，贷款手续相对简单，无须担保，贷款利率通常比国家基准利率高。除此之外，农村信用合作社在政府主导下积极改制为农村商业银行，与传统的商业银行、政策性银行相比，农村商业银行在法律地位、治理结构、业务对象等方面具有特殊性，是按照股份制要求对农村信用合作社进行改革的产物，它既非政策性银行亦未出现在《商业银行法》调整的银行组织体系中①，同时不属于合作制金融的范畴。因此，本章也将该种银行列为新兴金融机构之一。

2. 制度改革的重点与难点

目前，村镇银行、贷款公司等金融机构基本处于正式制度缺失的局面，主要依托中国人民银行和银监会发布的有关政策性文件，以及少量的部门规章，需要解决的问题主要是制定相关的法律，规范上述金融机构的运行；农村商业银行尽管是依据银监会颁布的《农村商业银行管理暂行规定》(以下简称《暂行规定》) 设立并开展业务，但该部行政规章在农村商业银行的经营目标、法律地位、治理结构等方面规定模糊，有待完善。

就经营目标而言，《暂行规定》一方面在第 2 条明确提出该机构的主要任务是“为当地农民、农业和农村经济发展提供金融服务，促进城乡经济协调发展”，另一方面又赋予农村商业银行宽泛的业务经营权，在第 43 条规定“经银行业监督管理委员会批准，农村商业银行可以经营《中华人民共和国商业银行法》规定的部分或全部业务”，而具体决策则由股东大会作出。尽管这符合企业自治的基本原则，但可能引发在实际运营过程中目标定位与业务扩展的不一致，导致目标虚置的现象。

就法律地位而言，农村商业银行显然不属于政策性银行和合作制银行，但相比于一般商业银行在经营目标、治理结构上又存在差异，同时在业务开展方面可能与政策性银行有所交叉，因而如何确定农村商业银行在整个金融体系中的地位非常重要。然而《暂行规定》只是在第 2 条规定“农村商业银行是由辖内农民、农村工商户、企业法人和其他经济组织共同发起成立的股份制地方性金融机构”，而它作为地方性、股份制又具有一定政策性投资要求的中小金融机构的独特性，在立法中没有充分体现，与其他金融机构的关系定位并不明确。

就治理结构而言，《暂行规定》在机构设立、股权安排、管理方式等方面的某些规定的确有别于《商业银行法》，如农村商业银行关于发起人数量的要求和持股人主体及

① 《商业银行法》确定的组织形式有商业银行、城市合作银行、农村合作银行。

比例的限制。但这些规定尚存在以下问题：一是规定的股东人数过多，股权过于分散，股权结构不合理。这其实是农信社治理结构中遗留的问题，在改制为农村商业银行后仍然存在。按照《暂行规定》要求，发起人在500人以上，而实践中往往超过该法定条件。比如在江苏改制成立的三家农村商业银行的股东人数均在1 000人以上，其中常熟市农村商业银行股东人数接近3 000人，且银行股东绝大多数是自然人股东。在农村商业银行的股权结构设计上，《暂行规定》第18条规定："农村商业银行单个自然人股东持股比例不得超过总股本的5‰，单个法人及其关联企业持股总和不得超过总股本的10%，本行职工持股总额不得超过总股本的25%。"《江苏省县（市）农村商业银行管理暂行办法》和《江苏省县（市）农村商业银行示范章程》规定在农村商业银行的股权结构中，单个自然人的持股比例不得高于总股本的1‰，自然人股东所认购的股份总额不得低于股本总额的50%，单个法人直接或间接持股比例不得高于总股本的10%。股权上的这一制度安排，明显是受到"合作制"的影响，意欲体现"互助合作原则"，让自愿入股、希望获得金融服务的农民尽可能地成为银行股东。这种制度安排似乎要与经营目标定位相衔接，但显得太过隐晦，而且有与制度设计的路径选择（股份制而非合作制）背道而驰的嫌疑。对此，应当在股权结构安排中明确规定农户的持股比例，并将集合信托、持股基金会等实践中出现的有效行权方式在立法层面予以确认。二是治理结构体现的共性因素多、个性因素少。《暂行规定》主要围绕如何落实股份制要求而展开，但对于500人以上、股权分散、股东群体差异巨大（入股资金、人员素质等）、中小股东利益保护等特殊治理难题并未给出有针对性的解决方案。当然，由于农村商业银行经营规模普遍较小，目前实践中大多数并未严格按照股份制商业银行的要求①在董事会中设立风险管理委员会、薪酬管理委员会等专门机构。以上状况都提出了一个共同问题，即如何在这类新兴中小金融机构中实现规范经营、建立有效治理结构。

四、金融机构退出制度改革与存款保险制度的建构

金融业作为一个特殊行业，不仅进行高负债经营，而且涉及政府监管者、投资者、储户等众多利益相关者，事关经济安全与社会稳定。除了有必要建立健全风险防范与控制机制，一旦出现经营失败也是正常的现象，关键在于是否有健全的后续处置方法，这就包括金融机构的退出与存款人的存款保险制度。两者相辅相成又各有侧重，前者侧重于为经营失败的金融机构提供一条规范的退出通道，后者着重解决存款人的利益保障。两者的联系在于存款人可以借助存款保险制度得到最大限度的保护，免遭机构退出市场时利益的损害。

（一）金融机构退出制度改革

与其他进行完全市场化和商业化运作的企业相比，金融机构在经营方式、治理结构，包括市场准入与退出等方面存在显著差异，人们普遍认为金融机构不会或不能破产，否则所引发的金融风波和经济动荡不利于社会整体利益，这也是国家不愿轻易动用破产清算程序而宁可承担不断累积的风险、直至最终"埋单"的基本原因。然而，在现代市场经济中，金融机构也同样是一个参与市场竞争的经营主体，面对同样的市

① 目前股份制商业银行的治理结构要求主要依据中国人民银行发布的《股份制商业银行公司治理指引》。

场环境，具有同样发生经营失败的可能性，国家为单个金融机构承担风险无异于要求全社会的纳税人为个别主体的经营失败负责。事实上，随着近年来金融市场的快速发展，不仅孕育出一批规模较大、效益优良、稳健经营的金融企业，也产生了一些违规经营、亏损严重的机构，极大地损害了广大投资者与储户的利益。中国人民银行已经开始尝试对存在严重经营风险的金融机构实施市场退出。如 1998 年关闭海南发展银行，1998—2005 年共处置 2 937 家城市信用社。同期，经过合并重组、关闭撤销、破产等方式，信托投资公司的数量也大幅锐减。除此之外，证券公司的经营危机已经引起愈来愈多的关注，近几年发生的大鹏证券、南方证券、新华证券等二十余家证券公司的破产暴露了中国金融机构潜在的问题。就目前金融机构的风险处置来看，大多数都采取了关闭、重组、接管、合并等市场退出模式，而其背后是动用行政权力和财政资源来化解金融风险，很少采用破产方式。比较典型的例子是成立四大资产管理公司剥离四大国有商业银行的不良贷款以及动用外汇储备向国有商业银行注入大量资本金的举措，虽然有效化解了国有商业银行的资产风险，推动了股改与上市，但由此导致的巨大的道德风险和政策性差异并不利于金融机构间平等竞争，对良性金融市场秩序的建立产生负面影响。

伴随金融改革的日益深入，金融机构的市场主体地位逐步确立，按照规范的市场退出机制——企业破产来平等保护债权人利益，约束金融机构行为，减少政府干预成为未来金融改革的发展趋势。在这种背景下金融机构破产的制度保障正式提上议事日程，并最终在 2006 年颁布的《企业破产法》中得到体现。《企业破产法》的一个亮点就在于对金融机构的破产问题作出了总体规定。该法第 134 条规定："商业银行、证券公司、保险公司等金融机构有本法第二条规定情形的，国务院金融监督管理机构可以向人民法院提出对该金融机构进行重整或破产清算的申请。国务院金融监督管理机构依法对出现重大经营风险的金融机构采取接管、托管等措施的，可以向人民法院申请中止以该金融机构为被告或者被执行人的民事诉讼程序或者执行程序。金融机构实施破产的，国务院可以根据本法和其他有关法律的规定制定实施办法。"该条规定为金融机构破产提供了基本法律依据，同时鉴于金融机构破产问题的复杂性、专业性、特殊性，又赋予国务院就该问题制定具体实施办法的权力。

对于金融机构的破产问题尚有以下问题值得探讨。[①]

第一，关于金融机构破产申请主体的问题。根据上述规定，国务院金融监督管理机构可以依法向人民法院提出破产申请，那么其他主体，比如金融机构自身以及债权人是否可以作为申请主体呢？上述立法的理由又是什么呢？参与立法的学者作出了这样的解释："该条规定在立法时有两个考虑。第一个考虑是，金融机构有国有和非国有之分，国有金融机构的破产申请肯定是由国务院金融监管部门来提出的，而非国有金融机构的破产则不一定经过国务院金融监管部门申请这个程序。第二个考虑是，在现行《商业银行法》、《保险法》与《证券法》当中，分别规定了商业银行、保险公司与证券公司的破产须经国务院监管部门批准这样一个前置程序，而非商业银行、非保险

① 以下内容参考了李曙光：《论新破产法与金融机构破产的制度设计》，载《2007 中国金融法治报告》，北京，中国金融出版社，2007。

公司、非证券公司的破产申请则不一定必经国务院监管部门的批准。”[①] 但以上两种解释较为牵强：其一，国有金融机构在法律上是独立的主体，国务院相关部门对其履行监管职责并不意味着可以代替主体本身作出是否启动破产申请程序的决策，监管部门对金融机构实施接管、托管等行政处理措施亦非破产程序的启动；其二，是否经过相关监管部门的批准与确定破产申请者之间并无直接联系，不能以审批程序的不同作为划分不同金融机构破产申请者的依据。

第二，关于金融机构破产管理人问题。新颁布的《破产法》对一般企业破产管理人的规定突出了市场化、多元化的特点，管理人可以由政府有关部门、机构的人员组成的清算组或者律师事务所、会计师事务所、破产清算事务所等中介机构担任。但由于金融机构破产的特殊性与专业性，应考虑由金融监管部门与市场专业化人士合作组成清算组或管理人机构，并由有经验的金融专业人士来承担管理人职责，更为恰当。

第三，关于金融机构破产的债权申报问题。金融债权既与一般债权存在共性，但也具有其特殊性，金融商品的多样化及其经济法律关系的复杂性使得金融债权的确定存在不少争议。对此，在金融机构破产的具体实施办法中，建议对金融债权的范围作出较为清晰的界定，同时有必要为司法机构在个案中界定新形式的金融债权留下空间。

第四，关于金融机构破产重整问题。从各国的金融机构破产实践来看，政府鼓励金融机构重整的措施主要有以下几种：一是政府注资，对濒临破产困境的金融机构由政府注入一笔资金，或者是代为支付到期债权，使金融机构渡过破产危机。二是政府接管，即由政府作为债务人代表与债权人进行不进入破产清算程序的谈判，并提供政府信用的担保，对金融机构清理债权债务关系的措施。三是托管，政府指定或委托其他有实力的大型金融机构对陷入困境的金融机构进行管理并承诺解决部分不良债权。四是通过中央银行提供再贷款来拯救金融机构，政府与央行成为此类金融机构的新债权人，有时这种方法也与接管、托管并用。以上几种方式是政府主导的借助财政资源或央行资金的一种行政性破产重整措施，而更加市场化的重整方式则是由金融机构自身或其债权人首先提出申请，由金融机构或其管理人具体提出重整计划草案，在司法机关的主导下由债务人、破产管理人、债权人多方参与、共同协商完成，更能体现市场主体自身的意志。当然，考虑到金融机构破产的特殊性，可以在制定金融机构破产实施办法时，规定一些特殊规则，如允许金融机构破产重整方案制订的时限比一般企业长；划清存款人、证券投资者、期货投资者、保险购买人等与金融机构之间的不同法律关系，确定金融债权的范围；保护金融机构雇员的债权利益。

（二）存款保险制度的建构

存款保险制度是指在金融体系内设立保险机构，吸收银行及其他存款机构作为被保险人，当投保机构出现经营危机或即将陷入破产时，由保险机构向其提供流动性资助或代替该破产机构在约定的限度内向存款人支付存款的制度。存款保险是一项针对存款类金融机构的制度设计，其主要目的在于事前纠正与事后救助，即一方面对陷入经营危机、出现重大风险的金融机构及时提供流动性支持或实施接管、重组等措施，

---

① 李曙光：《论新破产法与金融机构破产的制度设计》，载《2007中国金融法治报告》，北京，中国金融出版社，2007。

督促该金融机构审慎经营，防止其发生挤兑，增强存款人的信心；另一方面，对已经宣布破产的金融机构的存款人实施救助，为存款人提供基本的存款保障。当然，存款保险制度也可能引发道德风险的问题，削弱投保机构自我约束、自我纠错的动力。但是，从总体来看，在我国仍旧有必要建立存款保险制度。原因在于：一是我国存在的隐形存款保险不足以从根本上缓解金融风险，相反助长了金融机构的投机行为，加速了金融风险的累积。我国金融市场的基本格局是国有商业银行占据主导地位，由于国有金融资产数量大、比例高、影响范围广，在长期的经营实践过程中，形成了国家对国有银行实际上担负无限责任、以防止银行发生破产进而危及金融安全的习惯做法，这就是所谓的隐形存款保险。从表面上看，这种做法暂时避免了一场金融震荡，确保了金融体系的稳定，但从长远的效果来看，这种完全依赖国家信用担保的行为损害了市场机制自身的作用，反向激励了金融机构的风险偏好与非理性的逐利心理，放大了金融机构从事投机冒险行为的空间，最终破坏了金融体系的稳定与安全。因而，将隐性存款保险转变为市场机制条件下依托于规范的保险运作方式建立的显性存款保险具有现实的必要性。二是既有的金融监管制度不能替代存款保险制度的作用。尽管金融监管可以极大降低甚至避免危机的发生，但金融行业是一个高度复杂并且在组织形式、业务类型方面常有创新和突破的特殊领域，金融监管的理念与方式等往往滞后于金融实践的步伐，无法对金融风险的范围及其影响作出准确预测与评估，对于金融体系的安全保障存在一定局限性。存款保险制度有利于弥补金融监管的不足，不仅可以督促金融机构及时纠正其行为而且作为事后救助的手段起到降低风险、减少损失的作用。三是存款保险制度伴生的逆向选择、道德风险问题[①]可以通过优化制度设计的方式加以克服。比如在保险费率的制定上采取具有不同风险偏好与经营状况的投保人区别对待的政策；在投保人的经营过程中对其行为进行必要的跟踪监测；详细规定保险赔付的条件等。

目前实务部门正在加紧制定“存款保险条例”，力争早日通过立法审议。对于我国着手构建的存款保险制度，我们认为应当重视以下问题：

首先，关于存款保险的建立模式。关于存款保险的建立模式有三种：（1）强制型，即要求所有承办存款业务的金融机构都必须向存款保险机构投保，如英国、日本等。（2）自愿和强制相结合型，即对特定金融机构强制要求其参加存款保险，而对其他机构则允许自愿选择，如美国《格拉斯—斯蒂格尔法》规定在联邦或州注册且为联邦储备会员的商业银行以及在联邦注册的互助银行、储蓄贷款社必须参加联邦存款保险公司的保险，其他机构则自愿选择参加。（3）自愿型，即对所有存款类金融机构均允许其自愿选择投保存款保险，如德国、意大利等。考虑到存款类金融机构类型较多，在资产规模、经营状况、市场影响力、风险控制水平等方面差异较大，我们主张建立自愿和强制相结合的存款保险建立模式，针对不同的参保对象设定不同的参保要求。在选择将哪些机构划入强制参保的范围、哪些机构可选择自愿参保的问题上，目前学界

① 逆向选择是指保险公司在对投保人设定一套统一的保险费率标准的条件下，风险偏好强的人会比风险偏好弱的人更加主动地谋求与保险公司缔结保险关系，也被形象地称为“劣币驱逐良币”；道德风险是指投保人在与保险公司缔结保险关系后降低自身的风险防范意识，放任保险事故的发生，以获取保险赔付。

观点并不统一。比如以金融机构的资本充足率作为划分的标准，是将资本充足率往往低于一定要求的中小金融机构（主要集中于农村金融市场）强制纳入存款保险体系，还是要求资本充足率相对较好的国有大型金融机构强制参保？前者盈利水平相对较弱，风险累积程度相对较高，加入存款保险的需求更为迫切，但其市场影响范围较小；后者经营状况相对较好，经营风险已经先期通过多种渠道（不良资产剥离、财政注资等）有所降低，加入存款保险的需求并不强烈，但其市场影响范围较广，涉及众多储户利益。正是基于不同的考虑，有学者主张四大国有商业银行及股份制商业行业银行应当强制加入存款保险，另有学者则建议应当要求中小金融机构强制参保。对此，我们认为建立自愿为主、对特定金融机构实施强制要求的自愿与强制相结合的存款保险模式更为可取，对强制参保的金融机构作出明确的参保条件的规定，对各种参保因素（如盈利水平、经营风险、市场影响等）的权重进行综合考察和科学设定，同时立法应当保留一定的弹性空间，赋予监管部门一定的调整权限。

其次，关于存款保险机构的职能定位与设置。纵观各国存款保险机构，其职能定位基本有两种类型：一是单一职能，即只担负存款人利益保障的职责，在金融机构破产后赔付存款人的存款损失；二是复合职能，即在保护存款人利益之外，还负有对参加存款保险的金融机构进行日常监督、检查，在必要时对投保机构给予援助的职责。从国外存款保险制度的演化过程来看，复合职能正在逐步取代单一职能，愈来愈多的存款保险机构开始行使对参保金融机构的财务检查、风险稽查，以及在发生经营风险后接管参保机构时的各种权力。就我国而言，我们主张成立具有复合职能的存款保险机构，其职能可以包括：制定存款保险的法规；审批要求加入存款保险的金融机构的申请；监督检查投保金融机构的财务状况与经营状况；对出现问题的金融机构给予各种援助并对储户实施赔付。该机构在中央一级设立统辖全国的国家存款保险机构，对现有的三大监管部门——银监会、证监会、保监会，以及一个金融宏观调控部门——中国人民银行保持相对独立的地位，各部门在依法履行职责的基础上应当加强彼此协调，尤其是健全信息沟通与分享机制；在地方设立分支机构，服从国家存款保险机构的统一管理。

再次，关于保费的设计。保费的设计应当体现差异性，避免因按同一费率收缴而引发的道德风险问题。比如在预期投资回报随投资风险增加而增加的前提下，因存款保险的不恰当定价，事实上造成风险转移，金融机构可以不受投资风险的约束而将资金投向高回报项目，获取风险溢价，而损失由存款保险机构承担。美国早期的存款保险制度便饱受保险费率不合理的非议，为此，美国在 1993 年改革了单一保险费率制度，根据不同金融机构的经营风险状况，实行 0.23％～0.31％不等的可变保险费率制度，金融机构的投资风险越高，投保的费率就越高。这种浮动费率安排符合存款保险的设立宗旨，有利于保险机构对具有不同风险等级的金融机构进行有效甄别并采取相应的合理措施。我国在构建存款保险制度时应当借鉴这种浮动费率的做法，

最后，关于保险赔付。存款保险制度的一项重要作用就是在参保金融机构发生破产时向存款人支付保险金，以减轻存款人的损失。存款保险并不是全额而是限额赔付的，一般的做法是确定一个最高限额和赔付比例，存款人自身要承担部分损失。这样既可以保障广大存款人的利益，又能强化存款人的风险意识。

第三节　金融业务经营制度改革

一、金融业务经营模式及制度变迁

（一）金融业务经营模式

金融业务经营模式一般分为分业经营与混业经营。分业经营是指经营银行、证券、保险等不同金融业务的机构具有各自独立的法人地位，金融机构不得同时经营银行、证券和保险业务。概括地说，即是“一个法人，一块执照，一类业务”。混业经营是指金融机构同时经营银行、证券、保险等多种性质的金融业务，混业经营分成公司内部混业与集团内部混业两个层面，包括全能银行、银行母公司非银行子公司和金融控股公司三种形式。全能银行是在公司内部混业经营；银行母公司非银行子公司及金融控股公司是集团内部混业经营。

（二）金融业务经营制度变迁

考察西方主要发达国家的金融业务制度变迁史，不难发现它大致经历这样三个阶段：

第一阶段（20 世纪 30 年代之前），全能银行阶段。所谓全能银行，即在一个法人内部全面经营银行、证券和保险业务，是拥有不同业务部门的商业银行，表现为“一个法人、多块执照、多种业务”。这一阶段欧美国家的金融业基本是混业经营，银行经营证券等其他金融业务，银行在整个金融领域起主导性作用。典型代表是德国的全能银行。由于是一个法人同时经营多种金融业务，所以各业务部门之间往往缺乏必要的风险隔离。

第二阶段（20 世纪 30 年代至 90 年代），以分业经营为主。20 世纪 30 年代大萧条时期美国共有一万多家金融机构破产，人们把银行出现危机的原因归咎为银行的混业经营。在此背景下，美国颁布《格拉斯—斯蒂格尔法》从法律上将商业银行业务与投资银行业务分离，限制了金融混业经营，规定任何以吸收存款业务为主要资金来源的商业银行，不得同时经营证券投资等长期性资产业务，任何经营证券业务的银行不得经营吸收存款等商业银行业务，商业银行不得经营代理证券发行、包销、零售、经纪等业务，不得设立从事证券业务的分支机构。美国此后又相继颁布《1934 年证券交易法》、《投资公司法》等一系列法律，进一步加强对银行业和证券业分业经营的管制。这种做法为英国、日本等国家效仿，分业经营遂成为发达国家金融业务经营模式的主流。值得一提的是，尽管 1956 年美国颁布《银行控股公司法》，允许银行以设立和收购子公司的方式跨地区开展业务，标志着以控股公司为形式的金融集团的出现，但从业务类型来看，法律对银行控股公司的业务范围进行了明确限制，要求其经营仅限于银行业务，因而，仍然属于分业经营。

第三阶段（20 世纪 90 年代以来），全球化背景下的混业经营阶段。在金融自由化、金融全球化浪潮下，金融业发展进入了一个新的阶段，监管逐步放松，业务渗透不断加强，金融创新的广度与深度显著扩张。特别是进入 90 年代，金融一体化及金融业国际竞争日趋激烈，银行业的并购浪潮日益频繁。欧美国家纷纷修订立法，从制度上推进金融一体化与混业经营。在这一阶段，呈现三种各具特色的金融混业经营模式，它们分别是：第一，全能银行模式。该模式在经济全球化背景下得到新的发展，尤其是欧洲和日本等地的商业银行已经突破传统的分业界限，业务范围向投资、保险领域扩展。第二，银行母公司非银行子公司模式。该模式下，银行通过设立证券、保险类子公司的方式形成金融集团，进行集团范围的综合经营，主要以英国为代表。第三，金融控股公司模式。该模式是在银行、证券和保险等金融机构之上建立金融控股公司，形成母公司架构，子公司在同一控制权之下实行完全的分业经营、分业管理，在集团层面形成混业经营。由于金融控股公司模式下各子公司比较成功地实现了风险隔离，因而它成为其他不少国家发展金融混业经营的首选方式。在这一阶段，还出现了母公司控股职能与子公司经营职能分离的纯粹金融控股公司，母公司从具体的金融业务中抽身出来专司监管、控制职能，极大提高了整个集团经营效率和抵抗金融风险的能力。如美国花旗银行的花旗控股，日本瑞惠集团的瑞惠控股，香港汇丰集团的汇丰控股等便是脱离具体业务的纯粹金融控股公司。

应当指出的是，对金融混业经营及其代表模式需要科学、全面地认识和评价，避免陷入对混业经营盲目推崇和完全排斥的两个极端。一方面，混业经营成为多数国家金融业发展的一种方向只是表明这些金融决策者在权衡利弊得失后作出的选择，他们对混业经营伴生的问题仍然高度重视，力图通过建立一套系统的金融风险防范机制尽可能减弱其负面影响；另一方面，对于批评金融混业经营的观点，亦须保持客观的立场，比如最具代表性的反对观点是认为“当商业银行同时经营银行业务和证券业务时，由于利益冲突银行必然会滥用权力”①，但从围绕商业银行承销证券的实证研究来看，商业银行取得了比投资银行更好的绩效，同时银行基于自身信誉的考虑难有机会将利益冲突转化为实际利益，至于将上一世纪的经济危机归咎于金融混业经营进而认为金融混业经营会放大金融风险的推断，同样也被一些实证研究结果所推翻。总之，决策者是否采纳混业经营并不直接包含一种优劣价值判断，而更多的是基于本国市场发育的水平、金融监管的完备程度、社会的承受力等方面综合考虑作出的立法选择。

二、金融混业经营的代表模式及比较分析

金融混业经营的代表模式有三种：全能银行模式、银行母公司非银行子公司模式、金融控股公司模式。

（一）全能银行模式

以德国为代表，银行直接经营各种不同性质的金融业务，无须因业务性质不同而分别设立各独立实体经营。

这种模式在德国出现与德国金融体制的特点密切相关。德国金融资本与产业资本结合程度非常高，位居西方国家榜首，形成具有德国特色的“开户银行系统”。从企业开办、经营到遭遇风险直至破产，银行都积极参与，承担包括策划、募股、发行债券、

① 这是一种非常有代表性的反对金融混业经营的观点，学界概括为“利益冲突论”。详细论述参见贺小勇：《金融全球化趋势下金融监管的法律问题》，216页，北京，法律出版社，2002。

提供贷款等多重角色。由于银行全能化及银企紧密结合，所以在德国通过贷款较股票筹资更为简便易行，企业融资成本极大降低，而证券市场对企业的吸引力反而被削弱，导致德国证券市场发育相对滞后的局面。

受德国全能银行模式的影响，同时为使各成员国在相同法规标准下提供金融服务，欧盟发布第二号银行指令，规定会员国银行只需在母国取得执照，就可以跨越其他欧盟各国设立分行而从事银行业务，打造金融服务单一市场。依据该指令，银行经营的业务范围包括：向大众吸取存款发放贷款，支付结算，融资性租赁，外汇与期货买卖，参与股票发行及相关服务提供，有关企业资本结构、产业策略、企业合并与收购之咨询服务，证券保管业务等。可以看出其涵盖范围包括传统商业银行业务与投资银行业务，该指令势必引导欧盟成员国银行朝综合化经营体制发展。

但全能银行模式存在的不足在于：银行自身同时经营证券等非银行业务，更容易发生利益冲突，比如银行的证券自营部门可能将在银行贷款但濒临破产的企业包装上市，企图将银行的损失转嫁给证券市场的投资者。此外，由于银行的支配地位，不仅主导其他非银行的金融业务而且与实体经济保持紧密结合，加大了市场垄断的可能。

（二）母子公司模式

以英国为代表，金融行业可以在各自保有独立的法律组织的基础上进行混业经营，主要表现为银行母公司与其控制的子公司共同提供银行、证券、保险等综合性金融服务，并在管理、资本及其他资源方面相互分离。同时各组织由于保持独立性，自负盈亏之责，母公司对子公司的责任仅以出资额为限，负有限责任。这里，对“控制”的理解一般采广义：既包括持有他公司有表决权股份的过半数者，也包括直接或间接控制他公司的人事、财务、经营，或者在公司与其他公司执行业务股东、董事有半数以上相同，公司与其他公司已经发行有表决权股份总数有半数以上为相同股东持有的情形，均推定为存在控制从属关系。

（三）金融控股公司

以美国为代表，以控股公司模式实现金融业跨业经营。所谓金融控股公司，可以从狭义与广义两个层面去理解。狭义金融控股公司是持有一定金融机构股份而达到对该机构取得支配权的公司，这是一种形式意义上的界定；广义金融控股公司，是对一定金融机构取得实质上支配权的公司，这种实质上的支配除了包括持有金融机构一定数量的有表决权的股份之外，还包括直接或间接支配金融机构的人事、财务或业务经营，通过各种实质情形推定存在控制关系的情形，因而不局限于持有股份的认定标准，是一种实质意义上的界定。如美国《银行控股公司法》第 2 条对银行控股公司的定义是：直接或间接的，或者通过一个或多个人拥有、控制或有权利行使一家银行或公司的任何类别有投票权股份中等于或多于 25％的投票权；以任何方式控制了一家银行或公司的多数董事或受托人的选举；给予听证会的通知和机会之后，联邦储备理事会认为这家公司直接或间接地对一家银行或者公司的管理和政策实施了决定性的影响。我国台湾地区“金融控股公司法”中对金融控股公司的定义也是采取了形式与实质相结合的方法，规定持有被控股金融机构的有表决权的股份总数超过 25％的公司，或者对其他公司直接或间接支配其人事、财务或业务的，也认定其存在控制关系。

美国金融控股公司模式的出现与美国金融体制本身有着特殊的关联。在早期，美国对于银行跨州经营及设立分行均有相当严格的控制，银行为规避经营地区及营业范围的限定，便通过控股公司收购在其他州的金融机构的方式使得银行实际上跨州经营，并从事多种业务。美国为填补这一规范漏洞，1956 年制定《银行控股公司法》，将银行控股公司纳入调整范围，公司因拥有银行而成为银行控股公司的，需要向美国联邦储备理事会提出登记声明，并告知其与子公司之间财务、营运与管理状况。该法对银行控股公司从事的非银行公司业务进行限制，即使经特殊授权可以从事非银行业务或保留其对非银行公司的控制权，在给予听证机会后，联储理事会基于防止金融垄断以及防止利益冲突的考虑，也会依职权终止赋予控股公司借助子公司从事上述业务的权利。1966 年《银行控股公司法》进行修订，规定银行控股公司之间的合并以及银行控股公司收购银行的行为应当事先经过美国联邦储备理事会的核准，审查合并或收购是否造成独占或有此倾向、降低竞争限制交易等。1970 年《银行控股公司法》再次修订，这次修订的原因是美国银行经营成本上升，为使利润增加，美国银行开始尝试多元化的经营业务。本次修订内容之一便是授权美国联邦储备理事会列出银行控股公司可以从事的活动范围，允许银行在不损害其支付能力与流动性的前提下办理与银行业务相关的其他业务。直到 1999 年美国《金融服务现代化法》的颁布，才彻底改变了美国银行体系中限制综合经营的传统做法，对金融综合经营及其实现方式——金融控股公司作出了法律规定。具体内容包括：第一，废除《格拉斯—斯蒂格尔法》中禁止银行拥有证券关系企业的规定，允许银行控股公司可以不受限制从事证券的承销买卖；第二，废除《银行控股公司法》中禁止银行控股公司经营保险的规定，允许银行控股公司经营保险业务；第三，扩大允许银行控股公司从事“非银行”活动的范围，从原来的“与银行相关的”标准，转变为“符合融资本质的”标准；第四，允许控股公司提供开发性的融资服务以及产品，这些服务是控股公司合理相信其为金融活动，而美国联邦储备理事会又并未判定其为非融资活动；第五，要求想要从事金融活动的控股公司旗下的存款机构子公司必须有健全的资本结构以及管理。

三、我国现行金融业务经营制度的形成与改革

（一）我国金融业务经营制度的形成及评价

20 世纪 70 年代至 1993 年，是我国金融体制改革的启动阶段。受世界金融创新思潮的影响，我国金融体制改革的试点机构曾经尝试过综合经营的模式，1979 年成立的中国国际信托投资公司（简称中信公司）、1986 年重新组建的交通银行便是适例。

1993 年以来，由于金融法制建设的滞后，金融业在经营过程中不断出现失控场面，导致金融秩序的混乱，我国因此在 1993 年金融改革中确立了金融业分业经营、分业管理的原则，并在随后颁布的《商业银行法》、《证券法》、《保险法》等体现了分业经营的原则。1995 年《商业银行法》规定，商业银行在中华人民共和国境内不得从事信托投资和股票业务，不得投资于非自用不动产，不得向非银行金融机构和企业投资。2002 年《保险法》第 92 条规定，保险公司业务范围由保险监督管理机构依法核定，保险公司只能在被核定的业务范围内从事保险经营活动，保险公司不得兼营本法及其他法律、行政法规规定以外的业务。1998 年《证券法》第 131 条规定，证券公司应当按照规定的业务类型（综合类的证券公司和经纪类的证券公司）提出申请，并经国务院

证券监督管理机构核定，证券公司不得超出核定的业务范围经营证券业务和其他业务。

2003年修订后的《商业银行法》第43条规定：“商业银行在中华人民共和国境内不得从事信托投资和证券经营业务，不得向非自用不动产投资或者向非银行金融机构和企业投资，但国家另有规定的除外。”2005年《证券法》修订后规定：“证券业和银行业、信托业、保险业实行分业经营、分业管理，证券公司与银行、信托、保险机构分别设立。国家另有规定除外。”上述规定均表明立法者意图为金融混业经营问题留下一定弹性空间，为未来金融实践和立法完善提供必要的条件。

针对我国金融业务经营制度的现状，我们作出以下评价①：

1. 实践中存在的金融集团层面的混业经营打破了分业经营的基本制度格局

从基本法的层面来看，我国金融业实行分业经营、分业监管，但从实际情况来看，由于法律规定的真空和一些特殊的历史原因，我国仍然存在一些金融集团实行混业经营，目前控股国内银行、证券、保险、信托、金融租赁、集团财务公司、基金管理公司等七类金融机构中两个以上金融机构的控股企业，已经为数不少。主要有以下三类：

（1）非银行金融机构投资形成金融控股公司。

如中信、光大、平安等便是非银行金融机构投资组建的金融控股公司。中信金融控股公司是2002年经国务院批准由中信集团公司出资在海外设立的投资和管理境内外金融企业的控股公司。目前中信金融控股公司管理中信银行、中信证券股份有限公司、信诚人寿保险公司、中信信托有限公司、中信期货经纪公司、中信资产管理公司、中信国际金融控股公司及其子公司中信嘉华银行等金融企业。业务横跨银行、证券、保险、信托、租赁、信息、基础设施、能源、房地产等领域。中信控股公司本身不直接经营业务，在投资决策、风险控制、财务核算、产品创新、发展规划方面起实质性领导作用。1983年成立的光大集团，也是属于集团层面混业的类型。光大集团持股的主要金融机构包括光大银行、光大证券、光大永明保险、申银万国证券。平安保险（集团）公司2001年经中国保监会批准由原平安保险股份公司更名成立，控股设立平安寿险、产险、平安信托、平安海外公司，平安信托又以30%的比例控股平安证券，在整个集团来看，同时经营保险、证券业务，也属于集团层面的混业经营。平安集团在集团层面设立集团执行委员会及多个决策委员会，对集团重大资金运用计划进行集中决策。

（2）商业银行投资成立金融控股公司。

如中国建设银行1995年与摩根斯坦利合作成立中国国际金融有限公司，建行拥有42.5%的股份，特许从事多项投资银行业务。1998年中国工商银行与香港东亚银行成功收购了英国国民西敏证券（Natwest Securities）亚洲区证券银行业务，组建工商东亚金融控股有限公司。

（3）商业银行控股投资银行或非银行公司。

如中国银行1998年在英国注册中银国际，后迁至香港，中银国际是中国银行在海外设立的全资附属投资银行，证监会已经批准其在内地注册，经营全部证券业务。2005年工银瑞信作为首批试点的三家由银行发起成立的基金管理公司之一宣告成立，

① 以下内容部分参见胡怀邦：《国有金融机构发展与监管》，55～59页，北京，中国金融出版社，2005。

基金管理规模已达500亿。另外，中国工商银行总行已经设立投资银行部。招商银行也控股和参股了国通证券、香港江南财务、长城证券、深圳金融租赁有限公司等。

2. 金融业资金层面的合作得到加强

通过中国人民银行、证监会、银监会等部门发布的规范性文件，金融业资金层面的壁垒已经逐步被打破，银行、证券、保险、基金业的业务交叉有了明显进展。如中国人民银行1998年颁布的《基金管理公司进入银行同业拆借市场管理规定》和《证券公司进入银行同业拆借市场管理规定》，允许证券商、基金管理公司资金进入同业拆借市场；1999年证监会和保监会同意保险基金进入股票市场；2000年中国人民银行和证监会联合发布的《证券公司股票质押贷款管理办法》，允许证券公司以自营的股票和证券投资基金作为抵押向商业银行借款；2008年银行保险混业经营步伐明显提速，银监会和保监会2008年1月宣布经国务院同意，双方签署《关于加强银保深层次合作和跨业监管合作谅解备忘录》，商业银行和保险公司在符合有关规定和有效隔离风险的前提下，按照市场化和平等互利的原则，开展相互投资的试点，正式打破了《商业银行法》关于商业银行投资限制的规定。学界对此给予积极评价，认为这有助于完善双方公司治理、提升利润增长空间。目前已有两家保险公司投资入股商业银行。中国人寿投资56.71亿元收购广东发展银行20%股权；中国平安投资49亿元收购深圳商业银行89.2%股权。此外，交通银行已向监管部门上报了方案，拟收购中保康联人寿保险有限公司51%的股权；北京银行计划收购荷兰ING集团所持太平洋安泰保险公司的股权；中国建设银行和中国工商银行也有收购保险公司的计划。

3. 立法层面为混业经营留下空间

修订之后的《商业银行法》、《证券法》尽管维持了分业经营、分业管理的基本格局，但均预留了“国家另有规定的除外”的弹性空间。这种制度安排一方面是基于我国当前金融体系尚不健全、金融风险的防范能力有待进一步增强的客观现实而作出的选择，另一方面也表明了立法者对金融创新需求的承认以及力求通过法制化渠道予以保障和实现的意图，为未来正式推行金融业务综合化经营、有效促进立法衔接准备了条件。

（二）我国金融业务经营制度改革的模式选择

根据目前学界达成的一般共识，如果我国要在立法上正式确认金融业混业经营，那么在具体模式上宜采用金融控股公司模式。金融控股公司模式相对具有以下优势：

1. 促进经营效率与保障经营安全

金融控股公司的效率优势体现在能够充分发挥集团协同效应，有利于避免资源浪费，实现金融服务效益最大化，壮大自身经营实力与市场竞争力。如银行同时为客户提供信贷、理财、保险一体化的综合服务，通过这种整合销售不但降低人事开支，还进一步加强销售功能，同时提升产品创新空间。金融控股公司的安全优势体现在金融控股公司下各个具体金融业者是以控股公司为联系，相互之间组织区分严谨，该模式相比于内部组织制与分公司制，是一种实现风险阻隔的合适选择。因为当内部组织或分公司的业绩恶化时，公司必须负担该部门损失，所以造成企业整体状况恶化，而反过来公司状况不好也会降低对其他事业的投资额。在控股公司模式之下，一方面，身为母公司的控股公司对各事业子公司负出资者责任，风险被限定在出资额范围内；另一方面，对于公司集团中出现的关联交易或其他相关不当行为，也可通过揭穿公司面纱等制度进行有效规范。

2. 推动我国金融机构公司治理结构的完善

金融控股公司投资控股多个经营具体金融业务的子公司，控股公司通过资本、人事、财务等多种途径对子公司实现控制，但同时子公司作为独立法人自主经营、自负盈亏、自我约束、自我发展，控股公司一般情况下在出资范围内承担有限责任。这样的治理结构可以为各类金融机构的组织完善提供规范的标准，尤其是可以为已经从事跨业经营的金融机构提供改制转型的基准范本。

3. 促进我国金融业监管模式的转变与监管水平的提高

金融控股公司模式实现金融混业经营之后，对金融监管提出了更高要求，金融监管的模式必须相应调整。对于金融混业经营下的金融监管存在三种模式：一是，银监会、证监会和保监会三家监管机构合并为一家，对金融业实行统一监管；二是，继续维持分业监管模式，同时另设或指派某机构，负责协调三家监管机构的关系；三是，维持现状，以联席会议形式来加强合作，对金融控股公司各相关机构按照业务性质实施分业监管，而对金融控股公司则依据其主要业务性质归属给相应的监管机构负责。无论采取哪种模式，都将对既有的金融监管构成严峻挑战，即使是按照集团内各机构具体业务性质实行分业监管的模式，也与原来的分别独立承担某类业务监管职能的分业监管有所不同，必然促使监管部门加快金融监管体制的进一步改革，以适应金融控股公司的发展要求。总的来看，在金融混业经营背景下的金融监管面临着诸多难题，比如，如何建立并完善各监管部门之间的信息共享机制？对不从事具体经营业务的控股公司如何加强监管？是否考虑设置一个更具综合性协调、决策与执法的权力的部门？这些问题都将伴随金融控股公司的出现而必须予以重视并妥善解决。

（三）我国金融业务经营制度改革的具体构想

1. 金融控股公司的发展模式

金融控股公司的发展模式分为两大类：一是按照控股的母公司是否拥有自己的业务领域，可分为事业型控股公司和纯粹型控股公司；二是在事业型控股公司中，又根据母公司从事的具体金融业务如银行、保险、信托、证券等进行细分。

从其他发达国家来看，日本、韩国两国禁止纯粹型金融控股公司的存在，而在欧美国家，纯粹控股公司广泛存在，如美国花旗公司就是一家典型的纯粹型跨国金融控股公司集团。相比而言，纯粹型金融控股公司更具优势。首先，由于纯粹型金融控股公司没有自己特定的事业部门，所以全部资金可以用于对子公司的控股，而且可以通过层层控股，实现资本迅速膨胀，放大资本功能，便于开展企业内部的资源整合和企业外部的收购、兼并行动；其次，母公司专注于公司整体战略管理，有助于提高纯粹型金融控股公司的经营效率。当然，这些因素也决定了成立纯粹型金融控股公司必须具备一定条件，如具有擅长资本运营、了解金融市场运作规律、熟练应用各种金融工具及投资组合的专业团体及投资机构，在我国现阶段能够担当纯粹型金融控股公司的实力雄厚、信誉卓著、经验丰富的大型投资机构还非常少。[①]

① 参见胡怀邦：《国有金融机构发展与监管》，68～69 页，北京，中国金融出版社，2005。

2. 金融控股公司的发展路径

在我国发展金融控股公司比较现实的路径是：（1）整合现有金融资源，组建以某一金融机构为母公司的事业型控股公司。随着金融制度改革的深化，资本市场的发育成熟，尤其是大批投资银行的发展壮大，金融控股公司再逐步由事业型控股模式过渡到纯粹型控股模式为主。（2）明确事业型控股公司所属的行业类别的问题。从目前我国金融市场各金融机构发育状况、所占市场份额、资产规模、经营效益、公众影响力等方面来看，银行尤其是四大国有商业银行是优先的选择，而且中国工商银行、中国银行和中国建设银行早已通过设立国外分支机构或与外资金融机构合资、合作等方式涉足非银行金融业务，尝试开展混业经营。因此，组建以四大国有商业银行为核心的金融控股公司是目前比较可行的选择，而组建以证券公司、保险公司为母公司的金融控股公司还有难度。

（四）金融控股公司的法律保障机制

在明确以金融控股公司作为我国未来金融业务经营发展模式的前提下，如何从法律上保障金融控股公司高效、安全运营成为我们必须面对的重要课题。在我国建立、健全金融控股公司的法律保障机制可以从以下方面着手：

1. 金融控股公司的定义

首先应在立法中明确界定金融控股公司。为此，我们应当借鉴其他国家和地区的做法，除了以控股作为界定支配或控制关系的标准之外，还应明确规定直接或间接决定其他公司人事、财务或业务决策的也可认定形成支配与控制的关系，从实质意义上界定金融控股公司。

在立法技术上，对金融控股公司的界定还应当综合运用概括式加列举式的方法，即除了在立法上对金融控股公司的定义及类型作出明确规定之外，考虑到金融市场变动频繁的现实状况，还有必要运用开放性的列举方式，如规定“监管部门认定的其他金融控股公司类型”，允许监管部门经由一定程序对是否构成金融控股公司进行审核或者赋予监管部门制定有关认定金融控股公司类型标准的权力，以便于对将来新发生的金融控股公司形态适时进行调整。美国《银行控股公司法》便规定“经美国联邦储备理事会以书面通知及听证后认定该公司对该银行或公司之管理政策，直接或间接具有影响力者”，纳入银行控股公司范畴。

对于我国金融控股公司的认定还有一点特殊的情况，就是对目前已经实际运作的各种类型的金融控股公司进行调查、归类、筛选，据此确立我国金融控股公司的标准，引导前期已经形成的一些金融控股公司按照有关标准进行登记。

2. 金融控股公司的监管模式

金融控股公司的监管模式有两个问题需要解决：

第一，从金融集团的层面讲，对金融控股公司及其子公司实行一元化监管还是多元化监管？目前世界上大多数国家采取的是多元化监管模式，即对金融控股公司及其子公司进行综合监管的同时，对从事各具体金融业务的子公司进一步实行分业监管。如美国《金融服务现代化法》对金融监管框架进行改革，规定由联邦储备体系（中央银行体系）作为综合监管的上级机构对金融控股公司及其子公司进行监管。联邦储备理事会可随时要求金融控股公司及其子公司提交负法律责任的报告，保证理事会不间断地获知该公司及其子公司的财务状况、运营情况、交易情况以及对法律法规的遵守情况。联邦储备理事会可以依法检查任何金融控股公司和其子公司，了解其经营、财务状况以及经营财务的风险并对该风险产生的影响进行评估、监测、控制，同时将检查重点放在控股公司和与任何存款机构之间具有交易的其他金融子公司上。另外货币监理署等银行监管机构、证券交易委员会和州保险厅分别对从事银行、证券、保险业务的子公司实行分业监管，从而实现综合监管和分业监管相结合。

我国目前的情况是对银行、证券、保险实行分业经营分业监管，银监会、证监会、保监会各司其职，而缺乏对实行综合经营的金融控股公司进行监管的机构和相应法律。考虑到目前新设一个综合性的监管机构将对整个金融监管体制带来较大的冲击及各方观点尚存分歧的情况，选择进一步发展和完善既有的三家监管机构联席会议制度相对更为可行。这有利于减少制度变迁的成本，同时尽快适应金融控股公司模式下金融监管调整的需求。需要强调的是，这种联席会议制度不是一种形式上的综合监管，而是必须从人员配备、职权分工乃至办公场所固定、日常监管事务明确等方面将这种监管制度落实。当然，作为一种旨在加强各监管机构之间信息沟通和保障行动协调一致的制度安排，联席会议制度更多发挥的是“桥梁”或“平台”的作用，而在整合金融监管资源、配置并统一行使金融监管职权方面则具有明显的局限性。在当前，该制度主要带有过渡性质，从我国未来金融混业监管的发展趋势来看，应当尽早考虑构建综合性监管部门。具体方式并不一定是要在既有的监管格局之外另设一个新的机构，而是可以赋予某个权威部门综合性的监管职责，并注意合理划定该机构与其他分业监管机构之间的职责范围。该综合性监管机构可以考虑为中国人民银行。

第二，单独就金融控股公司而言，对其实行专门监管还是联合多部门协调监管？美国采取的多部门协调监管的机制值得借鉴。美国《金融服务现代化法》就多部门的协调监管问题作出了三方面的规定：一是规定了联邦储备理事会与财政部长的协调机制。具体来讲，在涉及金融控股公司业务活动的判断问题上，联邦储备理事会对于确定某一业务活动是否是金融活动或者是辅助性金融活动的任何要求、提议或申请，应当通知财政部长，并与之协商，财政部长可以书面形式向联邦储备理事会建议调查该活动的性质或者直接表达对该活动是否属于法律规定范围的意见。另外，对金融控股公司的某些具体经营行为实行联合监管规则。如果联邦储备理事会和财政部长共同认为，出于确保遵守本法的目的，防止规避以及为保障存款机构安全的需要，联邦储备理事会和财政部长可以作出规定，包括限制金融控股公司与存款机构的交易。二是规定了联邦储备理事会与其他监管机构的协调机制。就理事会的检查与银行监督机构、证券监督机构的检查之间的关系问题，法律规定理事会应当最大限度地使用有关联邦或州存款机构的监管当局所提供的有关存款机构的检查报告、最大限度地使用有关证券交易委员会提供的对证券公司的检查报告。三是在赋予联邦储备理事会职权的同时对其施加必要限制，确保其他监管机构发挥应有的作用。法律规定理事会有权对金融控股公司的存款机构子公司与该存款机构的任何关系人的交易实施限制或提出要求；但理事会不得针对金融控股公司的“功能性管理子公司”或译为“职能性监管子公司"[①] 制定条例、发布命令或强行禁止、限制及提出指导意见、要求、安全措施或标准，或以其他方式采取行动，除非以上行动对防止或纠正上述子公司的不安全、不正当的或违反受托人义务并存在重大风险的行为是必要的。这就确保了其他监管机构的正常发挥其职责。

由上观之，美国立法确立了综合监管部门与各分业监管部门之间的协调机制，包括确定各自的监管权限范围以及职权行使过程中各机构间的分工合作机制，保障综合监管部门与分业监管部门既能各司其职又能相互配合。就我国而言，考虑到设置一个专门的综合监管部门乃大势所趋，因而在设计我国金融控股公司的监管模式、搭建综合监管体系的同时，必须将综合监管部门与其他分业监管部门的角色安排以及关系处理纳入制度调整范围。在立法技术上，可以首先就前述问题做一些原则性规定，再在实践的基础上，结合运行中的问题有针对性地出台实施细则，完善立法。

3. 金融控股公司的监管体系

(1) 市场准入监管。在审查金融控股公司是否具备法定的市场准入条件时，须借助于各监管机构之间关于"控股公司关键实体"的信息共享机制，对不同关键实体的准入实行有所侧重、区别对待的标准。比如对金融机构提出的设立控股公司的申请，应重点审查其财务指标是否达到相应的要求；对企业提出的设立申请，则应全面考察建立金融控股公司的条件、理由、业务发展计划等，如果存在空壳公司问题，监管者可拒绝批准设立。

(2) 资本充足率的监管。对金融控股公司资本充足率的监管存在两个层次：第一个层次是对各金融子公司资本充足率的要求；第二个层次是对金融控股公司资本充足率的要求。

第一个层次：关于各金融子公司资本充足率监管问题。对此存在不同的观点：一种观点认为应当按照控股公司各实体子公司所属行业，分别适用相应的资本充足率标准，对于一些没有明确充足率标准的行业（如租赁），则根据行业平均水平或具体业务的风险予以确定，确保控股公司各实体子公司均达到各行业的资本充足率标准。另一种观点认为资本充足率问题对于证券、保险等非银行业务而言并无实质的意义，要求非银行业务的经营者一体遵循源自银行规范的资本充足率要求说服力不足。而且从管制的实际层面来看，决定资本充足率的规范基础将会因为每一金融控股公司的运作不同而发生差异，并反映在资本充足率的不同规定上，如果强制规定资本充足率，将带来极大的监管成本，而管制的效益并不确定。[②] 在美国《银行控股公司法》中也规定，联邦储备理事会不得对满足下列情形的银行控股公司的子公司规定资本充足率要求：该子公司不是存款机构，而是遵守联邦证券交易委员会和州保险监管当局的资本要求。从我国目前实际运行情况来看，即使在分业经营、分业监管的格局之下，对非银行的证券、保险业务也并未做资本充足率的要求，同时考虑到银行业务与非银行业务的性质差异，本书赞同后一种观点，将第一层次的资本充足率监管仅适用于从事银行业务

① 在美国，金融控股公司下属从事证券、商品期货或保险业务的非银行子公司是由相应的功能性监管机构进行监管，因此被称作功能性管理子公司或职能性监管子公司。

② 参见王文宇：《新金融法》，99页，北京，中国政法大学出版社，2003。

的子公司。

第二个层次：关于金融控股公司的资本充足率监管问题。这里仍然需要限定的是，只有当金融控股公司涵盖银行子公司或母公司本身即是银行的情形下，才对控股公司的资本充足率进行监管。可以说，对金融控股公司整体监管的重心仍在银行业务部分，包括采取降低整个控股公司经营风险的措施，以减轻对其储蓄机构的影响。正如有学者指出的，“监管金融控股公司的目的就是在统一或整个集团的基础上，对金融控股公司内存在的风险进行辨识和评估，以确定这些风险会在多大程度上对储蓄机构子公司的安全和稳健经营构成威胁”①。在进行具体立法设计时尚需解决一些具体问题：首先，避免金融控股公司因内部持股而产生的资本重复计算和资本虚增问题。如A公司可以用4 000万投资设立B公司，B公司又以2 000万投资设立C公司，C公司再以1 000万投资设立D公司。如此一来，A、B、C、D四家公司即使不进行任何经营活动，其账面资本额已经累计虚增资本7 000万元。这仅是单向转投资的情形，在双向转投资中这种危害则更为显著，一旦双方回购又将造成实质性减资。其次，灵活确定金融控股公司的资本充足率的具体水平。巴赛尔协议对金融控股公司的资本充足率没有统一的规定，由各国监管当局掌握。我国可以借鉴既有的银行资本充足率监管规范，规定确保金融控股公司稳健经营的资本充足率水平并保持对金融控股公司的动态监管，对低于法定要求的金融控股公司及时启动预警机制，避免风险扩大。

（3）关联交易的监管。关联交易是发生在关联人或关联企业之间的交易。根据一般的公司法理论和有关关联企业的规定，关联企业是存在某些特殊关系的企业，它是与单一企业相对的、双向的企业概念，表明企业间存在直接或间接控制关系或重大影响关系。关联企业既可能从事以增进集团的协同效应为目的的交易，也可能进行资产和利润等转移的利益输送行为，而后一种关联交易将导致风险传递，引发利益冲突、产生道德风险。由此可见，关联交易本身是中性的，不具有当然的非法性。金融控股公司与其子公司便是关联企业，可能从事不当的关联交易。这里所指的对关联交易的监管主要是就产生利益输送的关联交易而言的。

所谓利益输送，广义是指某一主体将其利益或所能控制的利益经安排移转至其他主体的行为，该行为的程度足为一般人评价为违法或不当者。利益输送包括的形态有：1）内幕交易。如证券子公司内部人利用职务与地位，取得上市企业未公开的重大内部信息，进行该公司所发行有价证券的买卖并因此获利。2）不当资金融通交易。主要表现为在金融控股公司的操纵下银行子公司与其他金融子公司之间进行不正当的利益转移安排。一种情况是利益从银行子公司转移给其他关联企业。常见的是集团成员或关系人股东以优惠条件，例如以无担保、担保不足、低于市场利率水平或延长收款期限等贷款条件向集团内银行为高额借款的资金调度，一旦该企业因市场或财务不健全等因素无力清偿借款，该借款债权就变成银行的呆账，对银行及存款人利益影响很大。另外一种情况是利益从其他关联企业转移给银行子公司。如经营银行业务的子公司要求客户购买姐妹公司承销的证券，或者金融控股公司控制下的一个经营证券业务的子公司将已经面临破产的，并且在控股公司所控制的银行有大量贷款的企业包装上市，

① 黄毅、杜要忠：《美国金融控股公司的监管》，载《金融法苑》，第12期，北京，法律出版社，2000。

从而达到将银行贷款损失转嫁给公众投资者的不正当目的。

为防止上述情形，在立法时应当注意以下几点：一是对金融控股公司及其子公司的关联交易类型进行规定，明确规范对象。在立法技术上，可以结合一般企业关联交易的常见类型，针对金融控股公司及其子公司的业务特点，采取概括加列举的模式作出规定。二是加强对金融控股公司与其子公司的财务监督，实行财务会计报表合并制度。尽管在法律上金融控股公司与各子公司具有独立的法律地位，但为防范集团内部的关联交易对相关企业产生不利影响，有必要将金融集团视为一个会计主体，要求金融集团如实反映其整体的财务状况。我国财政部 1995 年发布的《合并会计报表暂行规定》明确指出："凡设立于我国境内，拥有一个或一个以上子公司的母公司，应当编制合并会计报表，以综合反映母公司和子公司所形成的企业集团的经营成果、财务状况及其变动情况。"据此，金融控股公司应当将其所控制的所有子公司纳入合并会计报表的范围，以如实反映金融集团的经营财务状况。三是完善有关金融控股公司与关联企业基本状况及从事关联交易的信息披露制度。具体而言，存在关联关系的金融控股公司及其子公司应当就下述信息进行充分、及时披露：公司的性质、类型、业务、股权结构及其变动、从事关联交易的类型及交易要素（如交易金额或相应比例）等信息。金融监管主体还应当定期收集和评估金融控股公司的经营信息，在可能的情况下，对金融控股公司的特定交易行为进行测试，考察金融控股公司的风险管理系统是否充分、适当，验证有关监管法律、法规的有效性，及时了解金融控股公司的动态变化并预测由此带来的风险，做到防患于未然。四是保护与金融控股公司存在关联关系的公司及其股东、债权人的利益，因金融控股公司从事关联交易，损害关联企业及其股东、债权人利益的，应当承担法律责任。

（4）金融集团市场力量集中的监管。金融机构本身属于市场大量资本的拥有者，再通过金融控股公司的设立实现跨业经营的金融组织结合形成金融集团，其市场影响力大为增强，可能导致规模较小的金融机构因缺乏竞争力而退出市场，进而使得整个金融市场缺乏足够的竞争机制而无法发挥市场力量。因此，法律有必要对引发金融集团市场力量过度集中的结合行为进行管制。重点是两个方面：一是在金融控股公司设立时审查是否存在反垄断法规定的企业结合行为，二是金融控股公司成立后与其他金融机构有结合行为时，审查是否违反了反垄断法的规定。

需要注意的是，在反垄断法规定的企业结合的规制标准中，有涉及市场占有率的认定，而市场占有率确定的前提是划清相关市场范围。对此，一般是从相关产品市场与相关地理市场来进行判断。但由于金融机构提供的产品为金融服务，而金融服务的种类繁多、性质复杂，界定其市场范围并非易事。以我国台湾地区银行业为例，台湾地区"公平交易委员会"历来对于市场界定并无确定标准，只是基于银行固有业务为办理存贷款业务，故主要以办理存贷款业务的市场来界定相关产品市场。在经济上联为一体的金融控股公司相关市场的界定显然比一般金融机构更为复杂，建议以金融控股公司及其他合并者经营的主要业务类型为基础界定相关产品市场和地理市场的范围，立法者有必要对何谓"主要业务类型"制定具体的认定标准。

（5）市场退出的监管。在金融控股公司存在违规操作或支付出现严重危机的情况下，监管当局应当有相应的市场退出机制，包括紧急救助、接管、关闭和破产清算等。

案例与思考

1. 案例

据新华社消息，国家开发银行股份有限公司 2008 年 12 月 16 日在京挂牌成立，成为第一家由政策性银行转型而来的商业银行，标志着我国政策性银行改革取得重大进展。新成立的国家开发银行股份有限公司继承原国家开发银行全部资产、负债、业务、机构网点和员工，注册资本 3 000 亿元。财政部和中央汇金投资有限责任公司分别出资 1 539.08 亿元和 1 460.92 亿元，分别持有国家开发银行股份有限公司 51.3%和 48.7%的股权。

1998 年以来，国家开发银行主动推行市场化改革，以市场化方式办政策性银行，探索了一条支持发展、防范风险的开发性金融发展路子，增强了支持经济发展的能力。截至 2007 年年底，国家开发银行成立时的 500 亿元注册资本金已形成 3 200 亿元的净资产，资产总额 2.89 万亿元，贷款余额 2.26 万亿元，不良贷款率在 1%以内，本息回收率连续 9 年保持先进水平。为适应经济社会发展需要，根据国家开发银行的具体情况，党中央、国务院决定实施国家开发银行改革。

问题：请结合以上材料思考我国政策性银行制度改革的发展方向。

2. 思考题

(1) 简述金融机构破产重整法律制度的基本内容。

(2) 如何加强对金融控股公司的法律监管？

参考书目

1. 岳彩申，袁林等．金融经营体制改革与金融控股公司法律制度的构建．北京：法律出版社，2008

2. 牛国锋，周华，李云涛，郝鲁江．金融机构/保险业．北京：经济科学出版社，2000

3. 张忠军．金融业务融合与监管制度创新．北京：北京大学出版社，2007

4. [德] 赫里特·扬·范登布林克 (Gerrit Jan van den Brink) 主编，张初愚，张志玉译．金融机构运营管理．北京：中国人民大学出版社，2008

5. 戴维·P·贝尔蒙特 (David P. Belmont) 著，洪凯，李华罡，余黎峰译．金融机构的增值风险管理：充分利用《巴塞尔协议Ⅱ》以及风险调整绩效测评方法．北京：中国人民大学出版社，2009

6. 唐旭．关于金融机构改革的思考与前瞻．财经科学，2008 (10)

第二篇

金融调控与监督管理法

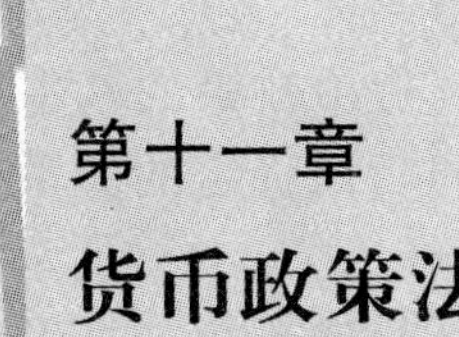

第十一章 货币政策法

第一节 货币政策概述

一、货币政策的概念
二、货币政策的特征
三、货币政策的运行机制

第二节 货币政策目标

一、货币政策目标的一般规定
二、中国人民银行的货币政策目标

第三节 货币政策工具

一、货币政策工具概述
二、中国人民银行的货币政策

本章要点

1. 货币政策的概念和特征
2. 中国人民银行的货币政策目标
3. 中国人民银行的货币政策工具

在现代市场经济条件下，货币政策是金融调控的主要手段。因为金融调控主要是指中央银行运用货币政策对金融活动进行调节和控制，以此保证国民经济的持续、健康、稳定和协调发展，所以有关货币政策的法律规定就成为金融调控制度的重要组成部分。

第一节 货币政策概述

一、货币政策的概念

货币政策又被称为金融政策，它起源于 20 世纪 30 年代，盛行于第二次世界大战后，现在已成为各国宏观经济调控的一种重要手段。货币政策的基本任务在于合理调节货币供应量和货币流通，从而正确处理经济发展与货币稳定的关系，为国民经济发展创造一个良好稳定的金融环境。

货币政策有广义和狭义两种意义上的概念。广义的货币政策是指一国宏观经济管理部门为实现经济发展目标而所作出的有关货币方面的所有规定和所采取的影响货币供给数量的一切措施。广义的货币政策非常广泛，不仅包括有关建立货币制度的种种规定，而且包括政府借款、国债管理等等可能影响货币支出的行为。狭义的货币政策则是指中央银行为实现特定的经济目标所采取的各种控制和调节货币供应量或信用量的方针和措施的总称。本书采用狭义货币政策的概念。

二、货币政策的特征

（一）货币政策是一种宏观经济调控政策

宏观经济调控是指国家从经济运行的全局出发，运用各种宏观经济手段，对国民经济总体的供求关系进行调节和控制。而货币政策主要是通过对国民经济运行中的货币供应量、信用量、利率、汇率等指标的调节和控制来达到社会总供给与总需求的平衡，它不是对单个银行或某一经济部门采取的具体政策措施，因而属于一种宏观经济经济调控政策。

（二）货币政策主要采用间接调控的手段

国家对经济的宏观调控包括两种方式：一是采用直接调控手段，二是采用间接调控手段。在市场经济条件下，国家的宏观调控以间接调控手段为主。作为宏观经济调控的重要政策之一的货币政策，其对经济活动的调节也主要采用经济手段和法律手段等间接的调控手段，通过政策的指引来改变市场主体对其经济利益的预期，从而实现对社会总需求的调控，只是在必要的情况下才会采用直接干预的行政手段。

（三）货币政策具有长期性和短期性相结合的特点

货币政策的目标是与宏观经济目标相适应的，具有长期性和战略性的特征，而在特定时期和特定条件下的货币政策的各项措施却具有短期性和随机性的特征，货币政策的短期措施服从于长期政策目标，或者说货币政策的长期性与措施的短暂性相结合是货币政策的一个重要特征。

三、货币政策的运行机制

货币政策的功能在于正确处理经济发展和货币稳定的关系，使国民经济的有关指标通过货币机制的调控服从和服务于国民经济政策，并成为国民经济政策的重要组成部分。它在社会经济中扮演“制动器”的角色，与其他发挥驱动作用的宏观政策相互配合，从而保证经济持续、稳定、协调发展，为国民经济的发展创造一个良好的货币金融环境。[①] 而要实现这样的功能，就必须仰赖于货币政策运行机制的发挥。简单地讲，就是要通过设定货币政策目标，并采用货币政策工具来实现这一目标，从而达到

① 参见徐孟洲：《金融法》，278页，北京，高等教育出版社，2007。

预期的社会效果。由于货币政策从确定目标到运用工具具体实施，直至达到预期目标，这中间还涉及一系列的作用环节，所以货币政策运行中还涉及货币的传导机制。综上所述，货币政策的运行机制至少应当包含以下的内容：(1) 货币政策目标，这是中央银行实施货币政策所要达到的目的；(2) 货币政策工具，这是实现货币政策目标的政策手段；(3) 货币传导机制，这是指一定的货币政策工具如何引起社会经济生活的某些变化，并最终实现预期的货币政策目标的机制；(4) 货币政策效应，这是指货币政策实施后社会经济运行所作的现实反应。但一般来讲，就货币政策运行机制的发挥而言，法律的作用主要在于设定货币政策目标和选择货币政策工具，所以各国的金融调控法往往都对货币政策目标和货币政策工具作出了具体的规定，这也是货币政策法的核心内容。

第二节　货币政策目标

一、货币政策目标的一般规定

(一) 货币政策目标的概念

货币政策目标是指一国中央银行制定和实施货币政策、对国民经济进行金融调控所要达到的目的。货币政策目标并非一成不变，例如在 20 世纪 30 年代以前的国际金本位时期，各资本主义国家推崇自由经济，大多数国家均选择了稳定币值为货币政策目标，而在 20 世纪 30 年代爆发的经济危机又使许多国家采用了凯恩斯的国家干预理论，其货币政策目标又增加了充分就业。所以货币政策目标应当与一国一定时期的社会经济发展状况相适应。

(二) 货币政策目标的种类

根据中央银行对货币政策的影响力和影响速度，通常把货币政策目标划分为三个层次：即货币政策最终目标、中介目标和操作目标。

1. 最终目标。最终目标是货币政策所要达到的终极目标，是中央银行制定和执行货币政策的最终依据。一般来讲，中央银行货币政策的最终目标有四个：

(1) 稳定币值。稳定币值就是使社会商品和劳务价格总体水平在短期内不发生显著的或急剧的波动，也就是既没有明显的通货膨胀，也没有明显的价格下跌。在市场经济条件下，商品和劳务价格是经济活动的指示器，如果币值不稳定、价格发生剧烈波动，必然引起市场导向和市场秩序的混乱，它会给生产经营活动带来巨大的盲目性，并可能引发整个经济社会秩序的混乱。因此许多国家的货币政策都将稳定币值设定为首要目标，以创造一个良好的金融环境并维持正常的经济秩序。

(2) 经济增长。[①] 经济增长是指社会物质财富增多、生产经营规模扩大、产品和劳务数量增加，以及技术进步、质量和效率提高等经济运行质与量的全面增长。通常，经济的增长状况主要取决于社会劳动投入量、资产投入量以及劳动或资产的产出效率，

---

① 参见刘少军主编：《金融法概论》，251～252 页，北京，中国政法大学出版社，2005。

它们都是实物量，同货币政策并没有直接的联系。但货币政策能够决定总需求，总需求能够通过市场机制和产业联系决定社会的总供给，决定社会的实际劳动投入量、资产投入量以及劳动或资产的产出效率，最终决定经济的增长状况。因此，促进经济增长、为经济增长提供货币的推动力是中央银行货币政策目标的重要内容。

（3）充分就业。充分就业是指具有工作能力并有工作意愿的劳动者都能够从事较合理的工作，它并非指没有一个人失业，而是指将失业率控制在合理的范围之内。失业的原因很多，但主要是经济运行不正常而出现剧烈的波动或衰退，引起劳动力的需求减少。如果货币政策能够使经济持续健康的增长，就会为社会提供更多的就业机会。因此在许多国家，充分就业也是货币政策目标的内容之一。

（4）国际收支平衡。[①] 国际收支平衡是指一个国家在一定周期内的外汇收支基本持平或略有顺差或逆差。在当今社会中，一国国际收支状况与其国内货币供应量有着密切联系。如果国际收支顺差过大，就意味着国内货币供给增大，市场商品供给减少，会加大物价上涨的压力；相反，如果国际收支逆差过大，也会造成国内资源浪费，并且还会造成本国货币对外贬值，造成国内市场不稳定。因此，中央银行应当尽可能地使国际收支保持平衡。

上述四大目标是理想的货币政策目标，但这四大目标本身还存在一定的矛盾，所以政策制定者应当根据现实的经济状况和当前的主要经济任务来加以确认。在实践中有多重目标论，即把稳定币值、经济增长、充分就业和国际收支平衡视为一个有机构成的目标体系；也有双重目标论，即认为应当兼顾币值稳定和经济发展；还有单一目标论，即认为只有稳定货币币值一项目标。

2. 中介目标。由于最终目标的实现需要经历一个漫长的过程，所以在中央银行实施货币政策的过程中，就需要借助一些具有可测性的经济指标来增强货币政策的调控力，这些经济指标就是中介目标，它是货币政策的操作目标和最终目标之间的过渡性指标。目前，各国货币政策中的中介目标主要是货币供应量。货币供应量一般是指中央银行和金融机构以外的经济组织持有的货币总量，通常按其流动性差别、货币购买力的强弱分层次统计。一般的划分方式是：M0＝通货；M1＝ M0＋商业银行活期存款；M2＝ M1＋商业银行定期存款；M3 ＝M2＋非银行金融机构存款；M4 ＝M3＋大额可转让定期存单（CDS）；M5＝ M4＋政策短期债券与储蓄券；M6＝ M5＋短期商业银行票据。中央银行根据不同层次货币供应量对经济影响的程度来决定监控对象。

3. 操作目标。操作目标是指受货币政策工具直接作用的金融变量指标，一般包括短期利率和基础货币中的准备金。短期利率是影响货币供求和信用总规模的重要指标，具有良好的可测性。基础货币是指流通中的现金和商业银行的存款准备金的总和，它与货币供应量呈倍数扩张关系，是货币供应的最初来源或原始增量，所以基础货币中的准备金对货币供应量这一中介目标有重要的影响。

二、中国人民银行的货币政策目标

《中国人民银行法》第 3 条规定：“货币政策目标是保持货币币值的稳定，并以此

① 参见张守文主编：《经济法学》，206 页，北京，北京大学出版社，2005。

促进经济增长。”这是我国货币政策的最终目标。该规定有以下几层含义：(1) 中国人民银行首要的和直接的货币政策目标是保持货币币值的稳定，这是它制定和实施货币政策的出发点和归宿点；(2) 中国人民银行制定和执行货币政策，并不是为了稳定币值而稳定币值，而是为了促进经济稳定增长而稳定币值；(3) 稳定币值目标和经济增长目标在货币政策目标序列中不是并列的，而是有层次和主次之分的。所谓“有层次”，是指稳定币值是货币政策的第一层次，而促进经济增长是货币政策的第二层次，也就是说只有在稳定币值以后，才能促进经济增长；所谓“有主次”，是指中国人民银行货币政策以稳定币值为主，稳定币值是经济增长的前提，这突出了中国人民银行稳定货币的责任。

这一规定确定了稳定币值的第一属性，界定和理顺了稳定货币与经济增长的关系。它既不同于单一目标论，即只把“稳定币值”作为货币政策的唯一目标；也不同于双重目标论，即把“稳定币值和发展经济”并列为货币政策目标，因而是一个“有层次和主次之分的单一目标”。它一方面充分肯定了“稳定币值”是首要的任务，但同时又明确了稳定货币的目标是“促进经济增长”，这就有利于克服单一目标的片面性，同时又对双重目标内容和关系进行了重新界定。应当说，这一规定既适应大力发展社会主义市场经济的内在要求，又符合我国现阶段的国情。

在中介目标和操作目标方面，1993 年 12 月，国务院发布的《关于金融体制改革的决定》指出：“货币政策的中介目标和操作目标是货币供应量、信用总量、同业拆借利率和银行备付金率。”可见我国把货币供应量和信用总量作为货币政策的中介目标，把同业拆借利率和银行备付金率作为操作目标。

第三节 货币政策工具

一、货币政策工具概述

货币政策工具是中央银行实现其政策目标的政策手段，货币政策目标的实现有一个传导机制，就是中央银行通过运用货币政策工具来影响操作目标，再由操作目标的变量影响中介目标，最后由中介目标的变量来实现最终目标。简单地讲就是政策工具→操作目标→中介目标→最终目标。根据货币政策工具的调节职能和效果，货币政策工具通常可以分为一般性的、选择性的和补充性的货币政策工具三类。

(一) 一般性货币政策工具

一般性货币政策工具是中央银行调控经济的常规手段，主要调节货币供应量、信贷规模和一般利率水平，包括存款准备金制度、再贴现政策和公开市场业务，这三种货币政策工具通常被称为中央银行的三大法宝。

1. 存款准备金制度。根据法律规定，商业银行有义务将其吸收的存款按照中央银行规定的一定比例存入中央银行，存入中央银行的此项金额称为“存款准备金”，而存入的比例则称为“存款准备金率”。所谓存款准备金制度，就是指中央银行依法规定和调整商业银行交存中央银行的存款准备金率，以控制商业银行的货币创造能力，间接控制货币供应量的制度。存款准备金制度具有多重功能：（1）保证商业银行存款支付和清算，保障存款人的利益。这是因为，如果由商业银行自发留存准备金，商业银行基于利益最大化的目的就可能减少准备金，但一旦发生挤兑就难以保障存款的支付，这样不仅不能保障存款人的利益，而且可能引发社会动荡，而法定存款准备金能够保持银行资产的流动性，提高银行的清偿能力。（2）影响信贷资金供应能力，调控货币供应量。在现代金融体系中，商业银行具有货币扩张的机能，可以创造数倍于中央银行依法发行的法定货币。所以，当中央银行调低存款准备金率时，商业银行可派生的存款增加，向社会发放商业贷款的数额就会增加，扩大了货币的供应量；反之，如果中央银行调高存款准备金率时，商业银行可派生的存款变小，向社会发放商业贷款的数额就会紧缩，从而减少了货币的供应量。（3）增强中央银行信贷资金宏观调控能力。这主要表现为集中法定存款准备金，充实中央银行作为银行的银行所必需的信贷资金来源，增强其调控的资金实力。但存款准备金制度也有一定的缺陷，那就是法定存款准备金率调整几乎无弹性，对于超额准备金很低的商业银行而言[①]，提高法定存款准备金可能使其陷入资金周转不灵的困境。

2. 再贴现政策。贴现是指票据持票人在票据到期日之前，为获取现款而向商业银行或其他金融机构贴付一定利息的票据转让。再贴现是商业银行或其他金融机构将贴现所获得的未到期票据向中央银行再作票据转让，是中央银行向商业银行提供资金的一种方式。再贴现政策是指中央银行通过制定或调整再贴现率来影响金融机构的融资成本，干预和影响市场利率及货币市场的供求，从而调节市场货币供应量的一种金融政策。当中央银行提高再贴现率，商业银行或其他金融机构向中央银行借款的成本也随之提高，它们也随之提高贷款利率，从而抑制贷款需求，减少货币数量的供给；而如果中央银行降低再贴现率，商业银行或其他金融机构的借款成本就会降低，会产生鼓励商业银行扩大贷款的作用，从而增加货币数量的供给。再贴现率也有一定的缺陷，那就是缺乏弹性，调控的力度有限，而且要往往依赖于商业银行的主动。

3. 公开市场业务。公开市场是指交易主体间自由议价、成交，其交易信息向社会公开的金融市场。公开市场不是一个看得见的、有形的交易市场，它是由央行和金融机构通过计算机联网组成的交易系统。所谓公开市场业务，又被称为公开市场操作、公开市场政策，是指中央银行在金融市场上公开买卖证券、外汇或其他金融资产，以此影响货币供应量和市场利率的行为。公开市场业务的运行机制在于中央银行在金融市场买进或卖出有价证券，可以影响商业银行的超额准备金头寸，进而控制商业银行的货币创造能力。例如，当中央银行从商业银行买入证券时，商业银行在证券减少的同时增加了可用资金的数量，按照乘数原理就可增加市场的货币供应量。反之，当中央银行卖给商业银行证券时，则减少商业银行的可用资金，从而使货币供应量收缩。公开市场业务有许多优点：中央银行可以根据货币政策的要求和市场情况采取主动的措施，具有很强的主动性；在操作中，中央银行能够根据需要随时操作，也可以按较小规模的进行操作，即使调控没有达到预期目的，也可以迅速调整调控方向，业务逆

---

① 超额准备金是指法定准备金之外的准备金，超额准备金通常包括两部分：一是存入央行的准备金，主要用于银行间结算和清算以及补充现金准备；二是商业银行营运中的现金准备，例如存在银行中的金库。

转比较容易，因而具有很强的灵活性；同时，公开市场业务还具有公开性和平等性，中央银行在操作中都是按照市场原则进行交易，具有较高透明度，有利于消除金融市场幕后交易的弊端。正是因为有上述优点，公开市场业务已成为三大法宝中最重要和最常用的政策工具。但这项政策工具也并非没有弊端，例如公开市场业务就没有存款准备金制度和再贴现率那么有宣传效应，而且其运作的条件也比较高，如需要足量的有价证券、要有比较发达的、完善的金融市场，中央银行也必须具备强大的资金实力。

（二）选择性货币政策工具

一般性货币政策工具主要是通过对货币供应量的调整来到达货币政策目标，除此之外，中央银行还可以选择对某些特定的信贷或某些特殊的经济领域加以调控，这些调控手段被称为选择性货币政策工具，它们侧重于对银行业务活动质的方面的控制，是一般性货币政策工具的补充。一般来讲，选择性货币政策主要包括以下三种：

1. 证券市场信用控制。证券市场信用控制是指中央银行对有关证券交易的各种贷款进行控制，以抑制证券市场的过度投机或刺激证券市场的信用扩张。主要内容包括：规定金融机构是否有权对证券交易提供信用；规定贷款额占证券交易额的比例；规定证券保证金率，并根据证券市场状况随时调整；规定以信用方式购买证券时，第一次付款的最低额度；等等。

2. 不动产信用控制。不动产信用控制是指中央银行对商业银行办理不动产贷款方面的控制，以抑制房地产市场的过度投机或促进房地产市场的扩张，降低金融机构的资产风险。主要内容包括：规定不动产贷款的最高限额；规定不动产贷款的最长期限；规定按揭贷款的首付款比例；规定不动产贷款每次归还的最低金额；等等。

3. 消费信用控制。消费信用控制是指中央银行对不动产之外的各种耐用消费品的销售融资予以控制。主要内容包括：规定分期付款消费信用第一次付款的最低金额；规定以分期付款方式购物时的借款最长期限；规定以分期付款方式购物时的借款的种类；等等。

（三）补充性货币政策工具

除了以上一般性和选择性的货币政策工具之外，中央银行有时还运用一些补充性的货币政策工具。补充性货币政策工具主要包括两类，一是直接信用控制工具，二是间接信用控制工具。

1. 直接信用控制工具。直接信用控制是指中央银行以强制方式直接对金融机构的信用活动所进行的控制。主要包括：

（1）信用分配，即中央银行根据金融市场的状况和客观经济需要，对商业银行的信用额度加以合理分配和限制的措施。例如中央银行需要限制银行系统某个领域的信贷时，就对银行系统的该项贷款申请予以拒绝，而需要支持某个领域的贷款时，就可以设立专项信贷基金来保障。

（2）直接干预，即中央银行对商业银行的业务活动进行直接干预，从而对其信用创造能力进行调节、控制的措施。干预的形式主要有：直接限制放款的额度或直接干涉银行吸收存款；对业务经营不当的商业银行拒绝再贴现或采取高于一般利率的惩罚性利率；明确规定商业银行的放款或投资范围、方针和政策；等等。

（3）流动性比率，即规定商业银行流动性资产对存款的比例，流动性比率一方面可以限制商业银行的信用创造能力，另一方面也可以保障金融机构的支付能力。因为商业银行为了达到中央银行要求的流动性比例，就必须缩减长期放款并扩大短期放款的比重，并必须持有一部分随时应付提现的资产。

(4) 利率最高限额，即规定商业银行储蓄存款的最高利率，以防止银行用抬高利率的方式竞相吸收存款和为谋求高利而进行高风险贷款。

(5) 特种贷款，即在货币供应过多、出现通货膨胀的情况下，中央银行要求商业银行向中央银行缴存的特别存款，以缩减商业银行的可用资金，从而控制货币供应量。

2. 间接信用控制。间接信用控制是指中央银行凭借其在金融体制中的特殊地位，通过它的各种间接影响以调控商业银行的信用创造能力。其方法主要有：

(1) 窗口指导，即中央银行根据市场情况、物价变动趋势及金融市场的动向等，对商业银行的业务方针、方式、方法、资金融通计划和其他经营活动所作出的非正式要求，使商业银行的信贷规模被控制在中央银行认为适当的范围内。

(2) 道义劝告。即中央银行利用其声望和在金融体系中的特殊地位，对商业银行及其他金融机构发出口头或书面劝告，以影响其放款的数量和投资方向。

二、中国人民银行的货币政策

根据我国的金融发展情况，《中国人民银行法》规定了六种货币政策工具，包括存款准备金制度、基准利率制度、再贴现制度、再贷款制度、公开市场操作和“其他货币政策工具”。前五种是明确规定的具体货币政策工具，主要是一般性货币政策工具，但也有根据我国金融特点而规定的特定工具，而“其他货币政策工具”实为有关选择性、补充性货币政策工具的弹性条款。下面就结合有关法规和规章对五种具体的货币政策工具进行说明。

（一）存款准备金制度

我国的存款准备金制度是根据1983年9月17日发布的《国务院关于中国人民银行专门行使中央银行职能的决定》重新恢复建立的，于1984年5月正式启动。《中国人民银行法》也对此作出了原则性的规定，其中第23条第1款第1项规定，中国人民银行可以要求银行业金融机构按照规定的比例交存存款准备金。1998年3月，中国人民银行还发布了《关于改革存款准备金制度的通知》，对存款准备金制度作出了具体的规定。从2004年4月25日起，我国实行差别存款准备金政策。根据现行法律、法规和行政规章，我国的存款准备金制度的主要内容有：

1. 存款准备金制度的实施对象

我国所有吸收一般存款的银行业金融机构都有义务按照规定的比例交存存款准备金，包括商业银行、信用合作社、信托投资机构、财务公司和外资金融机构等等。

2. 存款准备金率

存款准备金率由中国人民银行规定、调整、公布，并组织其分支机构具体实施。存款准备金率并非固定不变，而是根据放松或紧缩银根的需要，由中国人民银行适时进行调整。

3. 存款准备金的考核与计提

我国对金融机构向中央银行缴存存款准备金，实行按旬考核的办法。当旬第5日至下旬第4日每日营业终了时，各金融机构按统一法人存入的准备金存款余额，与上旬末该机构一般存款余额之比，不得低于规定的准备金额。

（二）基准利率制度

基准利率一般是指在金融市场上和利率体系中处于关键地位、起决定性作用的利率。基准利率政策就是通过对基准利率的调整来实现紧缩银根或放松银根的目的的措施。例如，当中央银行提高基准利率中的贷款利率时，商业银行到中央银行筹资的成本增加，它对外贷款的利率也必然相应提高，从而减少社会货币供应量；相反，当中央银行降低基准利率中的贷款利率时，商业银行的贷款利率也随之降低，从而增加社会货币供应的总量。

各国和不同地区对基准利率的确定并不统一。传统上，西方发达资本主义国家的基准利率通常是指中央银行的再贴现率。现在各国则不尽相同，例如，美国是指联邦储备系统确定的“联邦基金利率”。欧洲中央银行则发布三个指导利率：有价证券回购利率、中央银行对商业银行的隔夜贷款利率和商业银行在央行的隔夜存款利率。而在我国香港地区，银行的同业拆息利率是其基准利率。

我国的法律也规定了基准利率制度，《中国人民银行法》第23条第1款第2项规定了中国人民银行把“确定中央银行基准利率”作为货币政策工具之一。1999年3月2日，中国人民银行颁布了《人民币利率管理规定》，第5条规定：中国人民银行制定、调整以下利率：(1) 中国人民银行对金融机构存、贷款利率和再贴现率；(2) 金融机构存、贷款利率；(3) 优惠贷款利益；(4) 罚息利率；(5) 同业存款利率；(6) 利率浮动幅度；(7) 其他。以上规定为中央银行调整基准利率提供了法律依据。

从实践来看，我国基准利率主要包括：(1) 对金融机构的再贷款利率，是指中国人民银行向金融机构发放再贷款时所采用的利率；(2) 对金融机构的再贴现利率，是指金融机构将所持有的已贴现票据向中国人民银行办理再贴现时所采用的利率；(3) 存款准备金利率，指中国人民银行对法定存款准备金支付的利率；(4) 超额存款准备金的利率，指中国人民银行对金融机构交存的超过法定存款准备金水平的准备金支付的利息。

（三）再贴现制度

《中国人民银行法》第23条第1款第3项规定了再贴现货币政策，即“为在中国人民银行开立账户的银行业金融机构办理再贴现”。实际上，我国开办再贴现业务肇始于1986年发布的《中国人民银行票据再贴现试行办法》。之后，中国人民银行又发布了一系列的规章，对再贴现的种类、对象和期限等作出了规定，包括1994年7月7日发布的《再贴现办法》，1997年3月5日发布的《中国人民银行对国有独资商业银行总行开办再贴现业务暂行办法》，1997年5月22日发布的《商业汇票承兑、贴现与再贴现管理办法》，2001年7月24日发布的《中国人民银行关于切实加强商业汇票承兑贴现和再贴现业务管理的通知》等等。上述法律构成了我国的再贴现制度，其主要内容包括：

1. 再贴现的条件

《票据法》第10条第1款规定：票据的签发、取得和转让，应当遵循诚实信用的原则，具有真实的交易关系和债权债务关系。《商业汇票承兑、贴现与再贴现管理办法》第3条规定：承兑、贴现、转贴现、再贴现的商业汇票，应以真实、合法的商品交易为基础。《中国人民银行关于切实加强商业汇票承兑贴现和再贴现业务管理的通知》第1条也规定：严禁承兑、贴现不具有贸易背景的商业汇票，商业汇票是交易性票据，必须具有真实贸易背景。因此，我国的再贴现票据必须是具有真实的交易关系和债权债务关系的票据。

2. 再贴现的对象

《中国人民银行法》规定再贴现的对象为“在中国人民银行开立账户的银行业金融机构”。但《商业汇票承兑、贴现与再贴现管理办法》第25条规定：“再贴现的对象是在中国人民银行及其分支机构开立存款账户的商业银行、政策性银行及其分支机构。对非银行金融机构再贴现，须经中国人民银行总行批准。”从而扩大了再贴现对象的适用范围。

3. 再贴现率

再贴现率是中央银行根据经济发展需要而制定，调整再贴现率的目的在于影响商业银行准备金及社会的资金供给。《商业汇票承兑、贴现与再贴现管理办法》第6条规定：“再贴现利率由中国人民银行制定、发布与调整。”再贴现率是一种短期利率，根据《商业汇票承兑、贴现与再贴现管理办法》第5条的规定，再贴现的期限，最长不超过4个月。

（四）再贷款制度

再贷款即中央银行贷款，是指中央银行对商业银行发放的贷款。再贷款政策的作用主要表现在两个方面：一是调整货币供应量。再贷款会增加金融机构贷款的初始资金来源，直接影响金融机构的信贷资金供应能力，如果提高贷款利率，就减少社会货币的投放量，而如果降低贷款利率则增加社会货币的供应量。二是可以影响人们的预期，产生预告效果。如果再贷款利率提高，表明中央银行对通货膨胀的进展发出了警告，而再贷款利率降低，表明通货膨胀已经缓和。在西方国家，由于其信用工具的票据化程度较高，所以中央银行对商业银行的放款通常采用再贴现，而我国目前仍然将再贷款作为一种货币政策工具。

在1995年《中国人民银行法》颁布之前，中国人民银行在1993年3月发布过《中国人民银行对金融机构贷款管理暂行办法》，明确再贷款为短期信用贷款。《中国人民银行法》颁布后，对再贷款制度做了原则性的规定，第23条第1款第4项规定中国人民银行可以采取“向商业银行提供贷款”的货币政策。第28条规定，中国人民银行根据执行货币政策的需要，可以决定对商业银行贷款的数额、期限、利率和方式，但贷款的期限不得超过1年。此外，中国人民银行还发布了一系列的规章对再贷款制度进行了规定，主要有1999年1月发布的《中国人民银行分行短期再贷款管理暂行办法》，1999年12月发布的《中国人民银行关于适当增加对中小金融机构再贷款的通知》，2004年3月发布的《中国人民银行关于实行再贷款浮息制度的通知》，等等。

再贷款的对象应当是在中国人民银行单独开立基本账户的金融机构。商业银行贷款必须符合一定的条件，例如，应当在坚持组织贷款、加强系统内资金调度和市场融资的前提下，如果资金仍然不足，方可向中国人民银行申请借款；贷款用途应当符合国家有关政策；能够按时交纳存款准备金；归还贷款资金有保障；等等。再贷款属于短期贷款，最长的期限不超过1年，具体有20天内、3个月内、6个月内和1年期四个档次。从2004年3月25日起，我国实行再贷款浮息制度，即中国人民银行在国务院授权的范围内，根据宏观经济金融形势，在再贷款基准利率基础上，适时确定并公布中央银行对金融机构贷款利率加点幅度的制度。

（五）公开市场操作

在我国，公开市场业务，是指中国人民银行为实现货币政策目标而公开买卖债券和外汇的活动。《中国人民银行法》第 23 条第 1 款第 5 项规定，中国人民银行可以“在公开市场上买卖国债、其他政府债券和金融债券及外汇”，从而原则性地规定了公开市场操作制度。1007 年 3 月，中国人民银行发布了《公开市场业务暨一级交易商管理暂行规定》，对公开市场操作作出了具体的规定，主要内容有：

1. 公开市场操作的根据

中国人民银行主要根据货币供应量以及市场汇率等指标的变化，决定公开市场操作的具体运作。公开市场业务的日常工作由中国人民银行公开市场业务操作 室负责。

2. 公开市场操作的工具

公开市场操作的工具只能是国债、其他政府债券、金融债券和外汇。《公开市场业务暨一级交易商管理暂行规定》第 6 条规定，债券交易的券种是指政策性金融债、中央银行融资券、国债以及中国人民银行指定的其他债券。

3. 公开市场操作的对象

中国人民银行买卖外汇的操作是在银行间外汇市场上进行，交易对象主要是银行。中国人民银行买卖债券的对象是一级交易商，即经中国人民银行审定的、具有直接与中国人民银行进行债券交易资格的商业银行、证券公司和信托投资公司等金融机构。一级交易商资格的确定、变更或取消等事宜由中国人民银行负责审批。在实践中，中国人民银行每年确定该年度一级交易商的名单并予以公布，例如，2009 年公布的一级交易商就有 50 家。①

4. 债券的交易方式

债券交易主要包括回购交易、现券交易和发行中央银行票据三种方式。（1）回购交易。回购交易分为正回购和逆回购两种，正回购为中国人民银行向一级交易商卖出有价证券，并约定在未来特定日期买回有价证券的交易行为，正回购为央行从市场收回流动性的操作，正回购到期则为中央银行向市场投放流动性的操作。逆回购为中国人民银行向一级交易商购买有价证券，并约定在未来特定日期将有价证券卖给一级交易商的交易行为，逆回购为中央银行向市场上投放流动性的操作，逆回购到期则为中央银行从市场收回流动性的操作。（2）现券交易。现券交易分为现券买断和现券卖断两种，前者为中央银行直接从二级市场买入债券，一次性地投放基础货币；后者为中

---

① 包括：中国工商银行、中国农业银行、中国银行、中国建设银行、交通银行、中国邮政储蓄银行、中信银行、招商银行、中国光大银行、兴业银行、上海浦东发展银行、中国民生银行、深圳发展银行、华夏银行、广东发展银行、上海银行、北京银行、哈尔滨银行、南京银行、徽商银行、淄博市商业银行、天津银行、广州市商业银行、福州市商业银行、洛阳市商业银行、杭州银行、长沙市商业银行、深圳平安银行、富滇银行、济南市商业银行、厦门市商业银行、大连银行、贵阳市商业银行、西安市商业银行、汉口银行、上海农村商业银行、北京农村商业银行、汇丰银行（中国）有限公司、渣打银行（中国）有限公司、中信证券股份有限公司、国泰君安证券股份有限公司、中银国际证券有限责任公司、中国国际金融有限公司、长江证券股份有限公司、泰康人寿保险股份有限公司、中国人寿保险股份有限公司、华泰财产保险股份有限公司、中国平安人寿保险股份有限公司、南方基金管理有限公司、江苏银行。

央银行直接卖出持有债券，一次性地回笼基础货币。(3) 发行中央银行票据。发行中央银行票据即中国人民银行发行短期债券，发行中央银行票据可以回笼基础货币，中央银行票据到期则体现为投放基础货币。

法律应用

中国人民银行采用货币政策的三大法宝实例

1. 中国人民银行采用的存款准备金政策

从实践来看，自《中国人民银行法》颁布至 2009 年 1 月，央行已经依法多次调整了存款准备金利率，仅 2007 年中国人民银行就依法对存款准备金率进行了 10 次上调，上调频率也是历史上最频繁的。根据计算，2007 年 12 月 25 日提高 1 个百分点后，就可一次性回收流动性资金近 4 000 亿元，在一定程度上冲销国内过剩的流动性[①]，从而防止信贷总量增长过快，为国民经济持续健康发展提供稳定的货币、金融环境。中国人民银行存款准备金率历次调整参见下表：

存款准备金率历次调整

次数	时间	调整前	调整后	调整幅度
31	2010 年 1 月 18 日	15.5%（大型金融机构）	16%	0.5%
		13.5%（中小金融机构）	13.5%	—
30	2008 年 12 月 25 日	16%（大型金融机构）	15.5%	下调 0.5%
		14%（中小金融机构）	13.5%	0.5%
29	2008 年 12 月 05 日	17%（大型金融机构）	16%	1%
		16%（中小金融机构）	14%	2%
28	2008 年 10 月 15 日	17.5%（大型金融机构）	17%	0.5%
		16.5%（中小金融机构）	16%	0.5%
27	2008 年 9 月 25 日	17.5%（中小金融机构）	16.5%	1%
		16.5%（限汶川地震重灾区地方法人金融机构）	14.5%	2%
		17.5%（大型金融机构）	17.5%	—

① 参见《央行第十次上调存款准备金率释放“从紧”信号》，载新华网（http://news.xinhuanet.com/newscenter/2007-12/08/content_7219079.htm）。

续前表

次数	时间	调整前	调整后	调整幅度
26	2008 年 6 月 25 日	17%	17.5%	1%
	2008 年 6 月 15 日	16.5%	17%	
25	2008 年 5 月 20 日	16%	16.5%	0.5%
24	2008 年 4 月 25 日	15.5%	16%	0.5%
23	2008 年 3 月 25 日	15%	15.5%	0.5%
22	2008 年 1 月 25 日	14.5%	15%	0.5%
21	2007 年 12 月 25 日	13.5%	14.5%	1%
20	2007 年 11 月 26 日	13%	13.5%	0.5%
19	2007 年 10 月 25 日	12.5%	13%	0.5%
18	2007 年 9 月 25 日	12%	12.5%	0.5%
17	2007 年 8 月 15 日	11.5%	12%	0.5%
16	2007 年 6 月 5 日	11%	11.5%	0.5%
15	2007 年 5 月 15 日	10.5%	11%	0.5%
14	2007 年 4 月 16 日	10%	10.5%	0.5%
13	2007 年 2 月 25 日	9.5%	10%	0.5%
12	2007 年 1 月 15 日	9%	9.5%	0.5%
11	2006 年 11 月 15 日	8.5%	9%	0.5%
10	2006 年 8 月 15 日	8%	8.5%	0.5%
9	2006 年 7 月 5 日	7.5%	8%	0.5%
8	2004 年 4 月 25 日	7%	7.5%	0.5%
7	2003 年 9 月 21 日	6%	7%	1%
6	1999 年 11 月 21 日	8%	6%	2%
5	1998 年 3 月 21 日	13%	8%	5%
4	1988 年 9 月	12%	13%	1%
3	1987 年	10%	12%	2%
2	1985 年	央行将法定存款准备金率统一调整为 10%		
1	1984 年	央行按存款种类规定法定存款准备金率，企业存款 20%，农村存款 25%，储蓄存款 40%		

2. 中国人民银行采用的再贴现率

2004 年 3 月 25 日，经国务院批准，中国人民银行实行再贷款浮息制度。综合考虑当前经济金融形势和支持中小企业融资的需要，中国人民银行决定将用于金融机构头寸调节和短期流动性支持的再贷款利率统一加 0.63 个百分点，再贴现利率加 0.27 个百分点。

3. 中国人民银行采用的公开市场操作

公开市场操作由于具有主动性、灵活性、公开性和平等性等优点，已成为中国人民银行高频率使用的货币政策工具。例如中国人民银行从 2009 年 1 月 3 日到 10 日就进行了三次操作，包括正回购和发行中央银行票据。具体如下：

(1) 公开市场业务交易公告（2009 年第 7 号）

中国人民银行于本周二（2 月 3 日）以利率招标方式开展了正回购操作。具体情况如下：

正回购操作情况

期限	交易量	中标利率
28天	800亿元	0.90%

(2) 公开市场业务交易公告（2009年第8号）

中国人民银行于本周四（2月5日）以价格（利率）招标方式发行了2009年第三期央行票据，并开展了正回购操作。具体情况如下：

第三期央行票据发行情况

名称	发行量	期限	价格	参考收益率
2009年第三期央行票据	300亿元	3个月(91天)	99.76元	0.965 0%

正回购操作情况

期限	交易量	中标利率
91天	500亿元	0.96%

(3) 公开市场业务交易公告（2009年第9号）

中国人民银行于本周二（2月10日）以利率招标方式开展了正回购操作。具体情况如下：

正回购操作情况

期限	交易量	中标利率
28天	650亿元	0.90%

案例与思考

1. 试述货币政策的三大法宝的利弊。
2. 试论我国的货币政策目标。

参考书目

1. 范志勇．开放条件下中国货币政策的选择．北京：中国人民大学出版社，2009

2. 温信祥．银行资本监管研究：银行行为、货币政策与金融稳定．北京：中国金融出版社，2009

3. 张成思．通货膨胀动态机制与货币政策现实选择．北京：中国人民大学出版社，2009

4. 于泽．理性非注意、粘性信息与最优货币政策．北京：中国人民大学出版社，2009

5. 龚刚，高坚：固定汇率制度下的独立货币政策——未来中国货币政策管理机制探讨．金融研究，2007 (12)

第十二章 金融监督管理法

第一节 金融监管法概述

一、金融监管法的定义

二、金融监管法的原则

三、金融监管体制

四、我国的金融监管体制

第二节 银行业监督管理法

一、监管对象

二、监管机构

三、监管职责

四、监管内容

第三节 证券业监督管理法

一、监管主体

二、证券发行监管

三、市场交易监管

四、机构监管

第四节 保险业监督管理法

一、监管主体

二、对保险公司的监管

三、保险代理机构、保险经纪机构和保险营销员的监管

第五节 其他金融业监督管理法

一、其他金融机构的范围

二、对其他金融机构的法律监管

□·本章要点·□

1. 金融监管及金融监管法的定义

2. 金融监管法的原则
3. 金融监管体制及其利弊
4. 银行业、证券业和保险业的监管主体、职责和内容
5. 其他金融机构的范围及其监管主体

第一节　金融监管法概述

一、金融监管法的定义

金融监管（financial regulation；financial supervision）包括金融监督和金融管理。狭义的金融监管是指金融主管当局依据国家法律法规的授权对金融业（包括对金融机构以及它们在金融市场上的业务活动）实施监督、约束和管制等使其依法稳健运行的行为总称。广义的金融监管则指除主管当局的监管之外，还包括金融机构的内部控制与稽核，行业自律性组织的监督，社会中介组织的监督等。

金融监管法是调整国家在对金融市场进行监督和管理的过程中所形成的权利义务关系的法律规范的总称。与金融监管相对应，金融监管法律关系也有广义与狭义之分。广义的金融监管法律关系是指由金融监管法调整的在金融监管活动和金融业务活动过程中形成的具有权利义务内容的社会关系。狭义的金融监管法律关系则仅包括国家法定的监管机关在行使监管权对金融机构进行监督管理的过程中形成的权利义务关系。本章涉及的主要是狭义的金融监管法律关系。

二、金融监管法的原则

金融监管法的原则，是指能够全面、充分反映金融监管法所调整的金融监管关系的客观要求的、具有普遍意义的基本准则和指导思想。关于金融监管法的基本原则，理论上具有代表性的观点包括：四原则说，即保持币值稳定、促进经济发展原则，维持金融业稳定发展原则，保护投资者原则和与国际接轨原则；五原则说，即合法、公平、公开原则，适度监管原则，监管主体特定原则，效率原则和协调性原则；六原则说，即依法监管原则、合理监管原则、适度监管原则、高效监管原则、公平公正原则、审慎监管原则；七原则说，即实行管理和经营分开原则，稳定币制、促进经济发展原则，保护投资者原则，促进竞争原则，防范和化解金融风险原则，分业经营、分业监管原则，与国际接轨原则。

本书认为，指导整个金融监管法体系的基本原则，包括以下几个方面：

（一）依法监管原则

金融监管主要是监管机关实施的一种行政行为，该行为必须遵循法治原则的要求进行，以防止监管机关自由裁量权的滥用。具体来说，依法监管原则主要包括以下内容：第一，金融监管机关的设立及其职权的取得必须有法律依据，这是保证金融监管

的权威性和有效性的基础条件。第二，金融监管权的行使必须依照法律规定进行。金融监管机关必须在法律授权的范围内行使权力，其金融监管行为必须符合金融监管实体法和程序法的要求，不得超越法律赋予的权限。第三，金融监管权的行使应受到法律限制。为防止监管主体的越权行为，监管权的行使应受到相应的制约和监督。

（二）适度监管原则

适度监管是指金融监管行为应当以保证金融市场自我调节功能为基本前提，通过金融监管形成和保持金融市场适度竞争的环境和格局，并以此促进金融业的发展。适度监管原则对金融监管主体的监管行为提出了以下要求：

第一，金融监管不能替代金融市场的作用。监管者要充分尊重金融市场机制的作用，应尽可能顺应而不是违背市场力量，只要没有市场失灵等情况发生，监管者就不应主动介入，更不应该人为设置障碍而阻止金融机构对市场机会的利用，以免损害金融市场调节整体的自然性。第二，监管者应避免直接干预金融机构的具体经营决策。监管者不是金融机构的经营管理者，其职责并非对金融机构的具体事务进行微观管理，不得通过监管而压制金融机构正常竞争和发展。第三，监管者应充分重视金融业自律机制和社会中介机构的监督功能，发挥其在金融监管中应有的作用。

（三）保障金融安全原则

金融安全是指以制度、体制、机制和技术手段的建设，强化和完善金融领域的薄弱环节和链条，防范和化解金融风险，避免金融体系系统性、全面性风险的发生。融资体系和结构不合理、对金融企业的不当干预、金融业内部风险管理控制机制不规范不到位，等等因素，都可能引发一定程度的金融风险。而金融风险特有的社会性、扩张性和周期性，又会产生连锁反应，进一步引发经济危机。因此，在促进金融业发展的同时，必须将防范金融风险、保障金融安全作为金融监管的重要原则。党的十七大报告就明确提出，我国要形成多种所有制和多种经营形式的以及结构合理、功能完善、高效安全的现代金融体系。高效安全就要求在加快完善高效的现代金融体系的同时，把防范和化解金融风险作为金融监管法的一项重大任务。而确保金融安全的关键就在于构建良好的宏观经济环境，积极推动金融体制改革，建立有效的金融监管系统和内部控制体系。

（四）保护投资者合法权益原则

保护投资者合法权益是金融监管的核心任务，也是规范金融市场的根本目的。把保护投资者合法权益作为金融监管的基本原则，有利于增强投资者的信心，保障金融市场稳定的资金来源，从而实现整体经济健康发展。一国或地区对投资者保护越好，资本市场就越发达，抵抗金融风险的能力就越强，对经济增长的促进作用也就越大。保护投资者合法权益的关键是要建立起公平、公开、公正的市场环境，为投资者提供平等的交易机会和获取信息的机会，使投资者能够在理性的基础上自主地决定交易行为。

三、金融监管体制

对金融监管职责在不同机构之间进行划分的不同选择，可以形成不同的金融监管体制。金融监管体制存在多种模式，但并没有绝对的最佳模式。一国金融监管采取何种体制取决于该国政治、经济、金融和立法的历史背景等多种因素。大致归纳起来，目前世界各国形成的主要金融监管体制有统一监管、分业监管、混业监管和多元多层监管四类。

（一）统一监管模式

典型的统一监管模式是指对不同的金融行业、金融机构和金融业务均由一个统一的监管机构负责监管。这个监管主体可以是中央银行或其他机构。统一监管模式的优势在于节约技术和人力方面的投入等监管成本，在监管目标和监管手段上容易形成一致性和协调性，防止监管真空和交叉监管现象的发生，及时了解不同金融业务的风险，减少多重监管制度对金融创新的阻碍。其主要缺点是缺乏竞争性，难以体现金融业不同业务之间的差异性，难以形成集中明确的监管目标和采取正确合理的监管方法等。

（二）分业监管模式

分业监管模式是在银行、证券和保险三个业务领域内各自设立一个专职的监管机构，分别负责各行业的监管。目前分业监管模式较为普遍。分业监管模式的优点是具有专业化优势，职责明确，重点突出，监管力度较强，有利于达到监管目标，可提高监管效率。其缺点主要有，多重监管机构之间难以协调，容易出现监管真空和重复监管，可能使监管对象有空可钻、逃避监管；若设立多重目标或不透明的目标，容易产生分歧，使被监管对象难以理解和服从；分业监管各个机构庞大，监管成本较高，规模不经济，难以综合评估混业金融机构的风险等。

（三）混业监管模式

这是在金融业综合经营体制下，把单一监管机构监管和多个监管机构监管相结合而形成的一种模式。这种监管模式兼顾了单一监管机构监管和多个监管机构监管的优点，具体形式主要有牵头监管和双峰监管两种模式。牵头监管即在多重监管主体之间建立及时磋商和协调机制，特别指定一个牵头监管机构负责不同监管主体之间的协调工作。双峰监管模式是指根据监管目标设立两类监管机构：一类负责对所有金融机构进行审慎监管，控制金融体系的系统性风险；另一类负责对不同金融业务经营进行监管。与统一监管模式相比，混业监管在一定程度上保持了监管机构之间的竞争与制约作用，各监管主体在其监管领域内容易保持监管规则的一致性，既可发挥各个机构的优势，还可将多重机构的不利最小化；与分业监管模式相比，这种模式通过定期磋商协调机制，使各监管机构相互交换信息和密切配合，降低了多重监管机构之间互相协调的成本和难度，提高了监管效率。其主要缺点是监管机构设置比较复杂，如果各监管机构之间协调性差，则会出现监管“灰色区域”以及监管成本上升等问题。

（四）多元多层监管模式

多元多层监管模式也称为“伞形监管模式”或“双线多头式监管模式”，以美国为代表，主要体现在对金融控股公司的监管上：即指定美联储为金融控股公司的“伞式监管人”，负责对金融控股公司的综合监管；同时，金融控股公司附属各类金融机构按所经营业务的种类而非机构类型接受不同行业主要监管人（称为“功能监管人”）的监管。伞式监管人与功能监管人相互协调，共同配合，同时为避免重复与过度监管，伞式监管人的权力受到限制，一般不得直接监管金融控股公司的附属机构，尽可能采用功能监管人的监管结论。通过这种特殊的监管安排，金融控股公司的稳健性与效率可以得到一定保障，但该模式是由美国监管体制复杂多层的历史和双轨银行制（联邦注册和州注册银行，其中，美联储负责监管联邦银行）决定的，如果不能建立良好的沟通协调机制，容易造成职责不明、监管不力等弊端，美联储作为唯一一家能同时监管银行、证券和保险行业的机构，容易造成金融监管的重大失误。

四、我国的金融监管体制

我国的金融监管体制在改革开放后有一个逐步演变的过程，目前采取的是分业监管模式。1983 年以前，中国人民银行作为超级中央银行，既负责货币政策制定又负责对金融业进行监督。这时的专业银行虽然经营业务有较严格的分工，但并不反对银行分支机构办理附属信托公司，并在事实上形成一种混业经营模式。1983 年，中国工商银行作为国有商业银行从中国人民银行中脱离出来，实现了中央银行与商业银行的分离，从而使中国人民银行集金融监管、货币政策、商业银行职能于一身的金融管理体制宣告结束，现代金融监管模式初步形成。

20 世纪 90 年代，资本市场迅速发展，对金融监管提出了新的要求。1992 年 10 月中国证监会的成立，1998 年 11 月中国保监会的成立，进一步把对证券、保险市场的监管职能从中国人民银行剥离出来；2003 年年初中国银监会的成立，使中国金融业“分业经营、分业监管”的框架最终完成，由此，形成了我国“一行三会”的金融监管体制。在该监管体制中，银监会主要负责银行业的监管，保监会负责保险业的监管，证监会负责证券业的监管，中国人民银行则主要负责制定货币政策。

第二节　银行业监督管理法

从 1949 年新中国成立以来，我国的银行业监管经历了大一统的中国人民银行体制、中国人民银行和专业银行分工体制和分业监管体制等几个阶段。由于中央银行既进行货币政策的制定，又进行商业银行的监督和管理，在一定程度上降低了中央银行的独立性，也使得银行监管与货币政策的执行之间容易发生冲突。因此，为了更好地对商业银行实施有效监管，2003 年 3 月第十届全国人大决定成立中国银行业监督管理委员会，2003 年 4 月 28 日银监会正式挂牌成立，标志着中国人民银行集宏观调控与银行监管于一身的管理模式正式结束，我国商业银行监管从此进入了由专门银行监管机构监管的专业化监管阶段。

2003 年 12 月 27 日第十届全国人民代表大会常务委员会第六次会议通过了《中华人民共和国银行业监督管理法》。同届人大常委会又于 2006 年 10 月 31 日作出了《关于修改〈中华人民共和国银行业监督管理法〉的决定》。修订后的该法共分六章，52 条，分别对银行业监管对象、监管机构、监管职责、监管措施等作了明确的规定。此外，《中国人民银行法》和《商业银行法》也是重要的关于银行业监管的法律。

一、监管对象

银行业监管的对象包括银行业金融机构、境内设立的非银行金融机构和境外设立的金融机构三类。银行业金融机构，是指在中华人民共和国境内设立的商业银行、城市信用合作社、农村信用合作社等吸收公众存款的金融机构以及政策性银行。境内设立的非银行金融机构，是指在中华人民共和国境内设立的金融资产管理公司、信托投资公司、财务公司、金融租赁公司以及经国务院银行业监督管理机构批准设立的其他金融机构，即狭义上理解的非银行金融机构。除上述两类机构外，国务院银行业监督管理机构对经其批准在境外设立的金融机构以及上述金融机构在境外的业务活动实施监督管理。

二、监管机构

国务院银行业监督管理机构，即银监会，负责对全国银行业金融机构及其业务活动监督管理的工作。国务院银行业监督管理机构对派出机构实行统一领导和管理。国务院银行业监督管理机构的监督管理程序应当公开，并建立监督管理责任制度和内部监督制度。同时，2003 年修订的《中国人民银行法》规定，中国人民银行可以就有关货币政策执行情况，对银行业进行监管。由此，我国的银行业监管主体由银监会和中国人民银行共同担任，其中银监会发挥主要的监管作用。

以银监会为主的监管模式有以下特点：首先，银监会受国务院的直接领导，向国务院负责并报告工作。其次，银监会在国务院的领导下独立履行监督管理职责，不受地方政府、各级政府部门、社会团体和个人的干涉。再次，银监会统一监管全国银行业金融机构及其业务活动，既包括境内的中资、外资银行业金融机构及其业务活动，也包括境外的中资银行业金融机构和境内中资银行业金融机构的境外业务活动。

三、监管职责

银监会根据国务院授权，统一监督管理银行、金融资产管理公司、信托投资公司及其他存款类金融机构，维护银行业的合法、稳健运行。其主要职责是：制定有关银行业金融机构监管的规章制度和办法；审批银行业金融机构及分支机构的设立、变更、终止及其业务范围；对银行业金融机构实行现场和非现场监管，依法对违法违规行为进行查处；审查银行业金融机构高级管理人员任职资格；负责统一编制全国银行数据、报表，并按照国家有关规定予以公布；会同有关部门提出存款类金融机构紧急风险处置的意见和建议；负责银行业、国有重点金融机构监事会的日常管理工作；承办国务院交办的其他事项。

《中国人民银行法》在“金融监督管理”一章规定了中国人民银行行使必要金融监督管理职能的目标、手段与措施，同时也要求银行业监督管理机构的监管与中国人民银行的监管相协调。中国人民银行监管职能包括以下几个方面：监管银行间同业拆借市场、银行间债券市场、银行间外汇市场和黄金市场；根据实施货币政策和维护金融稳定的需要，可以建议银监会对银行业金融机构进行检查；当银行业金融机构出现支付困难，可能引发金融风险时，为维护金融稳定，中国人民银行经国务院批准，有权对银行业金融机构进行检查；中国人民银行根据履行职责的需要，有权要求银行业金融机构报送有关资料等。

四、监管内容

对商业银行的监管主要包括四个方面：市场准入监管、银行风险监管、银行业务监管和市场退出监管。

（一）市场准入监管

银行市场准入监管被称为银行监管的第一道防线。市场准入是指监管当局依照法律规定的标准进行选择，使合格的机构依法获得从业资格后，才允许其可以进行相应的金融活动。市场准入监管是监管当局的一种“防患于未然”的预防性监管措施，以保证银行具备从业的基本条件。世界各国大都出于维护金融业信用体系的考虑，规定了严格的银行业市场准入限制条件。中国银监会负责银行业金融机构的市场准入审查，不同的银行业金融机构有不同的准入条件、程序和管理要求，中国银监会及其分支机构依据权限和程序进行审批。

（二）银行风险监管

银行风险监管，又称审慎性监管，其核心内容是防范和控制金融风险，使银行机构稳健运行。我国《银行业监督管理法》第 21 条第 1、2 款规定：银行业金融机构的审慎经营规则，由法律、行政法规规定，也可以由国务院银行业监督管理机构依照法律、行政法规制定。审慎经营规则，包括风险管理、内部控制、资本充足率、资产质量、损失准备金、风险集中、关联交易、资产流动性等内容。限于篇幅，仅介绍三类规则。

1. 资本充足率监管

资本充足率是《巴塞尔协议》的三大支柱之一，是衡量银行资本安全和承担风险能力的重要指标，它能有效地衡量银行机构经营的稳健程度。资本充足率越小，风险就越大，安全度就越差。资本充足率过高，会使银行财务杠杆比率下降，增加筹集资本金的成本，影响银行的利润。按照巴塞尔协议的要求，我国规定，资本充足率不低于8%，核心资本充足率不低于4%时为“充足”；资本充足率不足 8%，核心资本充足率不足 4%时为“不足”；资本充足率不足 4%，核心资本充足率不足 2%时为“严重不足”。针对这三条标准，银监会可以分别采取不同的监管手段。

2. 资产流动性监管

资产流动性是指银行可以随时满足所有提款或还款的客户信用需求的能力。只有资产具有较高的流动性，才会使银行的资金灵活周转，并能随时满足客户提取存款或要求贷款的需求。如果资产流动性差，可能出现挤提，致使银行倒闭。因此对资产的流动性需要加强监管。

我国关于银行资产流动性监管方面的法律、规章主要有《商业银行法》以及中国人民银行于 1994 年 2 月发布的《商业银行资产负债比例管理暂行监控指标》等。关于资产流动性的监管的规定，主要涉及对商业银行资本质量的监管，对存贷款比例的监管，对商业银行举债和同业拆借的监管，以及对备付金比例的监管等。

3. 内部控制监管

按照 1997 年 5 月中国人民银行发布的《加强金融机构内部控制的指导原则》的规定，金融机构内部控制是金融机构为了完成既定的工作目标，防范风险，对内部的各职能部门及其工作人员从事的业务活动进行风险控制、制度管理和相应制约的方法、措施、程序的总称。内部控制是现代金融监管的基础，只有金融机构形成良好、严格的内控机制，外部的金融监管才能有效发挥作用。因此内部控制的监管尤为重要，内部控制监管不到位，容易造成商业银行缺乏竞争力，利润率低下。

（三）银行业务监管

《商业银行法》规定，银行主要业务必须遵守法律法规的规定，接受监管机构的监管（其中包括负债及放款业务监管、同业拆借监管等）。近年来，针对银行业的改革发展，监管机构在业务经营监管方面有了一些新的内容，如对股票质押贷款的监管和对商业银行设立基金公司的监管等。

（四）市场退出监管

市场准入等预防性监管是监管当局的首要任务，是积极的监管方法，而银行发生危机时，则需要采取保护性的事后监管作为补充手段。市场退出机制，旨在建立一个政府的保护网，采取及时有效的措施，防止银行倒闭及其产生的连锁效应，主要包括存款保险制度、最后贷款人制度和银行市场退出制度等。

1. 存款保险制度

银行的主要业务即存款，存款的规模即构成其负债的规模，而负债规模和银行风险程度直接相关，此种风险又可能影响存款人的利益。为保护存款人的利益，世界上许多国家设立了存款保险制度。存款保险制度是规定银行将其吸收到的存款到存款保险机构投保，在参加投保的银行破产时，由存款保险机构对银行支付法定数额保险金的一种制度。

2. 最后贷款人制度

中国人民银行作为中央银行，可为银行办理资金融通业务，是银行的最后贷款者。当商业银行发生资金短缺、周转不灵时，商业银行可以向中央银行融通资金、请求贷款，其主要方式是票据再贴现和抵押贷款。《中国人民银行法》第 23 条第 1 款第 4 项规定，中国人民银行可以向商业银行提供贷款。第 28 条规定：中国人民银行根据执行货币政策的需要，可以决定对商业银行贷款的数额、期限、利率和方式，但贷款的期限不得超过一年。

3. 银行市场退出制度

银行的市场退出，是指银行停止办理有关银行业务，银行主管部门吊销其营业许可证，银行从而失去作为金融机构的资格。银行的退出分为法人的退出和分支机构的退出。虽然我国目前四大国有商业银行未曾有过市场退出的事件，但一些中小金融机构发生的退出事件，也给监管者敲响了警钟。我国关于银行业市场退出的法律依据为《银行业监督管理法》、《商业银行法》、《外资金融机构管理条例》和《金融机构撤销条例》等。上述法律主要规定了银行市场退出的方式，主要有接管、解散、撤销、破产等方式。

第三节　证券业监督管理法

证券监管是指证券监管机构以矫正和消除证券市场失灵为目的，直接或间接干预证券市场机制或制定证券市场活动的规则及实施相应的行为。我国的证券监管体制经历了从多头到统一、从分散到集中的发展过程。从 20 世纪 80 年代初至今，大致可以分为，主要由上海、深圳市两地地方政府管理，由中央与地方、中央各部门共同参与管理和形成集中统一的证券监管体制三个阶段。在制度方面，构建起了以《证券法》为龙头，行政法规、部门规章、规范性文件和政策为主要调控依据的证券监管法律制度体系，监管范围包括发行监管、市场监管、机构监管、公司监管、基金监管、期货监管等诸多内容。

一、监管主体

目前我国证券业监管主体是中国证监会，它是国务院直属机构，是全国证券、期货市场的主管部门，它按照国务院授权履行行政管理职能，依照法律、法规对全国证券、期货业进行集中统一监管，维护证券市场秩序，保障其合法运行。中国证监会在管理我国证券市场的过程中，行使建立统一的证券期货监管体系的职能以及其他法律授予的职能，并对各级监管机构或监管机构内部实行垂直管理。

二、证券发行监管

我国证券发行监管的法律法规主要包括《证券法》、《公司法》、《上市公司证券发行管理办法》、《首次公开发行股票并上市管理办法》、《上市公司向社会公开募集股份操作指引（试行）》、《证券发行与承销管理办法》、《公司债券发行试点办法》、《证券发行上市保荐制度暂行办法》等。

（一）证券发行条件监管

1. 首次公开发行股票。首次公开发行股票并上市，应当符合《证券法》、《公司法》和《首次公开发行股票并上市管理办法》规定的发行条件。发行人应当是依法设立且合法存续的股份有限公司。在发行主体、独立性、规范运行、财务与会计、募集资金运用等方面应主要满足下列条件：具有完整的业务体系和直接面向市场独立经营的能力；已经依法建立健全股东大会、董事会、监事会、独立董事、董事会秘书制度，相关机构和人员能够依法履行职责；资产质量良好，资产负债结构合理，赢利能力较强，现金流量正常；募集资金应当有明确的使用方向，原则上应当用于主营业务。

2. 上市公司公开发行证券。上市公司发行证券的一般条件有：组织机构健全，运行良好；赢利能力具有可持续性；财务状况良好，财务会计文件无虚假记载，且不存在重大违法行为；募集资金的数额和使用应当符合规定。同时，在发行股票、可转换公司债券方面还存在一些具体的要求。

3. 上市公司非公开发行股票。上市公司非公开发行股票，是指上市公司采用非公开方式，向特定对象发行股票的行为。非公开发行股票的特定对象应当符合下列规定：特定对象符合股东大会决议规定的条件；发行对象不超过 10 名；发行对象为境外战略投资者的，应当经国务院相关部门事先批准；发行价格不低于定价基准日前个交易日公司股票均价的 90%；发行的股份自发行结束之日起，12 个月内不得转让；控股股东、实际控制人及其控制的企业认购的股份，36 个月内不得转让；募集资金的使用符合法律规定；发行股票将导致上市公司控制权发生变化的，还应当符合中国证监会的其他规定。

（二）股票发行审核

为了保证在股票发行审核工作中贯彻公开、公平、公正的原则，提高股票发行审核工作的质量和透明度，中国证监会下设股票发行审核委员会，依法对发行人的股票发行申请文件和中国证监会有关职能部门的初审报告进行审核。发行审核委员会由有关行政机关、行业自律组织、研究机构和高等院校等推荐，由中国证监会聘任。每届委员任期 1 年，连续任期最长不得超过 3 年。

（三）发行中的信息披露监管

发行人应以招股说明书、募集说明书、上市公告书等形式披露与发行相关的重要信息，包括：发行概况、风险因素、发行人基本情况、业务和技术信息、公司治理结构、财务会计信息、募股资金运用、董事及有关中介机构声明等。只要发行人真实、准确、完整、及时地披露信息，无虚假记载、误导性陈述或者重大遗漏，投资人的知情权就可以基本得到保证。

三、市场交易监管

（一）一般规定

证券交易当事人依法买卖的证券，必须是依法发行并交付的证券。依法公开发行的股票、公司债券及其他证券，应当在依法设立的证券交易所上市交易或者在国务院批准的其他证券交易场所转让。证券在证券交易所上市交易，应当采用公开的集中交易方式或者国务院证券监督管理机构批准的其他方式。

（二）内幕交易监管

内幕交易是指利用内幕信息进行证券交易以牟取利益的行为。我国《证券法》禁止证券交易内幕信息的知情人和非法获取内幕信息的人利用内幕信息从事证券交易活动，并明确界定了内幕信息和证券交易内幕信息的知情人的含义和范围。证券交易内幕信息的知情人和非法获取内幕信息的人，在内幕信息公开前，不得买卖该公司的证券，或者泄露该信息，或者建议他人买卖该证券。内幕交易行为给投资者造成损失的，行为人应当依法承担赔偿责任。

（三）证券交易中的持续信息披露

为保证投资者的知情权，上市公司在其证券上市交易期间应持续地将一些必要事项向社会公众公开。这类信息披露主要以定期报告和临时报告的形式进行，其中定期报告包括年度报告、中期报告和季度报告。当发生可能对上市公司证券及其衍生品种交易价格产生较大影响的重大事件，投资者尚未得知时，上市公司应当立即通过临时报告的形式披露，说明事件的起因、目前的状态和可能产生的影响。

四、机构监管

机构监管包括对证券公司、证券投资咨询机构、证券登记结算机构、证券业协会、证券服务机构、合格境内外机构投资者等的监管。这里主要介绍对证券公司监管。

（一）证券公司的设立审批

设立证券公司，应当具备《公司法》、《证券法》和《证券公司监督管理条例》规定的条件，并经证监会批准。证券公司的股东应当用货币或者证券公司经营必须的非货币财产出资。证券公司股东的非货币财产出资总额不得超过证券公司注册资本的30%；证券公司应当有3名以上在证券业担任高级管理人员满2年的高级管理人员；设立时，其业务范围应当与其财务状况、内部控制制度、合规制度和人力资源状况相适应。

（二）组织机构

证券公司应当依法建立健全组织机构，明确决策、执行、监督机构的职权。证券公司可以设独立董事，独立董事不得在本证券公司担任董事会外的职务，不得与本证券公司存在可能妨碍其作出独立、客观判断的关系。证券公司经营证券经纪业务、证券资产管理业务、融资融券业务和证券承销与保荐业务中两种以上业务的，其董事会应当设薪酬与提名委员会、审计委员会和风险控制委员会。证券公司设合规负责人，对证券公司经营管理行为的合法合规性进行审查、监督或者检查。

（三）监管措施

对证券公司的监管措施主要是报告和信息披露。证券公司应当自每一会计年度结束之日起4个月内，向国务院证券监督管理机构报送年度报告；自每月结束之日起7个工作日内，报送月度报告。发生影响或者可能影响证券公司经营管理、财务状况、风险控制指标或者客户资产安全的重大事件的，证券公司应当立即向国务院证券监督管理机构报送临时报告，说明事件的起因、目前的状态、可能产生的后果和拟采取的相应措施。证券公司应当依法向社会公开披露其基本情况、参股及控股情况、负债及或有负债情况、经营管理状况、财务收支状况、高级管理人员薪酬和其他有关信息。必要时，证监会还可要求证券公司或相关单位或个人，在指定的期限内提供与证券公司经营管理和财务状况有关的资料、信息。

第四节　保险业监督管理法

保险分为商业保险和社会保险。商业保险是指投保人根据合同约定，向保险人支付保险费，保险人对于合同约定的可能发生的事故因其发生所造成的财产损失或人身伤害承担赔偿或给付保险金责任的商业行为。在我国，商业保险的监管由中国保险监督管理委员会负责，社会保险则由劳动与社会保障部进行管理。本节只介绍对商业保险的监管。

一、监管主体

保监会是国务院直属事业单位，是全国商业保险业的主管机关。根据国务院授权，保监会依法履行监督管理我国保险市场的职能，主要包括：

1. 拟订保险业发展的方针政策，制定行业发展战略和规划；

2. 依据保险业监管的法律、法规，起草、制定业内规章；

3. 审批保险公司及其分支机构、保险集团公司、保险控股公司的设立；

4. 审查、认定各类保险机构高级管理人员的任职资格；

5. 制定保险从业人员的基本资格标准；

6. 审批关系社会公众利益的保险险种、依法实行强制保险的险种和新开发的人寿保险险种等的保险条款和保险费率；

7. 监管保险公司的偿付能力和市场行为。

二、对保险公司的监管

（一）保险公司的设立审批

目前我国对保险公司设立的审批采取的依然是内外有别的模式，并实施许可证管理。

内资保险公司的设立，须经保监会批准，采取股份有限公司或国有独资公司的组织形式，并有符合保险法和公司法规定的章程；有符合规定的最低限额的注册资本；有具备任职专业知识和业务工作经验的高级管理人员；有健全的组织机构和管理制度；有符合要求的营业场所和与业务有关的其他设施。

外资保险公司的设立同样须经保监会批准，其中合资保险公司、独资保险公司的注册资本最低限额为2亿元人民币或者其等值的自由兑换货币；外国保险公司分公司应当由其总公司无偿拨给不少于2亿元人民币等值的自由兑换货币的营运资金。保监会根据外资保险公司业务范围、经营规模，可以提高前述规定的外资保险公司注册资本或者营运资金的最低限额。此外，外资保险公司还需满足的条件包括：经营保险业务30年以上；在中国境内已经设立代表机构2年以上；提出设立申请前1年年末总资产不少于50亿美元；所在国家或者地区有完善的保险监管制度，并且该外国保险公司已经受到所在国家或者地区有关主管当局的有效监管；符合所在国家或者地区偿付能力标准；所在国家或者地区有关主管当局同意其申请以及中国保监会规定的其他审慎性条件。

（二）保险公司董事和高级管理人员任职资格监管

保监会及其派出机构对商业保险机构的董事、高级管理人员任职资格实行分级审查、分级管理，分别规定了不同的任职资格条件。这里的高级管理人员，是指对保险机构经营管理活动具有决策权或者重大影响的下列人员：总公司、分公司、中心支公司总经理、副总经理、总经理助理；总公司董事会秘书、合规负责人、总精算师、财务负责人；支公司、营业部经理以及与上述高级管理人员具有相同职权的负责人。

（三）保险公司资金运用的监管

保监会为了保证各保险公司的资金运用稳健、安全，保证其资产的保值升值，对保险公司的资金运用作了一定的规定。随着我国分业经营体制的逐步放宽，保险公司资金开始进入股票投资市场和商业银行次级债市场。保监会同时加强了保险机构进入上述市场的资格、投资范围等方面的监管措施。

（四）保险公司偿付能力的监管

偿付能力是指保险公司履行赔偿或给付责任的能力。对偿付能力的监管主要是考察保险公司资金能力是否足以履行其承担的危险赔偿责任。保险公司具备基本的偿付能力，不仅是保护被保险人利益的需要，也是保险公司自身稳定经营的需要。为了确保保险公司的偿付能力，法律规定了强制提取保险准备金和在一定情况下增加资本金制度。在保险公司的实际资产减去实际负债后的差额低于保监会规定的金额时，应增加资本金，补足差额。此外，保险公司还应依法提取保险保障基金以增强偿付能力。

三、保险代理机构、保险经纪机构和保险营销员的监管

在中华人民共和国境内设立保险代理机构及其分支机构，应当经中国保监会批准。保险代理机构应符合保监会规定的资格条件，并取得保险代理业务经营许可证。保险代理机构可以采取下列组织形式：合伙企业、有限责任公司和股份有限公司。保险代理机构以合伙企业或者有限责任公司形式设立的，其注册资本或者出资不得少于人民币 50 万元；以股份有限公司形式设立的，其注册资本不得少于人民币 1 000 万元。

保险经纪包括直接保险经纪和再保险经纪。直接保险经纪是指保险经纪机构与投保人签订委托合同，基于投保人或者被保险人的利益，为投保人与保险公司订立保险合同提供中介服务，并按约定收取佣金的行为。再保险经纪是指保险经纪机构与原保险公司签订委托合同，基于原保险公司的利益，为原保险公司与再保险公司安排再保险业务提供中介服务，并按约定收取佣金的行为。保险经纪机构可以采取下列组织形式：合伙企业、有限责任公司和股份有限公司。保险经纪机构以合伙企业或者有限责任公司形式设立的，其注册资本或者出资不得少于人民币 500 万元；以股份有限公司形式设立的，其注册资本不得少于人民币 1 000 万元。

保险营销员是指取得中国保监会颁发的资格证书，为保险公司销售保险产品及提供相关服务，并收取手续费或者佣金的个人。中国保监会根据国务院授权，对保险营销员履行监管职责。从事保险营销活动的人员应当通过中国保监会组织的保险代理从业人员资格考试，取得保险代理从业人员资格证书。资格证书持有人应当取得所属保险公司发放的保险营销员展业证，方可从事保险营销活动。

第五节　其他金融业监督管理法

一、其他金融机构的范围

除银行业金融机构、证券机构和保险机构外，我国还存在金融资产管理公司、信托公司、财务公司、金融租赁公司、融资公司、融资中心、金融期货公司、信用担保公司、典当行、信用卡公司以及经国务院银行业监督管理机构认定的其他从事金融业务的机构（如汽车金融公司）。上述机构加上证券机构和保险机构，又称为非银行金融机构。

二、对其他金融机构的法律监管

根据我国《银行业监督管理法》的规定，在中华人民共和国境内设立的金融资产

管理公司、信托投资公司、财务公司、金融租赁公司以及经国务院银行业监督管理机构认定的其他从事金融业务的机构，适用该法对银行业金融机构监督管理的规定。

除此之外，上述其他金融机构还分别受到我国《金融资产管理公司条例》、《信托公司管理办法》、《金融租赁公司管理办法》、《企业集团财务公司管理办法》、《贷款公司管理暂行规定》等部门规章以及相应的规范性文件的监管。

（一）对金融资产管理公司的监管

金融资产管理公司，是指经国务院决定设立的收购国有银行不良贷款，管理和处置因收购国有银行不良贷款形成的资产的国有独资非银行金融机构。金融资产管理公司以最大限度保全资产、减少损失为主要经营目标，依法独立承担民事责任。中国人民银行、财政部和中国证券监督管理委员会依据各自的法定职责对金融资产管理公司实施监督管理。金融资产管理公司的注册资本为人民币100亿元，由财政部核拨。金融资产管理公司收购国有银行不良贷款的范围和额度由国务院确定；超出确定的范围或者额度收购的，须经国务院专项审批。金融资产管理公司应当按照中国人民银行、财政部和中国证券监督管理委员会等有关部门的要求，报送财务、统计报表和其他有关材料。金融资产管理公司应当依法接受审计机关的审计监督。

（二）对信托公司的监管

设立信托公司，应当采取有限责任公司或者股份有限公司的形式。设立信托公司，应当经银监会批准，并领取金融许可证。设立信托公司，应当具备的条件包括：有符合我国《公司法》和中国银监会规定的公司章程；有具备银监会规定的入股资格的股东；具有法定的最低限额的注册资本；有具备银监会规定任职资格的董事、高级管理人员和与其业务相适应的信托从业人员；具有健全的组织机构、信托业务操作规程和风险控制制度；有符合要求的营业场所、安全防范措施和与业务有关的其他设施以及银监会规定的其他条件。信托公司注册资本最低限额为3亿元人民币或等值的可自由兑换货币。此外，信托公司在设立分支机构及变更名称、注册资本、公司住所、组织形式等方面，均应经银监会批准。在经营外汇业务时，还应接受外汇主管部门的检查、监督。

（三）对企业集团财务公司的监管

企业集团财务公司，是指以加强企业集团资金集中管理和提高企业集团资金使用效率为目的，为企业集团成员单位提供财务管理服务的非银行金融机构。企业集团财务公司依法接受银监会的监督管理，其设立应经银监会批准。企业集团设立财务公司应当具备的条件包括：确属集中管理企业集团资金的需要，经合理预测能够达到一定的业务规模；有符合法律规定的章程；有符合我国《企业集团财务公司管理办法》规定的最低限额注册资本金；有符合银监会规定的任职资格的董事、高级管理人员和规定比例的从业人员，在风险管理、资金集约管理等关键岗位上有合格的专门人才；在法人治理、内部控制、业务操作、风险防范等方面具有完善的制度；有符合要求的营业场所、安全防范措施和其他设施等。设立财务公司的注册资本金最低为1亿元人民币。经营外汇业务的财务公司，其注册资本金中应当包括不低于500万美元或者等值的可自由兑换货币。财务公司的业务范围、设立分公司等须经银监会批准，其经营业务应遵守规定的资产负债比例要求。

（四）金融租赁公司

金融租赁公司是以经营融资租赁业务为主的非银行金融机构。融资租赁，是指出租人根据承租人对固定资产和供货人的选择或认可，将其从供货人处取得的固定资产按合同约定出租给承租人占有、使用，向承租人收取租金的交易活动。对金融租赁公司实施监督管理的主管机关是中国银监会及其派出机构。申请设立金融租赁公司应具备的条件包括：具有符合法律法规规定要求的出资人、最低限额注册资本和章程；具有符合银监会规定的任职资格条件的董事、高级管理人员和熟悉融资租赁业务的合格从业人员；具有完善的公司治理、内部控制、业务操作、风险防范等制度；具有合格的营业场所、安全防范措施和与业务有关的其他设施等。金融租赁公司的出资人分为主要出资人和一般出资人。主要出资人是指出资额占拟设金融租赁公司注册资本50%以上的出资人，通常为银行、租赁公司、大型企业等。一般出资人是指除主要出资人以外的其他出资人。设立金融租赁公司，应由主要出资人作为申请人向中国银监会提出申请。金融租赁公司的最低注册资本为1亿元人民币或等值的自由兑换货币。金融租赁公司设立分支机构及变更名称、住所、注册资本等方面须经银监会批准，其董事和高级管理人员的任职资格须经银监会核准。金融租赁公司须遵守法定的监管指标，并按照相关企业会计准则及银监会有关规定进行信息披露。

（五）期货市场监管法

证监会下设期货监管部，负责对全国期货市场进行监督管理。期货交易所和期货公司是两个主要的被监管主体。

期货交易所是依照我国《期货交易管理条例》和《期货交易所管理办法》的规定设立，履行法律规定的职责，按照章程和交易规则实行自律管理的法人。设立期货交易所，由证监会审批。未经批准，任何单位或者个人不得设立期货交易所或者以任何形式组织期货交易及其相关活动。期货交易所可以采取会员制或者公司制的组织形式。会员制期货交易所的注册资本划分为均等份额，由会员出资认缴。公司制期货交易所采用股份有限公司的组织形式。证监会对期货交易的监管主要通过审批和报告制度实施。

对期货公司监管分为三个层次：证监会及其派出机构依法对期货公司及其分支机构实行监督管理；中国期货业协会、期货交易所依法对期货公司实行自律管理；期货保证金安全存管监控机构依法对保证金安全实施监控。

申请设立期货公司，应当符合我国《公司法》、《期货交易管理条例》和《期货公司管理办法》的相应规定，其注册资本最低限额为人民币3 000万元。此外，证监会对期货交易人员的从业资格，期货公司的经营、变更，营业部的设立、停业、终止等均作出了相应的监督管理规定。

法律应用

银监会、证监会、保监会在金融监管方面的合作机制

1. 建立银监会、证监会、保监会“监管联席会议机制”。监管联席会议成员由三方机构的主席组成，每季度召开一次例会，由主席或其授权的副主席参加，讨论和协调

有关金融监管的重要事项，已出台政策的市场反映和效果评估以及其他需要协商、通报和交流的事项。监管联席会议仅协调有关三方监管的重要事宜，原三方监管机构的职责分工和日常工作机制不变。联席会议成员每半年一次轮流担任会议召集人。任何一方认为有必要讨论应对紧急情况时，均可随时提出召开会议，由召集人负责召集。监管联席会议三方分别设立"联席会议秘书处"作为日常联络机构，并指定专门联系人。在正常情况下，联席会议召开前5个工作日，三方日常联络机构应将拟议事项和各方意见建议等书面材料送达联席会议成员。会后由召集方负责拟定会议纪要，在征求参会方意见后发送各方。监管联席会议纪要报国务院领导审批后执行。

2. 银监会、证监会、保监会任何一方与金融业监管相关的重要政策、事项发生变化，或其监管机构行为的重大变化将会对他方监管机构的业务活动产生重大影响时，应及时通告他方。若政策变化涉及他方的监管职责和监管机构，应在政策调整前通过"会签"方式征询他方意见。对监管活动中出现的不同意见，三方应及时协调解决。

3. 建立银监会、证监会、保监会"经常联系机制"，由三方各指定一个综合部门负责人参加，综合相关职能部门的意见，为具体专业监管问题的讨论、协商提供联系渠道。银监会、证监会、保监会召开"联席会议机制"和"经常联系机制"会议时，可邀请中国人民银行、财政部或其他部委参加。银监会、证监会、保监会可邀请他方工作人员参加本机构组织的相关培训和研讨活动。

案例与思考

1. 综合案例：英国的金融监管

1997年5月20日，英国宣布金融监管体系改制，将对资金供需与支付清算系统中居枢纽地位的银行体系和隶属于证券投资委员会的各类金融机构业务的监管整合，成立单一的监管机构，即金融服务总署（Financial Services Authority，简称FSA）。

FSA的目的和任务主要有：(1) 保持公众对英国金融系统和金融市场的信心；(2) 向公众宣传，使公众能够了解金融系统及与特殊金融产品相连的利益和风险；(3) 确保为消费者提供必要的保护；(4) 为发现和阻止金融犯罪提供帮助。

FSA下设9个业务监管机构：建筑融资互助社委员会、互助社委员会、贸易与工业部保险业委员会、投资管理监管组织、个人投资局（主管零售投资业务）、互助社设立登记局（主管信用机构监管）、证券期货管理局（主管证券及衍生性信用商品业务）、证券投资委员会（主管投资业务，包括票据清算与交换）及英格兰银行监管局（主管银行监管，包括批发货币市场）等。

FSA作为英国唯一的、独立的、对英国金融业实行全面监管的执法机构，拥有制定金融监管法规、颁布与实施金融行业准则、给予被监管者以指引和建议以及借以开展工作的一般政策和准则的职能。根据有关法律，FSA拥有监管金融业的全部法律权限，并从2001年12月1日起开始行使其全部监管职能。

FSA并不是政府机构，而是一个独立的非政府的监管组织，它的经费收入直接来源于它所监管的金融机构。FSA虽然要全面负责对拥有一百多万员工的英国金融业的监管，但其机构并不庞大，现有雇员仅2 100人。

问题：

（1）英国金融监管体制改革的深层次原因是什么？

（2）请比较中、英两国金融监管体制的相同点和差别。

2. 思考题

（1）什么是狭义的金融监管法律关系？

（2）分业监管和混业监管模式各有哪些优劣？

（3）试述金融监管法的基本原则。

（4）试述我国银监会、证监会和保监会的主要监管职责。

参考书目

1. 盛学军．全球化背景下的金融监管法律问题研究．北京：法律出版社，2008

2. 黄毅．银行监管与金融创新．北京：法律出版社，2009

3. 张玉智．中国金融衍生品市场监管体系重构．北京：中国金融出版社，2009

4. 刘平．近代中国银行监管制度研究：1897—1949. 上海：复旦大学出版社，2008

5. 屠光绍主编．市场监管：构架与前景．上海：上海人民出版社，世纪出版集团，2000

6. 尚福林主编．证券市场监管体制比较研究．北京：中国金融出版社，2006

7. 孟昭亿主编．国际保险监管文献汇编（NAIC 卷．上、下册）．北京：中国金融出版社，2008

第十三章 金融调控与金融监督管理制度的改革

本章要点

1. 金融调控与金融监督管理的联系与差异
2. 金融调控与金融监督管理职能分离抑或兼容的考量因素
3. 协调金融调控与金融监管职能分离的法律机制

第一节 金融调控与金融监督管理关系概述

金融即货币资金的融通，它是现代经济的核心，是以银行等金融机构为中心的各种形式的信用活动以及在信用基础上组织起来的货币流通等经济活动的总称。金融市场是瞬息万变、充满不确定风险的市场；并且，任何一个金融机构金融活动的开展，其影响都会超过交易个体自身的范围，都现实地或潜在地对其他市场主体产生着影响，从而对社会经济发生作用。在现代经济生活中，金融居于核心的地位，正如邓小平所说："金融很重要，是现代经济的核心。金融搞好了，一着棋活，全盘皆活。"[①] 由于金融影响着国民经济总体的运行，所以，在当今世界，各国无不在尊重市场机能的前提下，从社会整体利益需要出发，通过金融实现经济的宏观调控，同时加强对金融的有效监管。金融调控和金融监管正是在这种情况下由国家实行的干预措施。

一、金融调控与金融监管的具体内涵

（一）金融调控

金融调控一般指各国金融调控当局（中央银行）根据确定的经济发展目标，运用货币政策工具对货币供应量和信贷总量、结构的调节和控制，以保证整个经济从宏观上实现总供给与总需求的平衡。金融调控的实质是货币政策的制定和实施，它作为宏观调控的重要组成部分，主要由中央银行通过制定和实施货币政策来实现。它根据既定的经济发展目标，运用货币政策工具对货币供应量和信贷总量、结构的调节和控制，是一种调节社会总需求的宏观性、长期性、间接性经济措施，其目的在于保证整个经济从宏观上实现总供给与总需求的平衡。由于金融对国民经济有着直接的影响，所以，金融调控对宏观经济总量（总供给和总需求）的作用，比其他诸多宏观调控措施更加明显。

根据上述概念，我们不难归纳出，金融调控的特征主要在于：其一，金融调控主体是中央银行。其二，金融调控的手段主要是货币政策，包括金融调控当局为实现特定目标调节和控制货币供应量及处理货币事务的路线、方针、规范和措施等。其三，金融调控的手段虽具有灵活性与适应性，其本身并不是严格意义上的法律，但必须在法律框架下运作，这个法律框架就是金融调控法。

（二）金融监管

至于金融监督与管理，其含义与金融调控有所不同。金融监管是在市场运作的条件下，以克服市场机制的缺陷、改善市场机制的运行效率为目的，由政府对市场经济行为进行的监督与管理。金融监管即金融监督和金融管理之简称。前者是指金融主管当局通过对金融机构全面的、经常性的检查，以促使其依法稳健经营、安全可靠和健康发展的活动。而后者则由国家根据有关法律，授权有关部门制定、颁布和实施有关规范金融业的组织机构和业务活动的特殊规定和条例。通过这些规定和条例的制定和实施，力图将金融业务活动纳入有序轨道，建立一个健康、安全的金融体系，对金融客户提供公正、有效的服务。

总的说来，金融监管着眼于维护金融体系的安全与稳定，限制金融交易关系中产生的过度竞争和不正当竞争，以保护存款人、投资者和社会公众的利益，使竞争环境趋于公平、有效，从而达到维护金融业合法、稳健、高效运行的目标。从实施手段看，金融监管是通过金融主管机关对金融机构的审批、检查、稽核，对金融机构和金融市

---

① 《邓小平文选》，第3卷，366页，北京，人民出版社，1993。

场的统计管理，对金融机构的财务会计管理，对金融市场主体的处罚强制等形式来实现的。其中又以对金融经营的资本充足性、流动性与贷款集中度的监管最为重要。

综上所述，金融调控和金融监管皆为国家干预社会经济的措施，但金融调控着眼于金融总量的干预，金融监管则着眼于金融机构运行的干预。前者属于国家宏观管理措施之一，作用于宏观经济领域；而后者属于国家市场管理行为，作用于微观经济领域。

二、金融调控与金融监督管理关系的区别与联系

比较分析的目的是在一种制度类型与另一种制度类型的对比中，研究它们的一般性和共同性以及隐藏在共同表象之后的有意义的特殊形态。它是认识特征揭示本质的有效方法，并在此基础上获取其进一步完善与发展的捷径。

（一）金融调控与金融监督管理关系的差异

1. 法律性质的差异

在国家干预经济过程中一般会产生两种内涵迥异的经济关系，即宏观调控关系和市场规制关系。显然，金融调控关系是金融主管机关运用各种金融杠杆调节货币供给总量和结构，在全社会配置货币资金，进而影响非货币形态的经济资源之配置和市场主体之经济活动的行为，显然属于宏观调控关系性质。而金融监督管理关系是金融主管机关在对金融机构等市场主体的金融业务的监督与管理中所产生，显然属于市场规制关系性质。具体地讲，金融调控关系不仅具备国家经济管理关系的一般特征，还应蕴涵宏观经济调控关系的特殊表象：其一，具有宏观性和总体性，着眼于社会经济的宏观结构和总体运行，所实行的措施影响到社会经济的全局，而不仅仅触及某些局部和个体。其二，金融调控措施具有促导性，其所采用的方式重在对社会经济活动予以引导和促进。而金融监督与管理则属于市场规制的性质。

2. 目标与手段的差异

在当代纯粹信用制度下，金融业积极地发挥着创造货币和信用流通工具的功能，而且货币供应量的扩张与紧缩还决定着以货币支付能力为表现形式的社会总需求，决定着国民生产总值水平。但是，一个不受控制的金融体系可能导致货币供应量超过实际需要而引发通货膨胀，或者是使货币存量减少，引起需求不足，经济萧条。这就需要由中央银行实行金融调控。中央银行作为金融宏观调控机构，制定货币政策时有稳定物价、充分就业、经济增长和国际收支平衡等四个目标，但在各个时期有所不同，是随着当时的社会经济问题的产生和变迁而发展和完善的。近年来，以稳定币值为目标，保证无通货膨胀的货币控制，从而促进本国经济持续稳定发展，是多数国家首选的目标。金融调控的目标主要通过制定和实施货币政策来实现。货币政策以整个银行系统的资产运用和负债经营为干预对象，通过对一系列可调控、可观测的有密切联系的中介目标施加影响，并通过传导机制来达到终极目标。这种通过中介传导而产生的连锁反应的干预行为不是必然作出的，是以经济利益为动力源的，是合理预期状态下的意志行为，具有较大的弹性。

金融监督管理的目的是确保金融机构的合法稳健运营，防范和化解金融风险，其目标主要体现在以下几个方面：一是保证金融机构经营的安全与稳定。二是保证金融业竞争的平等性，使金融业在合法的竞争中为社会提供高效率的融资机制，为经济的

稳定发展创造一个良好的金融环境。三是保证金融活动各方的正当权益。四是建立及时、准确反映金融机构经营状况的金融信息系统。这就需要通过在制度上、法律上作出合理设计，实行审慎性监督管理，并建立一套有效的银行危机处理制度，避免整个金融体系的安全和稳定受到冲击，进而危及本国经济的发展。通常对金融业实施监督与管理的手段是颁布一系列法律法规，在开业、营业、资产种类、资金运用、偿付能力等各个环节加强监督管理；在危机时期，还频频推出带有强制执行色彩的命令、决定，以保障金融机构市场退出的安全。另外，监督管理机关还针对金融机构的具体行为实行常规的检查监督，定期或不定期的现场检查以及对出现问题的金融机构进行稽核处罚，起到化解风险、保障安全的作用。监督机关行使监督管理职能的权力是行政权力，金融机构负有必须遵守不得违抗的义务，否则将承担相应的法律责任。

3. 价值取向的差异

国家对经济的干预必须置于经济运行的整体利益之中加以评判，必须以社会整体利益为最高准则。社会利益是公众从社会生活角度出发，为维护社会正常经济秩序和活动而产生的利益需求，涉及经济秩序和经济效益两方面。效益是通过成本、收益分析反映出来的，金融调控法所调整的货币供应关系的宏观性、立体性正与整体效益不谋而合，其整体效益价值主要通过控制货币供应量与实际需要量的平衡一致来实现。比如，中央银行调控货币供应量时，必须以其所产生的社会总需求与总供给间是否达到平衡，是否实现整体经济效益作为评判标准。

金融监督管理就是以秩序作为价值取向的，其所蕴含的秩序价值是通过一系列规范金融机构行为，保护存款者及其他社会公众利益的监督管理制度的设计实现的。比如，市场准入监督管理旨在控制过度竞争，消除金融机构因垄断而带来的负面效应，即效率下降、金融产品质量不高；资本充足率则要求银行资本实力雄厚，用来吸收银行营业中的意外损失，维护社会公众对银行体系的信心，消除银行的非秩序状态。资本流动性监督管理重在确保以适当的价格获取可用资金来应付挤提款和满足信用需求，以防止挤兑风潮，避免银行秩序混乱。

归纳起来，二者目标不同、实现目标的手段不同，金融调控和金融监督管理必然存在着冲突。由于金融监督管理依靠强制力实施，对金融机构是硬约束，冲突的结果必然是金融调控目标让位于金融监督管理。

（二）金融调控与金融监督管理的联系

随着各种因素的推动，金融调控与金融监督管理职能之间的差异是比较明显的。但这并不意味着两者之间就不存在任何联系，相反，金融调控的顺利实施离不开健全的银行体系，而银行体系的安全也离不开货币当局的支持，两个职能之间仍然存在着不可分割的联系。执行金融调控与实施金融监督管理是相辅相成的，二者的关系不能割裂开来。货币政策的实施必须要考虑银行体系的状况，而对银行的监督管理也必须要考虑特定的货币运行状况。由于这种联系的存在，使得职能的分离并不必然带来金融监督与管理组织结构从中央银行的分离。这种联系具体体现在以下几个方面：

1. 货币稳定和银行体系的稳定紧密联系

货币政策的实施是要经过几个中间环节的，这其中银行是重要的传导渠道。银行对货币政策实施作用影响程度大小是和银行体系在整个金融体系中的地位相对应的。如果一个国家的银行体系在金融体系中占绝对的地位，那么货币政策实施的效果将受到银行体系运行状况的巨大影响，这在包括我国在内的发展中国家表现的尤其明显。同样，如果货币政策出现问题，不能保证一个稳定的货币环境，银行体系的安全也难以得到保证。

2. 职能的互补性

货币政策是当今各国进行宏观经济调控的主要手段，而中央银行是利用货币政策实施宏观经济调控的主体。货币政策的有效实施必须依靠金融市场上的成员机构的经营业务活动，运用各种货币政策工具推行自己的政策意向，实现货币政策目标。安全有效的金融体系是货币政策有效传导的重要前提，金融体系的不稳定会增大货币政策的成本，影响货币政策的实施效果。有效的货币政策能够创造稳定的货币环境，有利于实现宏观经济形势的稳健，从而有助于保障金融体系的稳健和金融监督管理的实施。为了保证货币政策的顺利实现，金融监督管理机构应当通过监督管理，使金融机构的经营活动与中央银行的货币政策目标保持一致性，以使其对中央银行调节手段及时准确传导和执行，这样，在宏观经济发展之下的金融监督管理才有实际意义。

货币币值的稳定是宏观经济政策稳健的重要内容，货币币值不稳定，将导致银行及其他金融机构决策的信息失真，扭曲金融机构的经营行为，从而造成微观经济主体效率下降和系统性风险增加。有效的金融监督管理则可保证金融体系的稳定性，提高货币当局制定和执行货币政策的能力，增强货币政策的有效性。金融监督管理不力会使货币政策传导机制复杂化，加剧金融风险，增加中央银行制定和实施货币政策的难度，降低货币政策的有效性。同时，维护金融稳定是中央银行的重要职责，这种稳定侧重于宏观的金融稳定，但也需要以各类金融机构的微观稳定为基础，而微观的稳定是以有效的金融监督管理为前提的，在维护金融稳定方面，二者是互补的。中央银行灵活运用货币政策工具，可以化解金融风险特别是局部性的金融风险，也有助于金融监督管理效率的提高。

3. 金融监督与管理信息的反馈可以促进货币政策的完善合理

货币政策的决策和金融监督管理政策的制定，都需要从银行收集大量数据和信息。如中央银行对货币政策的调整会影响银行等金融机构的头寸和经营，为保证货币政策的准确性，中央银行必须掌握详尽的金融机构信息，以便对金融运行情况以及金融运行可能引发的问题作出正确的判断；中央银行为正确地发挥最后贷款人的作用，需要及时了解商业银行的运行状况，金融监督管理所获得的银行等金融机构运行的信息是中央银行制定和实施货币政策的重要基础和重要保证。因此，金融调控与金融监督管理在不同的条件下存在着许多差别，必须加强中央银行与金融监督管理机构之间信息获得的协调，保证数据和信息的及时性、可靠性和一致性，实现两种职能之间的信息共享，协调二者之间的相互关系。同时，中央银行作为支付、清算的组织者，中央银行可获得对金融市场形势的第一手资料和感觉，在获得宏观经济运行中资金流向与流量的信息方面，具有不可比拟的优势，这些信息可以对金融监督管理提供支持，也可以避免增加银行的负担。

综上所述，金融调控与金融监督管理如同一枚硬币的正反两面，在政策操作中相互作用、相互制约，存在着密不可分的联系。金融调控的有效实施需要有效的金融监督管理的支持，而稳定的银行体系是保障金融调控顺利实施的重要条件。银行业金融机构良好的资产负债结构和稳定的经营策略，是金融调控充分发挥效应的重要基础。由此可见，货币政策和金融监督管理的关系决定了二者必须要协调运行。

第二节　金融调控与金融监督管理关系的理论争议

按照传统惯例，一国的中央银行肩负着双重责任：实施金融调控时，根据宏观调控的需要和国民经济的变化制定和执行货币政策，确保一国的币值稳定和经济的发展；履行监管职能时，应通过对金融机构经营管理、内控风险体系评价以及外部的金融法律法规的立法和执法实践活动来防范金融体系的系统性风险。这里实际包含着一个隐含的假定：中央银行将货币政策与金融监管的权力集于一身。但近年来，一些发达国家出于政治和经济的考虑，逐渐将金融监管职能从央行的手中分离出来，成立独立的监管机构，从而引发了两项职能是分离还是兼容的争论。

一、金融调控和金融监督管理的分离论

持金融调控职能和金融监管职能分离论观点的人认为，无论从规模效应，避免目标冲突、道德风险，还是避免中央银行的声望损失方面来讲，两项职能分离具有明显的改进优势。

（一）中央银行的“双重角色冲突”

中央银行在执行金融调控与金融监管时的“双重角色冲突”是学者们倾向于中央银行和监管机构分立的主要理由。对角色冲突的通常说法是：中央银行既实施金融调控又拥有金融监管的权力，存在着整体和局部的矛盾。中央银行进行金融调控的目标不外乎物价稳定、经济增长、充分就业和国际收支平衡（或汇率稳定）等。而这些目的一般都是为了公众利益而考虑的，并不意味中央银行可以利用金融调控对金融业这个特殊的行业作特别的融通。但中央银行身兼二任时，往往会在实施监管时成为商业银行的监管“捕获者”，使公众利益和金融业的特殊利益产生冲突，结果是中央银行过多考虑保护银行而非社会公众的利益，倾向于尽可能不采取或少采取不利于银行体系利益的事情（例如降低利差）。比如，经济处于高通货膨胀时期，中央银行急需采取紧缩货币政策，但由于银行体系的脆弱，中央银行将面临相当的压力，不得不拖延实施紧缩的货币政策或者使货币政策进行不适当的放松，导致无法有效缓解通货膨胀的局面。根据一些经验性的研究，由中央银行负责银行监管的国家有着较高的通货膨胀率、货币增长率和财政赤字、GDP 比率。[①] 由于独立的中央银行能够更好地达到货币政策目标，因此大多数中央银行倾向于不负责金融监管。[②] 微观方面，中央银行负责金融监管

① Grilli V，Mesciandaro D，Tabellini G. Political and Monetary Institutions and Public Finance Policies in the Industrial Countries. Economic Policy，1991，13：3412392.

② Goodhart C，Schoenmaker D. Should the Functions of Monetary Policy and Banking Supervision Be Separated?. Oxford Economic Papers，1995，47 (4)：5392560.

的国家中银行失败的明显较少，银行业的利润较多，但是人事费用高出50%。[①]

（二）分工专业化

支持两项职能分离者认为，随着金融全球化的深化、IT技术对金融业的深厚影响以及金融混业浪潮的迅猛发展，金融监管面临着非常紧迫的专业化要求。专业化的分工能使管理者的工作范围更专一，工作目标更单一，管理的效率就会更高。如果不能专业化，金融监管就可能既缺乏事先对有问题银行进行系统有效的预警的机制，又缺乏在监管过程中敏锐地捕捉和发现问题的能力，更缺乏在事后对有问题银行救助的体系。结果，非专业化的金融监管或对危机视而不见，或贻误处理问题的时机，或徒劳无益地对明明挽救无望的银行进行代价昂贵的救助。因此，当中央银行集金融调控和监管职能于一身时，会不堪重负，影响金融监管的有效性。

（三）有助于避免道德风险

当金融调控职能和监管职能融于中央银行一身时，作为金融监督者，中央银行的一个重要功能就是充当最后贷款者，向即将破产者和社会提供资金以维持金融体系必要的流动性。但这往往会产生"太大以致不能倒"等道德风险问题：即银行普遍相信当它们出现流动性风险或挤兑危机时，中央银行会出于防止金融系统性风险的考虑而给予援助。在这种预期下，银行往往缺乏动力去遵守审慎经营原则和市场约束，甚至还会倾向于采用高风险的经营策略。而将金融调控职能和金融监管职能彻底分离则有助于消除银行的保险预期，避免道德风险的产生。

（四）避免中央银行的声望损失

金融市场秩序良好，整个体系稳定，各家金融机构进行良性竞争、健康发展时，社会收益的增加归因于金融机构的创新和开拓精神，而监管部门的努力却不易衡量得不到相应的肯定。而且，由于一些小小的工作失误甚至是某一偶发事件而引发金融震荡时，对监管当局的指责就会铺天盖地而来。与之相反的是，金融调控的目标愈来愈容易被量化，如设立通货膨胀率的目标等，这意味着金融调控的成败绩效较容易衡量，也容易树立威信。因此，中央银行兼容监管职能，监管不力对其权威性、可信度、独立性的损害必然会间接影响金融调控的独立性和有效性。

二、金融调控和金融监督管理的兼容论

坚持金融调控和监管职能兼容的学者认为，职能分离所导致的信息交流阻塞会直接影响监管的有效性，而两项职能兼容具有以下优势：

（一）有助于收集信息

监管信息与金融调控信息的交叉互补客观上要求两种职能加强融合、提高效率。就金融监管职能而言，了解宏观决策层意图和未来金融调控走向有助于更好地实施监管职能。就金融调控职能而言，微观监管信息对宏观决策具有十分重要的意义，且中央银行制定和实施货币政策的过程依赖于金融监管活动获取的各种信息，以及监管过程中形成的中央银行对金融机构的制约关系。若中央银行无监管职能，部分有用的监

---

① Di Noia，Di Giorgio. Should Banking Supervision and Monetary Policy Task Be Given to Different Agencies?. University at Pompeu Fabra. Department of Economics and Business，Economics Working Papers，1999，411.

管信息将会不可避免地流失掉，影响到宏观稳定决策的实施。同时，通过一系列监管活动，中央银行才能获取商业银行的业务经营、财务状况和风险控制情况，为制定和实施金融调控政策提供依据，保证中央银行对商业银行金融监管的合法性和权威性。

（二）维持金融体系之间的支付、结算体系

由于金融机构之间的支付、结算存在着一定的时间差额，因而，如果在整个支付、结算体系中，一旦有一个环节出现问题，那整个体系将会遭受打击，从而影响整个金融体系的稳定。这方面最典型的例证莫过于1974年发生的德国赫斯塔特银行倒闭事件。[①] 如果金融调控与金融监管统一于中央银行时，就能够及时察觉金融体系监管中产生的问题，并对支付结算中时间差产生的问题给予资金解决，避免产生类似的问题。

（三）减少信息交流摩擦

对于金融调控职能和金融监管职能分离持反对意见的人认为，将金融监管权力从中央银行中分离，最大的问题在于：中央银行不易发现金融调控的错误，日积月累，可能给金融体系带来更大的灾难，从而损害公众的利益；中央银行拥有金融监管权力时，因其本身具备最后贷款人角色，在金融危机到来时，比较容易协调整个金融体系以应付危机。另外，因为金融产品的创新，传统货币与非传统货币之间的界限越来越模糊，金融产品之间的相互替代等，更需要有效执行金融调控，中央银行直接监管金融业是必要的。

第三节　金融调控与金融监督管理职能的经验考察

有效率的银行监管体制在保障货币政策和银行监管的功能发挥方面具有重要作用，这主要是因为监管体制的选择和设计直接影响到货币政策与银行监管的关系，监管体制为二者的协调运行提供了制度保证。在建立有效的银行监管体制方面，核心和基本的问题是：为了货币政策和银行监管的有效性，负责货币政策与银行监管的机构应该各自独立，还是处于同一管理机构之下甚至就是同一机构呢?

一、金融调控与金融监督管理关系的国际趋势

在相当长的时期内，大多数国家的中央银行集金融调控和监管职能于一身，证明这两项职能具有高度的关联性和互存性。20世纪80年代至90年代末期是部分发达国家中央银行的金融调控和监管职能相分离的重大拐点时期，这与国际经济、金融环境以及本国的金融发展特征紧密相连。

从现阶段发达国家或工业化国家中央银行是否对银行业进行金融监管来看，并不存在很明显的特征或规律可循，尤其从经济制度、经济规模、地域特点、中央银行是否充当“最后贷款人”角色等方面更没有明显特征进行考量。20世纪80年代后期受世

① 1974年，该银行在一笔6.2亿美元的外汇交易过程中，银行未能转移相应的美元，从而造成美国银行业的混乱，那些已经交付马克给赫斯塔特银行的美国银行拒绝支付其本身和其客户的其他款项。整个CHIPS（美国清算同业支付系统）一时间陷入恐慌，德国中央银行遂将其关闭。

界经济一体化、贸易自由化的冲击，金融自由化一时成为潮流，金融创新产品的产生、开发和运用来势凶猛，金融制度改革的滞后危及金融体系的安全；原有不同类型的金融活动界限逐渐模糊，金融业混业经营成为许多国家主要的制度选择。在发达国家，中央银行传统的金融调控从中介目标到政策工具都产生明显的变化，货币供应量与主要经济变量的数量关系变得越来越不明确，原来有效的金融调控工具如存款准备金制度、贴现率制度等的重要性不断下降，运用金融调控的目的更完全地转向维持金融的安全和价格的稳定，而不再是简单运用金融调控手段来刺激需求。

正是在这一背景下，世界许多国家在强化中央银行独立性的同时，将金融监管职能从中央银行中分离出来，交由另外的政府机构承担，以更好地适应本国及世界的经济发展。[①] 根据 IMF 的一份研究报告，截至 2001 年 9 月，在 159 个国家和地区中，中央银行不负责银行监管的国家共有 42 个，占总数的 26%；而 29 个 OECD 国家中，中央银行参与银行监管的国家有 16 个，占总数的 55%。[②]

二、西方国家金融调控与金融监督管理职能分离的客观条件

从中央银行分离出银行业的监管职能是相对的和有条件的，可以概括为四个方面：

（一）完善的金融微观基础

从经济金融环境看，西方发达国家一般具有相对有利的分离背景：一是具有良好的金融信誉和完善的指标体系，信息的透明度、真实性和及时性较好。监管机构分设后的信息交流成本较低。二是拥有丰富的监管人力资源和良好的法律制度保障。三是金融业运行机制良好，利益约束较强，一般都建立了现代法人治理结构。四是这些国家金融市场的成熟度较高，市场调节较为灵敏。在这样的金融微观运行机制和金融市场基础的前提下，中央银行贯彻实施金融调控主要通过市场信号的调节和引导，与金融调控与监管密切联系的政策意图和调控重点可以通过协商机制取得共识，央行就可以把主要精力放在制定和实施金融调控政策、措施上，而金融监管机构在为央行提供服务的同时负责对银行业的监管。

（二）金融调控层次和内容的变化

20 世纪 90 年代以来，金融调控的终极目标、中介目标和操作手段都随着金融管制的放松、金融全球化的发展而变化。从一定的意义上说，发达国家已经开始摆脱传统的简单运用金融调控工具直接调控宏观经济的观念，使金融调控更多地表现为传导政府或货币当局信息的途径，以及对经济预期和社会信心的调节。这不仅使金融调控中注入新的调节内容，而且是更高层面上的调节。这些变化意味着中央银行需将更多的精力放在金融调控的制定和实施上，对金融监管职能的分离提出了需求。

---

① 目前世界上采用分离制的国家主要有：奥地利、比利时、加拿大、丹麦、芬兰、法国、德国、瑞典、瑞士、英国、美国、日本、墨西哥、挪威等。而兼容制的国家和地区主要有：希腊、中国香港地区、爱尔兰、意大利、荷兰、新西兰、葡萄牙、西班牙、奥地利、卢森堡等。从数量上来看，分离占了上风，且兼容还带有“水分”，如卢森堡与中国香港地区的中央银行并无制定货币政策的权力，新西兰储备银行对金融监管则采取较为自由的态度。

② 参见孙涛：《国际金融监管的新进展》，载《世界经济》，2002（4）。

（三）雄厚的财政基础和存款保险制度

雄厚的财政基础和存款保险机构可以有效地解决中央银行最后贷款人职能与金融监管职能分离后带来的问题，减轻中央银行对出现危机的金融机构单独承担救助性的资金支持的压力。

西方实行金融调控与监管分离的国家都具有由财政资金化解金融危机的实力，而且几乎都建立了存款保险制度，使监管机构相对独立于中央银行成为可能。只是在具体的组织形式上有所不同，有的建立基金，有的建立独立的公司。在处理金融机构出现的金融危机方面，主要由存款保险公司和政府等几家联合拯救，中央银行基本上不对出现危机的金融机构单独提供救助性的资金支持。

（四）完善的信息共享和协调机制

西方国家中央银行与监管当局分工协作的基本原则是明确责任、充分透明、避免重复和共享信息。从实践中看，实行职能分离的国家并不否认金融调控和监管的内在联系，并为了保证二者的协调运作，采取了一系列的保障手段，具体包括：一是金融监管当局隶属于中央银行。二是两类机构的高层决策者相互兼任。三是由于审慎监管原则和中央银行作为最后贷款人，有些国家的中央银行仍在一定程度上与其他监管机构共同对银行业进行监管，并保留一定层面对银行进行检查的权力。如澳大利亚尽管成立了专门的金融监管机构，但同时保留了中央银行为实施金融调控所需要的监管职能。四是建立协商机制和信息沟通管道。如英格兰银行和金融服务监管局及财政部签署了《谅解备忘录》，对英格兰银行与金融服务局之间的信息收集、交换和共享方面作了详细的制度安排，并且设立了协调机构——常务委员会，允许相互之间人员借调以加强联系，保证政策的一致性和行动的协调性。

三、金融调控与金融监督管理职能制度分离抑或兼容的考量因素

金融调控与监管职能是分离还是兼容各有其存在的理由，少有“放之四海而皆准”的定论，还涉及诸如各国金融发展历程、金融体系的结构以及金融市场成熟度等相关因素。但无论如何，制度选择时应当考虑以下因素：

其一，就双重角色冲突而言，金融调控与监督管理分离或兼容取决于中央银行的独立性。如果中央银行独立性较差，其在执行金融监管职能时，容易受到政府部门、金融机构或者某些政治集团的干预的影响，会模糊金融调控与金融监督管理职能，不能平衡公众利益与金融业利益，寻求短期利益的输送，使其与金融调控的矛盾激化，减弱或影响金融调控的有效性，也不利于监管效率的提高，此时宜将调控职能与监管职能分离；反之，中央银行能较好地在两者之间作出取舍，调控职能与监管职能兼容的危害性就不大。

其二，就金融监督管理效率而言，无论成立独立的金融监管部门（分离），还是中央银行将调控职能和监督管理职能集于一身（兼容），都会影响到金融监管体系的效率。根据产业组织理论，金融监管体系的效率包括分配效率和生产效率，前者指实际监管部门将监督信息交流和汇集于宏观金融调控执行部门的效率，而后者则指实际监管部门进行监管的效率。实行分离，成立独立于中央银行的金融监管部门，在不同的地区和部门进行金融监管，由于具有专门化的知识和较易执行的现场监督，监管效果

有所提高。但监管信息需要传递给执行金融调控的中央银行，即使在电子技术发达的今天，也需要一定的成本，而且有的信息是无法传递的。因此，分离相对于兼容提高了生产效率却降低了分配效率。同样，采用兼容方式，金融监管部门与宏观金融调控部门的信息传递效率提高，但监管的效果则有所降低，因为没有专业的知识、人才和较为便利的现场监督等条件对金融业进行监管，其效果不够理想。故兼容相对于分离提高了分配效率却降低了生产效率。因此，应权衡兼容与分离对金融调控信息成本的影响和对金融体系监管的效率影响，来决定采取何种监管。一国金融市场的联结程度越强、金融体系越健全，采用兼容带来的分配效率损失越小，越可以采用兼容的方式，反之，则应采用分离方式；一国的地区性差异越大，金融机构越有违法的可能，兼容带来的分配效率损失越大，同时分离带来的生产效率增加越大，越应倾向于分离的方式，反之则应采用兼容的方式。

其三，就中央银行维护支付结算系统而言，涉及本国货币市场特别是银行金融市场的建设问题以及支付结算体系的成熟程度。货币市场和支付结算体系越成熟、有效，商业银行在出现问题时获取额外货币以满足流动性需求的能力越强，兼容的需要就越小；反之，则分离的需求越小。

其四，由于金融调控与监管职能具有内在的密切联系和较强的互补性，即使选择了职能分离，在分拆之后，也应当在二者之间建立、完善有效的金融调控与监管的协调机制，以发挥其协同效应，包括在组织、在信息上的共享，以及在职能交叉所涉及的协调行动方面建立联系。联系重点指向的是保证银行的系统安全，这需要双方在安全评价机制、监控指标体系、预警机制以及金融安全网的建设方面形成协调。

第四节　我国金融调控与金融监督管理制度的改革

一、我国金融调控与金融监督管理关系的历史演进

大致来说，我国金融调控与金融监督管理的关系经历了三个阶段：

（一）国家银行时期

1948 至 1978 年间“一身二任”的中国人民银行，是在模仿苏联“大一统”银行体制的基础上建立起来的，即集中央银行和商业银行业务于一身，成为全国高度垄断的独家大银行。1979 至 1982 年间金融体制进行了改革，中国农业银行、中国银行先后从中国人民银行中独立出来，行使专业银行的职能。这些举措为中国人民银行专门行使中央银行的职能作了重要的制度、组织等方面的准备。

（二）兼容时期

1983 年以后，国务院决定中国人民银行独立行使中央银行职能，同时成立中国工商银行来承担原由中国人民银行经办的工商信贷业务和储蓄业务，至此，真正结束了中国人民银行“一身二任”的历史，中国人民银行成为现代意义上的中央银行。1995 年《中国人民银行法》、《商业银行法》确立了中国人民银行兼容监督管理全国金融业及调节和控制全国宏观金融活动的体制。

为了增强中国人民银行的调控职能，1998年下半年我国对其分支机构作出了相应的调整，改变按照行政区划设置分机构的做法，而按照货币在全国范围流通的要求，把全国划分为若干经济区域，在每一区域设置分支机构。中国人民银行的分支机构作为总行的派出机构，统一接受总行的集中管理，摆脱各级地方政府的干预，保障金融宏观调控的统一和有效性。

（三）分离时期

我国2003年设立了银监会，剥离中国人民银行的金融监管职能，专门行使金融调控职能，以保障中国人民银行金融宏观调控的科学性和有效性。这标示着我国在货币政策制定与金融监督管理职能分离的机制正式确立。对此，2003年修订的《中国人民银行法》还进一步提高了货币政策委员会的法律地位，强化了中国人民银行在国家金融宏观调控、货币政策制订和执行方面的重要地位。

二、我国金融调控与金融监督管理职能分离的依据

按照兼容论和分离论各自的理由及发达国家职能分离的演变条件，对照我国的现实情况，金融调控与监管职能的分离依据表现为（具体见表13—1）：

表13—1　　中国人民银行选择职能兼容或分离的条件分析

条件	状况和程度	结论	中国的情况	中国的结论	中国的发展趋势
中央银行的独立性	强（弱）	兼容（分离）	弱	分离	逐步加强
金融体系（银行）负债（存款）和资产（贷款）分布结构	分散（集中）	兼容（分离）	分散	兼容	未判断
金融体系（银行）国有化程度	高（低）	兼容（分离）	高	兼容	逐渐降低
金融体系（银行）资产负债结构匹配	好（差）	兼容（分离）	差	分离	逐步良好
金融市场的联结程度	强（弱）	兼容（分离）	弱	分离	逐步加强
地区性、差异性、金融机构违法习惯	大（小）	分离（兼容）	大	分离	基本不变
货币市场和支付结算体系的成熟度	强（弱）	分离（兼容）	弱	兼容	逐步加强

资料来源：黄凯、张源：《货币政策和金融监管的兼容或分离》，载《世界经济研究》，1999（3）。

首先，就利益冲突而言，中央银行的独立性越大，职能兼容所产生的冲突越小；反之，应采用分离制。我国《中国人民银行法》虽然明确赋予中国人民银行较大的独立性，但从实际情况来看，我国中央银行的独立性较差，许多权力受到政府有关部门和地方政府的干预，需要将金融监管适当从中央银行分离。

其次，金融调控和监管的效率与一国金融体系的结构相关，我国金融体系的负债和资产分布结构分散，金融体系的国有化程度很高，金融体系（银行）的资产负债结构匹配差，适宜选择职能分离。

再次，从维护金融支付结算体系出发，尽管我国积极地建设金融市场，但整体水

平还较差，适合于采取职能兼容。但随着金融市场的日益发展，会减少对职能兼容的依赖。

最后，就信息收集的便利和充分而言，尽管职能兼容有利于更好地收集金融监管信息，减少信息收集成本，但其易受到我国金融市场联结程度弱及地区性、差异性的限制。

从上表可知，虽然我国既存在支持分离的理由，又有支持兼容的理由，但随着我国经济、金融改革的逐步深化和发展，以及全球经济金融一体化的不断深入，我国的监管职能必须加强，且金融调控也需要更能反映我国经济发展的需要，这两方面的要求使得我国选择分离制是比较符合经济、金融发展需要的。

三、我国金融调控与金融监督管理职能分离的制度保障

我国作为发展中国家，也在近十年内，逐步实现了金融宏观调控职能与主要的金融监督管理职能分别由不同机构承担的变革，形成了中国人民银行承担金融宏观调控和货币监督管理，中国银行业监督管理委员会承担对银行业金融机构监督管理，中国证券监督管理委员会承担对证券类金融机构的监督管理，中国保险监督管理委员会承担对保险公司监督管理的格局（简称“一行三会”）。分离是提高效率、解决冲突的客观需要，对有效实施金融宏观调控与金融监督管理都是有利的。相伴而生的问题是，如何在这两项职能之间建立良好的协调运作法律机制。

从我国目前货币政策的制定与银行监管分设的基本情况出发，结合理论与国际演变趋势的经验，我国在选择了金融监管和调控职能分离的体制之后，更应当强调二者协调与合作的法律机制。具体包括：

（一）建立内部联动的协调机制

金融调控与监管职能的有效协调必须建立一定的制度形式作为法律保障，这包括：

1. 组织协调机制

每季召开的金融联席会议就是一个较为理想的载体。中国人民银行与银监会的分支机构可通过定期召开联席会议，加强对金融调控与监管政策贯彻情况的交流与磋商，及时通报经济金融运行形势、金融调控运行及监管工作情况以及本部门近期出台的重大政策、重要文件和决定，定期会诊当前区域内金融调控与监管领域存在的问题，共同分析问题成因，研究制定下一步执行金融调控和监管工作的要求和意见。①

2. 人员流动机制

中央银行与银监会之间建立高级管理人员相互交流、定期磋商的制度安排，建立起合理的人员流动机制，甚至可实行相互介入的人事制度，使重大的宏观决策保持较强的信息互通性，使金融监管部门能够更加了解金融调控意图，为金融调控与监管的有效协调奠定基础。②

3. 执行手段的协调机制

针对当前金融调控窗口指导作用较弱的问题，要把央行窗口指导的意图纳入监管

① 参见李艳：《货币政策和银行监管协调与合作的难点及对策》，载《福建金融》，2006（12）。

② 参见方燕：《建立协作配合机制，维护国家金融稳定》，载《广东经济管理学院学报》，2004（8）。

的内容、通过采取有效的监管措施，如机构审批、高级管理人员考核评价等，确保货币政策意图得到有效落实，从而强化中国人民银行与三大监管机构之间的横向协调机制。

（二）加强信息共享

兼容论的理由主要是从信息的获取角度出发的。中央银行为了较好地充当最后贷款人，需要及时、完整地了解商业银行的流动性和清偿能力，特别是发生金融危机时拥有这些信息更为重要；银监会实施有效监管必须了解金融调控所掌握的宏观金融信息。中央银行如果既负责金融调控也负责金融监管，可以通过其支付清算体系方便地监控银行的资金流向和流动性，也可以通过非现场手段收集银行信息。但是，倘若金融监管职能由中央银行以外的独立监管机构承担，信息的交换就会出现机构性的障碍，需要采取以下措施：

1. 建立“金融信息中心”

中央银行分拆及基层机构调整后，人员与附属机构数量有较大程度的缩减，获取货币金融信息的能力有所下降。银监会虽然拥有详细、权威的银行业运营信息，但缺少中央银行拥有的宏观货币、金融、经济数据。因而，加强信息共享是二者双赢的需要。为此，双方应共同设立“金融信息中心”，加强中央银行与银监会之间的信息共享。

2. 建立金融调控与监管共享的数据库

在完善“全科目上报制度”和现有统计网络的同时，依据金融调控与监管的要求，对现有的金融统计数据库结构进行改造，建立可以自动生成统计指标与监管数据指标的金融数据库。条件成熟后，连通中央银行金融数据库与金融机构业务经营数据库，使中央银行能够调阅金融机构主要业务数据，从而进一步发挥统计网络对提高非现场监管水平的支持和服务作用。同时，增加金融调控与监管的透明度，既是遵循国际惯例的需要，也是尊重公众“知情权”的要求，有利于中央银行与银监会双方在政策措施上保持协调。① 鉴于此，法律可以规定中央银行与银监会建立定期信息发布制度，通过互联网、传统媒体向公众公开有关金融信息以及相关的工作程序，以推动我国金融监管与调控的“高效、有序与透明”。

（三）强化央行的独立性

成立银监会的主要目的，就是把中央银行制定金融调控和实施金融监管的职能分离开，提高金融调控与金融监管的专业化水平，防止金融调控与金融监管的同步震荡，其最终目标是为了获得一个独立的中央银行。因此，加强中央银行的独立性，更好地发挥其执行金融调控的功能，是将监管职能从中国人民银行分离出来而成立银监会的初衷。增强我国中央银行独立性的关键在于：

1.《中国人民银行法》应强化中国人民银行的金融调控决策权，减少其行政依附性。如果中央银行不能独立决定金融调控取向，金融调控从谋划到出台往往时滞过长，容易错过最佳时机。因此，应赋予中国人民银行更大的决策权，至少能够独立选择和制定金融调控取向，决定利率、汇率水平和货币供给数量。

① 参见钱小安：《金融开放条件下货币政策与金融监管的分工与协作》，载《金融研究》，2002（1）。

2. 提高货币政策委员会的法律地位，使之成为中国人民银行制定和执行货币政策的决策机构，并增强其各方面代表性，优化其组成结构。这包括：首先，增加金融专家在委员会中的比重，或者在政府机关任职的官员不得担任货币政策委员会成员，以保证决策的独立性而不受政府部门干扰。其次，货币政策委员会应当有2至3名大区分行官员，以充分体现来自地区的金融调控呼声。再次，未来货币政策委员会中企业界、银行界的代表应来自工商联、中国银行业联合会等相关行业组织，以便准确地反映有关各方的普遍呼声。

（四）建立存款保险制度

我国设立银监会之后，中央银行负责宏观货币政策的制定与实施，银监会专事金融监管，对银行业金融机构实行现场和非现场监管，依法对违法违规行为进行查处，会同有关部门提出存款类金融机构紧急风险处置的意见和建议，但银监会不可能给向发生挤兑风险的银行提供资金救助，而银行风险一般都具有暂时性、突发性的特征，一旦不及时救援就会发生严重的社会问题。因此，选择职能分离，还应当建立存款保险制度以化解央行的“双重角色”冲突。

尽管金融调控与监管在目标、手段及价值取向等方面都存在差异，但在经济金融化、经济全球化的背景之下，二者如同一枚硬币的正反两面，在政策操作中相互作用、相互制约，金融调控的有效实施需要金融监管的支持，稳定的金融体系是保障金融调控顺利实施的重要条件。无论是金融调控与监管职能统一在一个机构之内，还是相互分立，都应当在二者之间建立完善有效的协调机制以发挥其协同效应。

法律应用

中国人民银行与金融监管机构的联席会议制度

以联席会议形式进行机构之间的事务性协调在我国屡见不鲜。金融监管机构之间的联席会议可以追溯到2000年9月由中国人民银行、证监会、保监会之间建立的金融监管联席会议，并确定其主要职责是研究银行、证券和保险监管中的有关重大问题；协调银行、证券、保险业务创新及其监管问题；协调银行、证券、保险对外开放及监管政策；交流有关监管信息等。但是受制于当时的情形，监管联席会议没有定期的召开时间，通常只作为金融工作会议之前的通气会；不公开、不透明；监管难以发挥作用，各自为政，以致形同虚设。

2004年6月28日《中国银行业监督管理委员会、中国证券监督管理委员会、中国保险监督管理委员会在金融监管方面分工合作的备忘录指导原则》（以下简称《备忘录》）公布，三大金融监管机构再次提出建立联席会议。作为规则基础，《备忘录》明确了金融监管联席会议的操作依据。会议由三大监管机构的主席组成并由主席或其授权的副主席参加；会议分为定期和不定期两种，定期会议以例会形式每季度召开一次，不定期会议在任何一方认为有必要讨论应对紧急情况时随时提出召开。会议的召集人由联席会议成员轮流担任，任期为半年。三方分别建立联席会议日常联络机构。正常情况下，在会议召开前5个工作日，由三方日常联络机构将拟议事项和各方意见建议等书面材料送达联席会议成员。会后由召集方负责拟定会议纪要，在征求参会方意见后发送各方。监管联席会议纪要报国务院领导审批后执行。《备忘录》还明确了联席会议讨论和协调有关金融监管的重要事项，已出台政策的市场反映和效果评估以及其他需要协商、通报和交流的事项等。但其缺点是在法律制度上缺乏有效约束机制，也缺乏中国人民银行的主动参与。

案例与思考

1. 试述我国金融调控与金融监督管理职能分离的依据。
2. 试论我国金融调控和监管职能的协调法律机制。

参考书目

1. 刘晓勇．银行监管有效性研究．北京：社会科学文献出版社，2007
2. 盛学军．金融监管法制的源与流．社会科学研究，2009（2）
3. 胡光志．金融调控权若干问题探讨．经济体制改革，2009（2）
4. 孙天琦．改进杠杆率监管：次贷危机给监管当局提出的重要任务．金融时报，2008－11－17
5. 陈共，昌忠泽．全球经济调整中的中国经济增长与宏观调控体系研究：新时期国家经济调整中的基本取向与财政金融政策的有效组合．北京：中国人民大学出版社，2007
6. 张秋云等．金融组织与调控机制的思想演进．北京：社会科学文献出版社，2006

第四篇

涉外金融法

第十四章 外资国内证券市场投资法

本章要点

1. 证券市场国际化的法律特征
2. 外资国内证券市场投资的主要法律规定
3. 外资国内证券市场投资所涉的法律关系
4. 证券市场国际化的若干法律问题

第一节　外资国内证券市场投资概述

一、证券市场的国际化

20世纪70年代以来，随着各国金融管制的放松，信息技术的日趋发达，金融创新的层出不穷，以及经济全球化、一体化趋势的加强，证券市场国际化的步伐大大加快。1975年至1998年间，西方国家各类证券跨境交易总额占国内生产总值（GDP）的比重迅速上升，如美国由4%上升到230%，德国由5%上升到334%，意大利由1%上升到640%，日本由2%上升到91%。而新兴市场的外国证券投资净额在1993年、1994年一度高达1 100亿美元。[①] 很多国家将国际化作为本国证券市场的发展目标，并采取了一系列应对措施。如日本东京证券交易所于1973年就设立了外国股票部，以促进资本的跨国流动和日本证券市场的国际化；新加坡也专设外国股票交易板，以较低的上市条件为有良好发展前景的外国企业提供上市机会。其他国家如美国、英国、法国，也纷纷采取相应措施。[②] 而自21世纪以来，证券跨国上市的企业更是逐年上升。以美国和英国为例，截至2008年年底，在纽约证券交易所上市的公司有3 389家，其中外国公司就有301家；在伦敦证券交易所上市的公司3 213家，其中外国公司702家。在两大交易所上市的外国公司的数量比1990年时有了迅猛的增长，所占的比例均远远大于1990年的水平。

二、证券市场国际化的法律特征

证券市场国际化，是指以证券为媒介的国际资本流动，即证券发行、证券交易、证券投资超越一国的界限，实现国际自由化，从而使一国性的证券市场变成了国际性的证券市场。

从一国的角度来看，证券市场国际化包括三个方面的内容：(1) 投资主体的国际化，又称证券投资的国际化，指的是投资者直接或通过投资基金间接投资于本国证券市场上市的外国公司或投资于境外证券市场。(2) 上市公司的国际化，又称证券筹资的国际化，即外国公司在本国证券市场上市发行证券和本国公司到海外上市发行证券。(3) 证券中介机构的国际化，即证券公司、会计师、律师事务所等证券中介机构为本国发行人在境外发行、上市提供服务，或者在境外设立分支机构而直接向海外拓展证券业务。随着各国和各地区在一定程度上放松对银行进入证券业务领域的管制，产生了越来越多致力于全球经营的金融集团，这些金融集团和其所附属的证券公司向国外派出的分支机构、设立的子公司可以从事包括衍生品交易在内的大多数证券业务。

就一国证券市场国际化进程而言，在早期主要表现为筹资功能的国际化；在中、后期，则主要表现为投资主体的国际化。这种投资主体国际化可以充分发挥证券市场

① 参见鄂志寰：《世纪之交的全球资本流动和国际金融格局》，载《国际金融研究》，2000 (3)。

② 参见李国安：《国际货币金融法》，159～160页，北京，北京大学出版社，1999。

配置全球资源的作用，实现资源在世界各地、各行业的合理配置。

本章以我国为基点，探讨的正是投资主体国际化这种证券国际化形式。如无特别说明，这种研究对象仅限定于外资（包括国外的自然人、法人和其他经济组织）参与国内证券市场投资，以我国企业或公司境内发行的股票及债券为投资对象，而获取股息或利息等证券收益形式的投资行为。

三、外资对国内证券市场投资类型

综合而言，外资投资我国国内证券市场主要有如下两种类型：

（一）外资直接投资国内B股市场

B股，又称上市外资股，是指国内企业发行的以人民币标明面值和以外币认购和进行交易，专供外国和我国港、澳、台地区的投资者买卖的特种股票。根据《国务院关于股份有限公司境内上市外资股的规定》第4条的规定，我国B股投资者限于：（1）外国的自然人、法人和其他组织；（2）中国香港、澳门、台湾地区的自然人、法人和其他组织；（3）定居在国外的中国公民；（4）国务院证券委员会规定的境内上市外资股的其他投资人。① 自1992年2月上海证券交易所第一只人民币特种股票上海电真空B股发行上市以来，我国B股市场发展很快，发行企业从深沪两地迅速扩展到全国，所属行业也从房地产、综合贸易型转向基础工业、支柱产业及主业突出型，并逐步引起海外投资者的普遍关注，一段时间曾出现过非常活跃的局面。数据显示，截至2007年年底，我国B股市场拥有109家上市公司，总股本253亿股，总市值2 554亿元。②

但是，与我国主体证券市场A股市场相比，目前的B股市场规模偏小、市值仅为A股的2.8%左右，流动性差、信息披露工作不到位，加之外国投资者与内地投资者在投资观念与投资风格上的巨大差异，所有这些因素都严重影响、制约着外国投资者对我国B股的投资，以致我国B股市场交易远不及A股市场活跃。尽管如此，B股这一有中国特色的股票种类意义重大，不仅在于弥补国内建设资金的不足，而且开辟了一条在外汇市场管制情形下通过股票市场筹集外资的新渠道。这种将中国企业推向国际市场，将境外投资者引入我国证券市场的举措无疑成为我国证券市场国际化的先驱。

（二）外资通过QFII投资国内A股市场

A股，又称人民币普通股，是指国内股份有限公司经中国证监会批准，依法发行的上市流通普通股股票。在我国目前资本项目尚未完全开放的情况下，该类股票主要对境内投资者开放，而对外国投资者只是作有限的开放，只有特定的境外投资者，即“合格的境外投资者”（Qualified Foreign Institutional Investors，简称QFII）方可认购与交易A股。详言之，管理层允许QFII在一定的规定和限制下汇入一定额度的外汇资金，经转换为人民币后通过严格监管的专门账户投资于内地证券市场，其资本所得（股息或利润分配或其他利得）等经审核后转为外汇汇出境外。这种制度设计的核心是通过托管人与证券中介机构的证券业务服务，实现外资进入国内资本市场和资本项目

① 中国证监会于2001年2月19日发布，从该日起，允许拥有合法外汇收入的境内居民个人从事B股投资。

② 数据来源于深圳证券交易所：《证券市场导报》2008年第1期封底的“国内证券市场数据统计表”。

的合理管制。[①]

我国的QFII制度于2002年11月公布实施，2003年5月正式启动，至今已有近七年时间。在此期间，我国管理层对QFII施予审慎监管的同时也给予积极的支持，在2003年、2004年、2005年和2006分别批准了17亿美元、17.25亿美元、22.2亿美元、34亿美元的QFII投资额度。为进一步提高我国证券市场对外开放水平，经国务院批准，2007年12月，我国QFII投资总额度从100亿美元提高到300亿美元。国家外汇局也明确表示，将会同有关部门，根据中国国际收支状况和国内证券市场情况，把握落实QFII新增额度的审批节奏，鼓励符合条件的境外中长期资金投资中国证券市场。[②] 据统计，截至2008年4月，QFII投资额度已提高至300亿美元，54家境外机构获得QFII资格，获准投资额度约105亿美元，另有5家外资银行获准开展QFII托管业务。[③]

概言之，引进和实施QFII，是我国管理层在积极稳妥的开放进程中规范发展证券市场、推进人民币资本项目可兑换的重要举措，不仅大大提高了我国证券市场的知名度，而且势必对我国证券市场未来的发展带来深远的影响，标志着我国在证券市场国际化和资本项目开放的道路上迈出了重要的一步。

四、外资投资国内证券市场流程

除了以外币而非人民币进行认购和交易外，外资投资国内B股市场与国内居民投资A股市场在地点和程序上并无不同，在此不作赘述。下面以QFII投资国内A股市场为例，简要介绍其具体的投资业务操作流程：首先，为买卖证券，QFII通过其在我国国内的代理人，以QFII的名义到事先选定的托管人和证券公司开立资金账户和证券账户；然后，QFII在其申请获准的投资额度内将资金汇入托管人，由其兑换成人民币后汇入已开立的资金账户；接着，委托证券公司买卖证券；最后，QFII将投资收益通过托管人的资金账户汇入其所在国的账户。其中，在委托证券公司买卖证券方面，QFII与同为A股市场投资者的国内居民相比，有如下三个明显不同：第一，QFII买卖证券的指令不是直接而是间接通过其代理人下达给证券公司。第二，证券交易的清算指令到达登记结算公司后，登记结算公司不与QFII而是与托管人及证券公司直接清算资金和交割证券。第三，为确保QFII证券投资的安全，托管人最后还要根据成交回报和清算结果核对在证券公司的证券账户。

由此可见，由于托管人的存在，QFII在买卖证券时必须将所有资金存在托管人处，而一般投资者的资金存在证券公司。证券买卖的清算交割分为两部分，登记结算公司与托管人交割资金，与证券公司交割证券。资金存在托管人处可以防止证券公司、代理人挪用资金，从而保证资金的安全性；通过托管人与证券公司每日对证券库存的核

---

① 这里的托管人一般由具有托管资格的商业银行承担，以下类同。

② 参见http：//www.cnstock.com/paper new/html/2007－12/10/content 5999386.htm，2008－12－15。

③ 参见邱永红：《中国证券市场国际化进程中的监管合作与协调探析》，载http：//www.fatianxia.com/civil-law/list.asp?id=63416，2009－10－03。

对，托管人可以随时监督证券账户，确保证券账户的安全。[①]

第二节　外资国内证券市场投资的主要法律规定

一、外资国内证券市场的投资制度框架

我国目前有关外资国内证券市场投资的法律法规体系大致包括以下四个层次：第一个层次是由全国人大及其常委会制定的法律，内容是有关外资证券投资的基本制度，主要有《证券法》、《公司法》、《中外合资经营企业法》等。这些法律虽非外资国内证券市场投资的专门性规定，但其中的有关内容是一切证券投资的法律基础。第二个层次是由国务院制定的行政法规，内容是有关外资证券投资的市场准入与活动、范围方面的规范，主要包括《国务院关于股份有限公司境内上市外资股的规定》（1995 年）、《指导外商投资方向规定》（2002 年）、《外资金融机构管理条例》（2002 年）。第三个层次是国务院以下各部、委、局颁布的部门规章，内容是有关外资国内证券市场投资监管的专项规定，主要有《关于设立外商投资股份有限公司若干问题的暂行规定》（1995 年）、《关于上市公司涉及外商投资有关问题的若干意见》（2001 年）、《关于向外商转让上市公司国有股和法人股有关问题的通知》（2002 年）、《合格境外机构投资者境内证券投资管理暂行办法》（2002 年制定，2006 年新办法出台，暂行办法废止）、《合格境外机构投资者境内证券投资外汇管理暂行规定》（2002 年制定，2009 年新规定出台，暂行规定废止）、《外资金融机构管理条例实施细则》（2005 年）、《外商投资产业指导目录》（2006 年）、《合格境外机构投资者境内证券投资管理办法》（2006 年）、《关于实施〈合格境外机构投资者境内证券投资管理办法〉有关问题的通知》（2006 年）等。第四个层次是交易所和登记结算公司制定的各种涉及 QFII 的自律性文件及相应的交易、结算规则，主要包括两个交易所各自发布的《合格境外机构投资者证券交易实施细则》（2002 年）、中国证券登记结算有限责任公司发布的《合格境外机构投资者境内证券投资登记结算业务实施细则》（2002 年）等。

在上述法律法规中，2006 年颁布的《合格境外机构投资者境内证券投资管理办法》及实施通知和上海、深圳两个证券交易所等发布的有关 QFII 交易、结算规则共同构成了我国现有 QFII 制度的主要内容，是我国当前规范外资投资国内证券市场的专门法律制度。

二、外资国内证券市场投资的专门法律规定

（一）《合格境外机构投资者境内证券投资管理暂行办法》

2002 年 11 月 5 日，中国证监会和中国人民银行联合出台了《合格境外机构投资者境内证券投资管理暂行办法》（以下简称《暂行办法》），标志着我国 QFII 制度的正式出台。《暂行办法》共分 7 章 39 条，分别就外资进入我国国内 A 股市场的主体资格与

① 参见马庆泉：《中国证券市场前沿问题研究》，928 页，北京，中国金融出版社，2001。

审批程序、托管登记与结算、投资运作、资金管理、市场监管等方面进行了较为详尽的规定：

1. QFII 准入的主体资格与审批程序

前已述及，QFII 制度是我国在资本项目未完全开放的情况下对外开放证券市场的一种过渡性安排。为保证这种开放的稳妥、有序，减少国外资本尤其是短期游资对国内经济和证券市场的冲击，应尽可能将那些资信差、实力低、营业记录不良的外国机构投资者排除在外。为此，《暂行办法》从主体资格和审批程序两个环节对外资的准入加以把关。

就外资的主体资格而言，《暂行办法》第 6 条明确要求任何外方机构要申请成为我国合格的境外机构投资者，应当具备下列条件：(1) 申请人的财务稳健，资信良好，达到中国证监会规定的资产规模条件，风险监控指标符合所在国家或地区法律的规定和证券监管机构的要求；(2) 申请人的从业人员符合所在国家或地区的有关从业资格的要求；(3) 申请人有健全的治理结构和完善的内控制度，经营行为规范，近三年未受到所在国家或地区监管机构的重大处罚；(4) 申请人所在国家或地区有完善的法律和监管制度，其证券监管机构已与中国证监会签订监管合作谅解备忘录，并保持着有效的监管合作关系；(5) 中国证监会根据审慎监管原则规定的其他条件。第 7 条又通过列举的方式对境外基金管理机构、保险公司、证券公司和商业银行的经营时间、实收资本、管理证券资产的规模或者排名都提出了具体的标准，包括基金管理机构要求经营基金业务达 5 年以上，最近一个会计年度管理的资产不少于 100 亿美元；保险公司要求经营保险业务达 30 年以上，实收资本不少于 10 亿美元，最近一个会计年度管理的资产不少于 100 亿美元；证券公司要求经营证券业务达 30 年以上，实收资本不少于 10 亿美元，最近一个会计年度管理的资产不少于 100 亿美元；商业银行要求最近一个会计年度总资产在世界排名前 100 名以内，管理的证券资产不少于 100 亿美元。此外，为倡导中长期投资，充分发挥 QFII 价值投资风格的示范效应以遏制国内投机风气，《暂行办法》第 11 条还补充规定，对“符合本办法第六条规定的封闭式中国基金或在其他市场有良好投资记录的养老基金、保险基金、共同基金的管理机构，予以优先考虑”。

除了主体资格的限制，《暂行办法》第 8 条还要求申请人应当通过托管人分别向中国证监会和国家外汇局报送下列文件，以获取投资资格和投资额度。这些文件包括：(1) 申请书（包括申请人的基本情况、拟申请的投资额度、投资计划等）；(2) 符合第 6 条资格要求的证明文件；(3) 与托管人签订的托管协议草案；(4) 最近三年经审计的财务报表；(5) 资金来源说明书及批准时间内不撤资承诺函；(6) 申请人的授权委托书；(7) 中国证监会和国家外汇局要求的其他文件。为了提高审批效率，第 9 条和第 10 条则分别规定，自收到完整的申请文件之日起 15 个工作日内，证监会和国家外汇局应作出批准或者不批准的决定，决定批准的，颁发相应的证券投资业务许可证和外汇登记证；决定不批准的，书面通知申请人。

2. QFII 的托管、登记与结算

《暂行办法》第三章专门就托管人的资格、申请程序和职能做了专门详尽的描述。如第 12 条要求欲取得 QFII 托管资格的商业银行必须符合下列条件：(1) 设有专门的基金托管部；（2）实收资本不少于80亿人民币；（3）有足够的熟悉托管业务的专职人员；（4）具备安全保管基金全部资产的条件；（5）具备安全、高效的清算、交割能力；（6）具备外汇指定银行资格和经营人民币业务资格；（7）最近三年没有重大违反外汇管理规定的记录。第13条特别强调，获取这种资格还要经中国证监会、中国人民银行和国家外汇局的审批。同时，为谨慎起见，第15条还要求，托管人必须保存QFII的资金汇入、汇出、兑换、收汇、付汇和资金往来记录等相关资料，且保存的时间应当不少于15年。

除了监控QFII资金的进出动向和规模变化，托管人还应在QFII的证券登记与结算上履行必要的报备义务。对此，《暂行办法》第17条要求，QFII应通过托管人代其在证券登记结算机构分别开立证券账户和人民币结算资金账户，托管人在其开立账户的5个工作日内应将有关情况汇报中国证监会和国家外汇局备案。

3. QFII投资范围与投资额度的限制

投资范围限制主要对机构所进入的市场类型以及行业进行限制；投资额度包括两方面：一是指进入国内市场的最高资金额度和单个投资者的最高投资数额；二是投资于单个股票的最高比例。循此，《暂行办法》第18条允许QFII的投资范围有：在证券交易所挂牌交易的A股股票（不包括基金）、国债、企业债券和可转换债券及中国证监会批准的其他金融工具。第20条规定，单个QFII对单个上市公司的持股比例，不超过该上市公司股份总数的10%，且所有QFII对单个上市公司的持股比例总和不超过该上市公司股份总数的20%。至于行业限制，第21条补充规定，QFII的境内证券投资，应当符合《外商投资产业指导目录》的要求。这就表明包括石化、电子、汽车、交通运输等主导产业，以及原先禁止外商投资但入世后大幅开放的行业（包括医药、零售业、公用事业、金融服务等），将成为QFII未来投资关注的焦点。

4. 对QFII资金运作的管理

从印度、韩国和我国台湾地区的经验看，对QFII资金运作的管理一般有两种手段可供选择：一种是采取强制的方法，规定资金汇出、汇入的时间与额度；另一种是税收手段，对不同的资金汇出、汇入时间与额度征收不同的税，从而限制外资、外汇的流动。我国采取的是前者，如《暂行办法》第25条规定：QFII应当自中国证监会颁发证券投资业务许可证3个月内汇入本金，全额结汇后直接转入人民币特殊账户。QFII汇入的本金应当是国家外汇局批准的可兑换货币，金额以批准额度为限。第26条又规定，QFII为封闭式中国基金管理机构的，汇入本金满3年后，可委托托管人持规定的文件向国家外汇局申请分期、分批购汇汇出本金。每次汇出本金的金额不得超过本金总额的20%，相邻两次汇出的时间间隔不得少于1个月，而其他投资者在汇入本金满1年后，也可以申请分批汇出，每次汇出本金的金额不得超过本金总额的20%，但不得少于3个月。

5. 对违规QFII的监管

作为我国加入WTO以后全面对外开放背景下的产物，QFII制度的实施必将使我国资本项目开放的进程日渐扩大，为保障A股市场在外资冲击下能继续保持应有的稳定，对QFII运作施以相关的监管颇为必要。《暂行办法》第六章分别确立了QFII的年检、备案制度，并在第37条专门规定，外资违反本办法的，“由中国证监会、中国人民银行、国家外汇局按照各自的职权予以警告、罚款；但是，对同一违法行为，不得给予两次以上的行政处罚”。不过，对于三个监管部门之间的职权分工如何，对 QFII 具体违法行为当处以何种处罚措施等，《暂行办法》与日本、印度等国家或地区的相关立法相比仍显笼统和不足。[①]

（二）《合格境外机构投资者境内证券投资外汇管理暂行规定》

2002 年 11 月 28 日，为从外汇管理的角度规范证券市场的投资行为，维护中国外汇市场的稳定和国际收支的平衡，国家外汇局根据中国证监会、中国人民银行发布的《暂行办法》，制定了《合格境外机构投资者境内证券投资外汇管理暂行规定》（以下简称《暂行规定》）。该规定分 7 章，总共 34 条，主要包括：

1. 托管人管理

托管人的资格条件由中国证监会、中国人民银行以及国家外汇管理局三家联合审批。而《暂行规定》第 5 条在规定托管人应当具备外汇指定银行资格的基础上，特别要求托管人应提供最近三年外汇业务经营状况以保证其有没有重大违反外汇管理的记录。

2. 投资额度管理

《暂行规定》第 7 条至第 9 条明确规定：QFII 的投资额度以人民币计价；单个 QFII 申请的投资额度不得低于等值 5 000 万美元的人民币，不得高于等值 8 亿美元的人民币；额度有效期内未足额汇入本金申请补足额度的、汇出部分本金后重新申请汇入本金的以及申请提高额度的，按简易程序审批，即减少有关申请材料，并缩短审批时间。此外，第 12 条和第 13 条明确规定有关投资额度转让的具体操作程序和申报材料。

3. 账户和汇兑管理

有关账户和汇兑管理的规定主要体现在《暂行规定》第 15 条和第 18 条：每个 QFII 只能开立一个人民币特殊账户，对日汇入超过等值 5 000 万美元（含 5 000 万美元）的大额本金汇入，应提前 3 个工作日实行报备，以让国家外汇局根据国际收支状况建议 QFII 调整本金汇入的时间等。

4. 监督管理

有关监督管理的规定主要体现在《暂行规定》的第六章：一是明确了合格投资者外汇登记证年检的有关事项，包括时间、内容、报送材料以及违规处罚措施等。二是对未通过年检的，由国家外汇局商中国人民银行和中国证监会后决定 QFII 资金的退出。三是明确了 QFII 和托管人违规行为的处罚措施。如 QFII 未经国家外汇局批准开立人民币特殊账户，或开立多个人民币特殊账户，或超出《暂行规定》规定的范围使用人民币特殊账户的，由国家外汇局责令改正，通报批评，并处以 5 万元以上 30 万元以下人民币的罚款。托管人未按规定向国家外汇局报送报表和有关资料的，由国家外汇局责令改正，通报批评，并处以 5 万元以上 30 万元以下人民币的罚款。若托管人拒

① 如日本立法要求外资投资日本证券市场，若未依外汇法规定提出事后报告或弄虚作假，则处以 6 个月以下有期徒刑或处 20 万日元以下罚金。印度对于外资违法行为的处罚则分为暂停营业、取消营业资格、罚金等方式，且由证券交易委员会颁布了具体的处罚、申诉程序。

不改正违规行为，或违规情节严重的，由国家外汇局、中国人民银行和中国证监会联合作出取消其托管人资格的决定。

（三）《合格境外机构投资者证券交易实施细则》（以下简称《证券交易实施细则》）

为规范 QFII 在上海、深圳证券交易所从事交易活动，维护证券市场交易秩序，作为我国证券交易一线监管机构的上海和深圳证券交易所分别根据《暂行办法》的相关业务规则制定了专门针对 QFII 投资活动的实施细则，以对 QFII 证券交易活动实行实时监控。

两交易所均在 2002 年 12 月 1 日以各自的名义同时发布和实施了《证券交易实施细则》。两细则内容基本相同，都是 4 章 16 条，其核心内容是通过平仓方式确立对 QFII 持股比例的监控。如对单个 QFII 持有单个上市公司挂牌交易 A 股数额超过限定比例的，两细则的第 8 条都明确要求：当日交易结束后，本所将向其委托的证券公司和托管人发出通知，QFII 自接到减持通知日起应当在 5 个交易日内予以平仓，以满足持股限定比例之要求。而对所有 QFII 持有同一上市公司挂牌交易 A 股数额合计超过限定比例的，两细则第 9 条都规定交易所有权按照后买先卖的原则确定平仓顺序，并向其委托的证券公司和托管人发出通知。接到通知的 QFII 应当自即日起的 5 个交易日内作出相应处理，以满足持股限定比例要求。

（四）《合格境外机构投资者境内证券投资登记结算业务实施细则》（以下简称《证券结算实施细则》）

2002 年 12 月 1 日，为规范 QFII 境内证券投资的登记结算业务，经中国证监会批准，中国证券登记结算有限责任公司根据《暂行办法》制定了《证券结算实施细则》。首先，为确保合格投资者对该证券账户的证券资产享有权利，该细则在第 6 条中重申证券账户中“持有人名称”一项应登记为境内证券公司全称和托管人全称及 QFII 全称，其中境内证券公司及托管人全称以营业执照记载的名称为准，QFII 全称以证券投资业务许可证记载的名称为准。其次，加大了对结算风险的管理力度，如除了要求托管人配备必要的专业人员负责结算业务和交纳结算保证金之外，还强化了中国证券登记结算有限责任公司代表监管者对 QFII 证券账户的证券和资金强制执行措施，以防范 QFII 进行“证券买空”和“证券卖空”。

（五）《合格境外机构投资者境内证券投资管理办法》

作为试点，2002 年制定的《暂行办法》对 QFII 资格标准、外汇额度管理、账户管理、经纪商、资金汇出入等方面均作了较为严格的限制。而近几年来，《暂行办法》制定时的背景环境发生了很大变化：一是随着经济全球化的深入发展和我国加入世贸组织，我国经济与世界经济的联系和相互影响日益加深，国内市场和国际市场联系的日益紧密，客观上要求进一步提高对外开放水平，更好地促进我国经济持续稳定发展。二是加入世贸组织后，我国认真履行证券服务业对外开放的承诺，促进了我国资本市场的稳定发展；积极稳妥地实施资本市场的对外开放，有助于优化市场结构，提高资本市场质量，提升我国资本市场的整体竞争力和抗风险能力。三是党的十六大以来，党中央、国务院审时度势，作出了大力发展资本市场的重大战略决策，先后出台的一系列重要文件为资本市场的改革开放和稳定发展指明了方向，明确了积极稳妥推进资本市场对外开放的方针政策。[①] 加上我国 QFII 多年试点工作的顺利进展和平稳运行，使得管理层在监控资本跨境流动和防范风险方面较以前积累了丰富的经验。《暂行办法》原有的这些严格限制标准已逐渐显现出不能完全适应新形势发展需要的缺陷，既不利于境外长期资金的引入，又不利于管理层实施有效的监管。于是，2006 年 8 月 24 日，中国证监会、中国人民银行和国家外汇管理局三家结合上述的实践发展需要，对原有的《暂行办法》作了修改与调整，正式出台了《合格境外机构投资者境内证券投资管理办法》(以下简称新《办法》)。

与《暂行办法》相比，新《办法》共 7 章 37 条，其中新增 4 条，修订 29 条。新修订的内容主要涉及吸引长期资金和完善投资监管两个方面：

首先，在政策上对长期资金管理机构适度倾斜，引导长期资金入市。一是对于基金、保险等长期资金管理的证券资产规模要求适度降低，而对银行和证券公司的资格标准维持不变。二是明确对于符合新《办法》规定的养老基金、保险基金、共同基金、慈善基金等长期资金管理机构，予以优先考虑。对于基金、保险等长期资金管理的证券资产规模、成立年数要求适度降低，而对银行和证券公司的资格标准维持不变。三是允许直接开立账户。QFII 可以为其管理的各类长期资金申请单独开立证券账户，为其他客户开立名义持有人账户。四是资金锁定期适度放宽。养老基金、保险基金、共同基金等长期资金的锁定期降至 3 个月，其余资金仍维持 1 年的锁定期不变。

其次，对 QFII 的实际境外投资者监管更加严格。主要体现在三个方面：一是要求 QFII 为背后投资人开立名义持有人账户，并按季度向监管机构报告其名下的实际投资者资产配置、证券投资明细等情况。二是在 QFII 持股比例方面，规定了单一和所有 QFII 的持股上限，即单个境外投资者通过合格投资者持有一家上市公司股票的，持股比例不得超过该公司股份总数的 10%；所有境外投资者对单个上市公司 A 股的持股比例总和，不得超过该上市公司股份总数的 20%。三是严格信息披露方面的要求，即境外投资者的境内证券投资达到信息披露要求时，信息披露义务人应通过合格投资者向交易所提交信息披露内容。合格投资者有义务确保其名下的境外投资者严格履行信息披露义务。

再次，为方便 QFII 投资，分散其投资运作风险，新《办法》规定每个合格机构投资者可分别在上海、深圳证券交易所委托三家境内证券公司进行证券交易。

最后，新《办法》除了保留《暂行办法》原有的予以警告、罚款规定之外，还特别授权在 QFII 所管理的证券账户发生重大违法、违规行为的，中国证监会可以依法采取限制相关证券账户的交易行为等措施，国家外汇局可以依法采取限制其资金汇出入等措施，增加对违规的 QFII 的威慑力。

(六)《关于实施〈合格境外机构投资者境内证券投资管理办法〉有关问题的通知》

除了上述新修订的内容，证监会还于 2006 年 8 月 25 日专门颁发了新《办法》的配套实施细则，即《关于实施〈合格境外机构投资者境内证券投资管理办法〉有关问题的通知》(以下简称《实施通知》)。《实施通知》根据新《办法》的精神要义和相关规

① 参见证监会新闻发言人就《合格境外机构投资者境内证券投资管理办法》答中国政府网记者问，载 http://www.fsou.com/html/text/bnew/6039815/603981538_1.html。

定，对《暂行办法》原有的规定做了更为细致的修改和补充。这些变化体现在两方面：

首先，调低和放松了外资申请 QFII 资格的数量和主体限制。比照《暂行办法》的上述规定，《实施通知》将申请 QFII 的境外基金管理机构和保险公司最近一个会计年度管理的证券资产从 100 亿美元调低至 50 亿美元，并进一步拓宽了申请的主体范围，除原有的基金公司、保险公司、证券公司和商业银行外、还允许其他机构投资者如养老基金、慈善基金会、捐赠基金、信托公司、政府投资管理公司等在满足成立 5 年以上与最近一个会计年度管理或持有的证券资产不少于 50 亿美元两个条件下，可向我国证监会申请充当 QFII 的资格。

其次，扩大了 QFII 在经批准额度范围内可投资的自主性，包括增加证券投资基金和在证券交易所挂牌交易的权证两种人民币金融工具，允许根据《外国投资者对上市公司战略投资管理办法》对上市公司开展战略投资的某些特殊的 QFII，其战略投资的持股不受《实施通知》10％和 20％的比例限制。[①]

（七）《合格境外机构投资者境内证券投资外汇管理规定》

为完善 QFII 境内证券投资外汇管理，促进我国资本市场规范、有序开放，国家外汇管理局根据新《办法》，于 2009 年 9 月 29 日对 2002 年发布的《暂行规定》进行了修订，起草了《合格境外机构投资者境内证券投资外汇管理规定》（以下简称新《规定》)。新《规定》内容共分 6 章，依次为总则、投资额度管理、账户管理、汇兑管理、统计与监督管理、附则。与《暂行规定》相比，新《规定》的内容主要涉及吸引中长期资金，便利投资运作和风险控制，以及强化资金汇兑管理与统计监测等三个方面。主要体现在：

一是明确了国家对 QFII 投资实行总额管理并鼓励中长期投资的政策原则。明确了申请投资额度的限额和时间要求，将单家 QFII 机构申请投资额度的上限由 8 亿美元增至 10 亿美元；将养老基金、保险基金、开放式中国基金等中长期 QFII 机构的投资本金锁定期缩短至 3 个月，其他机构投资者的本金锁定期设定为 1 年；为确保额度申请人和使用人一致，对于违反规定转让或转卖投资额度等非法使用外汇行为明确了处罚原则。

二是为满足保护 QFII 客户资产安全性和独立性的要求，允许 QFII 机构为自有资金和符合条件的客户资金及发起设立的开放式中国基金分别开立账户，并禁止不同性质的账户之间的资金划转。

三是便利 QFII 机构投资运作，适应开放式基金的运作特点，允许 QFII 发起设立的开放式中国基金在投资本金锁定期结束后，将每月申购和赎回的轧差净额汇入或汇出，并明确了开放式中国基金的额度管理原则。

四是规范和简化了审批程序和手续，合并了批准投资额度与账户开立的审批环节；明确了 QFII 本金、收益汇出的程序；大量简化了有关申请材料；将投资收益汇出和开

① 为了规范股权分置改革后境外投资者对 A 股上市公司进行战略投资，2005 年 12 月 31 日，商务部、中国证监会、国税总局、国家工商总局、国家外管局五部委联合发布了《外国投资者对上市公司战略投资管理办法》，并于 2006 年 1 月 30 日起施行。《实施通知》对 QFII 持股比例的限制包括：（1）单个境外投资者通过合格投资者持有一家上市公司股票的，持股比例不得超过该公司股份总数的 10％；（2）所有境外投资者对单个上市公司 A 股的持股比例总和，不超过该上市公司股份总数的 20％。

放式中国基金的资金汇出入审核权下放至QFII托管人所在地外汇分局。

五是强化了QFII资金汇兑管理和统计报告要求。进一步完善了QFII投资涉及的资金汇兑报告制度，充实了相关报表信息；为落实和加强QFII后续管理，增加了QFII托管人所在地外汇分局部分日常管理职能；强调了QFII机构及其托管人履行各自报告职责的要求；明确了QFII机构及其托管人相关违规行为的处罚原则和依据。

此外，新《规定》还保留了外汇局根据我国经济金融形势、外汇市场供求关系和国际收支状况等调整QFII投资额度限额以及资金汇出入安排的权利。

三、外资国内证券市场投资所涉的法律关系

综合上述有关QFII投资国内证券市场相关法律规定，我们不难发现，QFII证券交易、清算与结算遵循的是一种间接持有的模式，这种模式与我国现行的证券直接持有模式并不相同。[①]

所谓间接持有，简单说是指投资者通过在某一中介机构开立的账户持有证券，这个机构本身处于一个多层次的证券持有系统中，按照这种持有系统，在证券发行人处登记的证券持有人只是处于这个证券持有体系最顶层的机构，而非投资者本人，投资者开立有证券账户的中介机构在位于其上层的其他机构那里以自己的名义开立证券账户，在混同的基础上为客户持有证券。在金融日益全球化的今天，跨境资本流动和跨境证券交易的规模呈几何级数扩大，而证券间接持有正是适应这种跨境证券交易需要而诞生的一种金融创新。在证券间接持有的新系统下，证券间接持有中介机构（securities intermediary）不仅代表账户持有人持有证券享受证券利益，而且自身亦对间接持有的证券享有利益。以下简要阐明我国QFII间接持有证券模式所涉的法律关系。

前已提及，间接持有系统是个多层次的结构，处在结构顶层的是具有中央证券托管功能的机构CSD，存管不同证券发行人发行的大量证券。处在CSD下层的是一些在CSD持有证券账户，与CSD有直接托管合同关系的证券机构、证券经纪人、区域性的证券托管人以及其他从事证券投资之类的中介机构，这些机构通常被称做CSD的参与人。它们在CSD开立账户，不管证券是谁投资的，账户登记的证券持有人都是这些中

① 证券直接持有模式是指投资者直接持有证券，标明拥有证券所有权，而证券发行人不需要通过其他中介机构就能够直接知道投资者是谁，因此确认投资者的所有者权益。以我国现行的做法为例，中国证券登记结算有限责任公司既是中央证券存管机构（Central Securities Depositories，以下简称CSD），又是中央证券登记结算机构；在中央证券登记结算法律关系中，以券商在交易所的交易席位为最小结算单位，结算参与人（券商）之间的债权债务经轧差成净额，以中国证券登记结算有限责任公司为中央结算对手进行证券与资金的电脑系统划账和交收。在券商代理证券交易的情形中，中央结算与中央登记并不一致，接收证券交收的券商并非是在中国证券登记结算有限责任公司登记的证券持有人，由于“租用”券商交易席位进行证券交易的投资者并非CSD系统的结算参与人，其在公开证券市场上购买并持有的证券（虽经CSD系统登记至自己名下）必须托管给券商并经其再存托于CSD系统。这样，中央结算与中央登记保持了表面一致。因此，特别证券账户和明细账户便构成了证券直接持有系统的核心：投资者委托券商自CSD结算系统交收的电子化证券被CSD记载在投资者而非结算参与人名下，此时，在CSD簿记系统中登记的证券所有人名称各不相同，这被称为特别证券账户体系。同时，在投资者委托多层中间人的情形，不但直接受托券商（直接中间人）的账簿上要记载该投资者的证券权利，间接受托券商（间接中间人）投资者的账簿上也要记载该投资者的证券权利。此时，各级中间人的账簿系统记载的投资者名称必须直达终极投资者，这被称为明细账户体系。关于证券直接持有模式的具体介绍，详见张晓凌、杨月萍：《QFII制度下跨境间接持有证券的法律问题研究》，载《国际金融研究》，2004（10）。

介机构，而不是最终实际投资者。而且，这些参与人在 CSD 开立账户下面并没有投资者名义的分账户。通常，CSD 参与人自身还会有客户，这些客户只能在 CSD 参与人处开立证券账户，由 CSD 参与人替自己存管证券。同时，间接持有方式的惯常做法是，对于客户持有的某一证券，在本机构内设立一个该证券的总账户，在混同的基础上记录所有客户的证券，然后在这个总账户下设立该客户名义的分账户，记录以该客户名义持有的证券数量。因此，从结构上看，处于底层的实际证券投资者与发行人和 CSD 之间的层次可能很多，形成一种金字塔式的形态。而站在“塔尖”往下看，发行人只需与 CSD 打交道，CSD 与其参加人打交道，CSD 参加人与下一级的中介机构打交道，最后是某个具体中介机构与证券实际投资者打交道。

根据以上分析可知，众多境外个人投资者经由 QFII 经纪业务投资于我国 A 股市场的法律行为，客观上形成了以 QFII 为证券中介机构的跨国证券间接持有的民事法律关系。而在此关系中，首先，中国证券登记结算有限责任公司扮演了 CSD 角色，位于 QFII 间接持有结构体系中的上端，存管着国内各上市公司发行的 A 股。由于 QFII 或其委托的国内证券公司通过托管银行参与以中国证券登记结算有限责任公司为中央对手方的证券、资金结算以及证券登记。所以，托管银行是 CSD 参与人，其与中国证券登记结算有限责任公司形成第一层级中介机构，QFII 或其委托的国内证券公司则为 CSD 参与人即托管银行的客户，它们与托管银行形成第二层级中介机构。其次，由于 QFII 一般是境外基金管理机构、保险公司、证券公司或其他资产管理机构，所以 QFII 在这个民事法律关系中扮演的其实就是第三层级中介机构，即专业投资人的职能，其直接面对的是国外的个人投资者。[①] 最后，QFII 之下的个人投资者对 QFII 持有的证券账户资产享有比例权利，是间接持有人，扮演着类似我国散户的角色，但与我国散户直接持有不同的是，它们并不享有直接的财产权益，不能实际直接持有我国发行的 A 股。下图是我国 QFII 间接持有证券系统运作一般形态的解构。

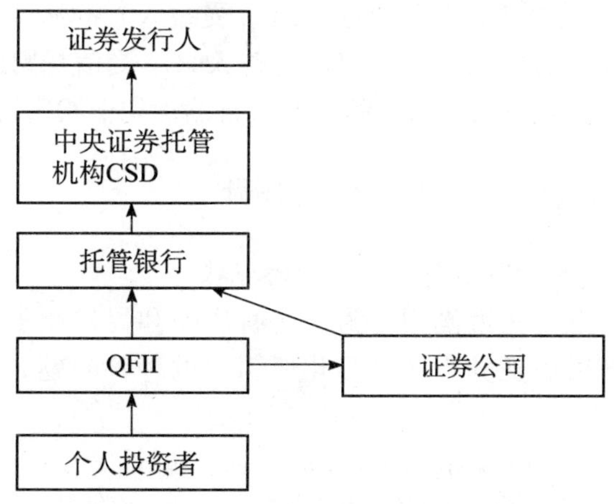

① 事实上，QFII 的客户不一定全是个人投资者，可能还有各级的机构投资者，为分析方便，本书将 QFII 作为直接面对个人投资者的第一级中介机构。

第三节　中国证券市场国际化的若干法律问题

一、QFII 制度下跨境投资者证券权利的保护

从上节的图例可见，中国证券登记结算有限责任公司直接持有系统的登记链条延伸至 QFII 就终止了，其簿记系统并不体现最终投资者的上述权利。而在我国法律中，中国证券登记结算有限责任公司登记的证券权利是公示的法定对世权利，上述第三层级跨境个人投资者对 QFII 证券账户享有的比例权利，既然未在中登公司簿记系统中记录和体现，自然不是受我国法律保护的证券权利，而只是他们在与 QFII 缔结的合同中享有的债权。这种债权是否受我国法律保护，要视该合同准据法是否为我国法律保护。即使受我国法律保护，这种债权性权利亦滞后于物权性权利（如 QFII 债权人对其证券账户享有的担保物权）。因此，将 QFII 经纪业务强行置入我国现行的直接持有法律框架的做法，并不利于保护跨境投资者的权利。在这种巨大的法律风险无疑会减损跨境个人投资者通过 QFII 经纪业务投资我国国内证券市场的积极性。

对此，有学者建议我国应当将境外投资者通过 QFII 间接持有证券法律关系纳入《信托法》的法律框架内加以规制，并在时机成熟之时将我国的直接持有体系改造为间接持有体系。① 具体为：首先，将 QFII 间接持有的境外投资者的证券权利界定为信托财产，以将 QFII 的固有财产与该信托财产相区分，从而使该信托财产在法律上就隔离了 QFII 的自营财产风险与“破产风险”。其次，课以 QFII 受托人的职责，这与中国信托制开放基金的中央结算实践保持一致；QFII 与境外投资者签订经纪业务合同之时，就是信托契约成立之时，QFII 账簿贷记境外投资者对方证券账户之时则是信托物权关系生效之时；在 QFII（受托人）与境外投资者（受益人）的法律关系中，信托物权关系“责任与利益相分离”的特殊性机制使得受益人只享受信托财产利益而不必承担信托财产的责任，境外投资者对信托财产的受益权自然优先于 QFII 的登记证券权利。②

二、我国证券法律监管的国际合作与协调

（一）我国证券法律监管国际合作与协调的现状

实践证明，在经济全球化浪潮中，为了化解风险和促进竞争，单靠一国或地区的证券立法及监管很难解决由证券市场国际化所引发的种种问题。因此，要充分发挥证

---

① 根据我国《信托法》，一旦委托人与受托人的信托契约生效，则产生受托人、受益人信托物权法律关系和独立于受托人固有财产的信托财产；信托契约作为继续性契约，在信托的存续期间，与信托的物权关系并存，这样，信托的法律关系一方面表现为委托人—受托人—受益人三者之间的债权关系，另一方面则表现为受托人—受益人之间的物权关系。自益信托的受益人（同时是信托契约关系的债权人）对信托财产享有物权性权利，信托财产高度独立的机制更为强化了受益人的这种物权性权利，并以这种物权性权利为债权人的债权提供优先受偿的法律保障。

② 参见张晓凌、杨月萍：《QFII 制度下跨境间接持有证券的法律问题研究》，载《国际金融研究》，2004（10）。

券市场国际化的积极作用，限制和避免其在国内、国际两个层面产生的不利影响，相互借鉴与合作成为各国证券法律监管发展的必由之路。就国际层面，这种合作与协调主要表现为以下几个方面的内容：（1）各国国内的相关立法。这些立法的目的在于促进和规范证券市场的国际化以及加强国家监管合作。比如美国分别于 1988 年、1990 年颁布了《内幕交易和证券欺诈执行法》（Insider Trading and Securities Fraud Enforcement Act）和《国际证券执行合作法》（International Securities Enforcement Cooperation Act），通过专门立法的形式对证券监管的国际合作与协调进行了规范。（2）各国或各地区监管机构相互之间的双边合作，包括签署双边司法互助协定、谅解备忘录等。（3）区域性监管合作与协调。如自 20 世纪 70 年代末以来，欧共体（欧盟）不仅颁布和实施了许多有关证券发行、交易的指令，在有关市场准入、信息披露、内幕交易等方面协调成员国对证券市场的监管，而且还创建了专门的协调机构——欧盟证券监管委员会。（4）证券市场的全球性监管合作与协调。国际证监会组织（International Organization of Securities Commissions，以下简称 IOSCO）已成为推进国际证券监管合作与协调专门化组织。该组织成立于 1983 年，截至 2007 年年底已有 179 个成员，这些会员机构监管着全球 90%以上的证券市场。目前，IOSCO 被公认为是证券市场国际标准的制定者，其制定的一系列监管原则、标准、准则和建议为各成员国间进行监管合作与协调提供了依据。

伴随着我国证券市场国际化向纵深发展，我国监管当局十分重视与境外监管机构的监管合作与协调，并取得了较大的成就。如在双边层面，为有效打击包括证券犯罪在内的各种犯罪行为，防止罪犯逍遥法外，我国自 20 世纪 80 年代中期开始对外签订司法协助条约。截至 2006 年年底，我国已与 44 个国家缔结了 66 项双边司法协助条约、引渡条约。而自中国证监会 1992 年 10 月成立以来，迄今为止，我国证监会已先后同 35 个国家或地区的 39 个证券（期货）监管机构签署了监管合作谅解备忘录。同时，在区域性层面上，我国加强了与东盟各国在金融证券领域的监管合作与协调。而在全球层面，早在 1995 年 7 月，我国证监会就正式加入 IOSCO，并已连续五届当选为 IOSCO 执委会委员，积极参与 IOSCO 的相关活动，从而大大促进了我国证券市场规范化水平的提高以及与其他国家监管机构间的监管合作与协调。[①]

（二）我国证券法律监管国际合作与协调的不足

首先，从证券市场国际化国家国内的相关立法层面看，我国的证券立法一直严重滞后于证券市场的发展。作为证券市场的基本法——《证券法》，除了第 179 条第 2 款规定“国务院证券监督管理机构可以和其他国家或者地区的证券监督管理机构建立监督管理合作机制，实施跨境监督管理”外，不见其有任何关于国际证券监管合作与协调的具体实体法规定。2005 年修订的《证券法》不仅在直接实体法方面存在欠缺，而且有关证券纠纷解决的冲突法规范依旧规定不明。

其次，从双边监管合作与协调的层面看，目前我国亦存在许多不足。如从我国证

① 我国的上海证券交易所、深圳证券交易所于 1996 年 9 月加入 IOSCO 咨询委员会。IOSCO 的附属委员会员多为各国重要的证券、期货交易所和其他国际金融机构。因此，这也有利于上海、深圳证券交易所同外国证券自律性组织的交流合作。

监会与境外监管机构签署的诸多谅解备忘录来看，多半强调的是发达市场对我国证券市场的技术援助，而对有关证券法律实施的合作与磋商只限于原则性的规定，可操作性的规定极少。而对合作中更为重要的信息共享的程序、使用信息方式的许可、保密要求等问题，规定采取个案方式处理。此外，我国在这些备忘录中均无对来华设立的各种外资证券经营机构就如何加强东道国与母国证券监管机构的合作与协调作出相应的规定。

再次，在区域性监管合作与协调上，虽然我国与东盟各国已发表和签署了包含金融证券领域监管合作内容在内的《东亚合作联合声明》和《中国—东盟全面经济合作框架协议》，但是，与欧盟相比，这种原则性的声明和框架协议对我国与东盟证券监管合作与协调并没有规定多少实质性的举措，因而成效不彰。

最后，在全球性的监管合作与协调上，我国证监会虽然积极参与 IOSCO 进行证券监管合作与协调的各项活动，但参与的广度和深度欠缺，工作力度亟待加大。比如，对 IOSCO 文件体系中具有里程碑式的三份核心文件：《证券监管的目标和原则》、《外国发行人跨国证券发行与首次上市国际披露准则》及《IOSCO 多边谅解备忘录》，在绝大多数成员国已通过修改有关国内法律、规则和采取其他方法加以执行的情形下，我国证监会至今尚未对其进行全面、系统、深入的研究和探索，更别说采取具体措施来实施上述文件内容。

（三）完善我国证券法律监管国际合作与协调的对策与建议

针对上述不足，就目前现状而言，我国应着重从以下几个途径循序渐进，对我国证券法律监管国际合作与协调加以相应的完善①：

第一，充实证券法律监管国际合作与协调的法律依据。如在实体法方面，可在后续修订《证券法》中增列有关对证券跨国发行与交易行为进行法律监管的具体条文，并借鉴美国等的相关立法经验，尽快颁布此方面的专门法律及配套法规，从而整体提升这些法律依据的层级与效力，更为有效地服务于证券跨国发行与交易行为的法律监管。而在冲突法方面，应尽快推出比较科学、合理的证券冲突规范，以解决证券在涉外发行、涉外转让、涉外争议等领域的法律适用需求。

第二，增加双边监管合作与协调的相关内容，对我国证监会与境外监管机构签署的谅解备忘录的内容进行完善，包括：增加有关信息共享的程序，对使用信息方式的许可、保密要求等问题进行具体规定，增加对外资证券经营机构监管合作与协调内容等。

第三，拓展区域性监管合作与协调，就目前而言，主要应从以下几个方面加以努力：（1）与东盟各国一道，对《东亚合作联合声明》和《中国—东盟全面经济合作框架协议》中涉及证券监管合作的内容进行细化，积极采取行之有效的实质性的监管合作与协调举措；（2）尽快与东盟各国签订证券监管合作的多边谅解备忘录，建立信息共享机制和跨国调查协作机制；（3）在加强与东盟各国合作的基础上，进一步拓展与日本、韩国、我国台湾地区等东亚区域内的国家和地区的证券监管合作与协调。

---

① 以下论述的部分内容参考了邱永红《国际证券监管的合作与协调研究》（316～319 页，厦门大学 2006 级博士论文）一文的内容，在此对作者表示感谢。

第四，强化全球性监管合作与协调，包括：（1）我国证监会应在认真完成相关调查问卷的基础上，加强上述三个核心文件的研究工作，并结合中国国情和发展阶段，推动其在国内证券市场的具体落实和实施，特别是早日成为《IOSCO 多边谅解备忘录》签署方，以便与境外监管机构协同打击跨境内幕交易、市场操纵、虚假陈述、欺诈等违法犯罪行为。（2）我国证监会应在积极参加 IOSCO 技术委员会和新兴市场委员会各工作小组工作的基础上，大力加强其在 IOSCO 各委员会的职责和义务，以在公平互利的基础上推进我国证券监管的国际合作与协调。（3）我国有关部门和相关机构还应继续积极参加海牙国际私法会议、国际统一私法协会、WFE 等组织机构的活动，以从多方面推进我国证券监管的国际合作与协调。

案例与思考

1. 综合案例

2007 年 10 月，某律师在为某拟从事 QFII 业务的商业银行提供法律咨询时，发表如下法律意见：（1）商业银行不得直接开立账户，不得为其他客户开立名义持有人账户；（2）托管资金锁定期最短为 1 个月；（3）单个境外投资者通过该商业银行可持有某上市公司股份总额的 20%左右的股票；（4）所有境外投资者通过该商业银行可持有某上市公司股份总额的 50%左右的股票。

请问：根据《合格境外机构投资者境内证券投资管理办法》，该法律意见存在哪些不正确的地方？

2. 思考题

（1）比较分析 QFII 所涉的法律关系与纯国内证券投资法律关系的不同点。

（2）QFII 制度下应如何加强对跨境投资者证券权利的保护？

参考书目

1. 韩龙主编．国际金融法．北京：法律出版社，2007

2. 杨建龙．关于外商投资与外资政策的博弈分析．北京：经济科学出版社，2000

3. 商务部外国投资管理局，商务部投资促进事务局．中国利用外资法律法规文件汇编：2007—2008 年．北京：中国人事出版社，2008

第十五章
境内资金境外投资法律制度

本章要点

1. 境外投资项目的核准条件及核准程序
2. QDII 法律制度的主要内容
3. QDII 对中国金融监管体系的挑战
4. 境外投资外汇管理法律制度存在的问题及其完善

第一节　境内资金境外直接投资法律制度

一、境外投资的概念

随着我国经济的持续快速平稳发展和对外开放水平的不断提高，国际收支持续多年保持顺差，外汇储备大幅增长，我国境内资金日益富裕，境内个人和机构持有的金融资产快速增长。但是目前境内金融市场尚不发达，投资渠道相对狭窄，部分境内个人和机构选择境外投资，以利用国际金融市场优化资产配置、分散投资风险、提高资金收益。

境外投资，是指境内投资者为获得一定经济效益而将其资本投入境外的一项经济活动。1989 年 3 月外管局发布的《境外投资外汇管理办法》规定，境外投资是指“在中国境内登记注册的公司、企业或者其他经济组织（不包括外商投资企业）在境外设立各类企业或者购股、参股，从事生产、经营的活动”。2009 年的商务部《境外投资管理办法》规定，境外投资是指“在我国依法设立的企业通过新设、并购等方式在境外设立非金融企业或取得既有非金融企业的所有权、控制权、经营管理权等权益的行为”。

按投资形式与性质的区分，广义上的境外投资可分为境外直接投资和境外间接投资。狭义上的境外投资专指境外直接投资。境外直接投资，是指伴有企业经营管理权和控制权的投资，投资者在境外直接经营企业，并对企业的经营管理有较大的控制权，包括境外投资开办企业和境外投资项目。境外间接投资是指投资者不参加企业经营管理，也不享有企业的控制权或支配权，而仅以其持有的能提供收入的股票或证券进行的投资，具体表现为：在境外证券市场上购买上市公司的股票或公司债券等获取股息或利息，向境外企业提供贷款，等等。境外直接投资与境外间接投资的区别，实质上集中于对企业有无控制权这一问题上。

具体而言，境外投资可以从如下六个方面进行理解：

1. 投资主体。进行境外投资的投资主体，包括两大类：（1）中国境内的各类法人，包括各类工商企业、国家授权投资的机构和部门、事业单位等。这些机构属于中国境内的法人机构，受中国内地法律的管辖约束。（2）由境内投资主体控股的境外企业或机构。境外企业或机构不属于中国内地的法人机构，不受内地相关法律的制约，但境内机构通过这些境外机构向境外进行投资时，仍然需要按照境内有关企业境外投资核准的法律规定，履行相应的核准手续。

2. 投资地区。适用于境外投资企业、项目核准的投资地区，不仅包括外国，也包括中华人民共和国辖区内的香港特别行政区、澳门特别行政区和台湾地区。凡在中国内地之外的任何地区进行的投资，均为境外投资。

3. 出资形式。境外投资所投入资产的形式十分广泛，包括货币资金的投入，股票、债券、信托凭证等金融资产的投入，各类实物资产的投入，知识产权、专有技术等无形资产的投入。只要是向境外的资产输出行为，无论是以什么方式出现，都应按照境外投资项目核准的有关规定履行相应行政许可手续。

4. 投资方式。境外投资方式包括各类新建项目及改扩建项目的初始投资、再投资，也包括收购、合并、参股、增资扩股等权益投资活动，同时也包括对境外投资提供担保的行为。

5. 投资目的。境外投资的直接体现，是获得了对境外资产或经营活动的所有权、经营管理权及其他相关权益，如收益分配权、资产支配权、资源勘探或开发权等。境外投资的目的，可以是在境外进行生产、销售、经营或研发，也可以是在境外进行融资。

6. 投资领域。境外投资的行业领域，可涉及我国境内法律允许投资的国民经济各领域。中国政府积极引导境内企业开展如下境外投资：扩大境外资源开发利用，包括境外油气、金属和非金属矿产资源、林木资源以及经济作物种植、远洋渔业等资源；发展具有比较优势产业投资；积极推动境内企业到境外从事贸易分销、银行、保险、电讯、物流航运和中介服务；引导境内企业在境外科技资源较为发达的地区设立研发中心。

二、境外直接投资法律制度

为促进和规范境外投资，2009 年 3 月 16 日，商务部发布了 2009 年第 5 号令《境外投资管理办法》（以下简称《办法》)。《办法》于 2009 年 5 月 1 日起施行，《关于境外投资开办企业核准事项的规定》和《商务部、国务院港澳办关于印发〈关于内地企业赴香港、澳门特别行政区投资开办企业核准事项的规定〉的通知》（以下简称“现行规定”）同时废止。《办法》所称的境外投资，是指在我国依法设立的企业通过新设、并购等方式在境外设立非金融企业或取得既有非金融企业的所有权、控制权、经营管理权等权益的行为，主要调整的是我国企业对外直接投资事项。

近年来，我国对外投资发展较快，2008 年，我国企业对外直接投资达 521.5 亿美元，同比增长 96.7%。金融危机的发生，使不少海外企业面临资金链断裂的危险，对外来资本的加入需求非常迫切，这也为国内企业大举进行海外投资创造了历史性的机遇。《办法》的出台则正是顺应了这一趋势，对境外投资管理体制进行了改革，使得投资境外更加便利，有利于国内企业走出去，更好地利用国际资源，增强国际竞争力，另一方面也要对境外投资进行规范与引导，防止其出现失控，出现严重的后遗症。

(一)《办法》的具体内容

1. 明确核准部门，下放核准权限

根据《办法》第 6 条规定，企业开展以下情形境外投资应当提交申请材料，报商务部核准：(1) 在与我国未建交国家的境外投资；(2) 特定国家或地区的境外投资(具体名单由商务部会同外交部等有关部门确定)；(3) 中方投资额 1 亿美元及以上的境外投资；(4) 涉及多国（地区）利益的境外投资；(5) 设立境外特殊目的公司。

《办法》第 7 条规定，地方企业开展以下情形的境外投资应当提交申请材料，报省级商务主管部门核准：(1) 中方投资额 1 000 万美元及以上、1 亿美元以下的境外投资；(2) 能源、矿产类境外投资；(3) 需在国内招商的境外投资。

上述规定明确了企业境外投资的核准部门主要是商务部和各级商务主管部门，尽量避免多头管理，从制度设计上避免了以往由国务院、发改委、财政部、证监会、商务部等部门多头管理的现状，尽管在某些情况下需要取得其他管理部门的共识，如需要申请者提供国家有关部门的核准或备案文件，但仍然是以商务部及各级商务部门的核准为生效标志。

《办法》同时根据渐进性和风险可控性的原则，对核准权限予以了下放，商务部仅保留少数重大、敏感的境外投资的核准权限，改变了以往不论投资金额和投资区域风险的大小，中央企业由商务部审批、地方企业由地方商务厅审批的现状。以 2008 年核准申请件数估算，将有 85%左右的境外投资核准事项之后将交由省级人民政府主管部门负责。

2. 核准程序简化

(1) 根据《办法》第 6 条规定，企业开展如下情形的境外投资需提交申请材料，如申请书、营业执照复印件、境外企业章程及相关协议、国家有关部门的核准或备案文件等，并报商务部核准：第一，在与我国未建交国家的境外投资；第二，特定国家或地区的境外投资（具体名单由商务部会同外交部等有关部门确定）；第三，中方投资额 1 亿美元及以上的境外投资；第四，涉及多国（地区）利益的境外投资；第五，设立境外特殊目的公司。

中央企业开展上述境外投资的，应向商务部提出申请，地方企业则通过所在地省级商务主管部门向商务部提出申请。省级商务主管部门收到申请后，应当于 10 个工作日内［不含征求驻外使（领）馆（经商处室）的时间］对企业申报材料真实性等情形进行初审，同意后将初审意见和全部申请材料报送商务部。

商务部收到省级商务主管部门或中央企业的申请后，应当于 5 个工作日内决定是否受理。申请材料不齐全或者不符合法定形式的，应当在 5 个工作日内一次告之申请人；受理后，应当于 15 个工作日内［不含征求驻外使（领）馆（经商处室）的时间］作出是否予以核准的决定。

(2) 根据《办法》第 7 条规定，地方企业开展如下情形的境外投资需提交申请材料，如申请书、营业执照复印件、境外企业章程及相关协议、国家有关部门的核准或备案文件等，并报省级商务部门核准：第一，中方投资额 1 000 万美元及以上、1 亿美元以下的境外投资；第二，能源、矿产类境外投资；第三，需在国内招商的境外投资。

省级商务主管部门应当于收到申请后 5 个工作日内决定是否受理。申请材料不齐全或者不符合法定形式的，应当在 5 个工作日内一次告之申请人；受理后，应当于 15 个工作日内［不含征求驻外使（领）馆（经商处室）意见的时间］作出是否予以核准的决定。

(3) 除《办法》第 6 条、第 7 条规定情形以外的境外投资，企业只需提交《境外投资申请表》，并按《办法》第 16 条规定办理核准。商务部和省级商务主管部门收到申请表后，于 3 个工作日内进行审查，申请表填写完整且符合法定形式的即予颁发《企业境外投资证书》。

从上述规定可以看出，《办法》以责权利对等原则为指导，简化了核准程序，使大部分境外投资企业只需递交一张申请表，即可在 3 个工作日内获得《企业境外投资证书》，提高了效率。

3. 突出管理重点，强化引导服务

《办法》第 27 条规定，商务部负责对省级商务主管部门及中央企业总部的境外投资管理情况进行检查和指导。第 28 条规定，商业部会同有关部门建立健全境外投资引导、促进和服务体系，强化公共服务；发布有关投资地区指南，帮助企业了解拟投资地的投资环境；通过《对外投资国别产业导向目录》引导企业有针对性地实施境外投资；通过政府间多边经贸或投资合作机制等协助企业解决困难和问题；商务部建立对外投资与合作信息服务系统，为企业开展境外投资提供统计、投资机会、投资障碍、预警等信息服务。至于境外投资经济技术可行性，则由企业自行负责。

《办法》突出强调了商务主管部门的管理与服务职能，即商务主管部门主要对是否影响双边政治和经贸关系、是否损害国家经济安全、是否违反国际义务、是否存在恶性竞争等企业的境外投资进行核准。

4. 提出企业境外投资的行为规范

《办法》规定，企业应遵守东道国法律法规，承担社会责任，依据自身条件、能力和东道国投资环境，积极稳妥地开展境外投资。

（二）《办法》存在的问题

1. 境外投资主体没有新的突破，仍然是境内依法设立的企业。《办法》规定，境外投资的主体是在我国依法设立的企业，境内自然人不允许到境外投资。随着我国经济发展，国内竞争激烈，境内个人具有境外投资的强烈动机，尽管个人可以先在境内成立企业，然后再到境外投资，但增加了个人到境外投资的交易成本。建议放宽境外投资主体，允许境内自然人到境外投资。

2. 境外投资的形式没有突破，仍然是通过新设、并购等方式在境外设立或取得相关权益。《办法》所定义的境外投资，仍然是一个直接投资的概念，主要是从事企业生产经营活动，不允许企业不从事实体生产单纯进行股权控制的境外投资，我国对境内企业参与境外资本市场、货币市场还存在一定管制，相关投资意向主要是通过中国投资有限责任公司和 QDII 来完成，建议适当拓宽境内企业和个人参与境外资本市场证券交易的限制，将其纳入境外投资的统计监测范围。

3. 境外投资法规制定形式没有突破，仍然是单个部门单独制定。在新形势下，商务部率先出台《办法》顺应了境外投资的发展要求，但是境外投资涉及商务、外汇、海关、税务、统计和外事等多个管理部门，最好由多个部门联合制定境外投资管理办法，通过一部法规集中解决境外投资过程中可能遇到的诸多问题。这种办法可以避免各部门立法间的相互冲突，也可以避免企业政策理解上的困难，建议适当借鉴我国吸引外商直接投资时联合办公、“一站式服务”的做法，提高法规的可操作性和效率。

4.《办法》预留的空间不大，尤其是对国内外经济金融形势发生逆转时，没有预留必要的保障和控制措施。《办法》的出台主要是针对我国外汇储备过剩、金融危机中境外投资蕴藏商机的背景，核心内容是下放核准权限，简化办事手续。但《办法》没有对境外投资所得利润调回等问题预留政策空间，当国内外经济金融形势发生逆转，如果不采取必要的保障措施，则有可能造成国际收支失衡。

5.《办法》没有明确中方投资在 1 000 万美元以下的境外投资项目应该由哪个部门核准的问题。此外，《办法》对“特殊目的公司”的定义与既有的法规不相一致，不允许境内自然人在境外设立特殊目的公司，这与《外国投资者并购境内企业暂行规定》中的“特殊目的公司”存在政策上的冲突。

第二节　境内资金境外间接投资法律制度

一、境内资金境外间接投资概述

境内投资者除通过在境外设立企业、机构等方式进行境外直接投资外，还可以采取如下的方式进行境外间接投资：

1. 商业银行代客境外理财渠道。境内机构和个人投资者可以运用人民币资金或者自有外汇资金，通过购买获得代客境外理财业务资格的境内商业银行发行的代客境外理财产品，投资包括股票、股票型基金、债券等在内的境外金融产品。

2. 保险机构境外证券投资渠道。境内保险公司可以在总资产的一定比例内，以自有外汇资金或者以人民币资金购汇，通过“委托管理”的模式，委托符合条件的专业资产管理机构（多数是所属的保险资产管理公司），投资于境外证券市场。

3. 证券类经营机构境外证券投资渠道。境内机构和个人投资者可以运用人民币资金或者自有外汇资金，通过购买基金管理公司、证券公司等证券类经营机构所发行的境外证券投资基金、境外证券投资集合资产管理计划产品，投资于境外证券市场。

4. 信托公司受托境外理财渠道。境内机构和个人投资者可以以人民币资金或者自有外汇资金，委托信托公司进行境外理财。

5. 个人直接对外证券投资渠道。境内个人可以在获得批准的境内商业银行开立资金账户，通过与该银行合作的香港证券公司直接投资于香港证券市场。

在中国现有的法律制度框架内，境内投资者主要采取通过商业银行、证券类经营机构、信托公司等发行的 QDII 产品进行境外间接投资。

二、QDII 概述

QDII（Qualified Domestic Institutional Investor），即合格境内机构投资者，它是在资本项目未完全开放的国家实行的，允许符合一定条件的境内机构投资者，经国内有关金融监管部门特别批准，通过开立收支范围严格限定的特别外汇账户，在一定额度范围内投资境外资本市场的一种过渡性制度。

QDII 与 QFII 相对应，是一种开放资本市场的渐进制度。许多谨慎推行资本与投资账户开放的国家和地区都曾经采用 QDII 作为一项过渡性的制度安排。在这种制度安排下，允许合格的境内机构投资者，包括符合条件的商业银行、基金管理公司、证券公司以及保险公司等金融机构，集合境内机构和个人的人民币资金购买外汇或境内机构与个人自有外汇，投资境外固定收益类产品、股票证券及货币市场工具等金融产品。

经过 1994 年的外汇体制改革，我国已于 1996 年基本实现人民币经常项目下的自由兑换。2001 年加入世界贸易组织后，我国积极推动资本与投资项目下的对外开放和自由兑换。但是在人民币尚不能自由兑换、资本项目受限，以及货币政策、金融体系与金融监管法律制度亟待完善的背景下，我国还不完全具备投资市场完全开放或资本自由流动的条件。我国推行QDII的目的是有限地突破目前法律上或政策上的限制，在现有的制度框架下实现有限的资本流动，适应和满足内地资本市场发展的需求，并为资本市场的全面开放积累经验。

三、QDII分类

根据我国目前QDII的实践，按照当前金融监管部门核准的主体划分，QDII产品大致可以分为四大类，即银行系QDII、基金和券商系QDII、保险系QDII和信托系QDII。

1. 银行系QDII，即由金融监管部门核准的商业银行作为合格的境内机构投资者，是当前我国QDII的主流。2006年4月，中国人民银行发布5号公告，允许符合条件的境内银行集合境内机构和个人的人民币资金，在一定额度内购汇投资于境外固定收益类产品。2006年4月，中国人民银行、银监会和外管局颁布实施《商业银行开办代客境外理财业务管理暂行办法》，允许符合条件的境内商业银行可募集境内个人和机构的人民币和外汇资金进行境外证券投资。2007年5月，银监会办公厅出台《关于调整商业银行代客境外理财业务境外投资范围的通知》，将商业银行代客境外理财产品境外投资范围拓宽至股票、股票型基金等金融产品。

2. 基金和券商系QDII，是指由金融监管部门核准的证券公司和基金管理公司作为合格的境内机构投资者。2006年8月，证监会批准华安基金管理公司开展境外证券投资试点。2007年6月，证监会发布《合格境内机构投资者境外证券投资管理试行办法》，从市场准入、审批程序、境外投资顾问设置、资产托管以及资金运作等方面对基金管理公司、证券公司等证券类经营机构境外证券投资业务进行规范。

3. 保险系QDII，是指由金融监管部门核准的保险公司取得合格境内机构投资者的资格。2004年8月，中国人民银行和保监会联合发布《保险外汇资金境外运用管理暂行办法》，允许符合一定条件的保险公司运用自有外汇资金的一定比例，投资于境外债券、货币市场工具等风险较低的境外金融产品。2005年9月，保监会发布《保险外汇资金境外运用管理暂行办法实施细则》，进一步将保险外汇资金境外投资范围拓宽至中国企业在纽约、伦敦、法兰克福、东京、新加坡和中国香港证券交易所上市的股票，使得保险外汇资金境外投资资产配置更为灵活。该项业务开展3年以后，在部分保险机构境外证券投资所积累的经验和所取得的较好收益基础上，2007年7月，中国人民银行、保监会和外管局联合发布《保险资金境外投资管理暂行办法》，允许保险机构以其自有外汇资金或者购汇进行境外证券投资，标志着保险资金境外证券投资步入新的发展阶段。

4. 信托系QDII，是指由金融监管部门核准的信托公司取得合格境内机构投资者的资格。2007年3月，银监会和外管局联合发布《信托公司受托境外理财业务管理暂行办法》，允许符合条件的信托公司募集投资者的人民币资金及外汇资金，进行境外证券投资，为信托公司受托理财开辟了境外投资的新渠道。

四、QDII 运作流程

1. 资金汇入汇出流程。为买卖证券，QDII 须开设资金和证券账户，汇出资金。基本流程如下：(1) 选择境内券商设在境外的分支机构或相关的基金管理公司作为代理人；(2) 由代理人在资本项目下设立专门的 QDII 资金账户；(3) 通过审批后在境内公开发行外汇基金；(4) 代理人以 QDII 名义开设证券账户；(5) 资金汇出时，QDII 直接将资金汇入境外银行资金往来账户；(6) 股票买卖时，通过境内券商设在境外的分支机构代理，在境外交易所的股东账户进行；(7) 资金汇入时，由境外银行资金账户汇入 QDII 在境内的资金账户。

2. 证券买卖流程：(1) QDII 将买卖指令通知代理人；(2) 代理人向证券公司发出买卖指令；(3) 买入证券时，证券公司需要核对 QDII 在境外银行的资金账户，防止透支；(4) 卖出证券时证券公司需要检查 QDII 在本公司的证券账户，防止卖空；(5) 指令通过证券公司席位传至交易所，如果成交则成交回报通过证券公司到达代理人和境外银行；(6) 清算指令通过交易所到达登记结算机构，登记结算机构与境外银行清算资金，与证券公司交割证券；(7) 境外银行根据成交回报和清算结果核对在证券公司的证券账户，确保 QDII 证券的安全。

五、QDII 法律制度的主要内容

（一）市场准入制度

市场准入制度是关于市场主体和交易对象进入市场的管制规则，是监管部门对市场管理的一种制度安排。它是监管部门或行业组织出于公共利益的需要，为改善市场机制的内在问题，制定的对社会经济活动主体进行限制的各种规则，旨在维护市场秩序和保护投资者。

根据《合格境内机构投资者境外证券投资管理试行办法》规定，证券公司和基金管理公司从事 QDII 业务需满足如下条件：(1) 申请人的财务稳健，资信良好，资产管理规模、经营年限等符合中国证监会的规定。即证券公司的各项风险控制指标符合规定标准，净资本不低于 8 亿元人民币，净资本与净资产比例不低于 70%，经营集合资产管理计划（以下简称集合计划）业务达 1 年以上，在最近一个季度末资产管理规模不少于 20 亿元人民币或等值外汇资产；基金管理公司的净资产不少于 2 亿元人民币，经营证券投资基金（以下简称基金）管理业务达 2 年以上，在最近一个季度末资产管理规模不少于 200 亿元人民币或等值外汇资产。(2) 拥有符合规定的具有境外投资管理相关经验的人员，即具有 5 年以上境外证券市场投资管理经验和相关专业资质的中级以上管理人员不少于 1 名，具有 3 年以上境外证券市场投资管理相关经验的人员不少于 3 名。(3) 具有健全的治理结构和完善的内控制度，经营行为规范。(4) 最近 3 年没有受到监管机构的重大处罚，没有重大事项正在接受司法部门、监管机构的立案调查。(5) 中国证监会根据审慎监管原则规定的其他条件。

根据《商业银行开办代客境外理财业务管理暂行办法》规定，商业银行从事 QDII 业务需满足如下条件：(1) 是外汇指定银行；(2) 建立健全了有效的市场风险管理体系；（3）内部控制制度比较完善；（4）具有境外投资管理的能力和经验；（5）理财业务活动在申请前一年内没有受到中国银监会的处罚；（6）中国银监会要求的其他审慎条件。

根据《保险资金境外投资管理暂行办法》规定，保险公司从事 QDII 业务应满足如下条件：（1）建立健全的法人治理结构和完善的资产管理体制，内部管理制度和风险控制制度符合《保险资金运用风险控制指引（试行）》的规定；（2）具有较强的投资管理能力、风险评估能力和投资绩效考核能力；（3）有明确的资产配置政策和策略，实行严格的资产负债匹配管理；（4）投资管理团队运作行为规范，主管投资的公司高级管理人员从事金融或者其他经济工作 10 年以上；（5）财务稳健，资信良好，偿付能力充足率和风险监控指标符合中国保监会有关规定，近三年没有重大违法、违规记录；（6）具有经营外汇业务许可证；（7）中国保监会规定的其他条件。

根据《信托公司受托境外理财业务管理暂行办法》规定，信托公司从事 QDII 业务需满足如下条件：（1）注册资本金不低于 10 亿元人民币或等值可自由兑换货币。经批准具备经营外汇业务资格，且具有良好开展外汇业务经历。连续 2 年监管评级为良好以上。（2）最近 2 年连续盈利，且提足各项损失准备金后的年末净资产不低于其注册资本金；最近 2 年没有受到监管部门的行政处罚。（3）具有健全的公司治理结构、内控制度和风险管理机制，且执行良好。（4）配备能够满足受托境外理财业务需要且具有境外投资管理能力和经验的专业人才（2 年以上从事外币有价证券买卖业务的专业管理人员不少于 2 人）；设有独立开展受托境外理财业务的部门，对受托境外理财业务集中受理、统一运作、分账管理。（5）具备满足受托境外理财业务需要的风险分析技术和风险控制系统；具有满足受托境外理财业务需要的营业场所、计算机系统、安全防范设施和其他相关设施；在信托业务与固有业务之间建立了有效的隔离机制。（6）中国银监会规定的其他审慎性条件。

综上可知，为防范国际资本市场的巨大风险，我国对合格境内投资者的资格进行了严格的规定，对从事 QDII 的商业银行、证券公司、基金管理公司、保险公司、信托公司的诸多方面进行详细的规定，其中健全的法人治理结构、完善的资产管理体系与内部治理机构及资信良好是合格投资者的必要条件，然而，上述法律法规并未对“健全”、“完善”、“资信良好”进行明确的定义。对于 QDII 合格投资者的资格认定，应本着稳妥渐进、宁缺毋滥的原则，对不同性质的金融机构的资产规模、业务范围、经营业绩、公司治理、风险控制、产品设计、人才资源等方面提出明确要求，严把市场准入关。

（二）合格的证券

原则上，境内监管机构不需对 QDII 的投资范围作出规定，而应遵从境外间接投资所在国的相应交易法规。但考虑到中国的特殊国情，为了切实保护境内居民投资者的利益，相关法律法规对 QDII 的投资范围进行了限制，但呈现出越来越宽松的趋势。《商业银行开办代客境外理财业务管理暂行办法》规定，QDII 资金只限于投资境外固定收益产品。2007 年 5 月 10 日，银监会《关于调整商业银行代客境外理财业务境外投资范围的通知》将“不得直接投资于股票及其结构性产品、商品类衍生产品，以及 BBB 级以下证券”的规定调整为“不得投资于商品类衍生产品，对冲基金以及国际公认评级机构评级 BBB 级以下的证券”，把股票及其结构性产品正式纳入银行 QDII 产品投资范围。《合格境内机构投资者境外证券投资管理试行办法》及其通知将投资产品扩大到挂牌交易的股票、债券、存托凭证、房地产信托凭证、公募基金、结构性投资产品及金融衍生品等。

然而，上述规定回避了“证券”这一对于 QDII 业务来说至关紧要的概念。我国对“证券”的界定与证券市场成熟国家的界定存在着较大差别。我国《证券法》第 2 条第 1 款规定：“在中华人民共和国境内，股票、公司债券和国务院依法认定的其他证券的发行和交易，适用本法；本法未规定的，适用《中华人民共和国公司法》和其他法律、行政法规的规定。”在我国，证券主是限于股票和公司债券两种。而美国 1933 年《证券法》对“证券”所作的定义如下：“所谓证券，系指任何票据；股票；库存股票、债券、公司信用债券；债务凭证；盈利分享协议下的权益证书或参与证书；以证券作为抵押的信用证书；公司成立前之认购证；可转让股票；投资契约；股权信托凭证；证券存放证明；石油、天然气或其他矿产之小额利息滚存权；或一般来说被普遍认为是证券的任何权益或票据；或上述任何一种证券的权益或参与证书、临时证书、收据、担保证书，或认股证书或订购权或购买权等。”相对而言，美国法中“证券”的外延非常广泛，涵盖了各种证券衍生工具和能获得证券的权利，甚至把“投资合同”也包括在内。QDII 投资境外证券市场时，可能会涉及期货与期权等金融衍生品，我国应有意识地在兼顾本国金融发展状况和国际通行做法的基础上，对“证券”进行合理的重新定义。

（三）信息披露制度

信息披露制度，又称信息公开制度，是指证券市场上的有关当事人在证券发行、上市和交易等一系列环节中，依照法律法规、证券主管机关的管理规则及证券交易场所的有关规定，以一定方式向社会公众公布或向证券主管部门或自律机构提交申报与证券有关的信息而形成的一整套行为规范和活动准则的总称。

《商业银行开办代客境外理财业务管理暂行办法》第 27 条、第 28 条规定：从事代客境外理财业务的商业银行应在发售产品时，向投资者全面详细告知投资计划、产品特征及相关风险，由投资者自主作出选择。从事代客境外理财业务的商业银行应定期向投资者披露投资状况、投资表现、风险状况等信息。《合格境内机构投资者境外证券投资管理试行办法》第 32 条规定：“境内机构投资者、托管人等信息披露义务人应当严格按照有关法律法规等规定的要求进行信息披露。”《保险资金境外投资管理暂行办法》第 47 条规定：“保险资金境外投资当事人应当按照中国保监会的规定，真实、准确、完整地向相关当事人披露下列信息，不得有重大遗漏和虚假、误导、诋毁性陈述：（一）境外投资战略配置和投资决策；（二）境外投资交易执行、资金清算和资产托管情况；（三）境外投资风险状况、合规监控、重大危机等有关重要事项。”

证券市场上的信息披露应该是一种持续性的披露，既包括证券交易前相关信息的公开，也包括交易后信息的公开；既包括定期性的披露，也包括不定期的披露。然而，QDII 信息披露制度存在着“重交易前披露，轻交易后披露”的问题，仅仅关注发行人发行阶段的信息，被法定要求公示的信息都是对投资产品的说明，没有深入地涉及与产品的发行者相关的重大信息。对于投资者而言，真正关注的是后期持续性披露的信息（定期性的年度报表、中期报告）及临时披露（如发行人内部的重大变动、内幕交易人报告及收购中的预警披露等）。此外，《合格境内机构投资者境外证券投资管理试行办法》对信息披露的要求仅是在第 32 条交由“有关的法律法规”加以规定。作为对该文件补充解释的《关于〈合格境内机构投资者境外证券投资管理试行办法〉有关问题的通知》却没有进一步说明。

六、QDII 对中国金融监管体系的挑战及其应对

（一）QDII 对我国金融分业监管体系的挑战及其应对

值得注意的是，因应保险公司业务范围扩大的现实情况，《保险法》于 2009 年作了修订，扩大了保险公司资金运用的形式。根据 2009 年修订的《保险法》第 106 条，保险公司的资金可运用于银行存款、买卖债券、股票、证券投资基金份额等有价证券、投资不动产以及国务院规定的其他资金运用形式。由此，保险公司参与 QDII 业务取得了《保险法》的依据。“分业经营与分业管理”是我国金融业经营与管理框架划分的基本原则。《商业银行法》第 43 条规定：“商业银行在中华人民共和国境内不得从事信托投资和证券经营业务，不得向非自用不动产投资或者向非银行金融机构和企业投资，但国家另有规定的除外。”《证券法》第 6 条规定：“证券业和银行业、信托业、保险业实行分业经营、分业管理，证券公司与银行、信托、保险业务机构分别设立。国家另有规定的除外。”修订后《保险法》第 106 条规定：“保险公司的资金运用必须稳健，遵循安全性原则。保险公司的资金运用限于下列形式：（一）银行存款；（二）买卖债券、股票、证券投资基金份额等有价证券；（三）投资不动产；（四）国务院规定的其他资金运用形式。保险公司资金运用的具体管理办法，由国务院保险监督管理机构依照前两款的规定制定。”而银行、证券公司、保险公司纷纷参与 QDII 业务这一现状，客观上要求改变目前分业监管的模式，建立适当的联合监管体制防范与化解 QDII 业务中的风险。

《商业银行法》与《证券法》以“国家另有规定的除外”这一立法方式预留了混业监管的法律空间。《银行业监督管理法》第 6 条和《中国人民银行法》第 35 条规定，银监会和中国人民银行相互之间及与其他金融监管机构之间建立监管信息共享机制，《中国人民银行法》第 9 条则授权或责成国务院建立金融监管协调机制。基于金融融合现实监管的需要，我国于 2000 年建立了中国人民银行、证监会和保监会三方联席会议制度。2004 年中国银监会、证监会、保监会公布监管分工合作备忘录，决定建立“监管联席会议机制”和“经常联系机制”，旨在充分发挥金融监管部门职能作用，交流监管信息，及时解决分业监管中的政策协调问题。但是，备忘录只是各监管部门之间的君子协定，并非法律意义上的规范性文件，很难实现备忘录所预期的目标，也很难真正满足对 QDII 进行有效监管的要求。

在分业监管框架暂时难以改变的情况下，有必要建立一种有法律约束力的、有预期的多方联动监管协作机制，并在此基础上实现向功能性监管体制的过渡，如由国务院牵头，将原有的备忘录法律化，并针对协作不力情形设定严格的法律责任条款，从而弥补原有备忘录的不足。在确定各监管机构监管职责时，应根据所涉业务的本质属性及其功能来决定其主要监管权的归属，由于 QDII 主要是证券投资，应由中国证监会

来承担主要监管者之职责。

（二）QDII 对我国证券监管国际合作机制的挑战及其应对

目前我国对 QDII 业务最有效的监管主要表现为境内投资机构海外入市资格的认定，至于 QDII 在境外证券市场的投资行为及其风险，目前尚缺乏有效的监管。我国对 QDII 设置了"域外投资顾问"的要求，《合格境内机构投资者境外证券投资管理试行办法》规定："投资顾问应当严格遵守境内有关法律法规、基金合同和集合资产管理合同的规定，始终将基金、集合计划持有人的利益置于首位，以合理的依据提出投资建议，寻求基金、集合计划的最佳交易执行，公平客观对待所有客户，始终按照基金、集合计划的投资目标、策略、政策、指引和限制实施投资决定，充分披露一切涉及利益冲突的重要事实，尊重客户信息的机密性。""境内机构投资者授权投资顾问负责投资决策的，应当在协议中明确投资顾问由于本身差错、疏忽、未履行职责等原因而导致财产受损时应当承担相应责任。"然而，对域外投资顾问的监管仍有赖于投资国监管当局的密切配合。

根据中国证监会的规定，QDII 投资所在的国家或地区必须已与我国签订有双边监管合作谅解备忘录，并保持着有效的监管合作关系。从法律属性上看，"备忘录"并不属于国际法的范畴，它对双方国家并不具有类似条约的约束力，只能表明当事国对于某些特定事件的政治态度。再者，备忘录内容比较抽象、模糊，不能满足 QDII 业务所内含的微观性要求。为确保我国在海外资本市场上投资的利益，我国应在现有备忘录的基础上与投资国签订正式的双边条约或国际协定，主要内容应涵盖监管合作的范围、信息的公开与保密、请求及执行协助请求之程序、信息交流机制、突发事件应对条款、例外性的规定及相关判决的承认与执行等。

第三节　境内资金境外投资外汇管理法律制度

一、近年境内资金境外投资外汇管理法律制度的发展

在当前世界经济金融逐步全球化、一体化的背景下，包括民营企业在内的境内企业进行境外投资的需求与日俱增。此前，1989 年颁布和实施的《境外投资外汇管理办法》是规范境内资金境外投资外汇管理的主要法律文件。

近年来，国家外汇管理局根据国家境外投资产业指引和国际收支状况，出台了一系列政策调整措施，进一步简化境外投资外汇管理审核手续，下放审核权限，取消购汇额度限制，以促进境内企业"走出去"发展壮大，并取得了较好的成效。总体而言，国家外汇管理局在如下方面取得了进展：

1. 简化境外投资审核手续。取消境外投资外汇风险审查；简化境外投资外汇资金来源审核手续；取消汇回利润保证金制度。

2. 进行境外投资外汇管理改革试点。从 2002 年开始试点，2005 年 5 月全面推广。主要内容有：（1）放宽企业境外投资外汇资金来源，除了自有外汇资金外，还可使用外汇贷款和人民币购汇；（2）扩大境外投资购汇额度；（3）不再强制要求境外投资的

利润汇回境内，可以留在境外进行增资或再投资；（4）进一步下放企业境外投资外汇资金来源审核权限，省级外汇局审核权限由原先的等值300万美元提高到1 000万美元。

3. 进一步调整境外投资外汇管理政策。从2006年7月1日开始，国家外汇管理局取消境外投资购汇额度的限制；允许境外投资的前期费用汇出；进一步简化了前期费用审核程序。2007年8月，进一步下放境外投资审核权限，对于境外投资外汇来源审核均由所在地外汇局进行，无须报国家外汇管理局核准。

4. 加强对“走出去”企业的前期资金及后续资本的支持。融资难和资金不足是制约我国境外投资企业发展壮大的主要因素。为加大境外投资的融资力度，缓解境外投资企业融资难的问题，国家外汇管理局除取消境外投资购汇额度的限制和允许境外投资企业汇出有关前期费用外，还允许符合条件的中、外资企业集团使用自有外汇资金或购汇，在集团内部开展跨境资金运作，为其集团内部的境外成员公司提供外汇放款；改进银行为境外投资企业提供融资性对外担保的管理方式，由原先的逐笔审核改变为余额管理，银行在核定的余额指标范围内，可以自行为境外投资企业提供融资性对外担保，无须逐笔经外汇局核准。2007年8月，国家外汇管理局在浙江省宁波市进行境外投资外汇管理改革试点，允许民营企业使用其自有外汇、国内外汇贷款或人民币购汇资金对其境外成员公司进行放款，取得了较好的成效。

二、《境内机构境外直接投资外汇管理规定》的主要内容

为对近年来已经出台的比较分散的有关境外投资外汇管理的规范性文件进行系统梳理，制定一部新的适应当前外汇收支形势和境外直接投资管理实践的境外直接投资外汇管理法规，国家外汇管理局在广泛征求境外投资主管部门、相关行业主管部门以及社会各界意见的基础上，于2009年7月13日发布了《境内机构境外直接投资外汇管理规定》（汇发［2009］30号文，以下简称《规定》），对境内机构向境外直接投资的外汇操作和管理进行了详细规定。自2009年8月1日起，境内机构向境外直接投资需按此文件执行。

《规定》是进一步完善、鼓励境外直接投资的配套外汇管理政策，将便利境内机构开展对外直接投资和从事跨国经营，促进国家对外直接投资产业政策的有效实施。《规定》内容具体如下：

（一）扩大境外直接投资外汇资金来源，放松境外直接投资外汇资金审查

《规定》对境外直接投资外汇资金来源的要求较之前规定有所放松。具体表现在如下方面：

首先，扩大了境外直接投资外汇资金来源。根据《规定》第4条，境内机构不仅可以使用自有外汇资金、符合规定的国内外汇贷款、人民币购汇或实物、无形资产及经外汇局核准的其他外汇资产来源等进行境外直接投资，还可以将境外直接投资利润所得留存于境外用于境外直接投资。其中，自有外汇资金包括经常项目外汇资产、外商投资企业资本金账户等账户内的外汇资金。

其次，改变境外直接投资外汇资金的审查方式，由事前审查改为事后登记，即境内机构在取得主管部门批准后再到所在地外汇局办理境外投资外汇登记，并就其外汇

资金来源情况进行说明。

放松境外直接投资外汇资金来源的要求在一定程度上增加了国家的金融风险。为防范因国际收支形势发生明显变化而导致的风险，《规定》明确规定，外汇局可以根据我国国际收支形势和境外直接投资情况，对境内机构境外直接投资外汇资金来源范围、管理方式及境外直接投资所得利润留存境外的相关政策进行调整。在实际操作中，外汇指定银行需查询外汇局登记的境内机构的境外直接投资外汇资金来源情况，方可为其办理境外投资款的汇出。因此，从总体情况看，改变境外投资外汇资金来源审查方式的风险有限，可以通过其他部门的配合及外汇局的登记环节防范所涉风险。

（二）境外直接投资外汇登记、变更、备案与注销

根据《规定》第6条，外汇局对境内机构境外直接投资及其形成的资产、相关权益实行外汇登记及备案制度。境内机构在向所在地外汇局办理境外直接投资外汇登记时，应说明其境外投资外汇资金来源情况。

境内机构在境外直接投资获得主管部门核准后，需到所在地外汇局办理境外直接投资外汇登记。办理境外投资外汇登记时，境内机构需提供如下申请材料：

1. 书面申请并填写的《境外直接投资外汇登记申请表》；

2. 外汇资金来源情况的说明材料；

3. 境内机构有效的营业执照或注册登记证明及组织机构代码证；

4. 境外直接投资主管部门对该项投资的核准文件或证书；

5. 如果发生前期费用汇出的，提供相关说明文件及汇出凭证；

6. 外汇局要求的其他材料。

外汇局审核上述材料无误后，在相关业务系统中登记有关情况，并向境外机构颁发境外直接投资外汇登记证。境内机构凭此办理境外直接投资项下的外汇收支业务。多个境内机构共同实施一项境外直接投资的，由境内机构所在地外汇分局分别向相关境内机构颁发境外直接投资外汇登记证，并在相关业务系统中登记有关情况。

除此以外，《规定》在第9、10条分别对境外直接投资外汇登记、变更、备案与注销的情况予以规定。根据《规定》，境外机构应在如下情况发生之日起的规定期限内，持境外直接投资外汇登记证、境外直接投资主管部门的核准或备案文件及相关真实性证明材料到所在地外汇局办理境外直接投资外汇登记、变更、备案或注销手续：

1. 境内机构将其境外直接投资所得利润以及其所投资境外企业减资、转股、清算等所得资本项下外汇收入留存境外，用于设立、并购或参股未登记的境外企业的，应就上述直接投资活动办理境外直接投资外汇登记手续；

2. 已登记境外企业发生名称、经营期限、合资合作伙伴及合资合作方式等基本信息变更，或发生增资、减资、股权转让或置换、合并或分立等情况的，境内机构应就上述变更情况办理境外直接投资外汇登记变更手续；

3. 已登记境外企业发生长期股权或债权投资、对外担保等不涉及资本变动的重大事项的，境内机构应就上述重大事项办理境外直接投资外汇备案手续；

4. 境内机构持有的境外企业股权因转股、破产、解散、清算、经营期满等原因注销的，应持有相关材料到所在地外汇局办理注销境外直接投资外汇登记手续。

（三）境外直接投资资金、前期费用的汇出

1. 境外直接投资资金的汇出

境内机构在获得境外直接投资主管部门的核准文件和境外直接投资外汇登记证后，应在外汇指定银行办理直接投资资金汇出手续。外汇指定银行进行真实性的审核后，方可为其办理汇出手续。

《规定》对资金汇出实行总额控制，要求外汇指定银行在办理境外直接投资资金汇出时，累计金额不得超过该境内机构事先在外汇局相关业务系统中所登记的境外直接投资外汇资金总额。

2. 境外直接投资前期费用的汇出

根据《规定》第13条，境外直接投资前期费用是指境内机构在境外投资设立项目或企业前，需要向境外支付的与境外直接投资有关的费用，包括但不限于：（1）收购境外企业股权或境外企业权益，按项目所在地法律规定或出让方要求需缴纳的保证金；（2）在境外项目招投标过程中，需支付的投标保证金；（3）进行境外直接投资前，进行市场调查、租用办公场地和设备、聘用人员，以及聘请境外中介机构提供服务所需的费用。

境内投资者应持以下材料到所在地外汇局申请办理前期费用汇出的核准手续：（1）书面申请（包括境外直接投资总额、各方出资额、出资方式，以及所需前期费用金额、用途和资金来源说明等）；（2）境内机构有效的营业执照或注册登记证明及组织机构代码证；（3）境内机构参与投标、并购或合资合作项目的相关文件（包括中外方签署的意向书、备忘录或框架协议等）；（4）境内机构已向境外直接投资主管部门报送的书面申请；（5）境内机构出具的前期费用使用书面承诺函；（6）外汇局要求的其他相关材料。

前期费用具有额度限制。境内机构向所在地外汇局申请汇出的前期费用，一般不超过其向境外直接投资主管部门申请的境外直接投资总额的15%；确因业务需要超过15%的，境内机构应持上述材料向所在地国家外汇管理局分局（含外汇管理部）提出申请。境内机构经核准汇出境外的前期费用，应列入境内机构境外直接投资总额。外汇指定银行在办理境内机构境外直接投资资金汇出时，应扣减已汇出的前期费用金额。

两相比较，《规定》对境外直接投资资金的汇出与前期汇出的要求有所不同。境内机构若汇出除前期费用以外的其他境外投资资金，银行只需凭境内机构提交的境外直接主管部门的批准文件和《境外直接投资外汇登记证》，在直接投资外汇管理信息系统中查询相关信息后即可办理。而前期费用的汇出，需首先向所在地外汇局申请，然后凭外汇局核准件到银行办理汇出。

（四）建立全口径境外直接投资外汇管理体系，规范金融机构境外直接投资外汇监管

金融机构境外直接投资，是指银行和非银行金融机构在境外设立下属或分支机构，或并购境外银行和非银行金融机构的股权，以取得其所有权、控制权或经营管理权等权益的行为，如银行和非银行金融机构在境外设立子（分）行或子（分）公司，购买境外银行或非银行金融机构原股东的股权等。这种投资有别于银行和非银行金融机构在境外进行的间接投资，即经国家有关主管部门批准，购买境外资本市场产品或货币市场工具等境外资产。

《规定》明确了境内金融机构境外直接投资外汇管理的法规依据。根据《规定》第22条，境内金融机构境外直接投资外汇管理，参照本规定执行。相关监管部门对境内金融机构境外直接投资的资金运用另有规定的，从其规定。因此，境内金融机构，只要到境外直接投资，均应按照《规定》的要求办理有关外汇登记和汇兑手续。

三、《境内机构境外直接投资外汇管理规定》存在的问题

《规定》相比之前的规范性文件取得了许多可喜的进步，但仍存在如下问题.

1. 未对境内个人境外投资进行规范。与商务部《境外投资管理办法》一样，《规定》规定境内投资主体为企业。虽然2008年修订的《外汇管理条例》增加了“境内机构、境内个人向境外直接投资……”，但国家一直未对境内个人直接进行境外投资予以明确规定，也找不到相关的依据进行操作，从而使境内个人无法合法地实施境外投资。

2. 境外直接投资的审批手续仍显繁杂。《规定》着力于促进境内机构到境外直接投资的便利化，努力深化境外投资体制的改革。但就目前而言，开展境外投资在国内需要办理的审批手续仍显繁杂。尽管境外直接投资外汇资金的审查方式已经由事前审查改为事后登记，但境外直接投资前期费用的汇出仍然需要经过外汇局的核准，这在一定程度上加大了境内机构的投资成本。

案例与思考

1. 综合案例

2007年10月，某国内信托公司向中国证监会提出申请QDII资格，被证监会拒绝。据了解，该公司注册资金本金为5亿，最近3年连续盈利，具有健全的公司治理结构、内控制度和风险管理机制，且执行良好，具有3名从事外币有价证券买卖业务的专业管理人员，其中1名具有2年以上的从业经验，但该公司于2006年11月受到过监管部门的行政处罚。请问：

根据《信托公司受托境外理财业务管理暂行办法》，该信托公司申请QDII资格存在哪些不合规定之处？

2. 思考题

(1) QDII与QFII制度的监管重点存在哪些不同？

(2) QDII对我国的金融监管体系在哪些方面构成挑战？我国应如何应对？

参考书目

1. 王贵国．国际货币金融法．北京：法律出版社，2007

2. 肖黎明．中国境外投资与国家经济利益．北京：经济科学出版社，2007

3. 聂明华．中国境外直接投资研究．上海：上海百家出版社，2001

4. 陈保垒．商务部《境外投资管理办法》解读及对境外投资外汇管理的思考．西部金融，2009 (5)

第十六章
境内企业境外上市法

□・本章要点・□

1. 境内企业境外上市的类型及其优缺点
2. 境内企业境外上市法律制度的演变历程
3. 现行返程投资外汇管理措施的不足之处及其完善建议
4. 晚近外资并购法律制度对境内企业境外上市的影响主要内容

第一节　境内企业境外上市概述

据证监会统计，至2009年7月底，我国已有一百六十余家境内企业赴境外IPO上市或增资发行外资股，筹资总额达1 135亿美元。① 境内企业纷纷选择境外上市的原因主要有：首先，此前中国创业板迟迟未能推出，而在主板上市的门槛较高，条件非常苛刻，且需要至少一年的上市辅导期，许多处于创业初期的中小型企业无法满足其要求，只能选择在境外创业板上市。② 其次，境内资本市场融资能力相对有限，且上市公司鱼龙混杂，个别上市公司内部治理存在严重问题，而境外资本市场虽然对上市公司的监管比较严格，但市场较为规范，有利于提高上市公司的国际声誉，且在持续融资、股权激励等方面给予上市公司较大的自由度，许多优秀的境内企业因此放弃在境内上市的机会，而选择去美国、我国香港特区等地上市。

一、境内企业境外上市的类型

境内企业在选择境外上市时，要综合比较各种上市方式的优劣，选择适当的上市方式。依上市方式不同，境外上市分为境外直接上市和境外间接上市，境外间接上市又可进一步划分为买壳上市和造壳上市等。

（一）境外直接上市

境外直接上市，指直接以境内企业的名义向国外证券主管部门申请发行登记注册，并发行股票，向当地证券交易所申请挂牌上市交易。境外直接上市通常采取IPO（Initial Public Offering）方式，即首次公开发行，境内企业直接以自己的名义在境外发行股票并在境外交易所挂牌上市交易。通常所说的H股，是指中国企业在香港联合交易所发行股票并上市，取Hong Kong第一个字母“H”为名；N股，是指中国企业在纽约交易所发行股票并上市，取New York第一个字母“N”为名；S股，是指中国企业在新加坡交易所发行股票并上市，取Singapore第一个字母“S”为名。

境内企业如采用境外直接上市方式，在上市前通常会进行大规模的路演等推销活动，且通常采取投资银行包销的形式，上市后能立即实现融资的目的。简言之，境外直接上市能够使公司股价达到较高的价位，提高公司的国际声誉，股票发行的范围更为广泛。

境外直接上市的缺点在于：（1）上市之前一般需要经过漫长的准备过程。目前我国对申请境外上市的审批程序复杂，且门槛较高，境内企业要实现境外直接上市目标通常需要经过3年至5年的时间。（2）境内外法律的差异导致上市成本增加。境内企

① 参见中国证券监督管理委员会国际合作部：《境外上市外资股筹资统计简表》（2009-08-10），载http://www.csrc.gov.cn/pub/newsite/gjb/jwss/jwssrzqk/200911/t20091110_167779.htm，2009-11-04。

② 创业板，又称二板市场，是指主板之外专为暂时无法上市的中小企业和新兴公司提供融资途径和成长空间的证券交易市场，是对主板市场的有效补给。2009年10月23日，中国创业板在深圳证券交易所开板，并于2009年10月30日正式开市。

业需同时满足中国以及拟上市地国的法律、会计准则等要求，加大了境内企业实现上市的难度。为此，境内企业需要投资银行、律师事务所、审计师事务所、评估师事务所等专业机构组成庞大的团队予以帮助，上市成本较大。

（二）境外间接上市

境内企业境外间接上市，指通过涉及境内权益的境外公司在境外借壳上市，即境内企业不直接在境外发行股票挂牌上市，而是利用在境外注册公司的名义在境外上市，上市公司与境内企业的联系是通过资产或业务的注入、控股等方式来实现，从而使境内企业达到境外上市的目的。境外间接上市主要有两种形式：买壳上市和造壳上市。

1. 买壳上市

买壳上市，又称反向并购，是指境内企业以现金或交换股票的手段并购另一家已在境外证券市场挂牌上市公司（壳公司）的部分或全部股权，然后通过注入母公司资产的方式，实现母公司到境外上市的目的。

买壳上市的优点在于：(1) 绕开严格的资本审批与外汇管制程序，境内企业可以不必经过境外投资登记和审批手续，仅需按照壳公司注册地和上市地法律要求进行企业改造、资产重组包装、审计，由上市地发行审核机构一次性审核通过即可控制一家境外上市公司。(2) 通过并购、注资、换股，境内企业股权为境外公司所控制，在法律上变更为外商投资企业，可以享受外商投资企业的优惠待遇。(3) 境内企业股东可以通过境外上市公司实现所持股份的全流通，同时可按照壳公司注册地的法律简便办理有关股权的转让、抵押、增资、减资等系列资本运作，避免依照境内《公司法》和外商投资企业法律的规定履行关于资本变动的烦琐程序。(4) 买壳上市适用境外注册地法律和会计制度，更容易得到投资者的认可。

买壳上市的缺点在于：(1) 境内企业需承担壳公司之前所隐藏的责任，因此需谨慎选择目标壳公司，选择不当可能会影响融资目标的实现。(2) 买壳上市并不能实现直接融资，有赖于公司进一步的操作来完成。(3) 买壳上市面临着法律、政策上的风险，境内企业需向中国证监会报材料备案，并遵守国内法有关壳公司对境内资产的控股比例的规定，且面临双重征税的风险。

2. 造壳上市

造壳上市，又称红筹上市，在境外间接上市方式中占主导地位，是指境内企业以在百慕大群岛（Bermuda Islands）、开曼群岛（Cayman Islands）、库克群岛（Cook Islands）等地新注册成立的公司，或并购当地已经存续的未上市公司，通过现金或股权置换等方式使境外企业控股境内企业，境内企业将相应比例的权益及利润并入境外企业后推动该境外企业上市。

造壳上市的优点在于：(1) 造壳上市是以境外未上市公司名义在当地交易所申请挂牌，可以避开境外直接上市中可能遇到的与居住国或拟上市地国法律相抵触的问题。(2) 境内企业可以构造符合本公司意图的壳公司，降低上市的成本和风险。(3) 壳公司多在百慕大、开曼或库克群岛等离岸地成立，有关法律对股权转让、认股权证及公司管理方面的要求都与国际接轨，对发起人、股东、管理层均比较有利，亦较容易为国际投资者所接受。

造壳上市的缺点在于：(1) 境内企业须先在境外注册或并购公司，对境内企业的资金要求较高。(2) 境内企业须先在境外先注册企业或并购满足要求的境外企业，然后再建立境外控股企业，再按照境外上市要求改制境外企业并最终实现上市。与买壳上市相比，造壳上市所需时间较为漫长。

(三) 其他境外上市方式

除上述两种方式外，少数在境外已上市的企业在再次融资时往往采取可转换债券(Convertible Bond)和存托凭证(Depository Receipt)两种方式。

1. 可转换债券

可转换债券是公司发行的一种债券，它规定债券持有人在债券条款规定的未来某一时间内可以将这些债券转换成发行公司一定数量的普通股股票，发行公司以其信誉担保支付其债务，并以契约形式作为负债凭证。通过可转换债券进行境外上市，境内企业得以低成本在境外债券市场筹集资金，既降低融资成本，又增加财务控制机会，但可转换债券上市方式对境内企业的信用等级要求较高，一般境内企业达不到要求，而且境内企业在可转换债券转换成普通股时存在着股本扩张问题，须由股东大会通过并进行工商变更登记，程序较为复杂。

2. 存托凭证

存托凭证是一种以证书形式发行的可转让证券，依其发行范围可分为美国存托凭证(American Depository Receipts，简称 ADR)和全球存托凭证(Global Depository Receipts，简称 GDR)两种。前者是一种代表拥有外国公司股权的可转让证明，可在美国证券市场以美元报价、交易。根据美国证券法，存托凭证可被看做美国境内证券，任何外国公司如想在美国融资或吸纳美国投资均可发行存托凭证。后者指在两个以上国家发行，代表一家国外公司的银行证书。这些股票由国际银行的国外分行持有，与境内股票一同交易，但通过不同银行分行作全球销售。通过买卖全球存托凭证，国际投资者可以间接投资该公司的股票。

二、境内企业境外上市地点的选择

境内企业选择境外上市地点时需考虑如下因素：投资者基础，流通性，估值，信息披露的要求，上市费用等。境内企业应根据自己所属行业、筹备上市项目，结合各地股票市场的特点，审慎选择最适合企业的上市地点。从现有情况来看，境内企业选择境外上市的地点一般在我国香港特区、纽约、新加坡等地。

1. 香港特区证券市场

作为境内企业对外融资的主要窗口，香港特区因为地域、语言、市场推广和政策的关系成为长期以来境内企业境外上市的首选之地。香港的投资者对内地公司的认知度比较高，再加上香港拥有全球最为活跃的投资者，使得香港的资本市场拥有很好的流动性。截至 2009 年 1 月 31 日，在香港主板上市的内地企业 H 股公司 110 家，市值达 24 681 亿港元，中资红筹股公司 89 家，市值达 26 427 亿港元，合计占香港主板总市值的 53.48%；在香港创业板上市的内地企业 H 股公司 40 家，市值达 129 亿港元，中资红筹股公司4家，市值达9亿港元，合计占香港创业板总市值的31.59%。①

香港交易所主板主要针对那些大型、基础好、有盈利记录、多元化的公司，财务方面需要符合盈利、市值、收入、现金等多个财务标准：市值少于40亿港元，公众持有股份至少25%，如果市值在40亿港元以上，公众持股比例由交易所酌情决定，但一般不会低于10%或10%～25%；上市时预期市值不得低于1亿港元；最近一年的收益不得低于2 000万港元且前两年累计的收益不得低于3 000万港元。同时，主板要求要有3年的营业记录，必须由相同的管理层运作；在上市前一年完整的财政年度里公司的股东结构不能有大的变化等。

创业板是为有一定的增长潜力、主营业务比较单一、目前还没有很好的盈利记录的公司所提供的平台，要求申请上市公司具有两年活跃业务纪录，但不设最低盈利规定，且最低公众持股量达已发行股本的20%或3 000万港元（以较高者为准）。一般而言，在香港IPO的整个过程需7个月左右，在香港主板首次上市费需15万～65万港元，创业板则需10万～20万港元，加上保荐人、包销商的佣金和相关财务法律和宣传推介专业费用，中等规模的公司在香港首次上市的总体费用在1 000万港元左右。

2. 美国证券市场

美国较有代表性的是纽约证券交易所、纳斯达克（又称全美证券商协会自动报价系统，National Association of Securities Dealers Automated Quotations，简称NASDAQ）与场外柜台交易系统（又称布告栏市场，Over the Counter Bulletin Board，简称OTCBB）。

纽约证券交易所是全球公认的组织结构最健全、设备最完善、管理最严格、上市标准也很高的证券市场。纽约证券交易所对非美国公司上市的要求较为严格：公司的股票市值不少于1亿美元；最近3个财政年度里连续盈利，且最后一年不少于250万美元、前两年每年不少于200万美元，或在最后一年不少于450万美元，3年累计不少于650万美元；有形资产净值不少于1亿美元等。

NASDAQ始建于1971年，是全美也是世界最大的证券交易市场，包括NASDAQ全国市场和NASDAQ小型资本市场。NASDAQ全国市场的对象是高资本企业或经过小型资本市场发展起来的企业，NASDAQ小型资本市场的对象是高成长的中小企业或新兴公司，其中高科技企业占有很大比重。拟在NASDAQ全国市场上市的公司需股东权益不少于1 500万美元，最近一个财政年度或者最近3年中至少有1年税前收入不少于100万美元，或股东权益不少于3 000万美元且具有不少于2年的营业记录，或者公司资本市值达7 500万美元，或者资产总额及收益总额分别达7 500万美元。拟在NASDAQ小型资本市场上市的公司则只需经营1年以上，且满足以下一项即可：有形资产净值达500万美元，或者最近1年税前净利润在75万美元以上，或者最近3年中其中2年税前收入在75万美元以上，或者公司资本市值达5 000万美元。

OTCBB创建于1990年，是由全美证券商协会所管理的交易中介系统。与NASDAQ相比，OTCBB具有如下比较优势：没有上市标准；挂牌审批时间较短；上市费

① 参见香港交易所：《相关中国股份统计》，载http://www.hkex.com.hk/data/chidimen/chidimen_c.htm，2009-01-31。

用非常低，无须交纳维持费；在股价、资产、利润等方面没有维持报价或挂牌的标准。在OTCBB上面流通交易的股票，都是不能达到在NASDAQ全国市场或小型资本市场上挂牌上市要求的公司的股票。因为OTCBB上市门槛低，一直以来受到中国境内企业的青睐。境内企业通常选择在OTCBB挂牌的美国壳公司，以反向并购的方式借壳上市。

美国证券市场拥有全世界顶级的国际声望，但美国证券市场的规范运营及《2002年萨班斯—奥克斯利法案》的颁布，对信息披露和内控体系要求非常严格，同时作为主板的纽约证券交易所对企业规模、赢利等的要求较高，境内企业在美国尤其是纽约证券交易所上市的成本与难度较大。

3. 新加坡证券市场

新加坡交易所是亚太地区首家集证券及金融衍生产品交易于一体的股份制化交易所。2003年以来，在新加坡上市的中国境内企业数量大幅增长，截至2008年，已有149家境内企业在新加坡交易所上市。①

新加坡主板上市企业在财务方面须满足如下三个标准之一：过去3年的累计综合税前纯利不少于750万新元，同时该3年每年的税前利润均超过100万新元；过去最近1年或2年的累计税前利润超过1 000万新元；根据发行价格，在公开上市时的资本总市值至少为8 000万新元。而且新加坡二板市场和主板市场之间没有严格分明的界限，在二板市场上表现良好的公司在满足主板要求2年后就可以升入主板。新交所的规则相对比较宽松，上市周期较香港、美国短，一般6个月就可以完成IPO的全部过程，二级市场融资时间只需2周至4周，融资费用也相对较低，首次上市费最低仅5万新元。

在实践中，部分境内企业会选择在多个证券市场上市，如公司主挂牌地在香港，同时通过全球存托凭证和美国存托凭证方式，分别在全球各地和美国纽约证券交易所上市。2006年10月，工商银行在沪、港两市同时上市，开创了境内A+H同步上市的新模式。多地上市是经济全球化的需要，也是中国境内企业融资全球化的需要，境内企业通过多地上市可以分散单一证券市场可能存在的系统性风险、操作风险、交易风险和法律风险。

第二节 境内企业境外上市法律制度的发展

一、行政监管阶段（1990—1999年）

20世纪90年代初，中国境内资本市场刚刚起步，境内企业开始积极利用资本市场筹集资金，但当时境内资本市场主要定位于配合国有企业脱困，在A股市场上市融资的企业数量相当有限，难以在A股市场融资的企业开始选择境外的资本市场。以1990

① 参见新加坡交易所：《中国相关挂牌公司》，载http：//www.sgx.com/chinese/listed_companies/Listed_Market_Summary.shtml，2008-11-30。

年中信泰富在香港借壳上市为肇始，在1990—1999年期间，境内企业先后经历了三次境外上市浪潮：1992—1994年的制造业企业境外上市浪潮；1995年的基础设施类企业上市浪潮；1996—1997年红筹股境外上市浪潮。

在该阶段，我国主要通过国务院和国务院证券主管部门颁布的一系列法规和文件，对中国企业在境外发行股票和上市进行规定。1993年4月，国务院证券委员会发布《关于批转证监会〈关于境内企业到境外公开发行股票和上市存在的问题的报告〉的通知》，规定"今后凡是企业采取上述方式[①]到境外公开发行股票和上市，均应事先报证券委审批。中国证券监督管理委员会对获得批准到境外发行股票和上市的企业及其他业务活动进行监管，"对境内企业境外上市采取严格控制的态度。1997年6月，国务院发布《关于进一步加强在境外发行股票和上市管理的通知》（国发［1997］21号，以下简称"21号文"），规定境内企业境外上市必须事先经省级人民政府或者国务院有关部门同意，并报中国证监会审核，由国务院证券委按照国家产业政策、国务院有关规定审批，禁止境内机构和企业通过购买境外上市公司控股股权的方式进行买壳上市，鼓励采取直接上市的方式。

总体而言，1999年以前，我国对企业境外上市的监管基本上沿用行政监管模式，对境外上市尤其是间接上市采取简单的否定态度。但是，由于缺乏明确的法律法规和监管细则，相关政府主管部门未能对境外上市实施有效的监管，境内企业违反规定赴境外上市的现象屡禁不止。

二、"无异议函"监管阶段（1999—2004年）

随着中国企业境外上市数量的日益增多，我国对境外上市的态度开始从简单的否定转变为鼓励支持和加强管理。在境外直接上市方面，1999年7月，证监会发布《关于企业申请境外上市有关问题的通知》（以下简称《通知》），要求境内非上市公司申请境外直接上市必须满足以下条件：净资产不少于4亿元人民币，筹资金额按合理预期市盈率计算不少于5 000万美元，过去一年的税后利润不少于6 000万元人民币，俗称"456"要求。此外，《通知》对境外直接上市的申请和批准程序进行规定：公司在向境外证券监管机构或交易所提出发行上市初步申请前，须向证监会报送相关资料，证监会就有关申请是否符合国家产业政策、利用外资政策以及有关固定资产投资立项规定会商国家计委和国家经贸委，决定是否同意受理其境外上市申请；公司应将拟选中介机构名单书面报证监会备案，并在向境外证券监管机构或交易所提交发行上市初步申请前，将上市初步申请的内容报证监会备案；公司在向境外证券监管机构或交易所提出发行上市正式申请前，应报经证监会审核批复。《通知》明确了境外直接上市的财务要求，并确立了证监会的备案监管体制。此后，我国未就境外直接上市出台新的专门性法律法规。

---

① 根据规定，境内企业直接或者间接到境外发行股票和上市主要包括以下几种方式：境内企业直接到境外发行股票和上市（包括到境外公开发行B股的形式）；境内企业利用境外设立的公司的名义在境外发行股票和上市；境内上市的公司到境外的交易所上市交易；境内上市的公司在境外发行存券证（DR）或者股票的其他派生形式。

直接上市门槛的提高迫使许多企业转而选择境外间接上市。随着境外间接上市企业数量越来越多，借道境外间接上市方式向境外转移国有资产的问题日益严重。2000年6月，中国证监会颁布了《关于涉及境内权益的境外公司在境外发行股票和上市有关问题的通知》（证监发［2000］72号，以下简称"72号文"），要求有关境外发行股票和上市事宜不属于国务院1997年"21号文"规定情形的，由中国境内律师对境外发行股票和上市事宜出具法律意见书，中国证监会受理律师出具的法律意见书，经过一定程序，如果没有进一步异议，由证监会法律部函复律师事务所，即"无异议函"。

"无异议函"制度的出台严重限制了境内企业境外间接上市的开展。繁琐的审批程序使得众多企业无法顺利获得"无异议函"，只能暂时放弃境外上市计划。在"无异议函"生效后的2001年，中国企业仅通过红筹上市方式融资202亿元人民币，筹资额只相当于2000年红筹融资额的1/18。2003年4月，中国证监会发布《关于取消第二批行政审批项目及改变部分行政审批管理方式的通告》以及《关于做好第二批行政审批项目取消及部分行政审批项目改变管理方式后的后续监管和衔接工作的通知》（证监发［2003］17号，以下简称"17号文"），宣布取消证监会对中国律师出具的关于涉及境内权益的境外公司在境外发行股票和上市的法律意见书的行政审批，废止了"无异议函"制度。由此，证监会取消了对境外间接上市的审查程序，不再对境外间接上市实施监管。有关法律法规也没有对自然人到境外投资设立公司或持有境外公司股权设定任何限制性规定。境内企业境外上市尤其是间接上市基本上处于监管真空状态，境内企业赴境外上市在2005年达到了高潮，国际航空、交通银行、建设银行等企业纷纷在境外上市。

三、规范监管阶段（2005年至今）

管理措施的放松为以向境外支付利润、利息等名义外逃资本出境提供了便利的合法通道。为加强境外间接上市外汇管理，2005年1月，外管局发布《关于完善外资并购外汇管理有关问题的通知》（汇发［2005］11号，以下简称"11号文"），规定境内居民境外投资直接或间接设立、控制境外企业应当参照1989年《境外投资外汇管理办法》的规定办理审批、登记手续；境内企业与境外公司股权置换和境内资产出售须经外管局批准。2005年4月，外管局发布《关于境内居民个人境外投资登记及外资并购外汇登记有关问题的通知》（汇发［2005］29号，以下简称"29号文"），要求相关主体披露更多信息，试图通过强化"信息披露"加强境外上市监管。"29号文"规定，境内居民个人将境内资产、股权注入境外企业并直接或间接持有境外企业股份、股票的，应到企业所在地外管局补办境外投资外汇登记。

外管局的"11号文"和"29号文"的本意是为抑制资本外逃设定严格的审批程序，但客观上给中国企业境外间接上市设置了法律障碍。"11号文"和"29号文"下发后，境内企业境外红筹上市基本陷入停滞状态。为缓解上述两个文件对境外间接上市方式的阻碍，2005年10月，外管局发布了《关于境内居民通过境外特殊目的公司融资及返程投资外汇管理有关问题的通知》（汇发［2005］75号，以下简称"75号文"），"11号文"、"29号文"相应废止。"75号文"对设立特殊目的公司的审批程序和审核文件进行详细的规定，境内居民可以通过设立或控制特殊目的公司的方式完成境外融资，使得境内企业境外间接上市取得基本的法律依据，一度停滞的境外间接上市重见曙光。

2006 年 8 月，商务部、国资委、国税总局、工商总局、证监会、外管局六部委联合发布了《关于外国投资者并购境内企业的规定》(以下简称“10 号文”)，对外资并购境内企业到境外进行并购，以及境内企业以换股方式并购境内资产、再重组到境外上市的审批等内容加以细化，确立了商务部、证监会等对境外间接上市的多层次监管体制。

第三节　境内企业境外上市外汇管理法律制度

境内企业在进行境外上市的过程中，往往涉及境内外资金的跨境流动，如境内企业在境外成功 IPO 上市后需要将境外所募集的资金调回境内，在境外间接上市中通常所采取的反向收购[①]则涉及大量的外汇资产流出问题。此外，境外上市的公司在实施股份回购、并购重组、增发股票、破产清算等资本运作行为时也往往涉及外汇管理问题。目前，由于我国外汇管理相对较为严格，目前许多外汇资产通过非正常途径进出境，部分甚至出现违规操作，主要存在的问题如下：通过并购、股权转让、资产置换等方式转移境内优质资产，导致国有资产的流失；通过出口不收汇、集团内关联交易等方式截留外汇，直接在境外支付巨额的资本运作费用等。为规范外汇资产的有序进出，维护境内经济的稳定，在保障境内企业境外上市顺利进行的同时避免境内资金的非法外逃，我国出台了一系列有关境外上市外汇管理的法律法规。

国务院公布新修订的《外汇管理条例》(2008 年 8 月)，外管局发布的《境外投资外汇管理办法》(1989 年 3 月)、《境外投资外汇管理办法实施细则》(1990 年 6 月)、《关于〈境外投资外汇管理办法〉的补充通知》(1995 年 9 月)、《关于进一步完善境外上市外汇管理有关问题的通知》(2002 年 8 月与证监会联合发布，汇发［2002］77 号，以下简称“77 号文”)、《关于完善境外上市有关外汇管理问题的通知》(2003 年 9 月，汇发［2003］108 号，以下简称“108 号文”)、《关于境外上市外汇管理有关问题的通知》(2005 年 2 月，汇发［2005］6 号，以下简称“6 号文”)、《关于境内居民通过境外特殊目的公司融资及返程投资外汇管理有关问题的通知》(2005 年 10 月，汇发［2005］75 号，以下简称“75 号文”)[②] 以及与商务部等六部委联合发布的新修订《关于外国投资者并购境内企业的规定》(2006 年 8 月，以下简称“10 号文”) 等构成了目前有关境内企业境外上市外汇管理的法律法规体系。通过境外特殊目的公司返程投资实现境外间接上市是境内企业最经常采用的方法，也是我国境外上市外汇管理的重点内容。本节主要围绕境外特殊目的公司返程投资过程中所产生的外汇管理问题进行分析。

---

① 反向收购，是指非上市公司公司股东通过收购一家壳公司(上市公司)的股份控制该公司，再由该公司反向收购非上市公司的资产和业务，使之成为上市公司的子公司，原非上市公司的股东获得大部分上市公司的控股权，从而达到间接上市的目的。

② 2005 年 11 月 1 日，“75 号文”开始实施，此前外管局发布的《关于完善外资并购外汇管理有关问题的通知》(汇发［2005］11 号) 和《关于境内居民个人境外投资登记和外资并购外汇登记有关问题的通知》(汇发［2005］29 号) 同时停止执行。

一、境外特殊目的公司及返程投资

通常，境内企业向外管局申请设立境外特殊目的公司，由该特殊目的公司作为并购主体，向境内企业所在地外商投资主管部门申请并购境内企业的资产或股权。在获得批准后，境内企业办理外商投资企业工商营业执照和外汇登记证，同时就企业资产注入特殊目的公司办理境外投资外汇登记增资变更。特殊目的公司获得境内的资产权益后，根据境外证券交易所的上市规则编制招股说明书，申请境外上市。

2005 年“75 号文”首次明确了境内居民可以通过特殊目的公司的形式设立境外融资平台以利用境外融资满足企业发展的资金需要，并对境外间接上市运作过程中所涉及的“特殊目的公司”进行了定义。根据“75 号文”，特殊目的公司是指境内居民法人或境内居民自然人以其持有的境内企业资产或权益在境外进行股权融资（包括可转换债融资）为目的而直接设立或间接控制的境外企业。根据上述定义，境内居民，包括境内企业和自然人，可以合法地设立或控制境外特殊目的公司，并通过特殊目的公司实现股权包括可转债融资。但“75 号文”并未对“股权融资”作出进一步解释。2006 年“10 号文”则规定特殊目的公司是指，中国境内企业或自然人为实现以其实际拥有的境内企业权益在境外上市而直接或间接控制的境外公司。两相比较，“10 号文”较“75 号文”的定义要更为狭窄。

同时，“75 号文”规定，返程投资是指境内居民通过特殊目的公司对境内开展的直接投资活动，包括但不限于以下方式：购买或置换境内企业中方股权；在境内设立外商投资企业及通过该企业购买或协议控制境内资产；协议购买境内资产；以该项资产投资设立外商投资企业；向境内企业增资。只有返程投资才能实现境内企业或个人在境外设立公司的目的，即将其境内企业变成外资企业，以享受外资企业的税收优惠政策和外汇管理等方面的便利。

至于何为“控制”，根据“75 号文”规定，是指境内居民通过并购、信托、代持、投票权、回购、可转换债券等方式取得特殊目的公司或境内企业的经营权、收益权或者决策权。只要境内居民可以取得特殊目的公司或境内企业的收益权，就构成“75 号文”下的“控制”。

二、具体外汇管理措施

境内居民境外融资然后返程投资的外汇管理包括以下两个环节：一是设立或控制境外特殊目的公司之前；二是返程投资之前。这两个环节都需要外汇管理部门的审批。此外，境内居民公司和境外特殊目的公司间其他的资金往来，如借款、支付利润、红利、转股等也涉及外汇管理问题。

（一）设立或控制境外特殊目的公司之前

境内居民在境外设立或控制境外特殊目的公司，首先要取得相应级别的商务部门或发改委等政府主管部门的批准，还要取得外汇管理部门使用外汇的批准，才能办理境外投资外汇登记手续，将境内的外汇资金投到境外。“75 号文”规定，境内居民设立或控制境外特殊目的公司之前，应持书面申请、境外融资商业计划书等材料向所在地外汇管理部申请办理境外投资外汇登记手续。主管外汇管理部门在对相关材料审核无误后，应在境内居民法人填写的《境外投资外汇登记证》或境内居民自然人填写的《境内居民个人境外投资外汇登记表》上加盖资本项目外汇业务专用章。完成上述审核手续后，境内居民才可以将用于境外投资的外汇投到境外。

（二）返程投资之前

当境外特殊目的公司完成融资后，境内居民应按照商业计划书的安排把资金调回境内，即将其持有的境内企业的资产或股权注入特殊目的公司；境内居民也可能在向特殊目的公司注入资产或股权后进行境外股权融资。在上述两种情形下，境内居民均需就其持有的特殊目的公司的净资产权益及其变动状况办理境外投资外汇登记变更手续，向外汇主管部门提交规定的相关资料，经外汇主管部门审核无误后，境外的特殊目的公司才能将用于境内投资的外汇资金汇入境内，从而实现返程投资的目的。

（三）其他问题

特殊目的公司向境内企业提供股东贷款及其他债务资金，相关境内企业应按照现行利用外资、外债管理的法律、法规办理有关外汇管理手续。境内居民按照规定办理境外投资外汇登记及变更手续后，可向特殊目的公司支付利润、红利和进行清算、转股、减资等业务。境内居民从特殊目的公司获得的利润、红利及资本变动外汇收入应于获得之日起 180 天内调回境内。特殊目的公司发生增资或减资、股权转让或置换、合并或分立、长期股权或债权投资、对外担保等重大资本变更事项且不涉及返程投资的，境内居民应于重大事项发生之日起 30 日内向外管局申请办理境外投资外汇登记变更或备案手续。

三、完善返程投资外汇监管法律制度的建议

对间接上市过程中返程投资形成的外汇进行监管面临如下难点：（1）资金的性质难以判断。间接上市形成的返程投资往往带有规避管制和政策寻租的动机，尤其是返程投资的境外公司都设立在管制环境较为宽松的离岸金融中心，资金的融通和运作程序复杂，进一步模糊了资金的性质来源。（2）不同监管环节存在脱节现象。返程投资监管涉及外商投资和境外投资两大类别的业务，在监管信息共享程度不高的情况下，容易造成审批和监管相脱离。（3）在整个境外上市监管环节中，外汇监管部门的业务监管处于下游，监管功能被弱化。

境外上市外汇管理法律制度需要审慎平衡两个立法目标：其一是引导境内企业积极、合理、有效利用国际资本市场，降低境外融资的法律风险和融资成本。其二是加强对跨境资本流出入的监管，防范化解可能产生的风险。鉴此，我国应从如下方面完善对返程投资的外汇监管：

（一）完善境内居民境外投资外汇登记监测体系

细化境内居民境外投资设立公司的登记操作规程，提高境外投资数据登记率，全面搜集居民在境内外投资设立公司的基础信息，尤其要密切关注境内居民通过外汇黑市把资产转移到国外，再通过离岸金融中心在境内进行返程投资的行为。

（二）加强对返程投资对象的监测

建立非现场财务报表信息监测系统，建立统一高效的外汇信息交互平台，对返程

投资对象进行全方位监测。对境外融资过程中通过返程投资形成的“外商投资企业”实施重点监控。对于境外特殊目的公司处置其持有境内企业股权取得的外汇收入，或者从其持股境内企业所取得的利润及分红，外汇管理局应监督相应的境内投资者参照其持股比例及时从境外调回其应得外汇收入或者在汇出金额中相应扣减。

（三）加强对返程投资的监管合作

建立国际协作机制，要求离岸中心逐步公开披露信息，通过国与国之间监管信息的交流与共享，加强国内各监管部门的沟通配合，整合不同环节的监管资源，对返程投资进行全程有效监管。

第四节　境内企业境外上市外资并购法律制度

境内企业境外间接上市大多采取在境外设立特殊目的公司进行返程投资反向并购境内资产或股权，这涉及我国有关外资并购的法律规定。目前，我国对境外上市外资并购的规定主要是2006年8月商务部、国资委、国税总局、工商总局、证监会、外管局六部委联合发布的《关于外国投资者并购境内企业的规定》（以下简称“10号文”）。此外，2002年11月证监会、财政部、原国家经贸委联合发布的《关于向外商转让上市公司国有股和法人股有关问题的通知》（证监发［2002］83号），2002年11月国家工商行政管理总局、外管局联合发布的《利用外资改组国有企业暂行规定》，2006年7月建设部、商务部、发改委、中国人民银行、工商总局、外管局六部委联合发布的《关于规范房地产市场外资准入和管理的意见》，2007年5月商务部、外管局联合发布的《关于进一步加强、规范外商直接投资房地产业审批和监管的通知》等也是规范返程投资过程中反向并购境内企业的重要法律文件。

一、境内企业境外上市外资并购的模式

（一）资产并购与股权并购

根据被并购主体和客体的不同，可将外资并购分为资产并购与股权并购。股权并购是指特殊目的公司以协议购买境内公司股东的股权或认购境内公司增资，使该境内公司变更为外商投资企业。资产并购是指特殊目的公司设立外商投资企业，并通过该企业协议购买境内企业资产且运营该资产，或特殊目的公司协议直接购买境内公司企业的资产，并以该资产投资设立外商投资企业运营该资产。

（二）现金并购与换股并购

根据境外特殊目的公司并购境内企业资产或股权时支付方式的不同，可将外资并购分为现金并购和换股并购两大类。现金并购是指特殊目的公司支付一定数量的现金，以取得境内企业的资产或股权，包括以现金购买境内企业股东股权，以现金认购境内企业的增资，先在境内设立外商投资企业，然后以该外商投资企业的名义购买境内资产并运营该资产。

换股并购是指特殊目的公司将目标公司的股票按一定比例转换为本公司的股票，目标公司被终止，或成为特殊目的公司的子公司。根据“10号文”，换股并购存在四种

操作模式：一是境外公司的股东以其持有的境外公司股权作为支付手段购买境内公司股东的股权；二是境外公司的股东以其持有的境外公司股权作为支付手段认购境内公司增发的股份；三是境外公司以其增发的股份作为支付手段，购买境内公司股东的股权；四是境外公司以其增发的股份作为支付手段，认购境内公司增发的股份。

二、特殊目的公司并购的监管措施

（一）国家经济安全、反垄断问题的审查

特殊目的公司在反向并购时，如果涉及重点行业、存在影响或可能影响国家经济安全因素，或者导致拥有驰名商标或中华老字号的境内企业实际控制权转移的，当事人应就此向商务部进行申报。当事人未予申报，但其并购行为对国家经济安全造成或可能造成重大影响的，商务部可以会同相关部门要求当事人终止交易或采取转让相关股权、资产或其他有效措施，以消除并购行为对国家经济安全的影响。以房地产业为例，特殊目的公司不得以返程投资方式并购或投资境内房地产企业，不得以变更境内房地产企业实际控制人的方式，规避外商投资房地产审批。

特殊目的公司并购境内企业可能导致垄断情形的，应就所涉情形向商务部和国家工商行政管理总局报告。商务部和国家工商行政管理总局认为可能造成过度集中，妨害正当竞争、损害消费者利益的，应自收到规定报送的全部文件之日起90日内，共同或经协商单独召集有关部门、机构、企业以及其他利害关系方举行听证会，并依法决定批准或不批准。

（二）关联关系的审查

在多数情况下，特殊目的公司与境内企业存在关联关系。特殊目的公司在并购与其存在关联关系的境内公司时，应报商务部审批。此外，外资并购当事人负有主动披露关联关系信息义务，对并购各方是否存在关联关系进行说明，并向审批机关披露实际控制人，就并购目的和评估结果是否符合市场公允价值进行解释。

（三）明确出资期限

根据不同的并购模式，特殊目的公司支付对价的期限有所不同，并应符合我国有关法律和行政法规。如现金认购境内企业增资的，出资时间应符合《公司法》、有关外商投资的法律和《公司登记管理条例》的规定。其他法律和行政法规另有规定的，从其规定。

（四）禁止资产变相转移

并购当事人应以资产评估机构对拟转让的股权价值或拟出售资产的评估结果作为确定交易价格的依据。禁止以明显低于评估结果的价格转让股权或出售资产，变相向境外转移资本。外国投资者并购境内企业，导致以国有资产投资形成的股权变更或国有资产产权转移时，应当符合国有资产管理的有关规定。

三、特殊目的公司并购的审批程序

（一）特殊目的公司设立核准与登记

境外设立特殊目的公司时，申请人应向商务部申请办理核准手续。申请之前，申请人需完成上市商业计划，聘请并购顾问并做股票发行价格评估报告等工作。获得境外投资批准证书后，申请人应向所在地外汇管理机关申请境外投资外汇登记手续。

（二）商务部并购初审

特殊目的公司换股并购境内企业时，不论特殊目的公司与该境内企业有无关联关系，均须商务部审批。商务部初审同意并出具原则批复函后，境内企业凭批复函向证监会申请境外间接上市。

（三）证监会境外间接上市审批

境内企业申请境外上市的，证监会主要对特殊目的公司以及境内权益是否符合条件进行审查，如产权是否清晰，是否有完整业务体系和良好持续经营能力，是否具备健全的公司治理结构和内部管理制度，公司及其主要股东近三年有无重大违法违规记录等。此外，特殊目的公司境外上市的股票发行价总值，不得低于其所对应的经中国有关资产评估机构的被并购境内企业股权的价值。

（四）商务部颁发批准证书

境内企业获得证监会核准后，应向商务部申领批准证书。商务部向其颁发加注“境外特殊目的公司持股，自营业执照颁发之日起 1 年内有效”字样的批准证书。境内企业在取得无加注的批准证书之前，不得向股东分配利润或向有关联关系的公司提供担保，不得对外支付转股、减资、清算等资本项目款项。

（五）登记手续

在获得批准证书后，被并购的境内企业要办理境外投资开办企业变更核准手续、境外投资外汇登记变更和相关的变更登记，以取得外商投资企业营业执照和外汇登记证。此外，境内企业办理变更登记时，应预先提交旨在恢复股权结构的境内企业法定代表人签署的股权变更申请书、公司章程修正案、股权转让协议等文件。如境内企业在规定期限内未向商务部报告，境内企业加注的批准证书将自动失效，境内企业股权结构将恢复到股权并购之前的状态并办理变更登记手续，境外公司不再继续持有境内企业的股份。

（六）报告和备案

境内企业自境外上市完成之日起 30 日内，应向商务部报告境外上市情况和融资收入调回计划，并申请换发无加注的外商投资企业批准证书。同时，应向证监会报告并备案，还应向外汇管理机关报送融资收入调回计划，由外汇管理机关监督实施。

（七）融资汇回

境外上市完成后，境外上市的融资收入应按照已备案的调回计划调回境内使用，具体调回方式包括向境内企业提供贷款、在境内新设外商投资企业、并购境内企业等。

四、境内企业境外上市外资并购法律制度的评析

有关返程投资中外资并购一直缺乏系统、有效的法律规制，从而引发许多严重的问题。“10 号文”加强了对特殊目的公司反向并购的审查和控制，但有关跨境换股的规定也为境内企业境外上市提供了新的方式。详言之，“10 号文”对境内企业境外上市的影响主要体现在三方面：

（一）确立了商务部和证监会对返程投资中反向并购的多重监管体系

在“10号文”出台之前，境外间接上市只是需要向外汇分局、外汇管理部申请办理境外投资外汇登记手续，将其拥有的境内企业的资产或股权注入特殊目的公司，或在向特殊目的公司注入资产或股权后进行境外股权融资，就其持有特殊目的公司的净资产权益及其变动状况办理境外投资外汇登记变更手续。境内企业以外资名义到境内投资或到境外设立特殊目的公司再返程投资时，须经商务部批准。特殊目的公司境外上市交易时还需经中国证监会批准。境内企业赴境外上市的审批程序将更为繁复，时间更长，无形中增加了境内企业境外上市的成本。

（二）设定了1年的上市期限

特殊目的公司以股权并购境内企业获得核准后，境内企业需向商务部申领批准证书。商务部向其颁发加注“境外特殊目的公司持股，自营业执照颁发之日起1年内有效”字样的批准证书。如果1年内不能完成这些程序，附加注的批准证书自动失效，境内企业股权结构必须恢复。规定有效期的目的是遏制资本外逃、境内企业外资化的现象，但同时也导致许多处于创业初期的境内企业境外融资的难度加大。

（三）首创性地承认了跨境换股的合法性

“10号文”专门对跨境换股的定义、条件以及并购申报的文件和程序作出了明确的规定，为通过股权交换进行并购行为预留了法律空间。但“10号文”的相关规定仍存在诸多不足之处，如“10号文”规定境外公司的股权应在境外公开合法证券交易商场（柜台交易市场除外）挂牌交易，而OTCBB是场外证券交易系统，该市场上的股权被明确排除在外。中小企业再要去OTCBB购买目标壳公司，在壳公司的反向并购中，就只能使用现金支付并购对价，而且当并购金额达到一定数额的时候（鼓励类、允许类的1亿美元以上，限制类的5 000万美元以上），要由商务部进行审批；低于这一数额的，由省级商务主管部门审批。这加大了中小企业海外上市的难度和成本，跨境换股的低成本和间接的优势无法体现。再者，“10号文”仅属于部门规章，有关跨境换股的许多问题缺乏上位法的支持，与其他部门的有关规定难免会有冲突。我国应在《公司法》规定关于换股的相关制度，明确可以换股的条件和程序，同时在《证券法》中明确关于上市公司换股的相关程序。

案例与思考

1. 综合案例

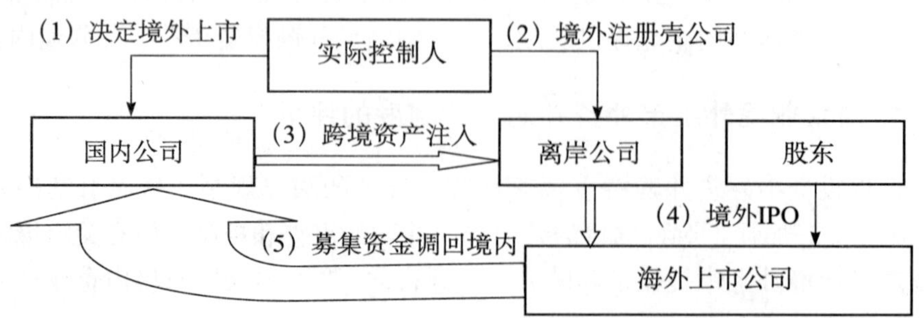

以上是某公司境外上市的流程示意图，请根据该示意图回答如下问题：

(1) 该公司境外上市采取了何种模式？

(2) 该种境外上市模式会面临哪些法律风险？

2. 思考题

(1) 现行返程投资的外汇管理措施对我国境外上市的模式选择产生什么样的影响？

(2) 试分析跨境换股并购的法律风险。

参考书目

1. 申林平，邢会强．中国企业境外上市法律实务．北京：法律出版社，2006

2. 李志杰．境外上市公司的治理改进与价值提升．北京：中国经济出版社，2008

3. 胡国晖．企业境外上市动机：理论和实证研究．北京：经济管理出版社，2007

4. 黄山，张中正，韩捷．中小企业境外及香港上市融资实务．北京：机械工业出版社，2006

5. 王力．国家控股商业银行境外上市的信息披露与监管——以中国建设银行股份有限公司在香港主板上市为例．中国金融，2007 (21)

6. 刘乃忠．中国公司境外上市法律监管现状分析．理论月刊，2009 (3)

第十七章 涉外金融监管法律制度的改革

本章要点

1. 我国涉外金融监管的目标选择
2. 晚近我国涉外金融监管法律制度改革的具体成就
3. 我国涉外金融监管法律制度存在的不足
4. 我国涉外金融监管法律制度的改革路径

第一节　金融全球化与我国涉外金融监管的目标选择

20 世纪 90 年代以来，金融全球化的进程得到迅猛发展。尽管学者对金融全球化的认识和界定有所不同，但多数认为金融全球化是指世界各国和地区放松金融管制、开放金融市场、放开资本项目管制，使资本在全球的金融市场自由流动，最终形成全球统一金融市场、统一货币体系的趋势。[①] 金融全球化突出表现为如下特点：国际资本规模的迅速增长和加速流动；国际金融市场的一体化；金融业务与金融机构的跨境发展

① 参见贺小勇：《论金融全球化趋势下的中国金融法律问题》，载《法学论坛》，2000（4）。

与混业经营的趋势；区域通用货币全球化等。[①]

在金融全球化的过程中，以中国为代表的发展中国家普遍出现了金融体系规模迅速扩大、金融资产多样化、金融市场规范化的良好发展态势。但随着跨国资本流动规模的不断扩大和跨国金融业务的迅速扩张，20世纪90年代以来，国际金融危机的传染性大大增强，往往爆发不久就如同传染病一样迅速从最早爆发危机的国家或地区蔓延到其他国家和地区。然而，各国金融监管措施尚未进行相应的调整，监管的重心仍然限于境内的本国金融机构。此外，世界各国在金融监管方面的合作仍有待于进一步加强。在金融全球化背景下，如何在扩大金融开放的同时有效地维护本国金融安全，是我国金融监管当局所面临的重要问题。

纵观各国涉外金融制度的发展历程，各国都面临着在开放国内金融市场与防范金融风险之间进行协调的问题。过快地开放资本市场将导致整个国家金融经济体系的波动。1993年墨西哥实行资本项目自由兑换，并于1994年彻底开放资本市场，允许51家外国银行、证券、保险和其他金融机构进入。资本市场的过早开放导致墨西哥国内经济中潜在和积累的矛盾在宏观经济出现问题时彻底爆发，从而酿成1994年12月的经济危机。与此相反，部分国家通过限制金融机构的经营业务范围、控制金融产品的价格等方式强化对国内金融市场的管制。日本自1964年承担IMF第8款开放经常账户义务以来，一直到1984年才修改《外汇及其外贸管理法》，放松对资本项目的管制。迄今日本仍保留着许多限制外资进入以及对国内金融机构进行保护的措施。然而，过分强调金融安全以保护本国金融市场，使日本金融体系始终缺乏足够的竞争力，这是导致日本经济近年来停滞不前的根本原因。

金融安全与金融开放的价值取向并非截然对立，两者都是金融发展不可或缺的重要组成部分，其本质目的都是实现金融资源优化配置，以服务于社会经济整体对资金融通的需求。只有建构于安全基础之上的金融开放，才能真正实现金融资源的优化配置；而能够促进金融开放的金融安全，才是真正富有生机并可持续发展的金融安全。只有兼顾金融安全与金融开放两者之间的关系，并在两者之间寻找最佳的利益平衡，金融监管才能有效应对金融全球化趋势的挑战，实现金融业快速、稳健的发展。以前，我国金融监管政策倾向于不断强化管制，金融市场没有得到应有的发育，金融机构的竞争力较弱。但在实施渐进式改革开放的指导思想下，我国稳步地推进涉外金融法律制度的改革。与墨西哥激进式的金融开放相比，我国所奉行的渐进式金融开放策略使金融风险逐步地暴露和释放出来，在应对金融风险的过程中，金融机构的风险防范能力和监管机构的风险监管能力均得以逐步提高，从而有利于金融安全。但这种方式也因金融市场开放历时较久，从而导致金融开放的不确定性增加。[②] 面对全球金融业的激烈竞争和金融全球化的不可逆转趋势，我国金融监管当局在制定和实施涉外金融监管法律制度的过程中，应采取灵活的监管政策和手段，在稳定的前提下，创造有利于竞争和金融创新的外部环境，达到安全与效率的最佳平衡。

---

① 参见郑彦：《金融全球化进程中的金融风险和中国金融安全》，载《金融与经济》，2006（5）。

② 参见潘淑娟：《涉外金融交易与金融市场开放研究》，载《财贸研究》，2003（4）。

第二节　我国涉外金融监管法律制度的改革实践

一、放松管制

面对全球金融业的激烈竞争，中国积极制定了一系列应对金融全球化挑战的涉外金融监管法律制度。总体而言，中国涉外金融监管法律制度呈现出“放松管制”（deregulation）的发展趋势。根据GATS第三部分“具体承诺”对市场准入的规定，每个成员给予其他任何成员的服务和服务提供者的待遇，不得低于其承诺表中所同意和明确的规定、限制和条件。中国在加入WTO时分别对银行业、证券业、保险业等金融领域的对外开放作出承诺。

（一）银行业市场准入的放松管制

我国对商业存在方式下外资银行市场准入的承诺条件如下：（1）自中国正式加入WTO之日起，取消外资银行办理外汇业务的地域限制和客户限制。（2）加入后5年，逐步取消所有的外资银行经营人民币业务的地域限制和客户限制。（3）加入后5年，取消所有现存的对外资银行所有权、经营和设立形式，包括对分支机构和许可证发放进行限制的非审慎性措施。（4）提出申请前一年年末总资产超过100亿美元的外国金融机构可申请设立外商独资银行和合资银行；提出申请前一年年末总资产超过200亿美元的外国金融机构可申请设立外国银行分行。申请本币业务的外国金融机构的资格如下：在中国营业3年，且在申请前连续2年盈利，其他无限制。（5）在国民待遇方面，除关于本币业务的地域和客户限制外没有限制。[①] 对于跨境提供的市场准入，我国承诺允许提供和转让金融信息、金融数据处理以及与其他金融服务提供有关的软件；允许对有关活动进行咨询、终结和提供其他附属服务。对以上承诺服务的提供，没有国民待遇限制。对于境外消费，我国没有市场准入和国民待遇限制。对于自然人流动方式下的市场准入和国民待遇，我国除水平承诺的内容外，没有作出其他承诺。[②]

为逐步放松对外资银行的准入门槛，我国先后于2001年12月颁布《外资金融机构管理条例》；2001年12月实施《中国人民银行关于外资金融机构市场准入有关问题的公告》；2003年10月颁布《中国银行业监督管理委员会关于向外资金融机构进一步开放人民币业务的公告》；2003年12月颁布《境外金融机构投资入股中资金融机构管理办法》；2004年9月开始实施新的《外资金融机构管理条例实施细则》。2006年《中国银行业监督管理委员会外资金融机构行政许可事项实施办法》、《外资银行管理条例》、《外资银行管理条例实施细则》的实施，以及《外资金融机构管理条例》和《外资金融机构管理条例实施细则》的废止，则标志着我国外资银行市场准入制度开始逐步走向规范化、国际化。

（二）证券业市场准入的放松管制

在证券业对外市场准入方面，我国加入WTO时的承诺如下：对于跨境提供方式

① 参见石广生：《中国加入世界贸易组织知识读本（三）》，15页，北京，人民出版社，2002。

② 参见韩龙：《世贸组织与金融服务贸易》，25页，北京，人民法院出版社，2003。

下证券服务的市场准入，外国证券机构可直接从事B股交易，对准入的证券服务没有国民待遇限制。对于境外消费方式下的市场准入，我国没有限制。对于商业存在方式下证券服务的市场准入，自承诺加入WTO后，外国证券机构在中国的代表处可以成为所有中国证券交易所的特别会员。外国服务提供者设立合资公司，从事国内证券投资基金管理业务，在加入WTO之日起外资所占比例最高可达33%，3年内外资可增至49%。加入WTO三年后，外国证券公司可以设立合资公司，外资拥有不超过1/3的少数股权，合资公司可从事A股的承销，B股和H股及政府和公司债券的承销和交易，以及基金的发行。我国对以上商业存在方式下准入的证券服务没有国民待遇限制。对于自然人流动方式下的市场准入，我国除水平承诺的内容外，没有作出其他承诺。[①]

为履行中国在证券业对外准入方面的承诺，我国于2002年制定《合格境外机构投资者境内证券投资管理暂行办法》，实施合格的境外机构投资者（QFII）制度，规定外国投资者若要进入我国的证券市场，需要符合一定的条件，得到我国相关部门的审批后汇入一定额度的外汇资金，并转换为当地货币，通过严格监管的专门账户投资境内证券市场。2006年，我国对原暂行办法进行修改，颁布了《合格境外机构投资者境内证券投资管理办法》，放宽了QFII的资格条件和资金进出锁定期，增加了QFII开户、投资方面的便利。QFII制度结合我国资本市场实际情况，在人民币资本项下未实现完全自由兑换的情况下，允许境外资金通过QFII投资A股市场。

（三）保险业市场准入的放松管制

在保险业对外准入方面，根据WTO有关协议，我国正式加入WTO后，对外资保险公司开放的承诺如下：

第一，在企业形式方面：（1）加入时，允许外国非寿险公司在华设立分公司或合资公司，合资公司外资比例可以达到51%。加入后2年内，允许外国非寿险公司设立独资子公司，取消企业设立形式限制。（2）加入时，允许外国寿险公司在华设立合资公司，外资比例不超过50%，外方可以自由选择合资伙伴。（3）允许所有保险公司按地域限制放开的时间表，设立国内分支机构。

第二，在开放地域方面：（1）加入时，允许外国寿险公司和非寿险公司在上海、广州、大连、深圳、佛山提供服务；（2）加入后2年内，允许外国寿险和非寿险公司在北京、成都、重庆、福州、苏州、厦门、宁波、沈阳、武汉和天津提供服务；（3）加入后3年内，取消地域限制。

第三，在业务范围方面：（1）加入时，允许外国非寿险公司向在华外商投资企业提供财产险以及与之相关的责任险和信用险服务。加入后2年内，允许外国非寿险公司向外国和中国客户提供所有商业和个人非寿险服务；（2）加入时，允许外国保险公司向外国公民和中国公民提供个人（非团体）寿险服务。加入后3年内，允许外国保险公司向外国公民和中国公民提供健康险、团体险和养老金/年金险服务。

为切实履行开放境内保险业的承诺，从2003年年底开始，我国取消外国非寿险公司在华设立形式的限制，外国非寿险公司在华设立营业机构的形式在原有的分公司和合资公司基础上增加了独资子公司；除有关法定保险业务外，向外资非寿险公司放开所有业

① 参见韩龙：《国际金融法》，132页，北京，法律出版社，2007。

务限制。2004年5月，保监会发布《关于外国财产保险分公司改建为独资财产保险公司有关问题的通知》，允许此前已经设立的外国财产保险分公司在符合一定条件的前提下，改建为独资保险公司。2004年年底开始，外资保险公司可在任何城市申请设立机构，经营保险业务。2004年年底开始，除有关法定保险业务外，向外资寿险公司放开所有业务限制。

（四）资本项目的放松管制

1996年我国实现经常项目可兑换之后，外汇管理体制改革的重点转向资本项目的进一步开放。近年来，我国资本项目的开放一直在谨慎地、渐进地向前推进。截至2004年年底，按照国际货币基金组织划分的7大类43项资本交易项目，中国已经实现可兑换的有11项，占25.6%；较少限制的11项，占25.6%；较多限制的15项，占34.9%；严格管制的6项，占13.9%，实现部分可兑换。较多限制和严格管制的项目越来越少，严格的资本管制时代结束，资本项目开放的格局基本形成。

自2005年7月21日起，我国开始实行以市场供求为基础，参考一揽子货币进行调节、有管理的浮动汇率制度。2006年4月，中国人民银行公告宣布，允许银行、证券经营机构、保险公司等在一定范围内，以代客理财或自营方式进行境外投资。同年，五部委联合发布《外国投资者对上市公司战略投资管理办法》，批准外资机构进入A股。QDII以及QFII准入门槛的降低，表明我国正从QFII和QDII两端“松绑”中国资本项目管制。另外，为便利境内投资者开展对外直接投资和跨国经营，国家外汇管理局近年来出台了一系列外汇管理调整措施，逐步放宽境外投资外汇来源，取消境外投资购汇额度限制，下放境外投资审核权限，简化境外投资审核手续。

这一期间资本项目管制改革主要集中在如下方面：(1) 拓展境内居民资本流出渠道，追求资本双向平衡流动，改变以往基于利用外资政策而形成的“宽进严出”的管理模式，将着力点放在国际收支整体平衡，使境内企业和个人资本流出有很大松动，便利了境内居民对外投资的需求。(2) 在资本流入方面，落实QFII制度，允许合格的境外机构投资境内资本市场。同时，应对人民币升值引起的游资冲击，对境外资本在境内并购以及房地产投资作出明确规定，并把一定期限的贸易融资纳入外债范畴。

2008年8月，国务院颁布新的《外汇管理条例》，在规范的基础上进一步放松了资本项目外汇管理，为拓宽资本流出渠道预留政策空间，如简化了企业和个人申请海外直接投资的审批过程，取消了企业必须将外汇收入出售给指定机构的规定，推进了人民币可自由兑换的进程。近期内，中国将在促进国际收支平衡的基础上，进一步深化外汇管理改革，以实现资本项目基本可兑换。

二、加强审慎监管

放松管制并不是放弃监管，而是从限制竞争改为促进公平竞争和提高安全性并举，在保证金融业稳定的前提下放松束缚金融业合理竞争的过多管制。中国在逐步开放国内金融市场的同时，也加强了对涉外金融领域的监管。WTO允许成员国在逐步取消金融服务部门的贸易限制并增强竞争的同时，采取审慎措施，即“审慎例外”。GATS《金融服务附录》第2条第1款规定，不管本协定任何其他条款作何规定，不应阻止一成员国为审慎原因而采取相应措施，包括为保护投资者、存款人、投保人或金融服务提供者对其负有托管责任的人而采取的措施，或为确保金融体系的统一和稳定而采取的措施。总的来看，对资本充足率、风险集中限制以及风险管理制度要求、流动性要求、内幕交易禁止、产生利益冲突的交易禁止、董事和经理的合格性测试、信息披露要求均可构成审慎措施。“对 WTO 成员方来说，放开管制与加强审慎监管并行不悖，‘审慎例外’为 WTO 成员方在开放金融服务的同时进行审慎监管提供了重要的基石和依据”①。这意味着我国可以在特定的形势下和在特定的时期内，违背在 GATS 项下的承诺和义务，自主决定采取某些特殊的金融监管措施，以达到保护国内金融业的目的。

（一）银行业的审慎监管措施

2006 年《外资银行管理条例》和 2003 年修订的《商业银行法》对外资银行的审慎监管均作了明确的规定。在资本充足率方面，外商独资银行和中外合资银行的资本充足率不得低于 8%，风险较高、风险管理能力较弱的外国银行分行须提高前款规定的比例，设立外资银行的外方股东的资本充足率，必须同时符合母国与东道国的要求。在风险管理方面，外商独资银行和中外合资银行的贷款余额与存款余额的比例不得超过 75%，对同一借款人的贷款余额与商业银行资本余额的比例不得超过 10%；外商独资银行、中外合资银行和外国银行分行的流动性资产余额与流动性负债余额的比例不得低于 25%；外国银行分行营运资金的 30%应当以国务院银行业监督管理机构指定的生息资产形式存在，且其境内本外币资产余额不得低于境内本外币负债余额。此外，《外资银行管理条例》还对法人银行和外国银行分行予以区别对待，对外资法人银行和外国银行在华分行从事零售业务实施不同的准入措施，即法人银行可以从事全面的人民币业务，只需满足“开业三年，盈利两年”的条件，而分行则需要单家审批，且只能吸收居民 100 万元人民币以上的定期存款，法人银行可以发卡，而分行不能发卡等措施。这些规定均体现了银行审慎监管的原则。

（二）证券业的审慎监管措施

在跨境证券投资方面，《合格境内机构投资者境外证券投资管理试行办法》对 QDII 资格进行严格限定，要求申请者必须具备如下条件：（1）申请人的财务稳健，资信良好，资产管理规模、经营年限等符合中国证监会的规定；（2）拥有符合规定的具有境外投资管理相关经验的人员；（3）具有健全的治理结构和完善的内控制度，经营行为规范；（4）最近 3 年没有受到监管机构的重大处罚，没有重大事项正在接受司法部门、监管机构的立案调查。（5）中国证监会根据审慎监管原则规定的其他条件。此外，该办法规定，合格境内机构投资者的基金和集合计划应当投资于中国证监会规定的金融产品或工具，且遵守有关投资比例限制的规定，并建立证监会、外汇管理局的监督管理制度。

《合格境外机构投资者境内证券投资管理办法》则对 QFII 的申请条件进行严格的限定：（1）申请人的财务稳健，资信良好，达到中国证监会规定的资产规模等条件；（2）申请人的从业人员符合所在国家或者地区的有关从业资格的要求；（3）申请人有健全的治理结构和完善的内控制度，经营行为规范，近 3 年未受到监管机构的重大处罚；（4）申请人所在国家或者地区有完善的法律和监管制度，其证券监管机构已与中国证监会签订监管合作谅解备忘录，并保持着有效的监管合作关系；（5）中国证监会

① 韩龙：《入世过渡期后对国际金融服务提供监管的法律依据问题》，载《时代法学》，2008（3）。

根据审慎监管原则规定的其他条件。同时，该办法建立中国证监会和外汇管理局对QFII的双重审核制度，对QFII的投资额度、投资方向、信息披露义务等进行规定。

（三）保险业的审慎监管措施

在保险领域，《外资保险公司管理条例》规定，外资保险公司在中国境内设立分支机构，由中国保监会按照有关规定审核批准，具体业务范围、业务地域范围和服务对象范围，由中国保监会按照有关规定核定。然而，该条例未对“有关规定”、“具体条件”加以规定。《外资保险公司管理条例实施细则》则明确了条例中的一些专业术语的含义，如规定寿险合资公司中外资股比的累计不得超过50%的比例限制。此外，该《条例》对有关外资保险公司的申请和审批事项作出规定，同时明确对外资保险公司的审慎性要求，包括法人治理结构合理、风险管理体系稳健、内部控制制度健全、管理信息系统有效、经营状况良好，无重大违法违规记录等内容，并对外资保险公司解散、清算和撤销等作出了清晰准确的规定。在保险资金进行境外投资方面，《保险资金境外投资管理暂行办法》警示保险机构应慎用衍生产品，且衍生产品不得用于投机或放大交易（以境外投资的保险资金为其他组织或者个人提供担保，从事投机性外汇买卖，洗钱，利用保险资金境外投资活动，与其他组织或者个人串通获取非法利益，境内外有关法律以及规定禁止的行为）。

三、加强国际合作与协调

（一）证券业监管国际合作与协调

1. 双边证券监管合作与协调

截至2008年10月，中国证监会相继同香港特别行政区、美国、新加坡、澳大利亚、英国、日本、马来西亚、巴西、乌克兰、法国、卢森堡、德国、意大利、埃及、韩国、罗马尼亚、南非、荷兰、比利时、加拿大、瑞士、印度尼西亚、新西兰、葡萄牙、尼日利亚、越南、印度、阿根廷、约旦、挪威、土耳其、阿联酋、泰国、列支敦士登、蒙古等39个国家和地区的43个证券（期货）监管机构签署了监管合作备忘录。双边谅解备忘录的内容包括：对当事人或机构的核查，既包括在请求国（地区）的我国当事人或机构，如境外中资公司，也包括在我国境内设立办事机构的境外机构，如境外证券公司或办事处。核查内容一般有：当事人或机构的背景资料、涉嫌违法违规情况、破产或接受调查情况、有关业务行为及跨境违规经营情况，并对其行为的真实性或合法性作出实质性判断；提供有关信息，包括提供有关法律或其他文件资料，请求有关机构出具证明待查文件的真实性、合法性材料，以及提供有关当事人或机构在该国的有关信息；协助调查，即一方证券监管机构应另一方监管机构的要求给予协助调查方面的合作，是实质性监管合作与协调的精义所在。

我国的证券交易所等自律性监管组织加强了同境外证券自律性监管组织的监管合作。截至2008年9月，深圳证券交易所已先后与美国纳斯达克、英国伦敦证券交易所、德国证券交易所、日本东京证券交易所、纽约泛欧交易所集团等21家境外证券交易所签署了合作谅解备忘录。截至2008年10月，上海证券交易所也已与纽约、芝加哥、东京、澳大利亚、伦敦、多伦多等33家境外证券交易所签订了谅解备忘录。谅解备忘录的内容主要包括：两家交易所的市场信息分享；建立两家交易所的高层互访机制，促进对对方市场的了解；双方定期互派人员进行交流；定期就双方感兴趣的课题进行联合研究或举办专题研讨会等。

2. 多边证券监管合作与协调

1995年7月，中国证监会正式加入IOSCO，并在2002年IOSCO第27届年会上当选为该亚太地区委员会的副主席。中国证监会代表团曾参加了第20届以来的年会、历届新兴市场委员会会议和亚太地区委员会会议。在2007年4月的IOSCO第32届年会上，中国证监会成功加入了IOSCO《多边磋商、合作及交换信息谅解备忘录》。在2008年5月的IOSCO第33届年会上，中国证监会连续第六次当选为IOSCO执委会委员，中国证监会主席尚福林连任执委会副主席。当前，IOSCO新兴市场委员会下设五个工作组，分别负责跨国披露和会计（WG-1）、二级市场监管（WG-2）、市场中介机构监管（WG-3）、执法与信息交流（WG-4）、投资管理（WG-5）五个方面的工作。中国证监会作为二级市场监管、市场中介机构监管的成员，一直参加该两小组的工作。此外，IOSCO技术委员会设有五个常设委员会，分别负责跨国披露和会计（SC-1）、二级市场监管（SC-2）、市场中介机构监管（SC-3）、执法与信息交流（SC-4）和投资管理（SC-5）五个方面的工作。中国证监会近年来一直参加跨国披露和会计（SC-1）的工作。积极参与IOSCO的相关活动，大大促进了我国证券市场规范化水平的提高以及与其他国家监管机构间的监管合作与协调。[①] 此外，我国还积极参加世界证券交易所联合会、国际会计准则委员会、海牙国际私法会议和国际统一私法协会等相关国际组织的各项活动，以推进国际证券监管合作与协调的深化。

（二）银行业监管国际合作与协调

1. 双边银行监管合作与协调

截至2008年10月，中国银监会已与美国、英国、加拿大、德国、韩国、新加坡、吉尔吉斯斯坦、巴基斯坦、中国香港特别行政区、中国澳门特别行政区、波兰、法国、澳大利亚、意大利、菲律宾、俄罗斯、匈牙利、哈萨克斯坦、西班牙、泽西岛、土耳其、泰国、乌克兰、白俄罗斯、卡塔尔、冰岛、迪拜、瑞士、荷兰、卢森堡、越南、比利时以及爱尔兰等33个国家和地区的银行监管当局签署了监管合作谅解备忘录，内容包括信息交换、市场准入和现场检查中的合作、人员交流和培训、监管信息保密、监管工作会谈等多项内容。监管合作谅解备忘录的签署有助于银监会不断完善双边监管合作机制，提高跨境银行监管水平；有利于银监会与有关国家、地区的金融监管当局进行信息沟通和交叉核实，及时了解互设机构的经营情况，及时发现问题或不良发展趋势，做到及时预警、及时惩戒，从而促进双边互设机构的合法稳健经营。

2. 多边银行监管合作与协调

尽管中国银监会并非巴塞尔监管委员会的成员国，但银监会一直积极加强与巴塞尔委员会的合作与交流，并积极参与巴塞尔跨国银行监管规则的制定与实施。在2006年《有效银行监管核心原则》和《核心原则评价方法》的修订过程中，巴塞尔监管委员会在全球范围内征集修改意见，银监会就此广泛征集国内各银行针对《有效银行监管核心原则》和《核心原则评价方法》征求意见稿的修改建议，积极参与巴塞尔银行

---

① 参见韩龙：《国际金融法》，507页，北京，法律出版社，2007。

监管法规的修订。其中，涉及风险管理、监管方法、对有问题资产的处理、操作风险、跨境监管的意见得到采纳。在银行监管实践中，银监会以我国基本国情为基础，借鉴实施巴塞尔监管委员会制定的有关银行监管的标准与规范。如巴塞尔《新资本协议》颁布后，中国银监会发布《中国银行业实施新资本协议指导意见》及相关的监管指引，引导国内银行在实质上实施新资本协议。此外，中国银监会还通过参加国际银行监督官大会的方式加强与其他国家银行监管当局有关银行监管经验的交流。

（三）保险业监管合作与协调

1. 双边保险监管合作与协调

截至 2008 年 10 月，我国保监会先后与新加坡、德国、美国、韩国、中国澳门特别行政区、中国香港特别行政区等 6 个国家和地区的保险监管机构签署了保险监管谅解备忘录。双边保险监管谅解备忘录的内容广泛涉及保险监管法规交流、信息支援、高层互访与合作等内容，目的在于完善高层对话机制，研讨两国保险市场的发展趋势和监管政策的制定，推动双方保险监管经验技术的交流，扩大双方分享的监管信息范围，以加强双边保险监管合作。

2. 多边保险监管合作与协调

在区域性保险监管合作方面，2005 年 5 月，中国与中国香港特别行政区、印度、日本、约旦、韩国、新加坡等 14 个亚洲国家和地区的保险监督官通过了《亚洲区域保险监管合作北京宣言》（以下简称《北京宣言》）。《北京宣言》确定亚洲各国或地区的保险监督官通过签订保险监管谅解备忘录或合作协议等方式，加强保险市场信息交流，推动跨境保险监管合作，在合作机制框架内开展多层次、多领域的保险监管合作活动。亚洲区域的保险监管合作内容主要包括：一是举行高层会议和工作组专家会晤，及时沟通情况，探讨研究亚洲国家和地区共同关注的问题；二是推动亚洲保险业界开展广泛交流，鼓励通过创新解决亚洲保险业特有问题，促进亚洲成熟市场与新兴市场的协调发展；三是开展区域保险监管合作，防范化解市场风险；四是在保险监管人员培训方面加强合作，提高亚洲国家和地区保险监管水平。《北京宣言》有助于从根本上增强亚洲保险市场防范和化解风险的能力，切实承担起保险业的社会责任，推动亚洲保险市场协调发展，立足发展防范和化解风险，努力实现亚洲保险市场的持续稳定和长久繁荣。

在全球性保险监管合作方面，中国积极加强与国际保险监督官协会（International Association of Insurance Supervisors，简称 IAIS）的联系与合作。2000 年 10 月，中国保监会正式加入国际保险监督官协会，并于 2001 年 4 月参加了 IAIS 的 6 个分委员会，分别是新兴市场分委员会、会计分委员会、保险法规实践及标准分委员会、再保险分委员会、偿付能力及精算问题分委员会和电子商务及网络工作小组。自 2000 年起，中国保监会持续参加了 IAIS 的年会，并于 2006 年 10 月承办 IAIS 第 13 届年会。在 2008 年 10 月 IAIS 第 15 届年会上，中国保监会主席吴定富当选为执行委员。作为 IAIS 最高决策机构的成员，中国有权参与关系国际保险监管的发展方向和监管原则等重大问题的决议过程，在更大范围内参与国际保险监管规则的制定并发挥积极作用。同时，通过与 IAIS 的合作，研究借鉴 IAIS 近年来制定的对各国具有普遍指导意义的保险监管原则、标准和建议，并结合中国国情，有助于中国探索出一套既符合中国保险业实际又能与国际接轨的保险监管制度。

第三节　深化我国涉外金融监管法律制度改革的路径

一、目前我国涉外金融监管法律制度存在不足

1. 涉外金融监管法律体系严重滞后于金融改革进程。

在内部建构上，金融法律制度存在诸多立法空白，如缺乏政策性金融法和针对金融创新的立法；立法层次低，现行金融法规范以部门规章和行业性文件为主体，权威性不高，监管内容过于原则，监管方法不便于操作，不利于监管目标的有效实现。在外部衔接上，与WTO法律制度不协调，如与WTO国民待遇要求不协调，在监管法律制度设置、金融服务限制、国民待遇限制标准等方面对外资金融机构仍存在许多政策上的限制。

2. 金融监管方法存在不足。

对金融业市场准入、业务范围、财务账目、资本状况等是否符合法律法规的合规性监管是目前我国金融监管的主要内容，而对金融机构日常经营的风险性监管尚不规范和完善。监管资源过多地放在排查商业银行风险，而对其风险管理的方法和能力监管不够。强调从资产充足性和资产流动性方面进行监管，忽视金融机构经营能力、盈利能力和发展前景等指标的监管。风险监管中重传统存贷业务、轻表外业务及其他金融创新业务。风险监管中偏重于信用风险，而对金融机构经营中的利率风险和汇率风险及其他风险却重视不够。

3. 我国金融监管仍采取分业监管体制，不同监管机构之间缺乏协调性。

我国曾于2001和2003年先后两次比照巴塞尔委员会的《有效银行监管核心原则》对银行监管体系进行自我评估。评估结果表明，我国监管机构的信息交流和合作存在诸多问题，制约了我国金融监管的有效性，如对事实上从事混业经营活动的金融控股公司的监管处于真空状态。随着我国金融领域的进一步放开，外资金融机构带来的竞争压力将会催生更多的金融控股公司，混业经营的现象会更加普遍。目前虽然我国已经在各监管机构之间建立了监管协调机制，但银监会、证监会、保监会监管联席会议自2004年6月以来罕有召开，各监管机构之间无法进行充分的信息交流与合作。

4. 目前我国有关金融监管合作多以签订谅解备忘录的形式进行。

就其内容而言，主要强调发达国家对我国金融领域的技术援助，而对有关金融监管法律实施的合作与磋商只限于原则性的规定，具备可操作性的规定极少，对于如何加强东道国与母国金融监管机构对跨国金融机构的监管合作与协调的内容较为欠缺。再者，谅解备忘录的法律效力较为有限，通常被称为“君子协定”、“无法律约束力的协议”、“事实性协议”或“非法律协议”，参加方只是表明就其关系的某一方面达成谅解，而不是创设一项权利义务关系，对参加方无实际法律约束力。

二、中国涉外金融监管法律制度的改革路径

1. 进一步改变单向内调的管理策略，采取综合性、国际性的监管策略、政策和手段。

(1) 监管政策的覆盖面应包括国内金融业、国内金融业的国外分支机构和本国境内的外国金融机构。我国应该本着法制统一、非歧视和透明度原则，全面清理现行金融法规，及时修改、废除与WTO组织体系不符的银行业法律法规，制定与WTO基本原则、《服务贸易总协定》、巴塞尔协议等国际规则相符的法律法规和实施细则。

(2) 改变金融监管模式，由分业监管向功能性监管转变。在金融机构业务界限日趋模糊和金融机构功能一体化的情况下，采取根据既定金融机构的形式和类别进行监管的分业监管模式不能适应现代金融监管的要求，但贸然实行混业经营可能引发金融风险，因此我国应实行功能性金融监管体制，即基于金融体系基本功能实施跨产品、跨机构、跨市场协调的监管，设立一个统一的监管机构来对金融业实施整体监管。

(3) 建立资本流动风险监控体系，涵盖资本流动风险控制的政策体系和资本流动风险的监测体系。建立资本流动风险控制的政策体系的主要作用是，通过运用各种政策工具包括反周期措施、结构政策和资本管制，减少国际资本流动的负面影响。建立资本流动风险监测体系的主要目的是，根据经济环境的变化，适时调整管理目标，并对跨境资本流动进行有效的统计、跟踪、预测和分析。

(4) 应严格我国金融机构在境外设立分支机构的审批制度，对境外设立分支机构进行全面评估，同时加强对国内金融机构总部的监管，促使其总部对国外的分支机构进行有效控制和管理；针对在我国的外资金融机构，我国应借鉴国外先进的金融监管规则如巴塞尔协议，建立科学的监测指标体系和外资金融机构资信等级的评定标准。

2. 进一步加强对金融风险监管的国际协调与合作。

随着金融业在金融全球化进程中越来越走向无边界的"国际存在"，为控制金融风险，中国金融监管当局应加强金融监管的双边和多边国际协调与合作，完善谅解备忘录的内容，集中关注监管活跃的国际金融机构的最低标准、母国和东道国在监督国际金融机构经营方面的责任划分、各国监管当局之间的信息交流等，构建司法部与各国金融监管当局之间的信息共享和合作机制，加强与境外司法机构的合作等途径，充分发挥司法互助条约在国际金融监管合作中的作用。同时，加强与各国际金融组织的联系，积极参与国际性或区域性金融监管组织的活动，如巴塞尔监管委员会、国际货币基金组织等，辩证地采纳和借鉴国际金融组织制定和发布的决定、准则、报告、指南等，推动我国金融监管向国际标准靠近，更好地加强对金融业的有效监管。

案例与思考

1. 综合案例

2007年6月7日，中银香港中国业务总部副总经理汪裕民在"中国人寿与中银香港全面业务合作协议签字仪式"上透露，中银香港旗下子公司南洋商业银行有限公司

已向银监会递交申请设立独立法人银行申请；中银香港及其子公司集友银行在内地的分行则维持原有“身份”不变。

请根据这一事件回答如下问题：

（1）独立法人银行与外国银行分行存在哪些区别？

（2）外资银行改制成为我国独立法人银行，对我国的涉外银行监管产生什么影响？

2. 思考题

（1）在金融全球化背景下，我国涉外金融监管的价值取向应如何选择？

（2）改革我国涉外金融监管法律制度应从哪些方面下手？

参考书目

1. 岳彩申．跨国银行法律制度研究．北京：北京大学出版社，2002

2. 张望．金融霸权：当代国际金融中心的竞争、风险和监管．上海：上海人民出版社，2008

3. 臧慧萍．美国金融监管制度的历史演进．北京：经济管理出版社，2007

4. 罗国强．离岸金融法研究．北京：法律出版社，2008

5. 盛学军．冲击与回应：全球化中的金融监管法律问题．法学评论，2005（3）

图书在版编目（CIP）数据

金融法学/岳彩申，盛学军主编．
北京：中国人民大学出版社，2010
（21世纪中国高校法学系列教材）
ISBN 978-7-300-12177-2

Ⅰ．①金…
Ⅱ．①岳… ②盛…
Ⅲ．①金融法-法的理论-中国-高等学校-教材
Ⅳ．①D922.280.1

中国版本图书馆CIP数据核字（2010）第093479号

21世纪中国高校法学系列教材
金融法学
主 编 岳彩申 盛学军
Jinrong Faxue

出版发行	中国人民大学出版社		
社　　址	北京中关村大街31号	**邮政编码**	100080
电　　话	010－62511242（总编室）		010－62511398（质管部）
	010－82501766（邮购部）		010－62514148（门市部）
	010－62515195（发行公司）		010－62515275（盗版举报）
网　　址	http://www.crup.com.cn		
	http://www.ttrnet.com(人大教研网)		
经　　销	新华书店		
印　　刷	北京东方圣雅印刷有限公司		
规　　格	185 mm×260 mm 16开本	**版　　次**	2010年6月第1版
印　　张	18.5 插页1	**印　　次**	2012年6月第2次印刷
字　　数	410 000	**定　　价**	32.00元